.

LA ORGANIZACIÓN INTERNA
DE LOS ESTADOS

INSTITUTO INTERNACIONAL DE DERECHO ADMINISTRATIVO -IIDA

COLECCIÓN DE DERECHO ADMINISTRATIVO COMPARADO

LIBARDO RODRÍGUEZ RODRÍGUEZ
(Director)

INSTITUTO INTERNACIONAL DE DERECHO ADMINISTRATIVO -IIDA

COLECCIÓN DE DERECHO ADMINISTRATIVO COMPARADO

LIBARDO RODRÍGUEZ R.

(Director)

VOLUMEN II

LA ORGANIZACIÓN INTERNA DE LOS ESTADOS

LUCIANO PAREJO ALFONSO

(Coordinador)

Volumen en homenaje al profesor
FRANCK MODERNE

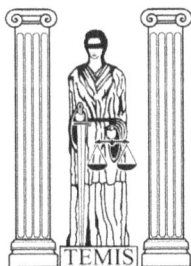

EDITORIAL TEMIS S. A.
Bogotá - Colombia
2019

© Juan Carlos Cassagne, Pablo Esteban Perrino, Juan Alberto Polo Figueroa, Manrique Jiménez Meza, Efraín Pérez, René Hostiou, Giuseppe Franco Ferrari, Felipe Rotondo, Alejandro Canónico Sarabia y Luciano Parejo Alfonso, 2019.

© Editorial Temis S. A., 2019.
Calle 17, núm. 68D-46, Bogotá.
www.editorialtemis.com
correo elec.: gerencia@editorialtemis.com

Hecho el depósito que exige la ley.
Impreso en Editorial Nomos S. A.
Diagonal 18 Bis, núm. 41-17, Bogotá.

ISBN 978-958-35-1203-2
      2977 2019000450

PRESENTACIÓN

El Instituto Internacional de Derecho Administrativo -IIDA (www.iida-deradm. com) es una institución sin ánimo de lucro, de carácter académico y científico, que tiene como objeto el fomento y la promoción de la ciencia del derecho administrativo en los diferentes países y en el marco de la comunidad internacional, para lo cual desarrolla actividades tendientes al cumplimiento de los siguientes objetivos específicos:

a) Promover el estudio, la investigación, la profundización y el conocimiento de las diversas expresiones del derecho administrativo en los diferentes países y desde la perspectiva del derecho comparado.

b) Propiciar la reflexión, el debate, el diálogo y el intercambio de ideas y experiencias entre sus miembros y entre ellos y otras personas o entidades interesadas en los temas propios del derecho administrativo.

c) Fomentar y fortalecer la docencia, la investigación, la divulgación y el desarrollo del derecho administrativo en los diferentes países.

d) Las demás que sean conducentes para el logro del objetivo general.

En cumplimiento de sus objetivos, el Instituto entrega a la comunidad jurídica la *Colección de derecho administrativo comparado*, cuyo propósito es publicar obras colectivas sobre temas básicos y actuales del derecho administrativo, que permitan, con fundamento en trabajos nacionales que desarrollen el respectivo tema desde la perspectiva de cada país, acometer un análisis de derecho comparado que contribuya a su mejor conocimiento y comprensión.

Para lograr ese cometido comparatista, el contenido de cada uno de los trabajos, en general, se circunscribe a los elementos conceptuales, doctrinales, normativos y jurisprudenciales vigentes en el respectivo país, sin perjuicio de las referencias necesarias a la doctrina, la normatividad y la jurisprudencia de otros ordenamientos jurídicos nacionales o internacionales que sean indispensables para la comprensión del propio ordenamiento nacional. Sobre esa base, el coordinador del volumen respectivo diseña algunas pautas que permitan responder los interrogantes fundamentales que plantea el tema y que faciliten el análisis comparativo, los cuales deben ser respondidos por los autores, sin perjuicio de los demás análisis que ellos quieran incluir en el desarrollo de cada trabajo.

A su vez, con fundamento en los trabajos de los diferentes países, el Coordinador de cada volumen tiene a su cargo la elaboración de un documento de análisis comparativo del tema al cual está dedicado el volumen respectivo.

En ese orden de ideas, el volumen II de la Colección, que hoy presentamos, está consagrado a *La organización interna de los Estados*, con el cual pretendemos tener una visión global y comparativa de las diversas formas y técnicas de organización que se utilizan en los diferentes países.

En este volumen II han participado académicos de ocho países, miembros del Instituto, cuyas ponencias se publican en orden alfabético de los mismos países, junto con las traducciones al español de las ponencias correspondientes a Francia e Italia, cuyas versiones originales fueron redactadas en la lengua materna de sus autores. En el caso de Francia, la traducción ha sido realizadas por otro administrativista miembro del Instituto, mientras que la ponencia italiana ha sido traducida por el mismo autor. La coordinación del volumen y el trabajo final de derecho comparado entre las ocho ponencias ha estado a cargo del profesor español LUCIANO PAREJO ALFONSO, miembro del Instituto y del Consejo Académico de la Colección de Derecho Administrativo Comparado, quien, además, ha incluido en su trabajo de comparación las referencias pertinentes al derecho español.

De otra parte, este volumen ha sido dedicado a la memoria del ilustre administrativista francés FRANCK MODERNE, quien falleció el 19 de marzo de 2017 y quien durante su prolífera vida académica contribuyó de manera muy importante a la integración de los derechos administrativos de Europa y América Latina, no solo por medio de sus escritos sino de una presencia permanente en los escenarios del derecho administrativo de ambos continentes y de una relación profunda con los administrativistas de diferentes países.

Finalmente, la dirección de la Colección agradece a los autores, a los traductores y al coordinador los aportes realizados, que contribuyen, sin duda, al cumplimiento de los objetivos del Instituto. De igual manera, agradece a la Editorial Temis por hacer posible la publicación de estos trabajos académicos.

LIBARDO RODRÍGUEZ RODRÍGUEZ
Presidente del IIDA y Director de la Colección

ÍNDICE GENERAL

ARGENTINA

LA ORGANIZACIÓN DEL ESTADO ARGENTINO

JUAN CARLOS CASSAGNE
PABLO ESTEBAN PERRINO

COLOMBIA

LA ORGANIZACIÓN DEL ESTADO
Y DEL PODER PÚBLICO
ADMINISTRATIVO EN COLOMBIA

Juan Alberto Polo Figueroa

COSTA RICA

ORGANIZACIÓN DEL ESTADO DEMOCRÁTICO Y SOCIAL DE DERECHO DE COSTA RICA

Manrique Jiménez Meza

ECUADOR

LA ORGANIZACIÓN INTERNA DE ECUADOR

Efraín Pérez

FRANCIA

L'ORGANISATION INTERNE DE L'ÉTAT FRANÇAIS

René Hostiou

FRANCIA

ORGANIZACIÓN INTERNA DEL ESTADO FRANCÉS

René Hostiou

ITALIA

L'ORGANIZZAZIONE AMMINISTRATIVA IN ITALIA
DALL'UNITÀ AD OGGI

Giuseppe Franco Ferrari

ITALIA

LA ORGANIZACIÓN ADMINISTRATIVA EN ITALIA DESDE LA UNIFICACIÓN HASTA HOY

GIUSEPPE FRANCO FERRARI

URUGUAY

ORGANIZACIÓN INTERNA DEL ESTADO URUGUAYO
Felipe Rotondo

VENEZUELA

LA ESTRUCTURA DEL ESTADO Y LA ORGANIZACIÓN DE LA ADMINISTRACIÓN PÚBLICA EN VENEZUELA

Alejandro Canónico Sarabia

ESTUDIO
DE DERECHO COMPARADO

LA ORGANIZACIÓN INTERNA, EN ESPECIAL DEL PODER PÚBLICO ADMINISTRATIVO, DE LOS ESTADOS ESTUDIADOS EN PERSPECTIVA COMPARADA, COMPLEMENTADA CON REFERENCIAS AL ESTADO ESPAÑOL

Luciano Parejo Alfonso

ARGENTINA

LA ORGANIZACIÓN DEL ESTADO ARGENTINO

Juan Carlos Cassagne[*] y Pablo Esteban Perrino[**]

1. El régimen de gobierno

La organización política y jurídica del Estado argentino está determinada en la Constitución Nacional[1], cuyo texto original data de 1853[2]/1860, y rige en la actualidad con las reformas producidas en 1866, 1898, 1957 y 1994.

Conforme se desprende de los artículos 1º, 36, 38, 75, incisos 19, 3º párrafo y 24, CN, la esencia del Estado argentino es la democracia republicana representativa. Ello implica haber elegido uno de los modelos políticos concretos que subsisten en el mundo moderno (democracias republicanas o monarquías constitucionales europeas con gobiernos democráticos elegidos por el pueblo, monarquías asiáticas, dictaduras comunistas o populistas y hasta fundamentalismos religiosos, etc.)[3].

El sistema republicano democrático, además de la separación de poderes y la publicidad y transparencia de los actos de gobierno[4], presenta como rasgos

---

[*] Catedrático de la Universidad de Buenos Aires y de la Universidad Católica Argentina. Académico Honorario de la Real Academia de Jurisprudencia y Legislación de Madrid. Miembro de Número de la Academia de Derecho y Ciencias Sociales de Buenos Aires.

[**] Profesor de los cursos de grado y postgrado de la Facultad de Ciencias Jurídicas y Sociales de la Universidad Nacional de La Plata y de los cursos de postgrado de las universidades Austral, Católica Argentina y Católica de La Plata. Miembro del Comité Ejecutivo de la Asociación Iberoamericana de Estudios de Regulación (ASIER).

[1] En adelante: CN.

[2] La CN fue sancionada el 1° de mayo de 1853 y promulgada por el Presidente Justo José de Urquiza el 25 de mayo. Fue jurada por los pueblos de todas las provincias el 9 de julio del mismo año, con excepción de Buenos Aires que se encontraba separada de la Confederación y que se uniría después del Pacto de San José Flores de 11 de noviembre de 1859 y cuyo ingreso dio lugar a la primera reforma de la Constitución acaecida en 1860.

[3] Juan Carlos Cassagne, "La teoría del Estado y temas colindantes. Formas de Estado y formas de gobierno en la República Argentina", en *El Derecho* 274-575.

[4] "En prieta síntesis, puede afirmarse que la doctrina de la separación de los poderes constituye uno de los pilares centrales del edificio constitucional que implica varios elementos que deben funcionar en forma armónica y equilibrada para que se realice el Estado de derecho. Además de consagrar el sometimiento de la Administración a la ley y al derecho (legalidad y justicia), supone una partición de funciones en órganos separados e independientes con

típicos la alternancia de los cargos públicos, la responsabilidad de los funcionarios y la igualdad de todos los ciudadanos ante las leyes[5].

La democracia constituye la forma indirecta en que el pueblo gobierna a
través del consentimiento que otorga mediante la elección de sus representantes. Dada la imposibilidad real que plantea la democracia directa, nuestra
Constitución dispone que "el pueblo no delibera ni gobierna sino por medio de
sus representantes y autoridades creadas por esta Constitución" (art. 22, CN).
Esta norma excluye la llamada democracia deliberativa y limita el alcance del
derecho de participación pública de los ciudadanos que, aun cuando tienen
la facultad de expresarse en asuntos públicos, carecen de poder decisorio, el
cual está reservado a las autoridades políticas del Estado[6].

Como se verá más adelante, la CN consagra la forma de gobierno presidencialista, basada en un poder ejecutivo fuerte, fórmula que el constituyente
originario consideró más afín con nuestras tradiciones, costumbres e idiosincrasia[7].

El modelo de Estado, consustancial a nuestra democracia republicana, es el
Estado de derecho basado en la separación de los poderes[8] y en la protección de

---

especialización funcional relativa y poderes limitados. La separación es tanto orgánica como
de las personas y, en nuestro sistema, no es absoluta, en suma, es una separación relativa de
poderes limitados y coordinados entre sí.

"A partir de esas premisas, es posible concluir que el llamado régimen de la separación
de poderes comprende no solo la partición del poder del Estado en funciones especializadas
adjudicadas en forma predominante a cada órgano conforme a un criterio material, sino el
cumplimiento de su finalidad básica que radica en consagrar un recíproco freno de atribuciones
para evitar el despotismo en beneficio de las libertades". (Cassagne, "La teoría del Estado y
temas colindantes. Formas de Estado y formas de gobierno en la República Argentina", cit.).

De este principio deriva el derecho de acceso a la información pública (Julio Conte Grand,
"El sistema republicano. Reflexiones en tiempos del Bicentenario de la Independencia", en
la obra República, federalismo y ciudadanía (Juan Guillermo Durán y Monserrat Barreto,
coords.), Buenos Aires, EDUCA, 2016, pág. 26).

[5] María A. Gelli, Constitución de la Nación Argentina. Comentada y concordada, 4ª ed.,
t. I, Buenos Aires, La Ley, 2008, pág. 22.

[6] El sistema representativo después de la reforma constitucional de 1994 se ha morige-
rado al incorporarse la iniciativa popular para presentar proyectos de leyes (art. 39, CN) y la
consulta popular con su doble modalidad —vinculante y no vinculante— (art. 40, CN) (Cfr.
Gelli, Constitución de la Nación argentina comentada y concordada, cit., t. I, pág. 20).

[7] Juan B. Alberdi, Bases y puntos de partida para la organización política de la República
Argentina, 4ª ed., Buenos Aires, Plus Ultra, 1981, Capítulo XXV, págs. 179 y ss.

[8] "La correcta interpretación del principio en nuestro sistema constitucional es que la idea
de equilibrio que la nutre no es incompatible con una relativa separación orgánica ni funcional.
Esta regla conduce, en definitiva, a interpretar que la CN distribuye funciones predominantes,
según un criterio material, entre los tres poderes del Estado (ejecutivo, legislativo y judicial)
sin identificar completamente las funciones con los órganos. Así, los tres poderes vienen a
ejercer, en forma relativa y con las limitaciones constitucionales establecidas en forma expresa,

los derechos fundamentales de las personas. El Estado de derecho se ha mantenido, en lo sustancial, pero ha evolucionado hacia el modelo de Estado social y democrático de derecho o, en línea similar a esta última, el Estado subsidiario[9] o Estado de justicia[10], en el que se pone el acento en la primacía de la dignidad humana y en el papel del Estado como regulador y garante[11] de las prestaciones que satisfacen las necesidades primordiales de los ciudadanos[12].

En la CN actual el modelo de democracia republicana se ha consolidado definitivamente, acentuando los rasgos democráticos, sin caer en las figuras de la democracia deliberativa ni en la llamada democracia delegativa.

Si bien el artículo 14 bis, producto de la reforma constitucional de 1957, incorporó, por primera vez, el concepto de democracia en la CN (al asegurar a los trabajadores una organización libre y democrática), ha sido la reforma constitucional de 1994 la que encuadra, de un modo definitivo, al sistema democrático dentro de la CN, lo que ocurre a través de varias prescripciones: 1) en el artículo 36, al referirse a la nulidad insanable de los actos que por la

_____

implícita o inherente, las tres funciones en sentido material, aunque prevalezca la función predominante, en algunos poderes más que en otros (ya que, por ejemplo, el poder ejecutivo ejerce funciones materialmente normativas cuando pone en ejercicio su potestad reglamentaria, tanto privativa como delegada, atribución que para el poder judicial es implícita). De ese modo, mientras al poder ejecutivo se le ha adjudicado, principalmente, la función administrativa, y al poder legislativo le corresponde materialmente la función de legislar (actividad normativa), el poder judicial tiene atribuido —tal vez, de una manera más absoluta que en los dos casos anteriores— el ejercicio de la función materialmente jurisdiccional (resolver litigios con fuerza de verdad legal). Esta es la explicación que nos parece más lógica y coherente para interpretar el sentido que tiene la separación de poderes en nuestra Constitución, pues, de lo contrario, no se podría aceptar que algunos órganos o entes administrativos pudieran ejercer excepcionalmente funciones jurisdiccionales bajo ciertos requisitos, fundamentalmente, de independencia y especialidad". (CASSAGNE, "La teoría del Estado y temas colindantes. Formas de Estado y formas de gobierno en la República Argentina", cit.).

[9] JUAN CARLOS CASSAGNE, *Los grandes principios del derecho público* (*constitucional y administrativo*), Buenos Aires, La Ley, 2016, págs. 105 y ss. y *El Estado populista*, Buenos Aires, BdeF, 2017, págs. 41 y ss.

[10] WERNER GOLDSCHMIDT, *Introducción al derecho*, Buenos Aires, Depalma, 1967, pág. 409; más precisamente en *Introducción filosófica al derecho*, 4ª ed., Buenos Aires, Depalma, 1973, pág. 438.

[11] Ver SANTIAGO MUÑOZ MACHADO, *Tratado de derecho administrativo y de derecho público general*, 2ª ed., t. I, Madrid, Iustel, 2006, págs. 1193 y ss.; y t. IV, Madrid, Iustel, 2011, págs. 497 y ss.

[12] Estos últimos modelos ponen en práctica la economía social de mercado (LUDWIG ERHARD y ARMAK M. MULLER, *El orden del futuro*, trad. del alemán, Buenos Aires, Eudeba, 1981, ps. 26 y ss.), en contra de las tendencias del socialismo radicalizado del siglo XXI, que encarna la razón populista con fuerte intervención o control estatal de la economía y una política distributiva que prescinde de la productividad y eficiencia, multiplicando, en definitiva, la pobreza de los habitantes (Ampliar en JUAN CARLOS CASSAGNE, *El Estado populista*, cit., págs. 101 y ss.).

fuerza irrumpan contra el sistema democrático y a los funcionarios que cometan actos dolosos que conlleven su enriquecimiento; 2) en el artículo 38, al declarar que los partidos políticos son instituciones fundamentales del sistema democrático, garantizándoles su organización y funcionamiento democrático; 3) en el artículo 75, inciso 19, en cuanto atribuye al Congreso competencia para dictar leyes de organización y de base que promuevan los valores democráticos, y 4) en el artículo 75, inciso 24, que condiciona la aprobación de los tratados de integración a que respeten el orden democrático.

2. EL RÉGIMEN FEDERAL

Conforme lo dispone el artículo 1º, CN, la República Argentina es un Estado federal[13], constituido por veintitrés provincias y la Ciudad Autónoma de Buenos Aires[14].

A) *Origen y desarrollo histórico*

El federalismo adoptado por la CN (art. 1º) siguió, básicamente, el modelo de la Constitución de los EE. UU. y representa una combinación de nuestros antecedentes unitarios y federales[15]. El carácter mixto resultante, que confiere originalidad a nuestra Constitución, se revela, fundamentalmente, en la unidad de legislación del denominado derecho común, cuya competencia para legislar se atribuye al Congreso de la Nación por el artículo 75, inciso 12, CN[16].

[13] El federalismo supone la descentralización territorial del poder político en una pluralidad de centros autónomos dentro de un mismo Estado nacional y un gobierno común a todos los estados o provincias que integran la federación y que carecen del derecho de secesión y nulificación. De tal modo, el federalismo se caracteriza por la organización de gobiernos propios, elegidos por los pueblos de cada estado o provincia que se unen a través de un vínculo común creando una unión, como entidad distinta de los estados o provincias miembros, a la que se adjudican poderes privativos y concurrentes, reservándose determinadas facultades. En este sistema, la Constitución federal es la ley suprema de la nación y tiene una superior jerarquía sobre todo el ordenamiento jurídico (CASSAGNE, "La teoría del Estado y temas colindantes. Formas de Estado y formas de gobierno en la República Argentina", cit.).

[14] En adelante CABA.

[15] La CSJN ha expresado que, "si bien la Constitución Nacional adopta el principio federal, lo hace según lo establece la presente Constitución, es decir, conforme a las modificaciones que la misma introduce respecto de su modelo, que era el norteamericano. Puesto que el federalismo argentino no tiene el mismo origen histórico que el norteamericano, pues procede de un régimen de descentralización administrativa que regía en la colonia, la distribución de competencia legislativa no es idéntica y las provincias delegan en el Estado Federal materias que se reservan en la Constitución de Estados Unidos. En 1853 y en especial en la fuente norteamericana tomada con preferencia, no se conocían modelos constitucionales de facultades concurrentes en forma de leyes marco, como sucede contemporáneamente" (Fallos: 328:1146, "Verbitsky, Horacio s/ hábeas corpus", sent. del 3/5/05).

[16] A diferencia de lo que ocurre con el derecho común (códigos Civil, Comercial, Penal, de Minería, y del Trabajo y Seguridad Social´), cuya regulación corresponde en forma exclusiva

Para captar el nacimiento y evolución del principio federal no puede prescindirse del escenario existente en la nueva entidad que, tras la Revolución de Mayo de 1810, comenzó a llamarse "Provincias Unidas del Río de La Plata".

La Revolución de Mayo implicó un cambio abrupto en el sistema para elegir la máxima autoridad del antiguo Virreinato del Río de La Plata. El Cabildo de Buenos Aires sustituyó al virrey con fundamento en el principio de la soberanía del pueblo, ante la vacancia producida en el reino español por la invasión napoleónica. Algo similar ocurriría en otras ciudades de América española que comenzaron a darse gobiernos propios.

La Primera Junta patria[17] surgida el 25 de mayo de 1810, al deponer al virrey y asumir el poder en todo el territorio del Virreinato, organizó el primer ejército contra los españoles y criollos que seguían fieles a España, que no aceptaron subordinarse al poder de Buenos Aires. Lo curioso es que ambos bandos lucharon en nombre del rey Fernando VII, que estaba prisionero del ejército francés, luego de la abdicación de Bayona el 5 de mayo de 1808. Es que en los comienzos de la Revolución la idea de independencia, aunque latente, no se había exteriorizado políticamente. Solo se hablaba de libertad y de gobierno propio, por lo que, inicialmente, fue similar a una guerra interna en el seno del Virreinato, ante la caducidad del poder real español.

Pronto empezaron a operar las fuerzas de un federalismo incipiente iniciado con la ampliación de los miembros de la Primera Junta de gobierno (la denominada Junta Grande) y la Asamblea de 1813, hasta llegar a la elección de Gervasio Posadas como primer Director Supremo de las Provincias Unidas del Río de La Plata (22 de enero de 1814).

En forma contemporánea, las antiguas intendencias virreinales fueron reemplazadas por provincias cuyos gobernadores pasaron a ser elegidos por los cabildos de cada ciudad capital y se descentralizó la recaudación de impuestos a través de aduanas interiores. En la Banda Oriental, José Gervasio Artigas encabezó la sublevación contra las autoridades españolas y llegó a fundar una suerte de Liga Confederal, con las provincias de Entre Ríos y Corrientes, y puso sitio a la ciudad de Santa Fe que, hasta 1816, dependía de la gobernación de Buenos Aires.

Los historiadores coinciden en que la cuestión central que se debatió en el Congreso de Tucumán fue la declaración de la independencia del Reino de

---

al Congreso nacional (art. 75, inc. 12, CN), la Nación, las provincias y la CABA, cada uno en su órbita, están válidamente facultadas para legislar en materias de derecho administrativo. Ello es una consecuencia del sistema de reparto de competencias normativas que la CN establece entre la Nación, las provincias y la CABA (arts. 1º, 75, 99, 121, 122, 129 y conc, CN). (Ver: Miguel S. Marienhoff, *Tratado de derecho administrativo*, reimp. de la 5ª ed., t. I, Buenos Aires, Abeledo-Perrot, 2004, págs.161 y Manuel María Diez, *Derecho administrativo*, 2ª ed., t. I, Buenos Aires, Plus Ultra, 1974, págs. 245-246).

[17] La denominación oficial fue Junta Provisional Gubernativa de las Provincias del Río de la Plata a nombre del Señor Don Fernando VII.

España[18], cuyo trono había recuperado Fernando VII en 1814, a partir de la derrota de Napoleón y la finalización de su influencia en toda Europa. José de San Martín, con Godoy Cruz y de Fray Justo Santamaría de Oro, fue uno de los principales impulsores. Cabe anotar que, en el comienzo de las discusiones habidas en el Congreso de Tucumán, la declaración de la independencia estaba estrechamente asociada a la decisión de adoptar la forma monárquica de gobierno que, apoyada por Belgrano y numerosos congresales, era bien vista en el exterior, sobre todo a partir de lo acordado entre las principales monarquías europeas en el Congreso de Viena de 1814. Gracias a la tenaz oposición de Fray Justo Santamaría de Oro[19], esta decisión, que contaba con mayoría suficiente en el seno del Congreso de Tucumán, no se llegó a cristalizar.

El Congreso de Tucumán no adoptó resolución alguna acerca de la forma federal o unitaria de gobierno y tampoco este punto fue objeto de debates en su seno, pues la principal mira que convocó a los congresales era la declaración de la independencia de España de las Provincias Unidas de Sud América y, en segundo lugar, la adopción de la forma monárquica o republicana.

Sin embargo, no se puede negar que en todo el territorio nacional imperaba un federalismo de hecho, por cierto, inorgánico o, si se quiere, una tendencia incipiente hacia el reconocimiento de las autonomías de las provincias que presagiaban (aunque entonces no se veía tan claro) que el país iba a terminar adoptando como forma de Estado un sistema mixto o de federalismo moderado, sobre el que existían algunos ensayos teóricos como el Proyecto de Monteagudo. Porque, como los gobernadores de las provincias eran elegidos por los cabildos de sus ciudades capitales, la convocatoria al Congreso de Tucumán se hizo sobre la base del reconocimiento del derecho de los habitantes de cada provincia a elegir sus representantes.

A esta circunstancia que, en forma implícita, inclinaba la cuestión hacia la forma federal de Estado, se agregan otras de no menor envergadura: a) los ejércitos que combatieron en la guerra de la independencia estaban integrados, indistintamente, por porteños y provincianos que defendían una única causa (la nacional); b) la designación del Director Supremo de las Provincias Unidas, hecha en la persona del Gral. Pueyrredón, fue efectuada por los representantes de las provincias en el Congreso de Tucumán, y c) en la fórmula del juramento de la independencia se emplea el término Unión (al igual que en la Constitución norteamericana) y la propia Acta de la Independencia se refiere a las Provincias Unidas de Sud América, lo que se traduce en un paralelismo en las fórmulas constitucionales utilizadas o, al menos, una idea preliminar sobre

---

[18] La Declaración de Independencia de las Provincias Unidas del Río de La Plata con la monarquía española se produjo por el Congreso de Tucumán el 9 de julio de 1816.

[19] Vid. JUAN G. DURÁN, *Fray Justo de Santa María de Oro*, Diputado por San Juan (1772-1836), Buenos Aires, Círculo de Legisladores de la Nación Argentina, 2015, págs. 79-82.

la adopción del principio federal, el que, por otra parte, resultaba aplicable cualquiera hubiera sido la suerte de la opción entre una monarquía o una república.

Como el curso de la historia es algo sucesivo y no se detiene, la institución del principio federal fue imponiéndose en los años posteriores cuando los argentinos nos vimos envueltos en cruentas guerras civiles que nos hicieron perder el rumbo, debiendo reconocerse que el gran mérito de la consagración del sistema federal que hoy nos rige es la obra no solo de quienes se levantaron en armas contra Juan Manuel de Rosas, sino de un grupo de jóvenes nucleados bajo el liderazgo de Esteban Echeverría en la denominada generación de 1837 (Alberdi, Gutiérrez, López, etc.), cuyas ideas fueron resumidas por Juan Bautista Alberdi en el Proyecto de Constitución que acompañó la segunda edición de las Bases[20]. No se puede desconocer que Alberdi supo ver con la visión de un gran estadista cuál era el sistema más conveniente para la idiosincrasia de nuestro país después de la emancipación de España.

El régimen federal, que finalmente se impuso en la CN, traduce un federalismo moderado que consiste en una combinación de facultades, unificando fuertemente los poderes nacionales y manteniendo las autonomías de las provincias[21].

Sin embargo, la experiencia política argentina, en cierto modo agravada por la reforma constitucional de 1994, ha transformado el equilibrio entre el poder nacional y los poderes provinciales sobre el que reposa todo federalismo, en un sistema que, en los hechos, configura un centralismo propio de un Estado unitario que ha terminado por colocar a las provincias —en muchos

---

[20] JUAN BAUTISTA ALBERDI es el autor de una obra cumbre para la organización constitucional argentina titulada *Bases y puntos de partida para la organización política de la República Argentina, derivados de la ley que preside al desarrollo de la civilización en América del Sud,* publicada el 2 de mayo de 1852, a la cual, en su segunda edición de Valparaíso, agregó un proyecto de Constitución de 107 artículos. La influencia de este proyecto en los congresistas que aprobaron en Santa Fe la Constitución en 1853 fue muy importante. Por tanto, su pensamiento constituye la principal fuente para la interpretación auténtica del régimen federal que finalmente aprobaron los constituyentes, que se reunieron en 1853 en la ciudad de Santa Fe para sancionar la Constitución definitiva de la República (JUAN B. ALBERDI, *Las bases*, 2ª ed., cap. XXV, septiembre 1852, en JORGE M. MAYER, *Bases de Alberdi*, Buenos Aires, Sudamericana, 1979, págs. 310 y ss.).

[21] Al convocarse a los diputados de las provincias para la Convención Constituyente que aprobó el primer texto constitucional en 1853 no se tenía, en general, una idea clara de lo que significaba el sistema federal de gobierno, el cual tendía a confundirse con el que es propio de una Confederación de Estados o Provincias ligadas por un pacto o alianza común (unificado solo el mando militar y la conducción de las relaciones exteriores). Además, las provincias, por una deformación conceptual propia de la época, se consideraban independientes y soberanas.

aspectos— en una situación de gran dependencia, política y económica, respecto del gobierno nacional[22].

3. Relaciones jurídico-políticas en el Estado federal

Las relaciones jurídicas y políticas que median entre el Estado Federal y las provincias están delineadas en la CN, que se reputa norma suprema (art. 30), y son de tres tipos: participación, subordinación y coordinación[23].

A) *Relaciones de participación o inordinación*

Las relaciones de inordinación expresan que tanto la Nación como las provincias integran un solo país. Estas relaciones son las que conciernen a la colaboración de los estados locales en las decisiones del gobierno federal.

Ejemplo de este tipo de relaciones son las que se verifican por la participación y representación de las provincias y la CABA en el Senado de la Nación, que es una de las cámaras del órgano legislativo nacional, denominado Congreso[24], y en la reforma a la CN. Otro ejemplo de las relaciones de coordinación se verifica por la participación de las provincias y la CABA en el organismo fiscal federal con competencia en materia tributaria previsto por el artículo 75, inciso 2º, CN.

B) *Relaciones de subordinación*

Las relaciones de subordinación son aquellas que plasman la prevalencia del Estado Federal sobre las provincias en aquellos aspectos que así lo determina la CN y cuya finalidad es preservar la unidad federativa[25]. Las relaciones de subordinación se expresan en la llamada supremacía federal.

---

[22] Juan Carlos Cassagne, "El federalismo, la justicia y el bien común", en *El Derecho Administrativo*, 2015, pág. 671.

[23] La CSJN ha expresado que el Estado Federal "se trata de un Estado en el que la unidad y la diversidad, la centralización y la descentralización se resumen en una unidad dialéctica caracterizada por una específica conexión de las relaciones de coordinación, *supra* y subordinación e inordinacion, de tal manera que todas ellas se condicionan y complementan recíprocamente" (Manuel García Pelayo, *Derecho constitucional comparado*, Madrid, Alianza Editores, 1993)" (causa "Nobleza Piccardo S.A.I.C. y F. c/ Santa Fe, Provincia de s/ acción declarativa de inconstitucionalidad", sent. del 27/10/15, La Ley cita online: AR/JUR/39861/2015).

[24] Como veremos más adelante, dicho cuerpo colegiado se compone por la Cámara de diputados, cuyos integrantes representan al pueblo de la Nación, y por la Cámara de Senadores, la cual está integrada por representantes de las Provincias y de la Ciudad de Buenos Aires, en forma igualitaria (art. 54, CN).

[25] Adolfo Gabino Ziulu, *Derecho constitucional*, t. i, Buenos Aires, Depalma, 1997, pág. 158.

Manifestaciones de este tipo de relaciones se encuentran en los siguientes artículos de la CN: artículo 5º que establece las condiciones que deben reunir las constituciones de las provincias y la denominada garantía federal[26]; artículo 6º que prevé los supuestos en que el Gobierno Federal puede intervenir una provincia; artículo 23 que establece la facultad del Gobierno Federal de declarar el estado de sitio, artículo 31 que consagra la supremacía del derecho federal[27], artículo 128 que estatuye la condición de los gobernadores de las provincias como agentes naturales del Gobierno Federal para hacer cumplir la CN y las leyes de la Nación; artículo 75, inciso 15 que prevé la facultad del Congreso para fijar los límites interprovinciales; artículo 127 que dispone que las quejas entre provincias deben ser sometidas para su resolución a la Corte Suprema de Justicia de la Nación[28].

C) *Relaciones de coordinación*

Las relaciones de coordinación son las que delimitan las competencias que corresponden al Gobierno Federal y a las provincias.

a) *Pautas jurisprudenciales para la compatibilización de las facultades de las provincias y el Estado Federal.* Puesto que, en materia de distribución de competencias entre el Estado Nacional y las provincias, las previsiones constitucionales —aun las más exactas— suelen verse, más tarde o más temprano, desafiadas por la creciente complejidad de cuestiones originariamente previstas, pero insuficientemente reguladas o por la generación de cuestiones imprevistas en el texto constitucional, la Corte Suprema de Justicia de la Nación[29] ha sentado algunas pautas para su compatibilización. La primera de ellas es que, al ser el federalismo un sistema cultural de convivencia, cuyas partes integrantes no actúan aisladamente, sino que interactúan en orden a una finalidad que explica su existencia y funcionamiento, el ejercicio de las competencias constitucionalmente asignadas debe ser ponderado como una interacción articulada[30]. Por tal motivo, la asignación de competencias a la

---

[26] El art. 5º, última parte, CN establece que cumplidos por una provincia los requisitos necesarios para dictarse una constitución (respeto del sistema representativo republicano y los principios, declaraciones y garantías de la CN, aseguramiento de su administración de justicia, régimen municipal, y educación primaria) el gobierno federal garantiza el goce y ejercicio de sus instituciones.

[27] "El art. 31 contiene dos principios sustantivos del ordenamiento jurídico de la República Argentina: el principio de supremacía constitucional y el principio de jerarquía de las fuentes del derecho" (GELLI, *Constitución de la Nación Argentina. Comentada y concordada*, cit. t. I, 2015, pág. 466).

[28] En adelante CSJN.

[29] En adelante: CSJN

[30] Fallos: 340:1695, "La Pampa, Provincia de c/ Mendoza, Provincia de s/ uso de aguas", sent. del 1/12/2017.

Nación y a las provincias que importa el sistema federal no implica la subordinación de los estados provinciales al gobierno central, pero sí coordinación de esfuerzos y funciones dirigidos al bien común general, tarea en la que ambos han de colaborar, para la consecución eficaz de aquel fin; pues no debe verse aquí enfrentamientos de poderes, sino unión de ellos en vista a metas comunes[31].

También ha señalado que "la funcionalidad del sistema federal constitucional argentino se funda en el principio de lealtad federal o buena fe federal, conforme al cual en el juego armónico y dual de competencias federales y provinciales que, para su deslinde riguroso, puede ofrecer duda, debe evitarse que tanto el gobierno federal como las provincias abusen en el ejercicio de esas competencias, tanto si son propias como si son compartidas o concurrentes; implica asumir una conducta federal leal, que tome en consideración los intereses del conjunto federativo, para alcanzar cooperativamente la funcionalidad de la estructura federal *in totum* (GERMÁN BIDART CAMPOS, *Tratado elemental de derecho constitucional argentino*, tomo 1 A, Ediar, 2007, pág. 695)"[32].

Asimismo, ha afirmado que, la regla y no la excepción consiste en la existencia de jurisdicciones compartidas entre la Nación y las provincias, por lo que, en consecuencia, deben ser interpretadas las normas de aquella de modo que las autoridades de la una y de las otras se desenvuelvan armoniosamente, evitando interferencias o roces susceptibles de acrecentar los poderes del gobierno central en desmedro de las facultades provinciales y viceversa, y procurando que actúen para ayudarse y no para destruirse[33].

Del mismo modo ha dicho que, si bien todo aquello que involucre el peligro de limitar las autonomías provinciales ha de instrumentarse con la prudencia necesaria para evitar el cercenamiento de las facultades propias de las provincias, tales facultades no pueden enervar el ejercicio razonable de las facultades delegadas al gobierno federal, so pena de convertir en ilusorios los propósitos y objetivos de las citadas facultades que fincan en la necesidad de procurar eficazmente el bien común de la Nación toda, en el que necesariamente se encuentran engarzadas y del cual participan todas las provincias[34].

[31] Fallos: 322:2862, "Líneas de Transmisión del Litoral S. A. (LITSA) c/ Corrientes, Provincia de s/ acción declarativa", sent. de 18/11/99, y Fallos: 340:1695, "La Pampa, Provincia de c/ Mendoza, Provincia de s/ uso de aguas", sent. de 1/12/2017.

[32] Fallos: 340:1695, "La Pampa, Provincia de c/ Mendoza, Provincia de s/ uso de aguas", sent. de 1/12/2017.

[33] Fallos: 304:1186, "Provincia de Buenos Aires c/ Empresa Nacional de Telecomunicaciones. Provincia de Buenos Aires c/ Servicios Eléctricos del Gran Buenos Aires"; sent. de 24/8/1982; Fallos: 307:360, "Marwick, S. A. c/ Provincia de Misiones. Agencia Marítima San Blas S. R. L. c/ Provincia del Chubut", Fallos: 338:1183, "Papel Prensa S. A. c/ Estado Nacional (Buenos Aires Pcia. citada 3°) y otro s/ acción meramente declarativa", sent. de 3/11/2015.

[34] Fallos: 304:1186, "Provincia de Buenos Aires c/ Empresa Nacional de Telecomunicaciones. Provincia de Buenos Aires c/ Servicios Eléctricos del Gran Buenos Aires", sent.

b) *Distribución de facultades entre el Gobierno Federal y las provincias.* La CN reparte las facultades de la Nación y las provincias del siguiente modo[35].

a') *Facultades delegadas al Gobierno Nacional* (arts. 75, 99 y 100, CN) y, por tanto, no ejercitables por las provincias (art. 126, CN). Estas facultades pueden subclasificarse en: (i) las expresamente atribuidas por la CN, como por ejemplo, la intervención federal (art. 6º, CN), la declaración del estado de sitio (art. 23, CN), el dictado de los Códigos Civil, Comercial, Penal, de Minería, y del Trabajo y Seguridad Social (art. 75, inc. 12, CN), la regulación de la moneda y la adopción del sistema de pesos y medidas (art. 75, inc. 11, CN), la regulación del comercio con naciones extranjeras y de las provincias entre sí (art. 75, inc. 13, CN) y (ii) las implícitamente delegadas[36], "cuyo ejercicio por los poderes provinciales obstaría o haría ineficaz el ejercicio de las que corresponden a los poderes nacionales"[37].

b') *Facultades conservadas por las provincias* (arts. 5, 121 y 122, CN), son aquellas expresamente reconocidas por la CN a las provincias, como darse sus propias instituciones locales y regirse por ellas, elegir sus gobernadores, sus legisladores y demás funcionarios de provincia, sin intervención del Gobierno Federal (art. 122, CN), y las remanentes que no han sido objeto de delegación por la CN al Gobierno federal (art. 121, CN)[38].

c') *Facultades reservadas por las provincias* por pactos especiales al tiempo de su incorporación a la federación (art. 121, parte final, CN).

d') *Facultades concurrentes atribuidas al Gobierno Federal y a las provincias* (arts. 75, inc. 18 y 125, CN), son aquellas que pueden ser ejercidas

---

de 24/8/1982; Fallos: 312:1437, "Disco Sociedad Anónima c/ Gobierno de la Provincia de Mendoza s/ APA", sent. de 29/8/1989; Fallos: 332:66, "Molinos Rio de la Plata S.A c/ Buenos Aires, Provincia de s/acción declarativa", sent. de 10/2/2009.

[35] En los sistemas federales existen tres técnicas constitucionales para la distribución de los poderes o facultades entre el Gobierno Federal y los estados miembros o provincias: a) establecer en forma rígida las competencias de los estados miembros y atribuir al Gobierno Federal las facultades no asignadas a aquellos; b) enumerar los poderes de ambos gobiernos, y c) fijar la competencia del Gobierno Federal y establecer que todas las facultades no atribuidas por la Constitución al Estado Federal se consideran reservadas a los estados miembros. Este último es el criterio seguido por la Constitución argentina (art. 121) (GERMÁN J.BIDART CAMPOS, *Derecho constitucional*, t. I, Buenos Aires, Ediar, 1968, pág. 490).

[36] El art. 75, inc. 32, CN, confiere competencia al Congreso nacional para "Hacer todas las leyes y reglamentos que sean convenientes para poner en ejercicio los poderes antecedentes, y todos los otros concedidos por la presente Constitución al Gobierno de la Nación Argentina".

[37] Fallos: 183:190, "F. C. del Sud", sent. de 22/3/1939.

[38] Con arreglo a las disposiciones constitucionales citadas, la CSJN en más de una ocasión ha expresado que los poderes de las provincias son originarios e indefinidos, en tanto que los delegados a la Nación son definidos y expresos (art. 75) (Fallos: 320:619, "Telefónica de Argentina c/ Municipalidad de Chascomús s/ acción meramente declarativa", sent. de 18/04/1997).

por el Gobierno Federal como por los de las provincias[39]. Ejemplo de estas es el establecimiento de impuestos indirectos internos (art. 75, inc. 2º, CN) o lo atinente a la regulación de las materias que encuadran dentro de la denominada "cláusula del progreso" (arts. 75, inc. 18 y 125, CN).

e') *Facultades compartidas entre el Gobierno Federal y las provincias.* Son las que deben ser ejercitadas simultáneamente entre el Gobierno Federal y una o más provincias. A diferencia de las facultades concurrentes, en estos casos la decisión es producto de la voluntad integrada del Gobierno Federal y de la o las provincias. Tal ocurre para la fijación de la Capital Federal (art. 3, CN) o para crear una nueva provincia "en el territorio de otra u otras" (art. 13, CN)[40].

f') *Facultades prohibidas del Gobierno Federal.* En esta categoría se agrupan aquellas facultades que están vedadas al Gobierno Federal. Ellas son las que expresamente la CN contempla, como la prohibición para el Congreso de establecer la jurisdicción federal sobre el ejercicio de la libertad de imprenta (art. 32, CN), como las que surgen tácitamente por estar dentro del cúmulo de las conservadas o reservadas por las provincias[41].

g') *Facultades prohibidas de las provincias.* Los artículos 126 y 127, CN, disponen diversas limitaciones para las provincias, muchas de las cuales se corresponden con materias que han sido expresamente delegadas al Gobierno Federal. En efecto, como corolario lógico de lo previsto en los artículos 75 y 121, CN, se establece el siguiente catálogo de prohibiciones para las provincias: a) ejercer el poder delegado a la Nación; b) celebrar tratados parciales de carácter político; c) dictar leyes sobre comercio[42], o navegación interior o exterior, establecer aduanas provinciales[43]; d) acuñar moneda; establecer bancos con facultad de emitir billetes[44], sin autorización del Congreso Federal[45]; e) dictar los códigos Civil, Comercial, Penal, del Trabajo y Seguridad Social y de Minería[46]; f) dictar leyes sobre ciudadanía y naturalización, bancarrotas,

---

[39] En caso de colisión en el ejercicio de este tipo de facultades entre el Gobierno Federal y el de una provincia la CSJN sostiene la prevalencia del poder nacional, "en función de los fines queridos por la Constitución y el interés general en juego" (Fallos: 315:1013, "Leiva, Martín c/ Entre Ríos, Provincia de s/ inconstitucionalidad ley 8144", sent. del 19/5/1992).

[40] BIDART CAMPOS, *Manual de la Constitución reformada*, Buenos Aires, Ediar, t. I, 4ª reimpr., 2005, pág. 444.

[41] SAGÜES, *Derecho constitucional*, t. 2, Buenos Aires, Astrea, 2017, pág. 532.

[42] Según el art. 75, inc. 13, CN, corresponde al Congreso "Reglar el comercio con las naciones extranjeras, y de las provincias entre sí".

[43] Art. 75, inc. 10, CN; conf. arts. 9º y 10, CN.

[44] Art. 75, inc. 6º, CN.

[45] Art. 75, inc. 11, CN.

[46] Art. 75, inc. 12, CN.

falsificación de moneda o documentos del Estado[47]; g) establecer derechos de tonelaje; h) armar buques de guerra o levantar ejércitos, salvo en el caso de invasión exterior o de un peligro tan inminente que no admita dilación dando luego cuenta al Gobierno Federal"[48]; i) nombrar o recibir agentes extranjeros[49]; j) declarar o hacer la guerra a otra provincia[50].

h) *Facultades prohibidas del Gobierno Federal y de las provincias.* El artículo 29, CN prohíbe al Congreso nacional y a las legislaturas provinciales otorgar facultades extraordinarias o la suma del poder público al presidente de la República o a los gobernadores de las provincias.

4. LA ORGANIZACIÓN DEL ESTADO NACIONAL

La CN en su parte segunda, "Autoridades de la Nación", en el título primero, dedicado al Gobierno Federal, y a lo largo de tres secciones, regula la organización y el funcionamiento de los poderes legislativo, ejecutivo y judicial.

Es conveniente advertir que la CN distribuye funciones predominantes, según un criterio material, entre los tres poderes del Estado (ejecutivo, legislativo y judicial) sin identificar completamente las funciones con los órganos. Así, los tres poderes vienen a ejercer, en forma relativa y con las limitaciones constitucionales establecidas en forma expresa, implícita o inherente, las tres funciones en sentido material, aunque prevalezca la función predominante, en algunos poderes más que en otros (ya que, por ejemplo, el poder ejecutivo ejerce funciones materialmente normativas cuando pone en ejercicio su potestad reglamentaria, tanto privativa como delegada, atribución que para el poder judicial es implícita). De ese modo, mientras al poder ejecutivo se le ha adjudicado, principalmente, la función administrativa, y al poder legislativo le corresponde materialmente la función de legislar (actividad normativa), el poder judicial tiene atribuido —tal vez, de manera más absoluta que en los dos casos anteriores— el ejercicio de la función materialmente jurisdiccional (resolver litigios con fuerza de verdad legal)[51].

---

[47] Art. 75, inc. 12, CN.

[48] Art. 75, incs. 25, 26 y 27 y art. 99, incs. 12 y 15, CN.

[49] Art. 99, inc. 11, CN.

[50] Después de prohibirse a las provincias "declarar o hacer la guerra a otra provincia", el art. 127, CN precisa: "Sus quejas deben ser sometidas a la Corte Suprema de Justicia y dirimidas por ella. Sus hostilidades de hecho son actos de guerra civil, calificados de sedición o asonada, que el Gobierno Federal debe sofocar y reprimir conforme a la ley".

[51] CASSAGNE, "La teoría del Estado y temas colindantes. Formas de Estado y formas de gobierno en la República Argentina", cit.

A) *El Congreso de la Nación*

El poder legislativo está a cargo de un órgano colegiado denominado *Congreso*, que se compone "de dos Cámaras, una de Diputados de la Nación y otra de Senadores de las provincias y de la ciudad de Buenos Aires" (art. 44; CN). Todos sus miembros son elegidos en forma democrática por sufragio universal, secreto y obligatorio.

Las dos cámaras del Congreso se reúnen en sesiones ordinarias, que son inauguradas por el presidente de la Nación el 1º de marzo y se extienden hasta el 30 de noviembre de cada año[52]. No obstante, el poder ejecutivo nacional puede convocar a sesiones extraordinarias o prorrogar las sesiones ordinarias (arts. 63 y 99, inc. 8º, CN).

a) *Cámara de Diputados.* Según lo dispone el artículo 45, CN, "La Cámara de Diputados se compone de representantes elegidos directamente por el pueblo de las provincias, de la ciudad de Buenos Aires, y de la Capital en caso de traslado, que se consideran a este fin como distritos electorales de un solo Estado[53] y a simple pluralidad de sufragios. El número de representantes será de uno por cada treinta y tres mil habitantes o fracción que no baje de dieciséis mil quinientos. Después de la realización de cada censo, el Congreso fijará la representación con arreglo al mismo, pudiendo aumentar pero no disminuir la base expresada para cada diputado".

La CN no fija el número de integrantes del cuerpo, sino un método para determinarlo, en forma proporcional, en atención a la cantidad de habitantes del país[54]. Actualmente la Cámara está compuesta por doscientos cincuenta y siete diputados[55].

El mandato de los diputados es de cuatro años y son reelegibles (art. 50, CN). La cámara se renueva por mitades cada dos años (art. 50, CN).

Las autoridades del cuerpo no están previstas en la CN, sino en el Reglamento de la Cámara[56], en el cual se contempla la existencia de un presidente,

---

[52] Dispone el art. 99, inc. 8º que el presidente de la Nación "Hace anualmente la apertura de las sesiones del Congreso, reunidas al efecto ambas Cámaras, dando cuenta en esta ocasión del estado de la Nación, de las reformas prometidas por la Constitución, y recomendando a su consideración las medidas que juzgue necesarias y convenientes".

[53] En total son veinticuatro: veintitrés provincias más la CABA.

[54] El art. 45, segundo párrafo establece: "El número de representantes será de uno por cada treinta y tres mil habitantes o fracción que no baje de dieciséis mil quinientos. Después de la realización de cada censo, el Congreso fijará la representación con arreglo al mismo, pudiendo aumentar pero no disminuir la base expresada para cada diputado".

[55] Son requisitos para ser diputado tener al menos veinticinco años, cuatro años de ciudadanía argentina y haber nacido en la provincia por la que se postula o haber residido en ella los dos años precedentes (art. 48, CN).

[56] SAGÜES, *Derecho constitucional*, cit. t. 2, pág. 262.

vicepresidente 1º, vicepresidente 2º y vicepresidente 3º, los cuales son elegidos a pluralidad de votos[57].

b) *Cámara de senadores.* El Senado, después de la reforma constitucional de 1994, está integrado por setenta y dos senadores[58], a razón de tres por cada provincia y tres por la CABA, "correspondiendo dos bancas al partido político que obtenga el mayor número de votos, y la restante al partido político que le siga en número de votos" (art. 54, CN).

El cuerpo se renueva por partes, a razón de un tercio de los distritos electorales cada dos años (art. 56, CN). La duración de los mandatos de los senadores es de seis años y pueden ser reelegidos indefinidamente (art. 56, CN).

El senado es presidido por el vicepresidente de la Nación, quien no tiene voto sino en el caso que haya empate en la votación (art. 57, CN)[59].

c) *Competencias del Congreso de la Nación.* Entre otras, el Congreso tiene las siguientes competencias: a) *preconstituyente*: declara con "el voto de dos terceras partes, al menos, de sus miembros" la necesidad de reforma de la Constitución (art. 30, CN); b) *Control*[60]: tarea que se materializa a través de las siguientes formas: (i) juicio político (arts. 53, 59 y 60, CN)[61]; (ii) aprobación o rechazo de la cuenta de inversión[62] (art. 75, inc. 8º, CN); (iii) requerimiento

---

[57] *http://www.congreso.gob.ar/reglamentoDiputados.php*

[58] Para ser elegido senador se exige tener al menos treinta años de edad, haber sido ciudadano de la Nación seis años y ser natural de la provincia por la que se postula o tener dos años de residencia inmediata en ella (art. 55, CN).

[59] En caso de ausencia del vicepresidente o cuando este ejerce las funciones de presidente de la Nación el Senado es presidido por el presidente provisorio (art. 58, CN).

[60] La reforma de 1994 dio jerarquía constitucional a la figura del defensor del pueblo de la Nación en el art. 86, CN, como un órgano independiente instituido en el ámbito del Congreso de la Nación, que actúa con plena autonomía funcional. La función de este órgano es la defensa y protección de los derechos humanos y demás derechos, garantías e intereses tutelados en la CN y las leyes, ante hechos, actos u omisiones de la Administración (para lo cual se le confiere legitimación procesal) y el control del ejercicio de las funciones administrativas públicas. "Es designado y removido por el Congreso con el voto de las dos terceras partes de los miembros presentes de cada una de las Cámaras. Goza de las inmunidades y privilegios de los legisladores. Durará en su cargo cinco años, pudiendo ser nuevamente designado por una sola vez" (art. 86, 2º pár., CN).

[61] Procedimiento por el cual el Congreso, mediante mayorías calificadas, puede destituir e inhabilitar al presidente, vicepresidente, jefe de Gabinete de Ministros, ministros del poder ejecutivo y jueces de la CSJN (art. 53, CN). En el juicio político la Cámara de Diputados tiene a su cargo la función de acusar y la de senadores la de juzgar. Para que prospere la acusación la Cámara de Diputados debe reunir, al menos, los votos de las dos terceras partes de sus miembros presentes (art. 53, CN). Igual mayoría se requiere para que pueda condenar al funcionario acusado (art. 59, CN).

[62] El desarrollo de dicha labor debe ser efectuada con apoyo en los dictámenes de la Auditoría General de la Nación, órgano colegiado que lleva adelante "el control externo del

de informes e interpelaciones al jefe de gabinete de ministros y a los ministros del poder ejecutivo (arts. 71 y 101, CN); (iv) censura al jefe de gabinete (art. 101, CN); (v) autorización para la salida del país del presidente (art. 99, inc. 18, CN); (vi) aceptación o rechazo de la renuncias del presidente y vice (art. 75, inc. 21, CN); (vii) aprobación o rechazo de los decretos de necesidad urgencia y los delegados (art. 99, inc. 3 y 100, inc. 12, CN y art. 22, ley 26.122); c) *de colaboración en la designación de funcionarios nombrados por el presidente,* lo cual se materializa mediante el otorgamiento por parte del Senado de su acuerdo (art. 99, incs. 4º, 7º y 13, CN)[63]; d) *fijación de los límites del país y de las provincias* (art. 75, inc. 15, CN); *e) concesión de amnistías generales* (art. 75, inc. 20); f) *aprobación de tratados internacionales* (art. 75, incs. 22 y 24, CN); *g) autorización para que el Presidente declare la guerra o la paz y para ordenar represalias* (art. 75, incs. 25 y 26, CN); *h) permitir la introducción de tropas extranjeras en el territorio de la Nación, y la salida de las fuerzas nacionales fuera de él* (art. 75, inc. 28, CN); i) *declarar el estado de sitio* en caso de conmoción interior, *y aprobar o suspender el estado de sitio declarado,* durante su receso, por el poder ejecutivo (art. 75, inc. 29, CN); j) *arreglar el pago de la deuda interior y exterior de la Nación* (art. 75, inc. 7, CN), y *k) dictar leyes en un amplio catálogo de materias enunciadas en diversos incisos del art. 75,* CN v. gr.: (i) determina los derechos de importación y exportación (art. 75, inc. 1º, CN), (ii) establece impuestos directos por tiempo determinado proporcionalmente iguales en todo el territorio nacional y siempre que la defensa, seguridad común y bienestar general lo exijan y contribuciones indirectas como facultad concurrente con las provincias[64], (iii) establece y modifica asignaciones específicas de recursos coparticipables, por tiempo determinado, por ley especial aprobada por la mayoría absoluta de la totalidad de los miembros de cada Cámara (art. 75, inc. 3º, CN), (iv) establece y reglamenta un banco federal con facultad de emitir moneda, así como otros bancos nacionales (art. 75, inc. 6º, CN); (v) aprueba el presupuesto general de gastos y cálculo de recursos (art. 75, inc. 8º, CN), (vi) acuerda subsidios del Tesoro nacional a las provincias (art. 75, inc. 9º, CN), (vii) dicta la legislación civil, comercial, penal, de minería, y del trabajo y seguridad social y las leyes sobre naturalización y nacionalidad y sobre bancarrotas, de falsificación de la moneda corriente y documentos públicos del Estado" (art. 75, inc. 12, CN);

---

sector público nacional en sus aspectos patrimoniales, económicos, financieros y operativos" (art. 85, CN).

[63] Estos son: jueces de la CSJN, embajadores, ministros plenipotenciarios y encargados de negocios y grados de oficiales superiores de las fuerzas armadas.

[64] La concurrente potestad tributaria ha dado lugar a que la Nación y las provincias hayan llegado a un acuerdo sobre el cobro de los impuestos directos e internos, encomendando a la Nación su percepción y repartiendo el producido conforme a un sistema de índices mediante un régimen jurídico denominado Coparticipación Federal de Impuestos, el cual después de la reforma producida en 1994 tiene reconocimiento constitucional en el art. 75, inc. 2, 2º pár, CN.

(viii) reglamenta la libre navegación de los ríos (art. 75, inc. 10, CN); (ix) regla el comercio con las naciones extranjeras y de las provincias entre sí (art. 75, inc. 13, CN); provee lo conducente a la prosperidad, adelanto y bienestar del país, la prosperidad humana y la igualdad real de oportunidades (art. 75, incs. 18, 19 y 23, CN); (x) regula la organización y funcionamiento de las fuerzas armadas (art. 75, inc. 27, CN); (xi) dispone del uso y de la enajenación de las tierras de propiedad nacional (art. 75, inc. 5º, CN), (xii) adopta un sistema uniforme de pesos y medidas para toda la Nación (art. 75, inc. 11, CN); (xiii) ejerce una legislación exclusiva en el territorio de la capital de la Nación y dicta la necesaria para el cumplimiento de los fines específicos de los establecimientos de utilidad nacional en el territorio de la República (art. 75, inc. 30, CN); y (xiv) cuenta con poderes implícitos de legislación (art. 75, inc. 32, CN).

Es importante señalar que el Congreso sanciona tres categorías de leyes. En efecto, la conjunción de la diversidad de materias de legislación y los órganos judiciales con competencia para su aplicación, permite distinguir tres clases de leyes que puede emitir el Congreso Nacional: las de derecho federal, de derecho común y de derecho local[65]: a) *leyes federales*, usualmente definidas por vía negativa o por exclusión. Se considera como tales, las que sanciona el Congreso con excepción de las de derecho común y de las de derecho nacional local[66] y cuya aplicación corresponde a los jueces federales (art. 116, CN). El contenido de las leyes federales concierne a la organización, regulación e instrumentación de toda la actividad impuesta por la CN al gobierno federal y a sus entes descentralizados[67]. b) *Leyes nacionales locales*: con esta denominación se hace referencia a la legislación en virtud de la cual el Congreso tenía la atribución exclusiva para regir los siguientes tres ámbitos de aplicación: (i) en la Capital Federal, supuesto en el cual el Congreso actuaba como la legislatura local[68]; (ii) en los antiguos territorios nacionales[69], y (iii) en los

---

[65] CARLOS JOSÉ LAPLACETTE, *Recurso extraordinario federal. Análisis teórico y práctico*, La Ley, Buenos Aires, 2011, pág.114.

[66] BIDEGAIN, *Cuadernos del Curso de Derecho Constitucional,* t. III, Buenos Aires, Abeledo-Perrot, 1986, pág. 54; MIGUEL ÁNGEL EKMEKDJIAN, *Tratado de derecho constitucional*, t. IV, Buenos Aires, Depalma, 1997, pág. 496; ESTEBAN YMAZ y RICARDO E. REY, *el recurso extraordinario*, Buenos Aires, Abeledo-Perrot, 2000, págs. 96; NARCISO J., LUGONES, *Recurso extraordinario*, Buenos Aires, Depalma, 1992, pág. 101 y LAPLACETTE, *Recurso extraordinario federal. Análisis teórico y práctico*, cit. pág. 114.

[67] SILVIA B. PALACIO DE CAEIRO, *Recurso extraordinario federal*, 2ª. ed. act. y amp., La Ley, 2012, pág. 103. Ver: ELÍAS P., GUASTAVINO, *Recurso extraordinario de inconstitucionalidad*, Buenos Aires, Ediciones La Rocca, 1992, t. I, pág. 407 y Adriana María Padulo y Pablo Esteban, Perrino, "La ley 26.944 de responsabilidad del Estado y los funcionarios públicos, ¿es una ley local o federal?", en *El Derecho Administrativo*, 2015, pág. 755.

[68] BIDEGAIN, *Cuadernos del curso de derecho constitucional,* cit., t. IV, pág. 102.

[69] El art. 67, inc. 14, CN, fue suprimido por la reforma constitucional de 1994. Por dicha norma se facultaba al Congreso para regular la organización, administración y gobierno que debían tener los territorios nacionales que quedaran fuera de los límites de las provincias.

lugares que se hallaban sujetos a jurisdicción federal[70]. En la actualidad esa categoría normativa ha quedado muy acotada por dos circunstancias: la primera es la provincialización de los antiguos territorios nacionales o gobernaciones[71], y la segunda está dada por el *status* jurídico autonómico que con la reforma constitucional de 1994 se le confirió a la CABA, a la cual se le asignaron facultades de legislación y jurisdicción (art. 129, CN)[72]. c) *Leyes de derecho común*, que sanciona el Congreso con arreglo a lo dispuesto en el artículo 75, inciso 12, CN, con vigencia en todo el territorio nacional[73]. Las materias que integran este tipo de leyes son los códigos Civil, Comercial, Penal, de Minería, del Trabajo y Seguridad Social, como también las normas que los integran, modifiquen o amplíen. La aplicación judicial de esta categoría de leyes incumbe como regla a los jueces locales, salvo que por razón de la persona o el lugar corresponda a la competencia federal.

B) *El poder ejecutivo nacional*

Según el artículo 87, CN el poder ejecutivo debe ser desempeñado por un ciudadano con el título de presidente de la Nación Argentina[74], quien es el Jefe Supremo y responsable político de la administración general del país (art. 99, inc. 1º, CN)[75].

---

[70] En la actual numeración, después de la reforma constitucional de 1994, corresponde al art. 75, inc. 30.

[71] El último de ellos fue Tierra del Fuego, Antártida e Islas del Atlántico Sur el cual se provincializó mediante la ley 23.775 (B.O. 15/5/1990).

[72] De ahí que, como afirma BIDART CAMPOS, "la legislación que puede dictar el Congreso para la ciudad *se restringe a lo razonablemente necesario a efectos de garantizar en ella los intereses del estado federal*. De este modo, la legislación «exclusiva» que para la capital sigue previendo el actual artículo 75, inc. 30 queda acotada en la disposición transitoria séptima, a tenor de la cual sólo ejerce, mientras la ciudad de Buenos aires mantenga la capitalidad, las atribuciones legislativas que el congreso «conserve» con arreglo al art. 129" (GERMÁN J. BIDART CAMPOS, *Manual de la Constitución reformada*, t. III, cit. pág. 171).

[73] La regulación de dichas materias está expresamente vedada a las provincias por el art. 126, CN.

[74] Para ser presidente la Constitución exige, además de los recaudos previstos para ser senador, haber nacido en el territorio argentino, o ser hijo de ciudadano nativo en el caso que se haya nacido en un país extranjero (art. 89).

[75] En la regulación del poder ejecutivo la Constitución argentina se apartó del modelo estadounidense para que el presidente tuviera el vigor y la estabilidad que la realidad del país y su historia aconsejaba, teniendo en cuenta, en cierto modo, la figura de los virreyes españoles. ALBERDI, inspirador de este criterio, resumió su tesis del siguiente modo: "dad al poder ejecutivo todo el poder posible, pero dádselo por medio de una Constitución" (JUAN B. ALBERDI, *Obras completas*, t. III, Buenos Aires, El Congreso, 1886, pág. 491).

El poder ejecutivo es unipersonal. El jefe de gabinete y los ministros[76] no integran el órgano presidencial, al cual, sin embargo, se hallan jerárquicamente subordinados[77].

Como ya lo hemos señalado, el sistema constitucional argentino adoptó el presidencialismo, lo cual implica que el máximo órgano ejecutivo de gobierno es elegido por los votos del pueblo. Así lo dispone el artículo 94, CN al establecer la elección directa del presidente y del vicepresidente de la Nación, en doble vuelta[78].

La duración del mandato del presidente y del vicepresidente es de cuatro años y "pueden ser reelegidos o sucederse recíprocamente por un solo período consecutivo. Si han sido reelectos o se han sucedido recíprocamente no pueden ser elegidos para ninguno de ambos cargos, sino con el intervalo de un período" (art. 90, CN)[79].

Las atribuciones del poder ejecutivo están expresamente previstas, mediante una enunciación no taxativa, en los distintos incisos del artículo 99, CN. En una sistematización de sus atribuciones[80], teniendo en cuenta la índole de la actividad material desarrollada, ellas pueden clasificarse en[81]:

a) *Facultades de gobierno o políticas: adjudicadas por el artículo 99, inciso 1o[82], CN, y en otros incisos del mismo artículo (v. gr.11[83] y 15[84]), ejercidas en*

---

[76] El art. 100, CN prescribe que "... los ministros-secretarios tendrán a su cargo el despacho de los negocios de la Nación, y refrendarán y legalizarán los actos del Presidente por medio de su firma, sin cuyo requisito carecen de eficacia. Su número y competencia se establecen por una ley especial".

[77] Cfr. Bidart Campos, *Manual de la Constitución reformada*, t. III, cit. pág. 203.

[78] Según lo establece el art. 96, CN, "La segunda vuelta electoral, si correspondiere, se realizará entre las dos fórmulas de candidatos más votadas, dentro de los treinta días de celebrada la anterior".

[79] El art. 91, CN, precisa que "el presidente de la Nación cesa en el poder el mismo día en que expira su período de cuatro años; sin que evento alguno que lo haya interrumpido, pueda ser motivo de que se le complete más tarde".

[80] Conf. Cassagne, *Curso de derecho administrativo*, 12ª ed. act., t. I, Buenos Aires, La Ley, 2018, págs. 282-285.

[81] Carlos Valiente Noailles, *Manual de jurisprudencia de la Corte Suprema de Justicia de la Nación*, t. I, Buenos Aires, Fondo de Obras Jurídicas, 1970, págs. 3 y ss.

[82] El inc. 1º del art. 99 determina que el presidente "es el jefe supremo de la Nación, jefe del gobierno y responsable político de la administración general del país".

[83] El inc. 11 del art. 99 dispone: "Concluye y firma tratados, concordatos y otras negociaciones requeridas para el mantenimiento de buenas relaciones con las organizaciones internacionales y las naciones extranjeras, recibe sus ministros y admite sus cónsules".

[84] El inc. 15 del art. 99, CN establece: "Declara la guerra y ordena represalias con autorización y aprobación del Congreso".

un marco de discrecionalidad en cuanto al poder de iniciativa, no obstante que se trata siempre de una actividad vinculada a la CN[85]; b) *facultades normativas*[86]: atribuidas por el inciso 2º del artículo 99, CN, de acuerdo con el presidente "expide las instrucciones y reglamentos que sean necesarios para la ejecución de las leyes de la Nación"[87], el inciso 3º del artículo 99, CN, que lo faculta para en circunstancias de excepción dictar decretos de necesidad y urgencia y el artículo 76, CN, que lo habilita a dictar reglamentos delegados[88]; c) *facultades co-legislativas*: participa de la actividad tendiente al dictado de leyes por el Congreso. El artículo 99, inciso 3º, CN, establece que "participa de la formación de las leyes con arreglo a la Constitución, las promulga y hace

[85] GERMÁN J. BIDART CAMPOS, *Derecho constitucional del poder*, t. II, Buenos Aires, Ediar, 1967, pág. 73.

[86] Al igual que la mayoría de las constituciones europeas del siglo XIX, el texto constitucional argentino en su redacción de 1853/1860 solo contempló la categoría de los denominados reglamentos de ejecución o ejecutivos (art. 86, inc. 2º —en la actual numeración art. 99, inc. 2º—, CN), que constituyó la más típica manifestación de la potestad reglamentaria en el período fundacional del Estado liberal. Sin embargo, ello no ha impedido que con el paso del tiempo se fueran admitiendo la existencia de otros poderes normativos en cabeza del poder ejecutivo, como ser los que dan lugar al dictado de reglamentos autónomos o independientes respecto de la ley, cuyo fundamento se encontrará en el art. 86 inc. 1º, CN (texto anterior a la reforma de 1994), como así también la posibilidad de dictar decretos de necesidad y urgencia y delegados (PABLO E. PERRINO, "El crecimiento de la potestad normativa de la administración en los Estados contemporáneos", en AA. VV., *Cuestiones de acto administrativo, reglamento y otras fuentes del derecho administrativo"*, *Jornadas organizadas por la Universidad Austral, Facultad de Derecho*, Buenos Aires, Ediciones RAP, 2009, pág. 91.

[87] La fuente de este precepto se halla en el art. 85.2 de la Constitución de la Monarquía Española, promulgada en Cádiz en 1812, cuya redacción es sumamente parecida. Esta disposición establecía: "Además de la prerrogativa que compete al Rey de sancionar leyes y promulgarlas, le corresponden como principales las facultades siguientes: Primera: expedir los decretos, reglamentos e instrucciones que crea conducentes para la ejecución de las leyes". A su vez, el art. 99 inc. 2º (en la numeración anterior a la reforma de 1994 86, inc. 2°) dispone que el presidente de la Nación "Expide instrucciones y reglamentos que sean necesarios para la ejecución de las leyes de la Nación, cuidando de no alterar su espíritu con excepciones reglamentarias". Es interesante destacar que en este aspecto, como en otros muchos, nuestro constituyente originario se apartó del modelo norteamericano, en el cual no se contempla una facultad reglamentaria de igual tenor. (Ver al respecto: CASSAGNE, "El diseño de la potestad reglamentaria en la Constitución de 1853 y su posterior evolución hasta la reforma constitucional de 1994", en AA. VV., *Estudios sobre la Constitución Nacional de 1853 en su sesquicentenario*, Biblioteca Academia Nacional de Derecho y Ciencias Sociales de Buenos Aires, Buenos Aires, La Ley, 2003, págs. 281 y ss.).

[88] PABLO ESTEBAN PERRINO, "Algunas reflexiones sobre los reglamentos delegados en la reforma constitucional", en AA. VV., *Derecho administrativo. Obra colectiva en homenaje al profesor Miguel S. Marienhoff*, dirigida por Juan Carlos Cassagne, Buenos Aires, Abeledo-Perrot, 1998, págs. 971 y ss.

publicar"[89] y el artículo 80, CN, prevé la facultad de observar (veto) dentro del plazo de diez días los proyectos de ley sancionados por las dos cámaras del Congreso. Además, el presidente puede presentar al Congreso proyectos de leyes, teniendo el derecho de iniciativa. Al propio tiempo, el poder ejecutivo hace anualmente la apertura de las sesiones del Congreso, recomendando las medidas que juzgue necesarias y convenientes (art. 99, inc. 8º, CN); prorroga las sesiones ordinarias del Congreso y convoca a extraordinarias (art. 99, inc. 9º, CN); d) *facultades administrativas*: como jefe supremo de la Nación y responsable político de la administración general del país le corresponde la titularidad de la función administrativa (art. 99, inc. 1º, CN). Hay que diferenciar aquellas facultades administrativas que el poder ejecutivo tiene en su carácter de ejecutor de las leyes, de las funciones administrativas que le corresponden por sí, atribuidas directamente por la CN que integran la "zona de reserva de la Administración"[90]. La función administrativa la desempeña en su carácter de órgano encargado de la aplicación de las leyes cuando "Concede jubilaciones, retiros, licencias y pensiones conforme a las leyes de la Nación" (art. 99, inc. 6º, CN), o hace recaudar las rentas de la Nación o decreta su inversión con arreglo a las leyes (art. 99, inc. 10, CN). Además, realiza función administrativa, pero en este caso no derivada de la ley, cuando imparte órdenes a los órganos administrativos, los controla o resuelve conflictos suscitados entre ellos[91], o cuando nombra o remueve empleados (art. 99, inc. 7º, CN) o solicita informes a los empleados de la Administración (art. 99, inc. 17, CN). Algunas actividades administrativas atribuidas al poder ejecutivo deben ser ejercidas juntamente con otros poderes del Estado: el nombramiento de jueces, embajadores y oficiales superiores de las fuerzas armadas requiere el acuerdo del Senado (art. 99, incs. 4º, 5º, 7º y 13, CN), siempre que el Congreso no estuviese en receso, supuesto en el que es procedente la designación "en comisión" que expira al finalizar las sesiones ordinarias de la próxima legislatura (art. 99, inc. 19, CN). También pertenecen a este grupo la declaración de guerra o de estado de sitio, que son funciones administrativas que requieren la intervención del Congreso (art. 99, incs. 15 y 16, CN); e) *facultades jurisdiccionales*: las funciones jurisdiccionales de autoridades administrativas han sido aceptadas por la CSJN a condición de que exista un control judicial posterior suficiente, con amplitud de debate y prueba[92].

[89] Bidart Campos señala que la publicación y promulgación de las leyes no constituyen funciones legislativas (Bidart Campos, *Derecho constitucional del poder*, t. ɪɪ, cit., pág. 91).

[90] Marienhoff, *Tratado de derecho administrativo*, t. ɪ, pág. 523.

[91] Bartolomé A. Fiorini, *Manual de derecho administrativo*, t. ɪ, Buenos Aires, La Ley, 1968, pág. 177.

[92] Fallos: 247:646, "Fernández Arias, Elena v. Poggio, José s/ sucesión", sent. del 19/9/1960. La CSJN ratificó dicha exigencia y la complementó con otras más en el pronunciamiento dictado en la causa "Ángel Estrada y Cía. S. A. v. Secretaría de Energía y Puertos de la Nación",

En el ejercicio de las potestades que hacen a su jerarquía constitucional, el poder ejecutivo ejerce tres jefaturas[93]: a) es el jefe del Estado y como tal representa a la Nación en el ámbito internacional (art. 99, inc. 1º, CN); b) es el jefe del Gobierno y cabeza de la Administración (art. 99, inc. 1º, CN), y por ello es el superior jerárquico de todos los órganos creados en el ámbito del poder ejecutivo, y ejerce la supremacía de tutela, a los efectos de la dirección de sus actividades y el control sobre las entidades descentralizadas; c) es el comandante en jefe de todas las fuerzas armadas (art. 99, inc. 12), sin que ello excluya los poderes militares del Congreso (art. 75, incs. 25, 26, 27 y 28, CN).

La CN atribuye al poder ejecutivo el ejercicio de algunas facultades excepcionales, como es la relativa al indulto y conmutación de penas (art. 99, inc. 5º, CN).

C) *El Jefe de Gabinete*

Con la finalidad de atenuar el régimen presidencialista, hacer más dúctil la relación del poder ejecutivo con el Congreso y acentuar su control sobre la Administración Pública, en la reforma constitucional de 1994 se incorporó a la CN la figura del jefe de gabinete de ministros (arts. 100 y 101, CN). Al igual que los ministros, este funcionario es designado por el presidente de la Nación, sin intervención del Congreso (art. 99, inc. 7º, CN)[94].

La CN establece tres modalidades para su remoción: a) por decisión del poder ejecutivo (art. 99, inc. 7º, CN), b) por destitución por juicio político (arts. 53, 59 y 60, CN) y c) por moción de censura del Congreso (art. 101, CN).

---

el 4/5/05 (Fallos: 328:651), en el cual estableció que el principio constitucional de defensa en juicio (art. 18, CN) y la prohibición al poder ejecutivo de ejercer funciones judiciales sentada en el art. 109, CN, quedan a salvo siempre y cuando (i) "los organismos de la administración dotados de jurisdicción para resolver conflictos entre particulares hayan sido creados por ley", (ii) "su independencia e imparcialidad esté asegurada", (iii) "el objetivo económico y político considerado por el legislador para crearlos (y restringir así la jurisdicción que la Constitución Nacional atribuye a la justicia ordinaria) haya sido razonable" y (iv) "sus decisiones estén sujetas a control judicial amplio y suficiente".

[93] Después de la reforma constitucional de 1994, debido al nuevo estatus jurídico que se le confiere a la Ciudad de Buenos Aires, el presidente perdió su jefatura local e inmediata de la Capital Federal (BIDART CAMPOS, *Manual de la Constitución reformada*, cit. t. III, pág. 206).

[94] La vinculación entre el presidente y el Jefe de Gabinete está determinada con fórmulas que suponen la existencia de una relación jerárquica entre ambos. Esta relación encuentra apoyo en varias prescripciones constitucionales, a saber: a) la facultad de nombrar y remover discrecionalmente ("por sí solo" prescribe el art. 99, inc. 7º) al jefe de gabinete; b) el poder de impartirle instrucciones (art. 99, inc. 2º); c) las delegaciones administrativas expresamente previstas (art. 100, incs. 2º y 4º). A todo ello se añade la facultad de mando, que lo habilita a impartir indicaciones para resolver sobre determinadas materias en los acuerdos de gabinete (art. 100, inc. 4º) (CASSAGNE, *Curso de derecho administrativo*, t. I, cit. pág. 287).

Las funciones del jefe de gabinete, previstas en el artículo 100, CN, son las siguientes: a) ejercer la administración general del país; b) expedir los actos y reglamentos que sean necesarios para ejercer las facultades que le atribuye el artículo y aquellas que le delegue el presidente de la Nación, con el refrendo del ministro secretario del ramo al cual el acto o reglamento se refiera; c) efectuar los nombramientos de los empleados de la administración, excepto los que correspondan al presidente; d) ejercer las funciones y atribuciones que le delegue el presidente de la Nación y, en acuerdo de gabinete resolver sobre las materias que le indique el poder ejecutivo, o por su propia decisión, en aquellas que por su importancia estime necesario, en el ámbito de su competencia; e) coordinar, preparar y convocar las reuniones de gabinete de ministros, presidiéndolas en caso de ausencia del presidente; f) enviar al Congreso los proyectos de ley de ministerios y de presupuesto nacional; g) hacer recaudar las rentas de la Nación y ejecutar la ley de presupuesto nacional; h) refrendar los decretos reglamentarios de las leyes, los decretos que dispongan la prórroga de las sesiones ordinarias del Congreso o la convocatoria de sesiones extraordinarias y los mensajes del presidente que promuevan la iniciativa legislativa; i) concurrir a las sesiones del Congreso y participar en sus debates, pero no votar; j) una vez que se inicien las sesiones ordinarias del Congreso, presentar junto a los restantes ministros una memoria detallada del estado de la Nación en lo relativo a los negocios de los respectivos departamentos; k) producir los informes y explicaciones verbales o escritos que cualquiera de las Cámaras solicite al poder ejecutivo; l) refrendar los decretos que ejercen facultades delegadas por el Congreso y ll) refrendar conjuntamente con los demás ministros los decretos de necesidad y urgencia y los decretos que promulgan parcialmente leyes, los cuales debe someter personalmente y dentro de los diez días de su dictado a consideración de la Comisión Bicameral Permanente del Congreso.

El jefe de gabinete tiene la obligación de concurrir al Congreso al menos una vez por mes, alternativamente a cada una de sus Cámaras, para informar de la marcha del gobierno (art. 101, CN).

D) *El poder judicial de la Nación*

El poder judicial de la Nación está regulado en la sección tercera de la segunda parte de la CN[95] y se encuentra a cargo de la Corte Suprema de Justicia

---

[95] El diseño del régimen judicial argentino tiene su fuente en el proyecto de Constitución elaborado por Alberdi (ver nota 20). Si bien, la mayor parte de los artículos de la Sección Tercera siguieron de cerca el modelo de la Constitución de EE. UU., la arquitectura del sistema exhibe una prescripción básica en la que se funda la estructura del sistema judicialista y la interpretación de la doctrina de la separación de poderes. Esta cláusula es el art. 109, CN, que dispone "En ningún caso el presidente de la Nación puede ejercer funciones judiciales, arrogarse el conocimiento de causas pendientes o restablecer las fenecidas".

de la Nación y demás tribunales inferiores que establece el Congreso en el territorio de la Nación (art. 108, CN[96]).

La CSJN es el más alto tribunal de justicia del país[97]. Está integrada por cinco jueces[98], designados por el presidente, con acuerdo del Senado por mayoría especial de dos tercios de sus miembros presentes, en sesión pública convocada al efecto (art. 99, inc. 4º, CN). La CSJN tiene un presidente y un vicepresidente elegidos por sus integrantes[99].

El nombramiento de los jueces de los tribunales inferiores también lo efectúa el presidente de la Nación con acuerdo del Senado, pero a diferencia de lo que ocurre respecto de los integrantes de la CSJN, lo debe hacer sobre la base de una terna integrada por candidatos seleccionados en concurso público por el Consejo de la Magistratura[100].

Esta norma, que ALBERDI tomó de la Constitución chilena de 1833 (aunque —a través de esta última— tiene su fuente en la Constitución de Cádiz de 1812), es la que imprime carácter al sistema judicialista de nuestra Carta Magna que, en ese sentido, es más puro y ortodoxo que el norteamericano, que no contiene un precepto semejante (JUAN CARLOS CASSAGNE, *El principio de legalidad y el control judicial de la discrecionalidad administrativa*, Buenos Aires, Marcial Pons, 2009, págs. 81 y ss.).

[96] El art. 75, inc. 20, CN, determina que corresponde al Congreso establecer los tribunales inferiores a la CSJN.

[97] La CSJN tiene competencia originaria sobre determinadas materias que están reguladas en el art. 117, CN y en el art. 1º, Ley 48). También interviene como última instancia decisoria por vía del denominado recurso extraordinario federal (arts. 116, 117, CN y 14 y conc., ley 48).

[98] Así lo dispone la ley 26.183.

[99] El art. 108, CN, exige para ocupar el cargo de juez de la CSJN tener el título de abogado, ocho años de ejercicio y las demás condiciones para ser senador (treinta años de edad y seis de años de ejercicio de la ciudadanía).

[100] El Consejo de la Magistratura, organismo incorporado en nuestro derecho con la reforma constitucional de 1994, tiene a su cargo la selección de los magistrados, la administración del poder judicial y el ejercicio de facultades disciplinarias sobre los jueces (art. 114, CN). Según lo dispone el 2º párrafo del art. 114, CN, "El Consejo será integrado periódicamente de modo que se procure el equilibrio entre la representación de los órganos políticos resultantes de la elección popular, de los jueces de todas las instancias y de los abogados de la matrícula federal. Será integrado, asimismo, por otras personas del ámbito académico y científico, en el número y la forma que indique la ley". Actualmente está integrado por trece miembros, de acuerdo con la siguiente composición: 1. Tres jueces del poder judicial de la Nación; 2. Seis legisladores; 3. Dos representantes de los abogados de la matrícula federal; 4. Un representante del poder ejecutivo y 5. Un representante del ámbito académico y científico que debe ser profesor regular de cátedra universitaria de facultades de derecho nacionales y contar con una reconocida trayectoria y prestigio, el cual será elegido por el Consejo Interuniversitario Nacional con mayoría absoluta de sus integrantes (Ley 24.937, reglamentado por el Decr. 816/1999), norma esta última que fue reformada parcialmente por la Ley 26.080 (reglamentado por el Decr. 207/2006).

Los jueces de la CSJN y de los tribunales inferiores de la Nación conservan sus empleos mientras dure su buena conducta (art. 110, CN) y solo pueden ser removidos en caso de infracciones graves[101]. Ello tiene lugar respecto de los integrantes de la CSJN por el procedimiento de juicio político (arts. 53, 59 y 60, CN) y para los jueces de las instancias inferiores por un jurado de enjuiciamiento, integrado por legisladores, magistrados y abogados de la matrícula federal (art. 115, CN).

La justicia federal[102] está compuesta por tribunales (unipersonales y colegiados)[103] ubicados en las provincias y en la CABA[104].

La competencia de los jueces federales[105], delineada en el artículo 116, CN, se determina en razón de la materia, de las personas y del lugar donde se producen los hechos generadores. El primero de los supuestos se verifica cuando lo que se discute en un juicio es una cuestión regida por normas federales[106].

[101] Las causales de remoción son "mal desempeño o por delito en el ejercicio de sus funciones; o por crímenes comunes" (art. 53, CN).

[102] Como consecuencia de la adopción de la forma federal de estado, el sistema de justicia diseñado por la CN se compone por el poder judicial nacional y el poder judicial de las veintitrés provincias y el de la CABA (arts. 5º, 75, inc. 12, 121,122, 123 y 129, CN).

[103] En las provincias se crearon distintas cámaras de apelaciones federales, como las de La Plata, Paraná, Córdoba, Rosario, Bahía Blanca, Mendoza, Tucumán, Resistencia, Comodoro Rivadavia, San Martín, Posadas, General Roca, Corrientes, Mar del Plata y Salta. Ellas son alzadas de los juzgados que se encuentran bajo su circunscripción territorial. Además, hay más de cien tribunales inferiores en todo el interior de la República, entre los juzgados federales de primera instancia y los tribunales orales en lo criminal federal (MAXIMILIANO TORICELLI, *Organización constitucional del poder*, Buenos Aires, Astrea, 2010, t. 2, pág.102).

[104] El Poder Judicial de la Nación que funciona en la CABA está integrado por tribunales federales y, además, tribunales nacionales con competencia para intervenir en las causas donde se discuten cuestiones regidas por el derecho común (art. 75, inc. 12, CN). Ver la nota 137.

[105] La competencia de la justicia federal se caracteriza por ser limitada y de excepción, ya que surge de los poderes delegados por la Constitución al Gobierno Federal, por lo que solo corresponde para los supuestos previstos en el art. 116, CN. Además, es privativa y, por tanto, excluyente de la de los órganos judiciales de las provincias y de la CABA (LINO ENRIQUE PALACIO, *Tratado de derecho procesal*, 5ª reimpr., t. II, Buenos Aires, Abeledo-Perrot, 1994, págs. 466-467). Como regla, la competencia federal no puede prorrogarse cuando es asignada en razón de la materia. En cambio, es susceptible de ser prorrogada cuando se atribuye en razón de las personas (PALACIO, *Tratado de derecho procesal,* cit., t. II, pág. 469 y SAGÜES, *Derecho constitucional*, cit., t. 2, pág. 614). Asimismo, la competencia federal es inalterable porque radicada una causa en la órbita de la justicia federal y resuelta la competencia en favor de esta no puede ser sometida a la justicia provincial por las modificaciones que se produzcan en las circunstancias que dieron lugar a la competencia federal (TORICELLI, *Organización constitucional del poder*, cit. t. 2, pág. 159).

[106] Ello tiene lugar cuando una causa versa sobre puntos regidos especialmente por la Constitución, por normas federales, tratados internacionales y causas de almirantazgo y jurisdicción

A su vez, la competencia en razón de las personas se suscita en las causas en que el Estado Nacional es parte; las que median entre habitantes de diferentes provincias; entre un ciudadano argentino y otro extranjero y las concernientes a embajadores, ministros públicos y cónsules extranjeros (art. 116, CN). Por su parte, la competencia federal en razón del lugar se verifica en los supuestos de establecimientos de utilidad nacional (art. 75, inc. 30, CN) cuando se afecten intereses nacionales[107] y cuando se deba aplicar la legislación que el Congreso hubiere dictado para la Capital Federal (art. 75, inc. 30, CN).

5. LAS PROVINCIAS

A) *Condición jurídica de las provincias*

Las provincias[108] son las unidades políticas que componen el Estado Federal[109]. Actualmente son veintitrés. Catorce de ellas (las llamadas históricas) preexistieron a la creación del Estado Nacional[110], pero solo trece participaron en la convención constituyente de 1853 que sancionó el texto constitucional originario[111]. La provincia de Buenos Aires no participó en dicha convención y se organizó como Estado de Buenos Aires, separado de la Confederación Argentina. El 11 de abril de 1854 sancionó su propia constitución. Luego de ser derrotada en la Batalla de Cepeda, Buenos Aires se incorporó a la federación mediante la firma del Pacto de San José de Flores, el 11 de noviembre de 1859,

---

marítima (art. 116, CN). La CSJN exige en tales casos que el derecho que se pretende hacer valer esté directa e inmediatamente fundado en un artículo de la Constitución o de una norma federal (ley, tratado, etc.) (Fallos: 306:1363, "Caratolli, Walter Hugo c/ Universidad Católica de La Plata" (1984) y "Partido Libertad y Democracia Responsable (LyDER) c/ Jujuy, Provincia de s/ acción declarativa de certeza", sent. de 12/09/2003.

[107] SAGÜES, *Derecho constitucional*, cit., t. 2, pág. 617.

[108] Las provincias fueron herederas de las antiguas intendencias de la colonia, que se constituyeron teniendo como cabezas las principales ciudades cabildo fundadas durante los siglos XVI y XVII; no obstante preexistir a la organización constitucional definitiva, integraron y conformaron una verdadera "nación" desde 1810, tanto por la naturaleza de los vínculos que unían a sus habitantes como por el destino común que las animaba (BIDART CAMPOS, *Derecho constitucional*, cit., t. I, pág. 492 y CASSAGNE, *Curso de derecho administrativo*, cit., t. I, pág. 409).

[109] BIDART CAMPOS, *Derecho constitucional,* cit., t. I, pág. 444.

[110] "A partir del año 1810 la Nación Argentina pasó a contar con trece provincias, a las que se agregó Entre Rios, creada en 1814, por el entonces director supremo, don Gervasio Posadas" (CASSAGNE, *Curso de derecho administrativo*, cit., t. I, pág. 410).

[111] Estas fueron: Catamarca, Córdoba, Corrientes, Entre Ríos, Jujuy, La Rioja, Mendoza, Salta, San Luis, San Juan, Santa Fe, Santiago del Estero y Tucumán.

fruto del cual tuvo lugar en 1860 la Convención Constituyente reformadora del texto constitucional aprobado en 1853.

Entre 1951 y 1956 ocho territorios nacionales[112] se transformaron en provincias[113]. En 1990, por la ley 23.775 se creó la Provincia de Tierra del Fuego, Antártida e Islas del Atlántico Sur.

Si bien desde una perspectiva histórica y política, algunas provincias preexistieron al Estado Federal, desde el punto de vista jurídico, nacieron al momento de constituirse todas aquellas en un Estado federado y como parte integrante de este, lo cual ocurrió en el acto constituyente de 1853/1860[114].

La CSJN ha resuelto que el *status* jurídico y político de todas las provincias (las nuevas y las originarias) está gobernado por el principio de igualdad[115], aclarando que ello no conlleva la igualdad en materia económica[116].

B) *Autonomía*

Un dato característico de las provincias es su autonomía, no su soberanía[117]. Dicha cualidad del poder estatal, que se refleja en el orden interno e internacional, es propio del Estado Federal[118].

---

[112] En 1862 la ley 28, sancionada durante la presidencia de Bartolomé Mitre, estableció que todos los territorios fuera de los límites históricos de las provincias eran nacionales.

[113] Estas son: Chaco, La Pampa, Misiones, Formosa, Neuquén, Río Negro, Chubut y Santa Cruz.

[114] GELLI, *Constitución de la Nación Argentina. Comentada y concordada*, cit., t. II, pág. 593.

[115] Sin embargo, media una excepción a la regla de la igualdad jurídica y política de las provincias que se encuentra en la parte final del art. 121, CN, norma que dispone que las provincias conservan las facultades "que expresamente se hayan reservado por pactos especiales al tiempo de su incorporación". Esta frase fue agregada por la Convención Reformadora de la Constitución de 1860 y se refiere al Pacto de San José de Flores celebrado el 11 de noviembre de 1859 por el cual la provincia de Buenos Aires se declaró parte integrante de la federación argentina y se le reconoció que, con excepción de la aduana, "Todas las propiedades de la Provincia que le dan sus leyes particulares, como sus establecimientos públicos, de cualquier clase y género que sean, seguirán correspondiendo a la Provincia de Buenos Aires, y serán gobernadas y legisladas por la autoridad de la Provincia" (arts. 7º y 8º). (GELLI, *Constitución de la Nación argentina*, cit., t. 2, págs. 593-594).

[116] Fallos: 310:2478; "La Pampa, Provincia de c/ Mendoza, Provincia de s/ acción posesoria de aguas y regulación de usos", sent. de 3/12/1987; conf. Fallos: 326:3368, "Total Austral S. A. c/ Tierra del Fuego, Antártida e Islas del Atlántico Sur, Provincia de s/ acción declarativa", sent. de 8/9/2003.

[117] Antiguamente la CSJN la tesis de la soberanía dual o compartida entre la Nación y las Provincias (Fallos: 147:239, "Banco de Córdoba apelando una resolución de la Caja de Jubilaciones y Pensiones de Empleados Bancarios", sent. de 20/9/1926).

[118] ROSATTI, *Tratado de derecho constitucional,* t. II, Santa Fe, Rubinzal Culzoni, 2011, pág. 572 y MAXIMILIANO TORICELLI, *Organización constitucional del poder*, Buenos Aires, Astrea, 2010, t. 2, pág. 274.

La autonomía supone el poder de autonormarse y administrarse[119].

La condición de entidades autónomas de las provincias resulta de lo dispuesto en los artículos 5º, 121, 122 y 123, CN, en los cuales se reconoce la posibilidad que tienen de dictarse su propia Constitución, de ejercer todas las facultades que no fueran delegadas por la CN al Gobierno Federal, de darse sus instituciones locales, regirse por ellas y de elegir a sus autoridades sin intervención de las autoridades nacionales.

La autonomía provincial tiene como único límite a la propia CN. Ello diferencia el *status* autonómico de las provincias del de los municipios y de la CABA, cuyas autonomías también surgen de la CN, pero se delimitan (en su alcance y contenidos) por intermedio de normas infraconstitucionales, tal como lo disponen los artículos 123 y 129, CN[120].

C) *Las constituciones provinciales. Organización provincial*

Uno de los rasgos más relevantes de la autonomía de las provincias es la facultad de dictarse sus constituciones. La CN reconoce expresamente el poder constituyente de las provincias y lo sujeta a límites muy precisos (arts. 5º y 123, CN). Estos son: a) instaurar el sistema representativo republicano de gobierno[121]; b) garantizar los principios, declaraciones y garantías de la CN; c) asegurar su administración de justicia; d) establecer el régimen municipal *"asegurando la autonomía municipal y reglando su alcance y contenido en el orden institucional, político, administrativo, económico y financiero"* (art. 123, CN), y e) garantizar la educación primaria.

---

[119] La autonomía provincial quedó definitivamente afirmada con la reforma constitucional del año 1860, al suprimirse del texto constitucional la necesidad de que fuera el Congreso Nacional quien aprobara las constituciones provinciales y al derogarse el sometimiento de los gobernadores provinciales al juzgamiento por parte de autoridades políticas nacionales (CASSAGNE, *Curso de derecho administrativo*, cit., t. I, pág. 410).

[120] ROSATTI, *Tratado de derecho constitucional,* cit., t. II, págs. 574-575.

[121] Si las provincias no cumplen con la exigencia de garantizar la forma republicana de gobierno son susceptibles de ser intervenidas por el Gobierno Federal (art. 6º, CN). La intervención federal es un remedio excepcional previsto para el caso de que actos o hechos suscitados en las provincias puedan alterar los principios fundamentales del ordenamiento jurídico. La intervención federal es la institución por la cual el Gobierno Nacional toma a su cargo transitoria y excepcionalmente el gobierno y administración de una provincia (JUAN CARLOS CASSAGNE, *Curso de derecho administrativo*, cit., t. I, pág. 415). La CN prevé dos formas de intervención federal, una de ellas dispuesta, incluso de oficio por parte del Gobierno Federal, cuyo objeto es asegurar la forma republicana de gobierno o repeler invasiones extranjeras. La otra forma, a pedido de las autoridades provinciales y cuya finalidad es sostener el gobierno local y restablecerlo si hubiera sido depuesto por sedición o por la invasión de otra provincia. La autoridad competente para disponer la intervención federal es el Congreso de la Nación (art. 75, inc. 31, CN) y durante su receso el poder ejecutivo nacional (art. 99 inc. 20, CN).

La CSJN ha resuelto que las competencias reservadas por cada una de las provincias para el ejercicio de su poder constituyente bajo el condicionamiento de resguardar el sistema representativo republicano, de acuerdo con los principios, declaraciones y garantías de la CN. (art. 5º), exigen una adecuación de las instituciones locales a los mencionados requerimientos que "debe conducir a que las constituciones de provincia sean, en lo esencial de gobierno, semejantes a la nacional, que confirmen y sancionen sus 'principios, declaraciones y garantías', y que lo modelen según el tipo genérico que ella crea. Pero no exige, ni puede exigir que sean idénticas, una copia literal o mecánica, ni una reproducción más o menos exacta e igual de aquélla. Porque la constitución de una provincia es el código que condensa, ordena y da fuerza imperativa a todo el derecho natural que la comunidad social posee para gobernarse, a toda la suma originaria de soberanía inherente, no cedida para los propósitos más amplios y extensos de fundar la Nación. Luego, dentro del molde jurídico del código de derechos y poderes de esta, cabe la más grande variedad, toda la que pueda nacer de la diversidad de caracteres físicos sociales e históricos de cada región o provincia, o de sus particulares anhelos o aptitudes colectivas" (JOAQUÍN V. GONZÁLEZ, "*Manual de la Constitución Argentina*", págs. 648-649; Fallos: 311:465)"[122].

Como consecuencia de lo dicho, media una amplia discrecionalidad a las provincias para determinar la forma de organización de los poderes constituidos, pero siempre bajo el sistema de gobierno representativo y republicano y asegurando la administración de justicia (art. 5º, CN). Es así que las provincias se han organizado sobre la base de una división tripartita de poderes, estableciendo en sus constituciones: a) un poder ejecutivo fuerte, que tiene a su cargo el gobierno y la administración[123], cuyo titular es el gobernador[124], el cual es elegido por voto popular y cuenta con la asistencia de otros funcionarios denominados ministros; b) un poder legislativo, denominado Legislatura, integrado por una o dos cámaras, según las provincias, elegido por sufragio popular, y c) un poder judicial[125], a cargo de una corte suprema o superior tribunal de justicia

[122] Fallos: 317:1195, "Partido Justicialista de la Provincia de Santa Fe c/ Santa Fe, Provincia de s/ acción declarativa", (1994).

[123] Desde el punto de vista administrativo sus atribuciones son similares a las del presidente de la República.

[124] Los gobernadores tienen a su cargo el gobierno y administración de las provincias. Desde un punto de vista administrativo sus atribuciones son similares a las del presidente de la República.

[125] La CSJN ha dicho que las provincias, a semejanza de lo que ocurre en el orden nacional, tienen facultades para organizar la jurisdicción y competencia de sus propios tribunales, dictando sobre el particular las leyes que correspondan, y que esas leyes de organización del poder judicial de los estados, además de reglamentar la competencia, y de señalar las leyes procesales que dentro de las distintas jurisdicciones han de gobernar la actuación de los funcionarios,

y tribunales inferiores que tiene a su cargo dentro del territorio provincial la decisión de las causas que versen sobre cuestiones de común[126] y de derecho público local. En definitiva, todas las provincias, en lo esencial, adoptan un régimen similar al existente en el orden nacional[127].

6. LA CIUDAD AUTÓNOMA DE BUENOS AIRES

La CABA es la capital de la República Argentina[128]. La reforma constitucional de 1994 le confirió un tratamiento especial y diferente al de las provincias[129] y municipios, al disponer en el artículo 129 que: a) tendrá un régimen de gobierno autónomo; b) con facultades propias de legislación y jurisdicción; c) su jefe de gobierno será elegido directamente por el pueblo de la ciudad; d) una ley garantizará los intereses del Estado Nacional[130], y e) "el Congreso de la Nación convocará a los habitantes de la ciudad de Buenos

---

establecen la forma en que tales jueces han de ser nombrados de conformidad con los principios adoptados en sus propias constituciones (Fallos: 310:804, "Sueldo de Posleman, Mónica R. y otra", sent. de 22/4/1987).

[126] Como ya lo hemos explicado, las leyes de derecho común son las que sanciona el Congreso con arreglo a lo dispuesto en el art. 75, inc. 12, CN, con vigencia en todo el territorio nacional (derecho civil, comercial, penal, de minería, del trabajo y seguridad social).

[127] JUAN CARLOS CASSAGNE, *Curso de derecho administrativo*, cit. t. I, págs. 412-413.

[128] Art. 3º, CN y Ley 1029, aprobada por el Congreso de la Nación el 21 de septiembre de 1880.

[129] La CSJN ha expresado que la CABA luego de 1994 no es una provincia (conf. Fallos: 322:2856, "Cincunegui, Juan Bautista c/ Gobierno de la Ciudad Autónoma de Buenos Aires s/ inconstitucionalidad", sent. de 18/11/1999; Fallos: 323:3991, "Rodríguez, Héctor y otros c/ Buenos Aires, Provincia de y otros s/ daños y perjuicios", sent. de 5/12/2000 y Fallos: 330:5279, Gobierno de la Ciudad de Buenos Aires c/ Tierra del Fuego, Provincia de s/ cumplimiento de contrato y cobro de pesos", sent. de 18/12/2007).

[130] Como la CABA es la capital de la República y en ella residen las autoridades nacionales, el art. 129 le encomienda al Congreso Nacional el dictado de una ley que asegure los intereses del gobierno nacional mientras la Ciudad sea su sede. Esta ley, que lleva el núm. 24.588, se sancionó el 8/11/1995 y se publicó en el Boletín Oficial el 30/11/1995, fue modificada por la ley 26.288, sancionada el 22/8/2007 y publicada en el Boletín Oficial el 6/9/2007). En su art. 1º precisa que su objetivo es "asegurar el pleno ejercicio de los poderes atribuidos a las autoridades del Gobierno de la Nación". A tal fin, lo primero que hace es regular la forma en que se reparten las competencias entre el gobierno nacional y la Ciudad de Buenos Aires, disponiendo que "la Nación conserva todo el poder no atribuido por la Constitución al gobierno autónomo de la ciudad de Buenos Aires, y es titular de todos aquellos bienes, derechos, poderes y atribuciones para el ejercicio de sus funciones" (art. 2º). Asimismo, entre otras cosas, precisa que "Continuarán bajo jurisdicción federal todos los inmuebles sitos en la ciudad de Buenos Aires, que sirvan de asiento a los poderes de la Nación así como cualquier otro bien de propiedad de la Nación o afectado al uso o consumo del sector público nacional" (art. 3º)

Aires para que, mediante los representantes que elijan a ese efecto, dicten el estatuto organizativo de sus instituciones"[131].

Como se desprende de la norma de cita, la autonomía de la CABA es menor a la de las provincias, pero es mayor que la que se le reconoce a los municipios en el artículo 123, CN[132]. Es inferior a la autonomía provincial porque esta solo se encuentra limitada por el marco constitucional (arts. 5º y 123, CN); en cambio la de la Ciudad está condicionada no solo por la CN (art. 129, CN) sino también por la legislación que menciona el segundo párrafo del citado artículo 129, y cuyo objetivo es defender y garantizar los intereses del Gobierno Nacional mientras la Ciudad sea su sede[133]. Además, la CN no extiende la aplicación de los artículos correspondientes al Título Segundo "Gobiernos de Provincia", al régimen de la Ciudad[134]. Y es mayor a la de los municipios porque la Ciudad, por su condición de sujeto de la relación federal, al igual que las provincias, es representada en la cámara de Senadores del Congreso (art. 54, CN); es uno de los distritos electorales en los que se divide el país a los fines de la elección de diputados nacionales (art. 45, CN); participa, con la Nación y las provincias, en la distribución de los impuestos coparticipables que recauda el gobierno central (art. 75, inc. 2º, CN) y puede ser intervenida por el Gobierno Federal (art. 75, inc. 31 y 99, inc. 20, CN).

Si bien existe consenso en la doctrina acerca de que el *status* de la CABA no es asimilable al de las provincias ni al de los municipios[135], median opiniones dispares acerca de su condición jurídica, que van desde quienes la consideran una ciudad constitucional federada[136], una ciudad estado[137] o bien un ente autónomo tutelado que tiene como función principalísima servir de sede al Gobierno Federal[138].

La organización de la tríada de poderes está regulada en la Constitución de la Ciudad. Allí se prevé que el poder legislativo lo desempeña una Legislatura

---

y que "La justicia nacional ordinaria de la ciudad de Buenos Aires mantendrá su actual jurisdicción y competencia continuando a cargo del poder judicial de la Nación".

[131] Este mandato ya se cumplió y los representantes de la ciudad de Buenos Aires, el 1º de octubre de 1996, aprobaron dicho Estatuto al que le dieron el nombre de Constitución.

[132] Sagüés, *Derecho constitucional*, cit., t. 2, pág. 725.

[133] Cassagne, *Curso de derecho administrativo,* cit., t. I, pág. 423.

[134] Antonio María Hernández, *Federalismo y constitucionalismo provincial,* Buenos Aires, Abeledo-Perrot, 2009, pág. 155.

[135] Rafael Bielsa y Roberto Enrique Luqui, *Derecho administrativo*, 7ª ed. actualizada, t. I, Buenos Aires, 2017, págs. 352-354.

[136] Rosatti, *Tratado de derecho constitucional*, cit., t. II, págs. 624-625.

[137] Hernández, *Federalismo y constitucionalismo provincial,* cit., págs. 154 y ss.; Juan Octavio Gauna (h.), "Poder central y poder local", en *La Ley*, 1996-D, 1497 y Cassagne, *Curso de derecho administrativo*, cit., t. I, pág. 424.

[138] Sagüés, *Derecho constitucional*, cit., t. I, pág. 725.

unicameral, compuesta por sesenta legisladores con mandatos de períodos de cuatro años y renovables por mitades cada dos años (arts. 68 y 69, CN). La presidencia de la legislatura es ejercida por el vicejefe de Gobierno (art. 71, Const. CABA).

A su vez, el poder ejecutivo está a cargo de un funcionario denominado jefe de gobierno o gobernador, que dura cuatro años en su función y es relegible por una vez (arts. 95 y 96, Const. CABA). La Constitución prevé la existencia del gabinete del gobernador compuesto por los ministerios que se establezcan por una ley especial (art. 100, Const. CABA).

Los ministros y demás funcionarios del poder ejecutivo son nombrados y removidos por el jefe de gobierno (art. 100, Const. CABA).

El poder judicial está integrado por el Tribunal Superior de Justicia, el Consejo de la Magistratura, el Ministerio Público y los demás tribunales que la ley determine (art. 107, Const. CABA)[139].

7. Régimen municipal

Los municipios[140] configuran unidades políticas en el interior de las provincias que persiguen la administración y gestión de intereses locales[141]. Cons-

---

[139] Actualmente ellos son: los juzgados de primera instancia y las cámaras de apelaciones del fuero contencioso administrativo y tributario y del fuero contravencional y de faltas. Las causas judiciales sujetas al derecho común (art. 75, inc. 12, CN) son juzgadas por jueces integrantes del poder judicial de la Nación. Dicha situación tenía sentido, con anterioridad a la reforma constitucional de 1994, cuando el municipio de la ciudad de Buenos Aires revestía la condición exclusiva de capital federal, lo que justificaba en la Constitución de 1853/1860, la injerencia de los poderes nacionales en la organización de la justicia ordinaria. Si bien dicha situación a la fecha continúa, como lo ha señalado la CSJN, en atención a que la CN le reconoce a la CABA autonomía, el carácter nacional de dichos tribunales es meramente transitorio, por lo que debe efectuarse el traspaso de las distintas competencias nacionales a la órbita judicial de la CABA mediante la celebración de los convenios pertinentes (Fallos: 338:1517, "Presentante: Corrales, Guillermo Gustavo y otro s/ habeas corpus", sent. de 09/12/2015). Es así que el Congreso Nacional ha abierto el camino hacia la transferencia progresiva de las competencias en materia de determinados delitos penales, llegándose, después de cuatro años de gestiones y debates, a aprobar el convenio que dispuso dicha transferencia (ley 26.357, B.O. 31/3/2008). Similares razones conducen a extender dicho criterio que afirma el derecho de los habitantes de la ciudad a contar con una justicia propia ordinaria, del mismo modo que los derechos de quienes habitan las provincias. (Cassagne, *Curso de derecho administrativo*, cit., t. i, pág. 425).

[140] La génesis de los municipios en Argentina hay que ubicarla en los cabildos coloniales, cuya importancia política deriva de la participación del pueblo en su gobierno, y de la posibilidad de adoptar resoluciones y actos de indudable naturaleza política (v. gr., suspensión del virrey) cuando lo exigieron urgentes y graves motivos de interés general (Rafael Bielsa, *Principios del régimen municipal*, Buenos Aires, Lajouane, 1930, pág. 41).

[141] Conf. CSJN, Fallos: 329:976, "Cablevisión S. A. c/ Municipalidad de Pilar s/ acción de amparo - medida cautelar", sent. del 4/4/2006.

tituyen otro modo de descentralización territorial y otro núcleo de poder en el sistema federal argentino[142].

El texto constitucional de 1853/1860 dedicó una muy breve referencia a los municipios en el artículo 5º, al exigir que las constituciones provinciales deben asegurar "*su régimen municipal*", lo cual es una de las condiciones para que el Gobierno federal les garantice el goce y ejercicio de sus instituciones. La interpretación de esta norma fue materia de discusión doctrinaria[143]. Hasta 1989 la CSJN sostuvo que los municipios constituían entes autárquicos territoriales de las provincias, definidos como delegaciones de los mismos poderes provinciales, circunscriptos a fines y límites administrativos, que la CN previó como entidades del régimen provincial y sujetos a su propia legislación[144]. Pero en 1989, el alto tribunal modificó dicho criterio y se pronunció por la autonomía municipal[145].

La reforma constitucional de 1994 consagró la autonomía de los municipios argentinos en el artículo 123 al disponer que "Cada provincia dicta su propia constitución, conforme a lo dispuesto por el artículo 5º asegurando la autonomía municipal y reglando su alcance y contenido en el orden institucional, político, administrativo, económico y financiero".

La autonomía municipal[146] tiene una jerarquía y alcance diferente de la que tienen las provincias. La CN no reconoce poderes originarios a favor de los municipios y tampoco poderes reservados, como lo hace respecto de las

[142] GELLI, *Constitución de la Nación argentina*, cit., t. I, pág. 58.

[143] La doctrina estaba dividida entre quienes postulaban la autonomía de los municipios (PEDRO J. FRÍAS, *Las nuevas constituciones provinciales*, Buenos Aires, Depalma, 1989, págs. 209 y ss.; GERMÁN J. BIDART CAMPOS, *Derecho constitucional*, t. I, págs. 541 y ss.; ANTONIO M. HERNÁNDEZ (h.), *Derecho municipal*, t. I, Buenos Aires, Depalma, 1984, págs. 303 y ss.) y quienes entendían que éstos eran entes autárquicos (SEGUNDO V. LINARES QUINTANA, *Gobierno y administración de la República Argentina*, t. II, 2ª ed., Buenos Aires, TEA, 1959, pág. 92 y MIGUEL S. MARIENHOFF, "La supuesta autonomía municipal", en *La Ley*, 1990-B-1012).

[144] Fallos 114:282, "Municipalidad de La Plata c/ Ferrocarril Sud", sent. de 1/6/1911; Fallos: 308:647, "Municipalidad de Laprida c/ Universidad de Buenos Aires -Facultad de Ingeniería y Medicina", sent. de 29/4/1986, entre otros.

[145] Fallos 312:*326,* "Rivademar, Angela Digna Balbina Martínez Galván de c/ Municipalidad de Rosario s/ recurso contencioso-administrativo de plena jurisdicción", sent. de 21/03/1989.

[146] Se ha afirmado que, entre los rasgos autonómicos, se encuentran la facultad de dictar su Carta Orgánica, como la vinculada con la capacidad de elección de sus autoridades (autocefalía), la competencia para el ejercicio de facultades de legislación, ejecución y jurisdicción, la autarcía o autarquía financiera y la autodeterminación política (HERNÁNDEZ, *Derecho municipal.* cit., t. I, págs. 292 y ss. y ROSATTI, *Tratado de derecho municipal*, t. I, Santa Fe, Rubinzal-Culzoni, 2006, págs. 105 y ss.).

provincias (art. 121, CN)[147], cuya autonomía es mucho más amplia[148]. Por lo demás, como surge del artículo 123, CN, los poderes de los municipios están siempre sometidos al poder constituyente provincial, por lo que se trata de una autonomía relativa o de segundo grado[149].

Dicha cláusula constitucional no establece un régimen municipal uniforme en todo el país, ni que todos los municipios deben gozar del mismo régimen jurídico o tener las mismas competencias. Corresponde a cada provincia, en el marco de sus facultades propias y atendiendo a su específica realidad, encuadrar a las comunidades locales dentro de los criterios de autonomía señalados por la CN[150].

En lo que se refiere a la estructura organizativa de los municipios, esta suele ser bastante semejante al sistema de gobierno y administración imperante en las provincias[151]. El poder legisferante está a cargo de un órgano colegiado, cuyos integrantes son elegidos por el sufragio popular, usualmente denominado consejo deliberante, con competencia para el dictado de ordenanzas[152]. A su vez, el órgano ejecutivo es unipersonal y es ejercido por un funcionario tradicionalmente denominado intendente, también elegido por el sufragio popular. El intendente es asistido por otros funcionarios denominados secretarios, con funciones análogas a las de los ministros de los poderes ejecutivos provinciales.

En los municipios de mayor importancia suele existir un órgano con competencia para el juzgamiento de faltas y contravenciones municipales y cuyas decisiones son revisables por el poder judicial. A estos órganos administrativos comúnmente se los denomina tribunales de faltas[153].

---

[147] CASSAGNE, *Curso de derecho administrativo,* cit., t. I, pág. 421. Así lo ha sostenido la CSJN (Fallos: 320:619, "Telefónica de Argentina c/ Municipalidad de Chascomús s/ acción meramente declarativa", sent. de 18/4/1997 y Fallos: 321:1052, "Operadora de Estaciones de Servicio S. A. c/ Municipalidad de Avellaneda s/ amparo ley 16.986", sent. de 28/4/1998).

[148] Conf. ALEJANDRO J. USLENGHI, "La naturaleza jurídica del municipio según la Corte Suprema", en *Rev. de Der. Adm.*, núm. 3, Buenos Aires, Depalma, 1990, pág. 133.

[149] CARLOS J. LAPLACETTE, "La división territorial de las funciones del poder y los desafíos que impone la protección del medio ambiente", en *La Ley*, 2009-C, 849. La CSJN ha expresado que los principios que sirven para deslindar las competencias del Estado Nacional y de las provincias también se extienden a los municipios y las prerrogativas de aquellos derivan de las correspondientes a las provincias a las que pertenecen, por aplicación de los principios que surgen de los arts. 50, 121 y 123, CN (Fallos: 334:1113, "Empresa Distribuidora y Comercializadora Norte Sociedad Anonima (EDENOR S.A.) c/ Municipalidad de Pilar s/ acción declarativa", sent. de 18/10/2011).

[150] ROSATTI, *Tratado de derecho constitucional,* cit., t. II, págs. 603-604.

[151] JULIO RODOLFO COMADIRA; HÉCTOR JORGE ESCOLA y JULIO PABLO COMADIRA (coordinador, colaborador y actualizador), *Curso de derecho administrativo,* t. I, Buenos Aires 2012, pág. 315.

[152] La CSJN ha resuelto que las ordenanzas municipales son "actos legislativos de sustancia normativa" (Fallos: 312:1394, "Promenade SRL. c/ Municipalidad de San Isidro s/ demanda contencioso administrativa", sent. de 24/8/1989).

[153] COMADIRA, ESCOLA y COMADIRA, *Curso de derecho administrativo,* cit., t. I, pág. 315.

COLOMBIA

LA ORGANIZACIÓN DEL ESTADO Y DEL PODER PÚBLICO ADMINISTRATIVO EN COLOMBIA

Juan Alberto Polo Figueroa[*]

1. Caracterización constitucional del Estado colombiano

La historia constitucional de Colombia muestra que se ha desenvuelto dentro de las dos grandes modalidades de tipos de Estado: el federalista y el unitario, con una concepción liberal del Estado y de su sujeción al imperio de la ley. Rafael Núñez, genitor de la Constitución de 1886, que rigió desde 1886 a 1991, concibió la fórmula enunciada como "centralización política y descentralización administrativa". Significaba que la Nación colombiana se reconstituía en forma de República o de Estado políticamente unitario, y que al tiempo otorgaba autonomía a sus entidades territoriales para el manejo de sus intereses.

La unidad política del Estado se traduce en la unidad de la legislación, en el sometimiento de la actividad administrativa regional a la ley nacional, la unidad de justicia, de la fuerza pública y la prevalencia de las decisiones presidenciales en el mantenimiento del orden público.

La Constitución vigente, expedida en 1991, superó el Estado liberal de derecho para hacer tránsito al sistema social y democrático de derecho, con unidad política del Estado y reconocimiento de la autonomía administrativa de los territorios[1].

Colombia es un Estado social y democrático de derecho[2], lo cual se advierte en:

---

[*] Abogado, postgrado: Especialista en Administración Pública, litigante, docente universitario, autor, exmagistrado del Tribunal Administrativo de Magdalena y exmagistrado del Consejo de Estado de Colombia.

[1] El art. 1º de la Constitución de 1991 establece que "Colombia es un Estado social de derecho, organizado en forma de República unitaria, descentralizada, con autonomía de sus entidades territoriales, democrática, participativa y pluralista, fundada en el respeto de la dignidad humana, en el trabajo y la solidaridad de las personas que la integran y en la prevalencia del interés general".

[2] Se siguen los conceptos y caracteres definidores enunciados por Antonio Navas Cantillo y Florentina Navas Castillo, en *El Estado constitucional*, Madrid, Dykinson, 2009, pág. 101.

1) La potestad legislativa. Al Congreso de la República le están atribuidas, entre otras potestades, las de expedir códigos en todos los ramos de la Administración, definir la división general de territorio, determinar la estructura de la administración nacional, autorizar al gobierno para celebrar contratos, negociar empréstitos y enajenar bienes nacionales; establecer las rentas nacionales y fijar los gastos de la administración; establecer las contribuciones fiscales y parafiscales; aprobar tratados y expedir normas para regular la actividad legislativa, los derechos y deberes fundamentales de las personas, la administración de justicia, la organización y régimen de los partidos políticos, los mecanismos de participación ciudadana y los estados de excepción[3].

2) La integración de la fuerza pública para la defensa de la Nación con fuerzas militares permanentes (el ejército, la armada y la fuerza aérea) y la Policía Nacional para el mantenimiento de condiciones que permitan el ejercicio de los derechos y libertades públicas, y para asegurar la convivencia en paz de los habitantes[4].

3) El monopolio de armas, municiones y explosivos, pues solo el gobierno nacional puede introducir y fabricar armas, municiones de guerra y explosivos; así como restringir su posesión o porte[5].

4) La dirección unificada de las relaciones internacionales, en cabeza del Gobierno central[6].

5) La legalidad de la actividad administrativa. Los actos administrativos se presumen legales; y una vez en firme serán obligatorios mientras no hayan sido anulados por la jurisdicción de lo contencioso administrativo[7].

6) La *obligatoriedad de la ley*. En Colombia, todos los habitantes, sean domiciliados o transeúntes, deben acatar la Constitución y las leyes[8], salvo lo previsto sobre derechos concedidos a los extranjeros por tratados internacionales[9].

7) La división de poderes. Son ramas del poder público la legislativa, la ejecutiva y la judicial, cuya composición y funcionamiento regula la Constitución. Existen otros organismos autónomos e independientes para el cumplimiento de las demás funciones del Estado. Todos colaboran armónicamente para la realización de sus fines[10].

---

[3] Arts. 150, 151 y 152 de la Constitución.

[4] Arts. 216 a 222 de la Constitución.

[5] Arts. 223 de la Constitución.

[6] Arts. 224 a 226 de la Constitución.

[7] Arts. 88 y 91 del Código de Procedimiento Administrativo y de lo Contencioso Administrativo (ley 1437 de 2011).

[8] Art. 4º de la Constitución.

[9] Arts. 59 de la ley 149 de 1888 y 57 de la ley 4ª de 1913, en concordancia con el art. 18 del Código Civil.

[10] Art. 113 de la Constitución.

8) Un conjunto amplio de libertades y derechos, personales, sociales y colectivos, para todas las personas, con garantías para la protección y efectividad de los principios sobre derechos y deberes[11], instituyendo a las autoridades para proteger a las personas en su vida, honra, bienes, creencias y demás derechos y libertades y para asegurar el cumplimiento de los deberes sociales del Estado y de los particulares[12].

9) La vigilancia de la gestión fiscal de la administración y de quienes manejan fondos o bienes de la Nación, a cargo de la Contraloría General de la República[13].

10) El ejercicio del ministerio público, para vigilar el cumplimiento de la Constitución, las leyes, las decisiones judiciales y los actos administrativos; proteger los derechos humanos; defender los intereses de la sociedad, los intereses colectivos y en especial el ambiente; y ejercer la vigilancia de la conducta oficial de los servidores públicos, a cargo del procurador general de la Nación y del defensor del pueblo[14].

11) La intervención estatal. El Estado tiene la dirección general de la economía y puede intervenir en la explotación de los recursos naturales, en el uso del suelo, en la producción y distribución, utilización y consumo de los bienes, y en los servicios públicos y privados, para racionalizar la economía, mejorar la calidad de vida de los habitantes, distribuir las oportunidades y los beneficios del desarrollo y la preservación de un ambiente sano. Asimismo, para dar pleno empleo a los recursos humanos y asegurar que todas las personas tengan acceso a los bienes y servicios básicos, y promover la productividad y la competitividad y el desarrollo armónico de las regiones[15].

12) El funcionamiento de la banca central, a través del Banco de la República, para regular la moneda, los cambios internacionales y el crédito, administrar las reservas internacionales, coordinar la política económica y velar por el mantenimiento de la capacidad adquisitiva de la moneda[16].

2. EVOLUCIÓN HISTÓRICA DEL PODER PÚBLICO EN COLOMBIA

Para lograr lo alcanzado en materia de organización estatal por la Constitución de 1991 fue necesario un largo, y a veces cruento recorrido en el tiempo.

---

[11] La Constitución de 1886 enunciaba una serie de derechos del individuo, sin garantía alguna para su defensa y protección.

[12] Art. 2º, inc. 2º, de la Constitución.

[13] Art. 267 de la Constitución.

[14] Arts. 275 a 284 de la Constitución.

[15] Arts. 134 de la Constitución.

[16] Arts. 317 a 373 de la Constitución.

Varias de las constituciones fueron fruto de la victoria de algunos caudillos o del acuerdo entre facciones políticas, enfrentadas en singulares guerras civiles, que oscilaban al vaivén de las fluctuaciones económicas globales. Incluso, la Constitución de 1991 fue concebida, a contrapelo del gobierno, para responder a las amenazas de grupos insurgentes y contrarrestar las furiosas acometidas del narcotráfico.

Según Restrepo[17], el Acta de Independencia, suscrita por el Cabildo Extraordinario de Santa Fe el 20 de julio de 1810, marca el primer hito del constitucionalismo colombiano, al ordenar una Junta Suprema de Gobierno y la elección de un congreso encargado de formar la Constitución, bajo el modelo federativo. Esta visión no la comparte Barrios[18], porque, dice, en ella no se proclamaba la independencia del Nuevo Reino de Granada, como sí aparece en otros documentos similares; no tenía alcance nacional y no surgió como un claro proyecto de unidad nacional.

El desarrollo del poder público en Colombia ha tenido altibajos, dados los frecuentes cambios de Constitución que se dieron en el primer siglo de la Independencia. Como se aprecia en el siguiente cuadro, en todas, se consagró la división tripartita del poder y se adoptaron prescripciones acerca de sus ramas y de la administración de sus provincias.

---

[17] Carlos Restrepo Piedrahita, *Primeras Constituciones de Colombia y Venezuela 1811-1830*, Bogotá, Universidad Externado de Colombia, pág. 23.

[18] Ricardo Barrios Zuluaga, Informe final presentado en el marco de la investigación: "Destruyendo un proyecto de Nación. El enfrentamiento regional Cauca-Antioquia en el marco del estado federal", Cali, Pontificia Universidad Javeriana de Cali, 2014.

CONSTITUCIONES Y SU CONTENIDO EN RELACIÓN CON EL PODER PÚBLICO Y ADMINISTRATIVO[19]

Año	Antecedentes. Situación política	Nombre y tipo de Estado	Poder legislativo	Poder ejecutivo	Poder judicial	Administración seccional	Otras previsiones
1819	El Congreso de Angostura expidió la Ley Fundamental de la República de Colombia	República de Colombia o Grancolombia. Centralista	Dos Cámaras: Senado, vitalicio. Cámara de Representantes por cuatro años	Presidente, por cuatro años. Vicepresidente	Corte Suprema, de cinco miembros. Tribunales	Tres Departamentos: Venezuela, Quito y Cundinamarca	Bolívar propuso la creación de un cuarto poder: el poder moral, para exaltar la virtud.
1821	El Congreso de Angostura convocó una reunión del Congreso para revisar la Constitución, el cual se reunió en Cúcuta en 1821.	República de Colombia. Estado unitario, de corte centralista.	Senado y Cámara de Representantes, que podía acusar a los altos funcionarios del Estado.	Presidente, vicepresidente y ministros.	Una Alta Corte de Justicia, Tribunales y jueces.	En cada parroquia funcionaba una asamblea cada cuatro años, con funciones electorales.	El voto estaba reservado a quienes poseyesen algún peculio.
1830	Fracasada la Convención de Ocaña, reunida en abril de 1828, y superada la Dictadura de Bolívar, quien dejó sin vigencia la Constitución de 1821, él mismo convocó una Asamblea Nacional Constituyente para el 30 de enero de 1830. Se le conoce como el Congreso Admirable por la excelencia y valía de sus integrantes.	República de Colombia. Unitario. Amortiguó el fuerte centralismo y propició un esfuerzo descentralizador al otorgar cierto margen de acción a las entidades regionales.	Congreso, de dos Cámaras, de senadores y de representantes.	El poder ejecutivo lo ejercía un magistrado, denominado Presidente de la República. Vicepresidente para casos de falta del presidente. Cuatro Ministerios o Departamentos de Estado: Del Interior y Justicia; de Hacienda; de Guerra y Marina; y de Relaciones Exteriores.	La justicia se administraba por una Alta Corte de Justicia, Cortes de apelación y demás Tribunales y Juzgados que creara la ley.	El gobierno político de cada departamento residía en un prefecto, dependiente del jefe del ejecutivo, de quien era agente inmediato. El gobierno de cada provincia estaba a cargo de un gobernador, dependiente en lo político del prefecto del departamento.	Creaba el Consejo de Estado para asesorar al Presidente. Estaba presidido por el vicepresidente e integrado por los ministros y doce consejeros.

[19] Fuente: *Régimen legal de Bogotá*, Publicaciones digitales de la Alcaldía Mayor de Bogotá, Oficina Jurídica.

1832 Separados Venezuela y Ecuador de la Gran Colombia, los integrantes de la Nueva Granada, el 31 de octubre de 1831 reunieron la Convención Granadina.	Estado de Nueva Granada. Republica centralista.	Senado, con período de cuatro años, y Cámara de diputados, representantes de las provincias, de dos años.	Gobierno central fortalecido. Presidente, por cuatro años. vicepresidente, secretarias de Estado, Consejo de Estado.	Corte Suprema de Justicia, tribunales y juzgados	Cámaras provinciales para potenciar el desarrollo regional.	Protección de la Iglesia por el Estado. Establecía la responsabilidad de los funcionarios públicos.
1843 Para superar las dificultades derivadas de la aplicación de la Constitución, el Congreso en mayo de 1843 expidió una nueva.	Nueva Granada. Fuertemente centralista.	Congreso, de dos Cámaras, de senadores y de representantes.	Presidente de la República, jefe de la Nación; y un vicepresidente, designado por aquel. Suprimió el Consejo de Estado.	Corte Suprema de Justicia, tribunales superiores de distrito, y juzgados.	Provincias, con un gobernador, agente político del poder ejecutivo y de su libre nombramiento.	Reconocía a la religión católica como única del Estado, protegida por este.
1853 La férrea oposición de los federalistas, que exigían reducción de las facultades del ejecutivo y mayores libertades públicas, determinó la expedición de una nueva Constitución.	Nueva Granada. Unitario federal. Otorgó mayores libertades a los ciudadanos.	Congreso de dos Cámaras, de senadores (uno por cada provincia) y de representantes.	Presidente, jefe de la administración pública nacional, y un vicepresidente, elegidos popularmente.	Suprema Corte de la Nación, tribunales y juzgados, por delegación del pueblo.	Mantuvo las provincias, o secciones territoriales, a las que reservó el poder municipal en toda su amplitud, limitando el poder del gobierno central.	Suprimió la esclavitud. Decretó la separación de la Iglesia y el Estado.
1858 Las facultades reconocidas a las provincias, les permitieron dictar sus propias Constituciones y avivaron las fricciones entre centristas y federalistas. Para precisar y clarificar las atribuciones del gobierno general y sus vínculos con los Estados, el Congreso expidió la Constitución de 22 de mayo de 1858.	Confederación Granadina. Federalista, con facultades estrictas para el gobierno.	Gobierno General de la Confederación Granadina ejercido por un presidente, el Congreso (Senado y Cámara de Representantes), un presidente y un cuerpo judicial.	Un magistrado denominado presidente de la Confederación	Senado, Corte Suprema, tribunales y juzgados	Eran de competencia de los estados los asuntos que no estuviesen atribuidos a los poderes de la Confederación, los que estaban enunciados de manera taxativa.	El ministerio público correspondía a la Cámara de Representantes y al procurador general de la Nación.

1863	Estados Unidos de Colombia. Régimen federal absoluto	El Partido Conservador veía con recelo las facultades dadas a los estados, y logró que el gobierno, a través de decretos, les menguara sus atribuciones. Aduciendo ruptura del pacto federal, el General Tomás Cipriano de Mosquera se levantó en armas contra el gobierno. Vencedores los liberales radicales, aprobaron en la Convención de Rionegro, la Constitución de 8 de mayo de 1863.	Dos Cámaras; Senado de plenipotenciarios, en representación de los estados, tres por cada uno; y Cámara de Representantes, en representación del pueblo.	Un magistrado denominado presidente de los Estados Unidos de Colombia, elegido por el voto mayoritario de los Estados.	El poder judicial de los Estados Unidos de Colombia se ejercía por el Senado, una Corte Suprema de Justicia, cuyos magistrados eran elegidos por el Congreso, tribunales y jueces	La Constitución reconocía plena autonomía a los Estados para dictar sus propias leyes, tener su propio Ejército y administrar justicia con independencia del gobierno nacional. Les reconocía amplias competencias en todos los asuntos que ellos no hubiesen delegado en el gobierno general, pero estaban sujetos a algunas prohibiciones.
						Reconoció un amplio abanico de derechos y garantías individuales, incluido poseer y comerciar armas y municiones en tiempo de paz. Mantenía el ministerio público, que correspondía a la Cámara de Representantes y al procurador general de la Nación.
1886	República de Colombia. Unitaria. Centralización absoluta del poder político.	Las graves divergencias entre los defensores de la Constitución y quienes se oponían al desequilibrio entre las libertades absolutas que ella consagraba y la defensa del orden y la paz, permitió a los partidarios de esta última postura, agrupados en el movimiento llamado la "Regeneración" lograr que el Presidente Núñez convocara un Consejo Nacional de Delegatarios, que expidió el 11 de noviembre de 1885 la Constitución de 1886.	Congreso, compuesto de dos Cámaras. Senado, en representación de los departamentos, y Cámara de Representantes en proporción al número de habitantes de cada departamento.	Presidente de la República, tenía atribuida la conservación del orden público en todo el territorio nacional y proveer a la seguridad de la Nación. En sus faltas lo reemplazaba el vicepresidente, elegido para un período igual al del presidente, de seis años. El Ministerio Público se ejercía bajo la suprema dirección del gobierno, y su titular era el Procurador General de la Nación.	Corte Suprema de Justicia, vitalicia, de tribunales de distrito y jueces inferiores. Creó el Consejo de Estado como cuerpo consultivo del gobierno y le asignó conocer de los asuntos contencioso-administrativos, en caso de establecerse esta jurisdicción.	La Nación otorgaba cierta autonomía a las entidades territoriales, llamadas ya no estados sino departamentos. Regulaba las competencias de las asambleas departamentales y del gobernador del departamento, agente de la administración central. Asimismo preveía la existencia de concejos municipales, como administradores del distrito y los alcaldes, como agentes del gobernador y mandatarios del pueblo. Consagraba una serie de derechos individuales y garantías sociales, sin mecanismos de protección. Las armas constituían monopolio del Estado.

3. REFORMAS CONSTITUCIONALES (1886 A 1991)

De la Constitución de 1886, que tuvo una vigencia cercana a los cien años, con las reformas que le fueron introducidas, la Constitución de 1991 tomó las actuales instituciones relacionadas con la organización del poder público.

De esas reformas, a título enunciativo, se destacan: la posibilidad de reformar la Constitución mediante la convocatoria de una asamblea constituyente (1905). La autorización para la creación, por ley, de monopolios como arbitrio rentístico; la prohibición de la expropiación, solo permitida por graves motivos de utilidad pública definidos previamente por el legislador; la limitación de que en tiempo de paz solo el Congreso, las asambleas y los concejos podían imponer contribuciones; la posibilidad de instituir la jurisdicción de lo contencioso administrativo; la reforma de la Constitución, solo mediante actos legislativos; el establecimiento de la excepción de inconstitucionalidad, en caso de incompatibilidad entre la Constitución y la ley; y finalmente, la asignación a la Corte Suprema de Justicia de la guarda de la integridad de la Constitución (1910).

En 1936, bajo el eslogan político "La revolución en marcha", un congreso dominado por el partido liberal, mediante el acto legislativo 1 de ese año, introdujo sustanciales reformas a la Constitución, para darle talante social, al incorporar derechos sociales y atribuir función social a la propiedad, consagrando el trabajo como obligación social y el derecho a la huelga. Avance suyo fue abrir la posibilidad para la mujer de desempeñar empleos con funciones de mando y jurisdicción.

En 1945, se organizó a Bogotá como Distrito Especial; y se consagró la intervención estatal por mandato de la ley para racionalizar la producción, distribución y consumo de las riquezas y para proteger al trabajador. Se adicionaron los departamentos administrativos como órganos del gobierno y se dio rango constitucional a la Contraloría General de la República.

En 1957, tras la caída de la dictadura del general Rojas Pinilla, los partidos políticos pactaron lo que se llamó el Frente Nacional, que estableció la paridad política o gobierno compartido entre los partidos liberal y conservador, pacto que dio origen al plebiscito de mayo de ese año. El Plebiscito ratificó la Constitución de 1886 con las reformas introducidas hasta 1945; otorgó a la mujer los mismos derechos políticos de los varones; y fortaleció la educación pública al disponer invertir en ella el 10 por ciento del presupuesto.

Para superar el estado de provisionalidad surgido del Plebiscito, en 1968 se instituyó la planeación para sujetar la actividad de los órganos de gobierno, en todos los niveles; se propendió agilizar la actividad administrativa y se crearon nuevas formas de organización territorial al dar paso a las áreas metropolitanas, las asociaciones de municipios y juntas administradoras locales. Finalmente, se fortaleció el control constitucional a cargo de la Corte Suprema de Justicia, que hizo que fuera automático para los decretos de estados de excepción.

4. LA ORGANIZACIÓN ADMINISTRATIVA NACIONAL DE COLOMBIA

En principio, la administración pública colombiana ha adoptado la descentralización administrativa, aunque subsisten en sus diversos niveles otras formas de organización. El esquema previsto por el constituyente de 1886, con las reformas introducidas hasta 1968, se mantiene en esencia en la Constitución de 1991. Es así como al Congreso le corresponde hacer las leyes y ejercer el control político sobre el gobierno y la administración[20]; el presidente de la República es jefe de Estado, jefe de Gobierno, suprema autoridad administrativa y simboliza la unidad nacional[21]; a cuya disposición están las fuerzas militares y de policía[22]. De otra parte, reconoce la existencia de entidades territoriales, con autonomía para la gestión de sus intereses, dentro de los límites de la Constitución y la ley[23], asignándoles recursos y competencias[24].

El estudio de la estructura administrativa colombiana comporta el examen de 1) la administración central; 2) la administración seccional o departamental, y 3) la administración local o municipal[25].

A) *El sector central de la administración*

La administración pública nacional comprende el conjunto de organismos activos, de asesoría o de control, y de funcionarios cuya actividad administrativa se ejerce para todo el territorio nacional; integrada por los organismos de la rama ejecutiva del poder público y los demás organismos y entidades que tienen a su cargo el ejercicio de funciones administrativas o la prestación de servicios públicos por el Estado colombiano.

La normativa aplicable a la administración pública nacional está contenida básicamente en la ley 489 de 1998[26] y en algunas normas posteriores que la desarrollan o complementan. Esta determina la estructura de la administración pública y establece los principios y reglas generales que le permiten al presidente de la República ejercer sus facultades constitucionales[27]; profundiza la

---

[20] Art. 150 de la Constitución.

[21] Arts. 188 y 189 de la Constitución.

[22] Arts. 216 a 219 de la Constitución.

[23] Arts. 286 y 287 de la Constitución.

[24] Arts. 356 y 357 de la Constitución.

[25] LIBARDO RODRÍGUEZ R., *Estructura del poder público en Colombia*, Bogotá, Edit. Temis, 10ª ed., 2008, pág. 56.

[26] *Diario Oficial* 43.464 de 30 diciembre 1998.

[27] Art. 189, nums. 15, 16 y 17, de la Constitución.

descentralización y la desconcentración; fortalece la administración descentralizada por servicios, y establece pautas de coordinación para armonizar las decisiones de las entidades competentes.

La administración pública nacional está integrada por la Presidencia de la República, la vicepresidencia, los consejos superiores de la administración, los ministerios y departamentos administrativos, las superintendencias y las unidades administrativas especiales sin personería jurídica. La Presidencia, los ministerios y los departamentos administrativos constituyen los órganos principales de la administración pública nacional. Los demás les estarán adscritos o vinculados[28].

Son órganos consultivos o de coordinación, además de los consejos superiores de la administración, las comisiones intersectoriales, el Consejo de Ministros y los que, con carácter permanente o temporal, con representación de entidades estatales y, si fuere el caso, del sector privado, establezca la ley.

a) *La Presidencia de la República.* El presidente de la República ostenta el carácter de jefe de Estado, jefe de gobierno y jefe supremo de la administración. Como jefe de Estado, expresa la unidad nacional, asegura la colaboración armónica de las ramas del poder público y garantiza los derechos y libertades de los ciudadanos; dirige las relaciones internacionales, celebra tratados o convenios con otros Estados y entidades de derecho internacional; dirige la fuerza pública y conserva el orden público; provee a la seguridad exterior de la República, la defensa de la independencia y la inviolabilidad del territorio y otras más[29]. Como jefe de Gobierno, el presidente tiene la conducción política del país. El Gobierno está formado por el presidente de la República, los ministros del despacho y los directores de departamentos administrativos; y, en cada asunto particular, el presidente y el ministro o director de departamento administrativo correspondiente[30].

Como *jefe supremo de la administración*, el presidente tiene a su cargo las máximas atribuciones administrativas, a saber: la dirección, orientación, coordinación, control y evaluación de la actividad de los organismos y entidades administrativos[31].

En ese orden, desarrolla una serie de funciones, agrupadas, genéricamente en las siguientes[32]: a) ejecución de las leyes: sancionarlas, proclamarlas y velar por su estricto cumplimiento[33], b) ejercicio de la potestad reglamentaria, para

---

[28] Ley 489 de 1998, arts. 39, inc. 2º, y 50, parg.

[29] Art. 189, nums. 2, 3, 4, 5, 6, 7 y 28, de la Constitución.

[30] Art. 115, inc. 2º, de la Constitución.

[31] Ley 489 de 1998, arts. 41 y 56.

[32] JAIME VIDAL PERDOMO, *Derecho administrativo*, Santa Fe de Bogotá, Edit. Temis, 1997, pág. 87 y ss.

[33] Art. 189, núms. 9 y 10 de la Constitución.

el adecuado cumplimiento de la ley[34]; c) conservación del orden público social, político y económico[35]; d) nombramiento de funcionarios[36] y e) organización de la vida administrativa[37]. Muchas de estas funciones puede delegarlas conforme lo determina la ley.

La Presidencia de la República está formada por el conjunto de servicios auxiliares del presidente de la República y su régimen corresponde al de un departamento administrativo. Incluye las secretarías y las consejerías, estas con la finalidad de asesorar al presidente de la República en distintas materias, quien las crea según sus necesidades y a su arbitrio. Además, corresponde al Departamento Administrativo de la Presidencia la ejecución de una serie de programas especiales, bajo la dirección del presidente[38].

b) *La vicepresidencia.* La Constitución de 1991 reedita la figura del vicepresidente, en sustitución del "designado", que desapareció. Está llamado a reemplazar al presidente de la República en sus faltas temporales o absolutas, y a cumplir funciones activas, misiones o encargos especiales que le confíe el presidente, pudiendo ser designado en cualquier cargo de la rama ejecutiva, salvo las funciones de ministro delegatario[39].

c) *Consejos Superiores.* Los órganos de asesoría de la administración pública nacional, son de diversa índole y categoría.

1. Los *consejos superiores de la administración* son organismos de asesoría, jerárquicamente superiores a los ministerios y departamentos administrativos[40], como son:

a') *El Consejo Nacional de Planeación* con carácter consultivo y de foro para la discusión del Plan Nacional de Desarrollo[41]. Está integrado por representantes de las entidades territoriales y de los sectores económicos, sociales, ecológicos, comunitarios y culturales.

b') *El Consejo Nacional de Política Económica y Social* (CONPES), con funciones consultivas y decisorias, entre ellas, las de recomendar al gobierno la política económica y social que deba adoptar para la elaboración de los planes y programas de desarrollo; estudiar y definir las bases de los programas de inversión y de los gastos públicos y dar orientaciones generales para los

---

[34] Art. 189, núm. 11 de la Constitución.

[35] Arts. 189, núm. 4, 212, 213, 214 y 215 de la Constitución.

[36] Art. 189, nums. 1, 2 y 13 de la Constitución.

[37] Arts. 189, núms 14, 15,16,17, 16, 20, 21, 22, 23, 24, 25, 26 y 27, 131 y 211 de la Constitución.

[38] Decrs. 1660 de 1991, 1182 de 1999.

[39] Arts. 202 a 205 de la Constitución.

[40] Ley 489 de 1998, art. 38, num. 1, lit. c.

[41] Art. 340 de la Constitución.

distintos organismos especializados en la dirección económica y social del gobierno[42].

c') *El Consejo Superior de Comercio Exterior* es un organismo asesor del gobierno nacional en los asuntos que se relacionen con el comercio exterior y la competitividad[43].

2. Existen, además, los consejos superiores de los ministerios, asesores de los mismos, que forman parte de su estructura orgánica y les dan su denominación.

d) *El Consejo de Ministros.* El Consejo de Ministros fue creado por la ley 63 de 1923. La Constitución de 1991 no lo menciona, pero el artículo 47 de la ley 489 de 1998 dispone que esté integrado por todos los ministros; pueden ser convocados a su seno los directores de departamentos administrativos, y los demás funcionarios o particulares que estime el presidente de la República. Sus funciones son básicamente consultivas, pero en ocasiones actúa como cuerpo deliberante o decisorio, según se lo atribuya la ley.

e) *Los ministerios y los departamentos administrativos.* Por sus objetivos y funciones, los ministerios y departamentos administrativos poseen características similares, en cuanto que sus titulares concurren con el presidente de la República a formular políticas, dirigir la actividad administrativa y ejecutar la ley. Se diferencian en que los ministerios son organismos políticos; que cumplen no solo funciones administrativas, sino también políticas, mientras que los departamentos administrativos son de carácter técnico.

Su número, denominación, objetivos y estructura orgánica[44], están dados por la ley. Al presidente de la República le compete la distribución, entre ellos y según su naturaleza, de los distintos negocios administrativos.

Cada ministerio o departamento administrativo cuenta con Oficina Asesora, de Planeación, Jurídica y de Control Interno y con consejos y comisiones y unidades de ejecución, como las "direcciones".

f) *Viceministros.* El viceministro es un colaborador inmediato del ministro, suplente en sus faltas y representante suyo en juntas y consejos. Asesora al ministro en la formulación de la política y planes de acción de su sector[45].

g) *Las superintendencias.* Tienen atribuidas facultades de inspección y vigilancia que corresponden al presidente de la República, relacionadas con

---

[42] Ley 19 de 1958 y decr. 627 de 1974.

[43] Decr. 2553 de 1999.

[44] Ley 489 de 1998, art. 50.

[45] Sobre delegación de funciones del ministro en el viceministro, véanse sentencias de la Sala de lo Contencioso Administrativo del Consejo de Estado, Sección Primera, de 17 agosto y 31 agosto 2000, exp. 5929, actor: Comisión de Regulación de Energía y Gas, y 6018, Actor: CELPLAST (M. P. Juan Alberto Polo Figueroa).

la prestación de servicios públicos, el control sobre las personas que realizan actividades financiera, bursátil, aseguradora y cualquier otra relacionada con el manejo, aprovechamiento e inversión de recursos captados del público, así como sobre las cooperativas y sociedades mercantiles[46]. Carecen de personería jurídica.

h) *Las unidades administrativas especiales.* Su creación estuvo orientada, hacia la atención de ciertos programas, propios ordinariamente de un ministerio o de un departamento administrativo, que por razón de su naturaleza o por el origen de los recursos que utilizaban, no debían quedar sometidos al régimen administrativo ordinario. Son creadas por la ley, con autonomía administrativa y financiera, sin personería jurídica, que cumplen funciones administrativas para desarrollar o ejecutar programas de la naturaleza indicada.

B) *El sector descentralizado por servicios nacional*

Las entidades descentralizadas aparecieron sin sistematización alguna y sin perfiles jurídicos definidos, por lo que le correspondió a la jurisprudencia[47], con anterioridad a la reforma administrativa de 1968, precisar sus características. En el plano legal, el decreto 1050 de 1955 consideró como organismos autónomos descentralizados todas las entidades de propiedad de los entes territoriales donde estos tuvieren participación superior al 50 por ciento del capital; y la ley 151 de 1959 recogió en una definición todos los elementos de las entidades descentralizadas dados por la jurisprudencia, pero sin distinguirlas entre sí[48].

El esfuerzo sistematizador se concretó con la expedición de los decretos extraordinarios 1050 y 3130 de 1968. Mas como el marco conceptual y normativo contenido en ellos se vio desbordado, la ley 489 de 1998 pretendió determinar taxativamente las entidades que integran la Administración Nacional, sin lograrlo cabalmente, por su indeterminación al referirse a otras entidades y organismos de naturaleza pública que tengan a su cargo el ejercicio de actividades y funciones administrativas o la prestación de servicios públicos del Estado, que se creen, organicen o autoricen por la ley, con personería jurídica[49].

[46] Art. 189, nums. 22 y 24 de la Constitución.

[47] Las sents. de 27 octubre 1959 del Consejo de Estado, y de 11 diciembre 1964 de la Corte Suprema de Justicia, establecieron los elementos o caracteres de los establecimientos públicos: creación legal, personería jurídica de derecho público; patrimonio propio; autonomía administrativa y financiera, y finalidad específica: el servicio público.

[48] Sobre la evolución legal y de la jurisprudencia de las empresas públicas, véase a ÁLVARO TAFUR GALVIS, *La Constitución de 1991 y la modernización del Estado colombiano*, Santa Fe de Bogotá, Universidad Externado de Colombia, 1993, págs. 115 y ss.

[49] Ley 489 de 1998, arts. 40 y 68.

Las entidades descentralizadas son de primero o de segundo grado. Aquellas son creadas por la ley o autorizadas por esta; estas, por entidades de primer grado. Pueden ser también *adscritas* o *vinculadas*, según el grado de inmediación con la Administración central.

a) *Los establecimientos públicos.* Son organismos creados por la ley, encargados de atender funciones administrativas y de prestar servicios públicos, conforme a las reglas del derecho público. Se caracterizan por: a') ser de *creación legal*[50]; b') tener personería jurídica, autonomía administrativa y financiera y patrimonio independiente, que les permite decidir sobre los asuntos que le han sido atribuidos y el manejo de sus bienes y recursos, que por ser públicos están sometidos al control fiscal de la Contraloría General[51]; c') por formar parte de la *rama ejecutiva* del poder público[52], su *actividad* es *eminentemente administrativa*; d') poseer un *régimen jurídico de derecho público*: sus actos son administrativos; sus servidores son empleados públicos[53], aunque algunas actividades puedan ser desempeñadas por trabajadores oficiales. Sus contratos son estatales. Gozan de los privilegios y prerrogativas propios de la Nación[54], y e') estar sometidos al *control administrativo*, que se ejerce mediante su **a**dscripción a un ministerio o departamento administrativo y por medio de la designación de sus directores, gerentes o presidentes por el presidente de la República[55].

b) *Empresas industriales y comerciales.* La expresión "empresa pública", de aceptación universal, en Colombia no tiene un significado uniforme, y la ley utiliza las expresiones "empresas" o "empresas estatales"[56]. En general, su objetivo está orientado hacia la producción de bienes y servicios y la prestación de servicios públicos.

Son organismos creados por la ley o autorizados por esta, que desarrollan actividades de naturaleza industrial o comercial y de gestión económica, conforme a las reglas del derecho privado. Tienen personería jurídica, autonomía administrativa y financiera y capital independiente, constituido con bienes o fondos públicos comunes y sus productos[57].

c) *Sociedades de economía mixta.* Son organismos constituidos bajo la forma de sociedades comerciales con aportes estatales y de capital privado,

---

[50] Art. 150, num. 7 de la Constitución.

[51] Ley 489 de 1998, arts. 70, 71 y 72.

[52] Art. 115 y 189, num. 17 de la Constitución.

[53] Decr. 3135 de 1968, art. 5º.

[54] Ley 489 de 1998, art. 80.

[55] Ley 489 de 1998, arts. 50 parg. y 77.

[56] Ley 489 de 1998, arts. 88 y 89.

[57] Ley 489 de 1998, art. 85.

que desarrollan actividades de naturaleza industrial o comercial, conforme a las reglas del derecho privado[58]. El aporte estatal no puede ser inferior al 50 por ciento del capital suscrito y pagado.

d) *Entidades descentralizadas indirectas.* Son personas jurídicas que surgen de la asociación entre sí, o con particulares, de la Nación y sus entidades descentralizadas. Pertenecen a este tipo las asociaciones públicas, las asociaciones de empresas industriales y comerciales, las asociaciones entre entidades públicas, las fundaciones y asociaciones con participación de particulares[59].

e) *Organismos administrativos de régimen especial.* También forman parte de la administración pública nacional, sujetos a regímenes especiales, los siguientes organismos:

• *Banco de la República*, previsto en el artículo 371 de la Constitución, es un organismo de naturaleza especial, con régimen legal propio, personería jurídica de derecho público y autonomía administrativa y patrimonial, que ejerce las funciones de banca central y vela por el mantenimiento de la capacidad adquisitiva de la moneda.

• *Entes universitarios autónomos.* Son la forma orgánica de las universidades estatales, con personería jurídica, autonomía académica, administrativa y financiera, patrimonio independiente, con facultades para elaborar y manejar su presupuesto. Las instituciones estatales de educación superior que no tengan el carácter de universidad deben organizarse como establecimientos públicos.

• *Corporaciones autónomas regionales.* Son entes corporativos de carácter público creados por la ley, integrados por entidades territoriales que constituyan geográficamente un ecosistema o integren una unidad geopolítica, biogeográfica o hidrográfica, dotados de autonomía administrativa y financiera, patrimonio propio y personería jurídica, encargados por la ley de administrar, dentro de su área, el medio ambiente y los recursos naturales renovables y propender su desarrollo sostenible[60].

• *Empresas sociales del Estado.* Se constituyen para atender de manera directa la prestación de los servicios de salud por la Nación o las entidades descentralizadas. Su régimen corresponde al de los establecimientos públicos[61].

• *Agencias, Comisiones y Autoridades.* Son organismos creados para la regulación de ciertas actividades específicas: la Autoridad Nacional de Televisión, para regular la televisión, la Agencia Nacional de Licencias Ambientales, para expedir licencias ambientales, la Agencia para el Desarrollo Rural, y la

---

[58] Ley 489 de 1998, art. 97.

[59] Ley 489 de 1998, Arts. 94, 95 y 96.

[60] Decr. 1768 de 1994.

[61] Ley 100 de 1993, art. 194.

Agencia Nacional de Infraestructura, para las concesiones y el desarrollo de la infraestructura.

• *Los fondos*, con o sin personería jurídica, constituyen un sistema de manejo de cuentas de parte de los bienes o recursos de un organismo, para el cumplimiento de sus objetivos. Adoptan la organización propia de cualquiera de las diversas formas de organismos descentralizados por servicios.

5. LAS ENTIDADES TERRITORIALES

Son entidades territoriales los departamentos, los municipios y los territorios indígenas; pero la ley podrá dar el carácter de entidades territoriales a las regiones y a las provincias[62].

Las entidades territoriales gozan de autonomía para la gestión de sus intereses[63] y para determinar su estructura interna y organización administrativa, sin quedar sometidas a revisión, aprobación o autorización de autoridades nacionales[64]. Se trata de una autonomía relativa, muy precaria, pues la mayoría de departamentos y municipios dependen, incluso para su propio funcionamiento, del aporte nacional, en especial, mediante la cofinanciación que les permite recibir recursos provenientes de ingresos corrientes de la Nación.

A) *La administración regional*

Las regiones, como entidades administrativas territoriales, que trasciendan del ámbito meramente administrativo al político, no existen en Colombia, pese a la necesidad de enfrentar realidades espaciales de carácter cultural, étnico y económico, con la autonomía requerida[65].

La Constitución de 1991[66] estableció que dos o más departamentos podrán constituirse en regiones administrativas y de planeación, con personería jurídica, autonomía y patrimonio propio, para el desarrollo económico y social del respectivo territorio. A continuación dispuso que la ley orgánica, previo el concepto de la Comisión de Ordenamiento Territorial, establecería

---

[62] Art. 286 de la Constitución.

[63] Art. 287 de la Constitución. Ley 715 de 2001. Corte Constitucional, sents. C-520 de 1994 (M. P. Hernando Herrera Vergara), y C-983 de 2005 (M. P. Humberto Sierra Porto).

[64] Ley 1454 de 2011, art. 28.

[65] EDUARDO VERANO DE LA ROSA, WALFA CONSTANZA TÉLLEZ DUARTE y LUIS YESID SANDOVAL BRITO, "Región y Estado. Una propuesta para la conformación institucional y financiera de la región en Colombia". ARMANDO E. COLÓN CÁRDENAS y ENRIQUE A. DELVECCHIO DOMÍNGUEZ, "Ordenamiento territorial, autonomía y regionalización", Barranquilla, Fondo de Publicaciones Universidad del Atlántico, 1999, ambos publicados en Revista *Economía Colombiana*, Informe especial sobre ordenamiento territorial, Santa Fe de Bogotá, julio de 1999.

[66] Art. 306 de la Constitución.

las condiciones para solicitar la conversión de la región en entidad territorial. El Congreso, mediante la ley 1454 de 2011, expidió normas orgánicas sobre ordenamiento territorial y previno que promovería el establecimiento de regiones de planeación y gestión, regiones administrativas y de planificación y la proyección de regiones territoriales. Definió como regiones administrativas y de planificación (RAP) las entidades integradas por dos o más departamentos, con personería jurídica, autonomía financiera y patrimonio propio, cuya finalidad está orientada al desarrollo regional, la inversión y la competitividad. No obstante, en su artículo 36 defirió la transformación de estas en región entidad territorial, a las condiciones que fije otra ley que para el efecto debe expedir el Congreso de la República.

La región como entidad territorial es, pues, un anhelo nacional sin concretar aun. En el Congreso ya cursa el proyecto respectivo, aprobado en la Comisión Primera de la Cámara de Representantes, pero en el entretanto se han ido perfilando diversos convenios para crear regiones administrativas y de planificación-RAP, entre distintos grupos de departamentos del país[67].

B) *La administración seccional y municipal*

La Constitución de 1991, si bien conservó el esquema de la administración territorial anterior, transitó hacia un régimen más definido de descentralización administrativa, al consagrar el concepto de "autonomía" de las entidades territoriales, en contraposición a la ilusoria "independencia para la administración de los asuntos seccionales" de la Constitución de 1886. Empero, se trata de una autonomía relativa, muy precaria, pues debe ejercerse dentro de los límites de la Constitución y la ley, y la mayoría de los departamentos y municipios dependen, incluso para su propio funcionamiento, del aporte nacional, en especial mediante la cofinanciación, que les permite recibir recursos provenientes de la Nación[68].

Igualmente señaló los principios y criterios para regular las relaciones entra la Nación y las entidades territoriales, procuró establecer cierto equilibrio entre los distintos componentes de la administración estatal; distribuyó competencias, y otorgó a los entes territoriales garantías patrimoniales, al impedir al legislador conceder exenciones o tratamientos preferenciales en relación con los tributos de su propiedad, establecer que los bienes y rentas tributarias o no tributarias o provenientes de la explotación de monopolios de las entidades territoriales, son de su exclusiva propiedad y gozan de las mismas garantías

---

[67] Mediante el Convenio 001 de 19 de octubre de 2017 se constituyó la Región Administrativa y de Planificación-RAP, entre los departamentos de Atlántico, Bolívar, Cesar, Córdoba, La Guajira, Magdalena y Sucre. Convenios similares se han suscrito entre los departamentos que conforman las RAP Central (2014), Pacífico (2016), Amazonia (2017), Eje Cafetero (2017), Orinoquia (2014) y Región Sur (2016)

[68] Ley 1454 de 2011, arts. 3º, num. 2, y 28.

que la propiedad y las rentas de los particulares[69] y facultar a las entidades territoriales para emitir títulos y bonos de deuda pública y contratar crédito externo. Empero, consagró el manejo centralizado del orden público, bajo la titularidad del presidente.

En la actualidad se distinguen los siguientes niveles de organización territorial: la administrativa seccional o departamental y la local, integrada por los distritos, los municipios y los territorios indígenas.

a) *Los departamentos.* Son la prolongación histórica de los extinguidos Estados Soberanos, mas sin el mismo arraigo. Al punto que territorios con supremo atraso económico, social y cultural (antiguas intendencias y comisarías) fueron convertidas en departamentos, sin requisito alguno.

La Constitución, además de reiterar la autonomía de los departamentos, define sus funciones y les otorga identidad propia[70]. Tales funciones son[71]: a) de *carácter administrativo*, relacionadas con el cumplimiento de la Constitución y de la ley[72]; b) de *coordinación interterritorial* de los planes de desarrollo[73]; c) de *prestación de servicios*[74]; d) de *complementariedad* de la acción municipal[75] y e) de *intermediación* entre la Nación y el municipio.

b) *Organización del departamento.* La administración del departamento está dada por la asamblea departamental y por el gobernador del departamento.

a') *Las asambleas departamentales* son corporaciones administrativas de elección popular, con autonomía administrativa y presupuesto propio, que cumplen las funciones que le señalen la Constitución y la ley[76], integradas por no menos de once ni más de treinta y un miembros o "diputados"[77].

Sus funciones son de origen constitucional las señaladas en el artículo 300 de la Carta, así como las que les confiera el Congreso[78] y otras de origen legal, consagradas en el artículo 62 del Código de Régimen Departamental.

[69] Art. 362 de la Constitución.

[70] La ley 617 de 2000, prevé que los departamentos podrán asociarse para la prestación de todos o de algunos de los servicios a su cargo.

[71] Néstor Raúl Correa, "Constitución Política de Colombia", Comisión Colombiana de Juristas, Título xi, pág. 74.

[72] Art. 300, nums. 1, 2, 4, 5, 6, 7, 8 de la Constitución.

[73] Art. 300, nums. 3 y 12 de la Constitución.

[74] Art. 300, num. 1 de la Constitución.

[75] Arts. 298, 301, 344, 367 de la Constitución.

[76] Const. Pol., art. 299 y ley 489 de 1998, art. 39 , *in fine*.

[77] La ley 617 de 2000 determinó, transitoriamente, el número de diputados, por departamento.

[78] Art. 150, num. 5 de la Constitución.

Los diputados son servidores públicos, elegidos por voto popular, para períodos de cuatro años[79]. Están sujetos a un régimen de inhabilidades y de incompatibilidades determinado por la ley, no menos riguroso que el de los congresistas.

Las ordenanzas son los actos de carácter general que expiden las asambleas a iniciativa de los diputados y del gobernador y rigen en el respectivo departamento (ley 4ª de 1913 o Código de Régimen Municipal, arts. 2º y 72 del Código de Régimen Departamental). Aprobado un proyecto de ordenanza, pasará a la sanción del gobernador, quien puede objetarlo por razones de inconveniencia, de ilegalidad o inconstitucionalidad.

b') *El gobernador.* El gobernador ostenta el carácter de jefe de la Administración y de representante legal del departamento. Es agente del presidente de la República en lo atinente al mantenimiento del orden público, a la ejecución de la política económica general, y en asuntos que acuerde la Nación con el departamento, mediante convenio[80]. El gobernador será elegido popularmente para un período de cuatro años, y no podrá ser reelegido para el siguiente. La ley determina las calidades, requisitos, inhabilidades e incompatibilidades, no menos estrictas que las establecidas para el presidente de la República[81], así como las faltas absolutas y temporales y las formas de llenarlas.

Las funciones del gobernador son de origen constitucional y legal. Las primeras, las consagra el artículo 305 de la Carta[82]. Las funciones legales están contenidas, básicamente, en los artículos 94 y 95 del Código de Régimen Departamental.

c') *Características comunes entre departamentos y municipios.* Los departamentos y los municipios (distritos o territorios indígenas) tienen en común las siguientes características:

• Sus funciones están señaladas en la ley. Para los departamentos en la ley 3ª de 1986 y en su decreto reglamentario 222 de 1986 o Código de Régimen Departamental. Para los municipios en la ley 11 de 1986, en el decreto ley 1333 de 1986 o Código de Régimen Municipal, que la reglamenta y en las leyes 136 de 1994 y 1551 de 2012.

• Las *competencias*, entre ellos y la Nación, se encuentran distribuidas por sectores administrativo, educativo, salud, vivienda, agua potable, saneamiento ambiental, subsidios y participación privada y comunitaria[83].

---

[79] El art. 28 de la ley 617 de 2000 establece la remuneración, en salarios mínimos, de los diputados por mes de sesión, según la categoría del departamento.

[80] Acto legislativo 2 de 2002, art. 1º.

[81] El régimen de inhabilidades e incompatibilidades para los gobernadores lo regula la ley 617 de 2000.

[82] NÉSTOR RAÚL CORREA, *op. cit.*, pág. 103.

[83] Art. 356 de la Constitución. BERNARDO JOSÉ JIMÉNEZ MEJÍA, "Transferencias de responsabilidades a los entes territoriales", en *Descentralización, reto nacional*, de Luis Alfonso Hoyos Aristizábal, Bogotá, Aseditor, Santa Fe de Bogotá, 1996, págs. 133 y ss.

• *Categorías*. Los departamentos, para efectos administrativos y fiscales se agrupan en seis categorías, según su población, ingresos y condiciones sociales, culturales y económicas[84]. Del mismo modo, la ley puede establecer categorías de municipios, de acuerdo con su población, recursos fiscales, importancia económica y situación geográfica.

• *Recursos*. Los bienes y rentas tributarias o no tributarias, provenientes de monopolios de las entidades territoriales, son de su propiedad exclusiva y gozan de las mismas garantías que la propiedad y renta de los particulares[85].

• *Presupuesto*. Conforme al artículo 352 de la Constitución, la ley orgánica del presupuesto regula lo correspondiente a la programación, aprobación, modificación, ejecución de los presupuestos de la Nación y de las entidades territoriales.

• *Endeudamiento*. Todas las entidades territoriales están facultadas para emitir títulos y bonos de deuda pública, siempre que no sobrepasen la capacidad máxima de endeudamiento y no se comprometan recursos de futuras administraciones[86].

• *Régimen de personal*. En las entidades territoriales se replica lo relativo al régimen de personal de la Nación. Los servidores respectivos son empleados públicos, sometidos al régimen de carrera administrativa; y sus prestaciones sociales son las establecidas por la ley para los empleados nacionales. Los trabajadores de la construcción y sostenimiento de obras públicas son trabajadores oficiales[87].

• *Entes descentralizados*. En los departamentos y municipios se repite el esquema de las entidades descentralizadas por servicios previsto para la Nación[88].

• *Régimen contractual y fiscal*. Los contratos que celebren las entidades descentralizadas son contratos estatales, sometidos al Estatuto General de Contratación de la Administración Pública. El control fiscal de los bienes y rentas del departamento corresponde a la contraloría departamental o municipal[89].

• *Pérdida de investidura*. Los diputados, concejales municipales y distritales y los miembros de juntas administradoras locales podrán perder su investidura por los motivos y el procedimiento previstos en la ley[90].

---

[84] La ley 617 de 2000 establece la "categorización presupuestal" de los departamentos, con fundamento en seis categorías, que discrimina.

[85] Art. 362 de la Constitución.

[86] Leyes 6ª de 1992 y 185 de 1995.

[87] Art. 150, num. 19, lit. e, de la Constitución, ley 4ª de 1992 y Código de Régimen Departamental, arts. 233 y 234.

[88] Ley 489 de 1989, art. 2º, parg.

[89] Ley 80 de 1993, arts. 244 y ss.

[90] Ley 617 de 2002, art. 48.

• *Voto programático*. Quienes elijan al gobernador y al alcalde le imponen, por mandato, el programa que hayan presentado al inscribirse como candidato, mandato que podrá ser revocado por quienes lo eligieron[91].

• *Asociaciones*. Las entidades descentralizadas pueden crear instancias de integración territorial, mediante la formación de alianzas estratégicas para impulsar el desarrollo autónomo y sostenible de las comunidades[92].

c) *Las provincias. Provincias administrativas y de planificación*. Son entidades territoriales integradas por dos o más municipios o territorios indígenas de un mismo departamento. Dos o más municipios contiguos de un mismo departamento podrán constituirse en una provincia administrativa y de planificación para organizar conjuntamente la prestación de servicios públicos, la ejecución de obras de ámbito regional y la ejecución de proyectos de desarrollo integral, así como la gestión ambiental[93].

d) *El municipio*. Es la base de la organización social del Estado colombiano. Para la Constitución es la "entidad fundamental de la división político-administrativa del Estado".

Funciones. Según la Constitución, al municipio corresponde prestar los servicios públicos; construir las obras que demande el progreso local; ordenar el desarrollo de su territorio; promover la participación comunitaria y el mejoramiento social y cultural de sus habitantes[94].

El municipio queda sujeto a la tutela del gobernador, mediante la llamada "revisión jurídica" de los actos de los concejos municipales y de los alcaldes.

La creación de los municipios está atribuida a las asambleas departamentales, previo cumplimiento de algunos requisitos que son mínimos, incluida una consulta popular, así como el funcionamiento de una junta administradora local durante el año anterior[95].

Las principales *rentas*[96] del municipio derivan del impuesto predial, del de industria y comercio, de circulación y tránsito, de la contribución de valorización; la contribución de desarrollo municipal, por plusvalía como consecuencia del esfuerzo social o estatal, y las participaciones en las rentas ordinarias de la Nación[97].

[91] Arts. 259 de la Constitución y 3º de la ley 131 de 1994.

[92] Ley 1454 de 2011, arts. 9º y 13.

[93] Ley 1454 de 2011, art. 16.

[94] Arts. 311 de la Constitución y 3º de la ley 136 de 1994.

[95] El art. 15 de la ley 617 de 2000 establece los requisitos para la creación de municipios.

[96] Sobre el alcance de las distintas rentas del municipio véase la sentt. C-495 de 1998 de la Corte Constitucional (M. P. Antonio Barrera Carbonell).

[97] Arts. 312 de la Constitución y 22 de la ley 136 de 1994.

La administración central del municipio corresponde al concejo y al alcalde municipal.

e) *El concejo municipal.* El concejo municipal se integra por no menos de siete ni más de veintiún concejales, según lo determine la Registraduría Nacional del Estado Civil. En el Distrito Capital de Santa Fe de Bogotá, se elegirá un concejal por cada 150.000 habitantes o fracción mayor de 75.000.

Al concejo municipal la Constitución les señala sus funciones: reglamentar las funciones y la prestación de los servicios a su cargo; adoptar los planes y programas de desarrollo económico y social; votar los tributos y los gastos locales; expedir normas orgánicas de presupuesto y expedir el presupuesto anual de rentas y gastos; determinar la estructura de la administración municipal, y las escalas de remuneración de las distintas categorías de empleos[98]; crear establecimientos públicos y empresas comerciales y autorizar la constitución de sociedades de economía mixta; reglamentar los usos del suelo[99]; vigilar las actividades relacionadas con la construcción y enajenación de inmuebles destinados a vivienda; dictar normas para la preservación y defensa del patrimonio ecológico y cultural del municipio[100]. Asimismo, le corresponde elegir al personero y a los demás funcionarios que determine la ley[101].

El concejo podrá autorizar al alcalde para ejercer *pro tempore* precisas funciones de las que a él le corresponden[102] y en las juntas administradoras locales[103], como también asignar funciones a las provincias[104].

Los *períodos de sesiones* de los concejos están relacionados con la categoría del respectivo municipio[105]. En forma extraordinaria, por convocatoria del alcalde, quien determinará su duración, temas y materias en que deba ocuparse[106].

Para regular su propio funcionamiento, los concejos expedirán un reglamento interno[107].

---

[98] Acerca de la delimitación de competencias del concejo y del alcalde, en materia de organización, empleos y salarios de los funcionarios municipales, véase Consejo de Estado, Sala de lo Contencioso Administrativo, Sección Primera, sent. de 13 junio 1996, rad. 3429 (M. P. Juan Alberto Polo Figueroa).

[99] Sobre competencia para la reglamentación de los usos del suelo, cfr. Consejo de Estado, Sala de lo Contencioso Administrativo, Sección Primera, sent. de 12 marzo 1998, rad. 4301 (M. P. Juan Alberto Polo Figueroa).

[100] Código de Régimen Departamental, art. 93 y ley 136 de 1994, art. 32.

[101] Const. Pol., art. 313, num. 8 y ley 136 de 1994, art. 35.

[102] Art. 313, num. 3 de la Constitución.

[103] Arts. 318, num. 5 de la Constitución y 34 de la ley 136 de 1994.

[104] Art. 321, inc. 2º de la Constitución.

[105] Ley 136 de 1994, arts. 23, 35 y 170.

[106] Art. 315, num. 8 de la Constitución.

[107] Código de Régimen Departamental, art. 72 y ley 136 de 1994, art. 31.

f) *Los concejales.* Tienen el carácter de servidores públicos, elegidos por el voto popular, para períodos de cuatro años[108]. Perciben honorarios por la asistencia a las sesiones[109], con algunas limitaciones que establezca la ley[110]. Están sujetos a un régimen de inhabilidades e incompatibilidades, previsto por la ley[111].

g) *Acuerdos.* Son los actos de carácter general que expidan los concejos municipales para atender los asuntos que son de su incumbencia y rigen en el correspondiente municipio[112], a iniciativa de los concejales, los diputados, los alcaldes y, en las materias relacionadas con sus atribuciones, los personeros, los contralores y las juntas administradoras locales. Asimismo, se podrán presentar por iniciativa popular, conforme a la ley estatutaria sobre mecanismos de participación ciudadana[113]. Algunos proyectos, empero, son de la iniciativa exclusiva del alcalde y solo podrán ser dictados por iniciativa del mismo[114]. Aprobado un proyecto de acuerdo, pasará a la sanción del alcalde, que puede objetarlo por razones de inconveniencia o por ser contrarios a la Constitución, a la ley o a las ordenanzas[115].

h) *El alcalde municipal.* En la Constitución de 1886 el alcalde tenía el doble carácter de agente del gobernador y mandatario del pueblo, pero realmente era agente del gobernador. En el acto legislativo 1 de 1986 se dispuso que todos los alcaldes, sin distinción alguna, fueran elegidos por el voto directo de los ciudadanos, en la misma fecha de elección de concejales. Este acto legislativo constituye un importante hito en el proceso de descentralización, dado que es expresión genuina de la autonomía municipal en el plano político.

La Constitución de 1991 en el artículo 314 estableció que en cada municipio habrá un alcalde, jefe de la administración local y representante del municipio, que será elegido popularmente, no reelegible para el período siguiente.

El alcalde tiene funciones determinadas por la Constitución y por la ley[116]. Está sujeto a un riguroso régimen de inhabilidades e incompatibilidades y de prohibiciones[117]. Puede ser destituido cuando en su contra se haya proferido sentencia condenatoria de carácter penal, aun cuando en su favor se decrete

---

[108] Acto legislativo 2 de 2002.

[109] Ley 617 de 2000, art. 20.

[110] Ley 136 de 1994, art. 66.

[111] Ley 617 de 2000, art. 40.

[112] Ley 4ª de 1913, art. 2º.

[113] Ley 134 de 1994, art. 2º.

[114] Ley 136 de 1994, art. 71 parg. 1º.

[115] Ley 136 de 1994, arts. 78 a 81.

[116] Const. Pol., art. 315 y ley 136 de 1994.

[117] Ley 136 de 1994, arts. 95, 96 y 97.

cualquier beneficio y a solicitud de la Procuraduría General de la Nación, de acuerdo con el régimen disciplinario.

i) *El personero municipal*. La personería municipal es el órgano encargado de ejercer el control administrativo en el municipio, dotado de autonomía presupuestal y administrativa. Ejerce funciones de ministerio público[118], pero no forma parte de su estructura.

El personero es elegido por el concejo municipal para un período de cuatro años[119]. En los municipios de categoría especial, primera y segunda, requiere ser colombiano por nacimiento, ciudadano en ejercicio y abogado; en los demás, haber terminado estudios de derecho[120]. Al personero le corresponde la guarda y promoción de los derechos humanos, la protección del interés público y la vigilancia de la conducta de quienes desempeñan funciones públicas[121].

j) *Otros aspectos de la organización municipal*. La estructura del Estado colombiano prevé otras formas de organización.

• *Comunas y corregimientos*. La Constitución, para la mejor prestación de los servicios y asegurar la participación ciudadana, permite al concejo dividir el municipio en comunas y corregimientos. Las *comunas* son parte del territorio urbano. Los *corregimientos* corresponden al área rural de los municipios, a cargo de un corregidor, designado por el alcalde.

• *Las juntas administradoras locales*. La reforma constitucional de 1968 facultó a los concejos crear *juntas administradoras locales* para sectores de su territorio, las cuales fueron reglamentadas por la ley 11 de 1986. Carecen de personería jurídica y les está prohibido crear organización administrativa alguna.

Sus funciones guardan relación con la vigilancia y control de la prestación de servicios públicos y construcción de obras[122]. Para ello pueden distribuir y asignar las partidas que se incluyan en su favor en los presupuestos de la Nación, los departamentos y entidades descentralizadas, y ejercer, por delegación, algunas funciones del concejo.

Las asambleas departamentales podrán, asimismo, crear juntas administradoras para el cumplimiento de las funciones asignadas en el respectivo acto de creación, y dentro del territorio que se les señale.

---

[118] Art. 118 de la Constitución.

[119] Ley 1551 de 2012, art 35.

[120] Ley 136 de 1994, arts. 170 y 173.

[121] Ley 134 de 1994, arts. 168, 169 y 178. El art. 24 de la ley 617 de 2000 atribuye nuevas funciones como veedor del tesoro público al personero, en los municipios donde no haya contraloría.

[122] Const. Pol., art. 318 y ley 136 de 1994, art. 131.

• *Inspecciones de policía.* Los concejos pueden crear inspecciones municipales de policía, determinando su número, sede y área de jurisdicción, para conocer en primera instancia de las contravenciones comunes y especiales y de los asuntos que les asignen la ley, los acuerdos y las funciones que les delegue el alcalde[123].

• *Las asociaciones de municipios.* La Constitución no las menciona, pero la ley 136 de 1994 se ocupa de ellas[124]. Se trata de entidades de derecho público, formadas por dos o más municipios, aunque pertenezcan a distintas entidades territoriales, para la prestación de un determinado servicio o la realización de una obra de interés común; con personería jurídica, patrimonio propio e independiente, regidas por sus propios estatutos, y que gozan de los mismos derechos, privilegios, exenciones y prerrogativas que la ley acuerda a los municipios. Cuentan con sus propios organismos de administración: 1) asamblea general de socios, 2) junta administradora, elegida por la asamblea, y 3) director ejecutivo, designado por la junta, quien será el representante legal de la asociación.

• *El Distrito Capital de Bogotá.* El acto legislativo 1 de 1945 organizó a Bogotá como Distrito Especial, lo cual fue reiterado por el acto legislativo 1 de 1986. La Constitución de 1991 le dio el nombre de Distrito Capital de Santa Fe de Bogotá[125] y su regulación especial, en lo político, administrativo y fiscal está contenido en el decreto 1421 de 1993, dictado en desarrollo del artículo 322 de la Constitución.

• *Otros distritos especiales.* Los distritos especiales son entidades territoriales sujetas a un régimen especial, en virtud del cual sus órganos y autoridades gozan de facultades especiales diferentes a las previstas por el régimen ordinario aplicable a los demás municipios del país. Su régimen está contenido en la ley 1617 de 2013 y en su decreto reglamentario 2388 de 2015[126].

Actualmente hay cinco distritos: el distrito capital, el Distrito Especial, Industrial y Portuario de Barranquilla, el Distrito Especial, Turístico y Cultural de Cartagena, el Distrito Turístico, Cultural e Histórico de Santa Marta y el Distrito Especial, Industrial, Portuario, Biodiverso y Ecoturístico de Buenaventura.

---

[123] Decrs. 1355 de 1970, 522 de 1971 y 1333 de 1986.

[124] El art. 17 de la ley 1451, dispone que "Las asociaciones de departamentos, las provincias y las asociaciones de distritos y de municipios son entidades administrativas de derecho público, con personería jurídica y patrimonio propio e independiente de los entes que la conforman".

[125] Mediante el acto legislativo 1 de 2000 la ciudad capital de la República readquirió el nombre de "Bogotá".

[126] El art. 13 de la ley 1454 de 2011 prevé las *asociaciones de distritos especiales* para organizar conjuntamente la prestación de servicios o la ejecución de obras públicas de interés común mediante convenio.

• *Áreas metropolitanas*. Surgen en la reforma constitucional de 1968, para atender necesidades físicas y sociales comunes a los habitantes de una gran ciudad, a cuyo alrededor y como un núcleo, se agrupan dos o más municipios, con lo cual se forma un conjunto de características urbanas homogéneas. Se caracterizan por constituir una entidad administrativa, con el objeto de promover y coordinar el desarrollo armónico y coordinado de un territorio, racionalizar la prestación de los servicios públicos y ejecutar obras de interés metropolitano; los municipios que la integran pueden pertenecer a departamentos distintos y la vinculación de los municipios debe ser adoptada mediante consulta popular. Su estatuto orgánico está contenido en la ley 128 de 1994[127].

• *Los territorios indígenas*. Este nuevo tipo de entidad territorial implica el reconocimiento del constituyente colombiano de los derechos de los indígenas, tanto como grupos humanos (lengua, cultura y tradiciones), como de los territorios donde se encuentran asentados (resguardos).

La Constitución garantiza a los pueblos indígenas la propiedad de sus resguardos, y de los recursos naturales en su territorio, cuya explotación se hará sin desmedro de la integridad cultural, social y económica de sus comunidades, debiendo ser llamadas a participar en las decisiones que se adopten al respecto[128].

Los territorios indígenas estarán integrados por consejos y reglamentados según los usos y costumbres de sus comunidades, con funciones de velar por la aplicación de las normas sobre usos del suelo y poblamiento de sus territorios; diseñar las políticas y planes de desarrollo económico y social, en armonía con el Plan Nacional de Desarrollo; promover las inversiones públicas en sus territorios y velar por su debida ejecución, amén de otras importantes sobre manejo de recursos y conservación del orden público. Los resguardos indígenas, para los efectos de la participación en las transferencias, "serán considerados como municipios".

C) *Principios sobre ejercicio de las competencias*

Las entidades territoriales ejercen sus propias competencias, pero la Constitución fijó como principios a los cuales se debe someter su ejercicio, los de coordinación, concurrencia y subsidiariedad.

a) *Coordinación*, o de articulación y armonización de las atribuciones de los diferentes niveles de autoridad[129].

---

[127] El art. 25 de la ley 1454 de 2011 consagra disposiciones especiales sobre régimen fiscal para *las áreas metropolitanas*.

[128] Sobre consulta a las comunidades indígenas: Consejo de Estado, Sala de lo Contencioso Administrativo, Sección Primera, sents. de 4 marzo 1998, rad. S 673 y de 8 octubre 1998, rad. 1387 de 1996, ambas con ponencia del consejero Libardo Rodríguez Rodríguez; y de 20 mayo 1999, rad. 5091 (M. P. Juan Alberto Polo Figueroa).

[129] Corte Const., sent. C-983 de 26 septiembre 2005 (M. P. Humberto Sierra Porto).

b) *Concurrencia*, o de ejercicio simultáneo de una competencia por varias entidades territoriales, para que cuando una entidad territorial tenga competencia para desarrollar una determinada materia en unión o en relación con otras entidades, la ejerza con respeto a las atribuciones de las otras autoridades o entidades[130].

c) *Subsidiariedad*, que implica la intervención del nivel superior cuando el inferior, responsable de un servicio no esté en condiciones de atender a su prestación efectiva; o ejercerla solo cuando se cumplan las condiciones, límites y plazos establecidos en la norma correspondiente[131].

A estos, la ley 1451 de 2011, agregó los siguientes:

1. *Complementariedad*, o aplicación de mecanismos de asociación, cofinanciación, delegación o de convenios para completar o perfeccionar la prestación de servicios a su cargo de una entidad.

2. *Eficiencia*, o garantía del uso de que los recursos públicos y las inversiones que se realicen produzcan los mayores beneficios sociales, económicos y ambientales.

3. *Equilibrio entre competencias y recursos*, o traslado de las competencias, previa asignación de los recursos fiscales para atenderlas.

4. *Gradualidad*, asunción de competencias por las entidades territoriales en forma progresiva y flexible, de acuerdo con sus capacidades administrativas y de gestión.

5. *Responsabilidad*, o asunción de competencias previendo los recursos necesarios, sin comprometer la sostenibilidad financiera del ente territorial, garantizando su manejo transparente.

---

[130] Corte Const., sent. C-983 de 26 septiembre 2005 (M. P. Humberto Sierra Porto). Consejo de Estado, Sala de lo Contencioso Administrativo, Sección Primera, sents. de 12 marzo 1998, exp. 4302 y de 5 noviembre 1998, exp. 5011, ambas con ponencia de Juan Alberto Polo Figueroa.

[131] Art. 288 de la Constitución. Corte Const., sent. C-983 de 26 septiembre 2005 (M. P. Humberto Sierra Porto). Sobre el concepto de subsidiariedad como principio moderador aplicable en las competencias de la Unión Europea y sus Estados miembros, véase LUCIANO PAREJO ALFONSO, *Derecho administrativo*, Barcelona, Ariel, 2003, pág. 55. La Constitución también menciona la solidaridad (art. 356) que, además, es principio fundante del Estado social de derecho (art. 1º).

COSTA RICA

ORGANIZACIÓN DEL ESTADO DEMOCRÁTICO Y SOCIAL DE DERECHO DE COSTA RICA

Manrique Jiménez Meza[*]

1. Nacimiento y evolución del Estado moderno en Occidente como manifestación paradigmática del desarrollo de otras formas de expresión políticas fundamentales

Si bien existe gran coincidencia de que fue en la Edad Media, en los estados ciudades del norte de Italia, cuando se forjó el Estado moderno, pensadores clásicos de Occidente utilizaron diferentes términos para referirse a este concepto, con un tímido acercamiento sustancial. En tal sentido, autores como Platón, Aristóteles, Cicerón y San Agustín, hicieron uso de los términos *polis*, *res publica*, *civitas* y *regnum*. En efecto, los pensadores griegos, antes que develar el concepto de la *polis* y sus elementos constitutivos esenciales, propusieron modelos de *comunidad ideal*. Este razonamiento está presente en los aportes filosóficos y políticos de Platón y Aristóteles. Por ejemplo, Platón en una concepción organicista consideró el Estado como un gran hombre; Aristóteles lo valoró como una asociación necesaria allegada a la comunidad perfecta, cuyo fin fue procurar la felicidad de sus miembros por medio de la virtud.

No obstante estas perspectivas, el concepto de *polis* aludía a un colectivo cerrado, el cual presentó ciertas características de organización proclive al bien colectivo —con exclusiones esclavistas, claro está— de manera que en esencia se dirigió a la realización de la ética ciudadana.

Posteriormente los romanos tuvieron una visión más amplia del Estado, pues abarcaron la realidad imperial con énfasis en la dimensión jurídica, aspecto que no fue suficientemente desarrollado en la antigua Grecia. De ello es fiel exponente Cicerón, quien le dio al concepto de *res publica* un fuerte matiz jurídico. Luego, en los albores del medioevo, San Agustín utilizó en sus escritos diversos conceptos como *res publica*, *civitas* y *regnum* que, a la vez, no fueron iguales ni análogos. Así, la locución *civitas* se utilizó para referirse al ciudadano de Europa medieval, principalmente al habitante de Italia; el término *regnum* apuntó a las monarquías de este período y la *res publica* comprendió

[*] Licenciado en Derecho y en Filosofía; Doctor en Derecho Administrativo; Posgrado en Derecho Constitucional y Ciencias Políticas; Maestría en Gestión Financiera e Inversiones; académico; conferencista y litigante.

a un grupo universal de cristianos romanos. En consecuencia, resulta fácil comprobar que en la Antigüedad no se conoció un único concepto para definir al Estado, ni existió la precisión rigurosa para identificarlo o aludirlo. En cambio, según fue acercándose la modernidad, en armonía con los criterios de autores medievales, se retomó el concepto aristotélico de *polis* que, a la vez, indujo al dimensionamiento civil y territorial (*civitas vel regnum*). Este concepto se dedujo básicamente del estudio de la *Política* de ARISTÓTELES en el siglo XIII.

Así se dejó atrás el concepto medieval de comunidad (*republica*) cristiana y en su lugar se prestó atención a los grupos humanos desde las particularidades territoriales y ciudadanas. También el pensamiento cristiano medieval estuvo inmerso en una vasta red de contenidos éticos y religiosos, en los que TOMÁS DE AQUINO visualizó la influencia aristotélica en relación con el Estado. Ciertamente el *Aquinate* lo pensó como integración ordenada para conseguir el bien común; sin embargo, el concepto no fue utilizado sino hasta el Renacimiento, como seguidamente paso a resaltar. En efecto, tradicionalmente se tiende a decir que el término Estado se comenzó a utilizar en italiano en el siglo XVI, quizás por el nombre de ciertas ciudades, como *Stato di Firenze*. Empero, lo cierto es que el término derivó del latín *status* (estado u ordenación de la convivencia) y, según la opinión más difundida, fue MAQUIAVELO quien consagró el término que se difundió en inglés, alemán y francés.

Sin embargo, esta comprensión del asunto no ha estado exenta de críticas, pues se conocen escritos medievales donde se utilizó el término *status;* aun, con antelación, cuando JUSTINIANO se refirió al *status republicae sustentamus*. En todo caso, hay cierto grado de coincidencia en los orígenes etimológicos del concepto, que *se* deriva del latín *status*, en relación con el verbo *stare* o estar parado o detenido, desde una situación o postura *pública de contenido jurídico*.

Visto lo anterior, hagamos un repaso complementario y sintético del devenir del Estado en Occidente. Cabe destacar el año de 1453, cuando el Sultán Mahoma II conquistó Constantinopla, capital del Imperio romano de Oriente. Ante la cabalgata de miedo y muerte, muchos eruditos griegos se refugiaron en Atenas, que fue saqueada y ocupada en 1456. Así, en medio del caos, diferentes pensadores griegos se refugiaron en Italia, especialmente en Roma, Florencia y Bolonia, llevando consigo abundante conocimiento que hizo posible el reencuentro de diferentes culturas en suelo italiano. De esta manera, maestros y discípulos se autoproclamaron *humanistas,* inspirados en el término latino *humanitas*, traducido generalmente por *actitud de vida digna del hombre.* Tal dimensión del pensamiento, centrado en el ser humano, buscó nuevos planteamientos culturales y espirituales alejados del reduccionismo y dogmatismo, con que erráticamente se había trastocado el enorme legado intelectual de los griegos. De esta manera el Renacimiento pretendió retomar los valores greco-latinos con el renacer cultural a través de la individualidad creativa, gestándose así el origen del Estado moderno por distintos elementos que paso a destacar, no sin antes resaltar que la difusión del término *renacimiento* se da a partir de la publicación de la obra de Jakob Burckhardt, *La civilità del rinascimento italiano* (1860).

Volviendo a la abstracción histórica, existen claras diferencias entre la Edad Media y el Renacimiento. Ciertamente en reacción a la cosmovisión medieval de tipo universalista, se opuso el criterio individualista con el sello identificador de cada obra intelectual, técnica o artística. A la meditación religiosa se le opuso el criterio pragmático de las cosas humanas; a la teología el avance de la técnica científica; a la poliarquía o realidad estamental se dio la unidad del Estado nacional; al ruralismo el urbanismo; a la descentralización administrativa, la centralización por la intervención del Estado centrípeto y absorbente de espacios y caminos no privados; a la disgregación política su unidad; a la temerosa participación del Estado frente a poderes distintos, la justificación de su intervención militar con apoyo jurídico, intervención que a su vez amplió las potestades impositivas del soberano o príncipe. También a la *respublica christiana* se opuso el Estado independiente; al catolicismo el protestantismo; al iluminismo divino el racionalismo crítico; a la sociedad pecaminosa, la sociedad civil. Y así —se insiste— fue en las ciudades estados de Italia, donde apareció el Estado como poder unitario en la dinámica del Estado nacional, por lo que no debe extrañar la destacada presencia de Maquiavelo en el desarrollo del pensamiento político.

En efecto, por vez primera se concibió el Estado como la unidad política y jurídica, cuyo poder público debía ser efectivo en algún espacio territorial. A esto se sumó el elemento subjetivo recaído en la población que incluye a gobernantes y gobernados, sin perjuicio de los límites territoriales aéreo, marítimo y terrestre. No en vano Maquiavelo utilizó el término *stato* para caracterizar la dimensión política y jurídica que llegó a absorber a todos los distintos poderes, otrora antagónicos, para así favorecer la unidad estatal, aun por el uso de la fuerza para la protección de los colectivos humanos con características, costumbres y proyectos compartidos, que dio base al nacimiento del concepto sociológico *nación*. Así el Estado debía ser el centro del poder público permanente y organizado para la defensa de cada nación, sin que Estado y nación deban confundirse; empero, la evolución del término Estado fue lenta pero con aumento de la visión secular, cuya máxima expresión quedó evidenciada en la Revolución francesa (1789). Así se llegó a percibir al Estado desde la óptica jurídica, por lo cual no fue ya la expresión de la fuerza pura y simple, sino la manifestación de la fuerza filtrada por el ordenamiento jurídico como parte del anhelo en favor de la convivencia civilizada. De esta manera la fuerza del poder público pasó por el filtro del poder jurídico de donde dimana y se controla el poder político. En consecuencia, nació el concepto de *autoridad*, para dar inicio al recorrido teórico y práctico de la *legitimidad* del mandato jurídico y político, a través de la aceptación social del ordenamiento jurídico junto a la actividad y organización de cada Estado nacional, con sus disposiciones y mandatos en diferentes gamas de expresión, composición y desarrollo. No bastó entonces con la existencia de la legalidad como orden jurídico objetivo y vinculante surgido de la misma actividad estatal, sino que fue indispensable la posterior implantación de la legitimidad, a la vez que no fue suficiente la existencia del *poder público*, pues también fue imperativo el arribo histórico y complementario de la *autoridad* estatal. Esto dio base firme para el desarrollo del *principio de legalidad* en los Estados contemporáneos, como garantía del funcionamiento y delimitación racional y objetivo de la función y competencia estatal en general, y administrativa en particular, para favorecer los intereses públicos.

Asimismo —como lo denomino— surgió el *principio de legitimidad*, según el cual no basta la existencia de las normas jurídicas escritas y no escritas, pues también se impone que los ordenamientos jurídicos estén adscritos a los valores y fines de los derechos humanos. En esta tesitura, el *principio de legitimidad* es uno de los principios básicos de las democracias reales, como parte constitutiva y necesaria del *principio de legalidad,* sin que se confundan y menos aún —en principio— se contradigan, teniendo cada uno su valor y contenido, para la satisfacción de los intereses públicos desde la pluralidad de los derechos subjetivos públicos que, en modo alguno, excluyen a los deberes ciudadanos en las democracias existenciales o efectivas. Así, el *principio de legitimidad* es más amplio que el principio de legalidad que de ordinario se circunscribe a la actividad y organización de las administraciones públicas en su dimensión formal y material, bajo la sujeción imperativa a cada ordenamiento jurídico. *Ergo*: el principio de legitimidad es más amplio que el otro principio, ya que no solo comprende la dimensión del derecho público sino, además, la del derecho privado que se liga a cada metro cuadrado de libertad, donde la voluntad y libertad de decisión ciudadana son parte constitutiva de su fuerza motriz y expansiva.

El *principio de legitimidad* supone, en los Estados constitucionales de derecho, la permanente participación de los ciudadanos como fines en sí mismos e individualmente considerados, respecto a la organización social, política y jurídica. Ciudadanos que son realidades únicas en lo universal, pero que por ser *unicidad* de existencia en todo el universo (o universos) nunca deben ser objeto de masificación ni arbitrariedad antidemocrática. Se trata así de la presencia constante y vigilante de los ciudadanos activos, como sujetos únicos e indispensables en toda democracia representativa y participativa, quienes a la vez mantienen un alto grado de aceptación en y de cada organización y actividad estatal en democracia, lejos de cualquier autoritarismo y totalitarismo políticos. Por esto no basta que la legalidad formalista exista, proteja y sancione la inobservancia e incumplimiento jurídicos, sino que tal formalismo debe quedar robustecido del contenido-valor de cada ordenamiento jurídico, como soporte sustancial de las democracias efectivas. Sin duda, tanto la *legalidad* como la *legitimidad* hicieron fusión necesaria con el surgimiento y progreso del Estado moderno, dando así espacio para el advenimiento de los Estados contemporáneos en la dimensión puntual de los Estados constitucionales de derecho. Ahora bien, volviendo al reencuentro histórico con el surgimiento del Estado moderno, se debe agregar el concepto y contenido de la *soberanía*, con superación del tratamiento medieval, para lo cual es fundamental la obra de Marsilio de Padua, en especial *Defensor pacis*. En ella, el autor sostiene que el poder legislativo pertenece al pueblo que se manifiesta en mayoría por la voluntad popular, bajo el esquema lógico de que cada ciudadano es parte del pueblo y por esto queda obligado a aceptar sus decisiones como constitutivo de este.

También está presente Jean Bodino, en la segunda mitad del siglo XVI, con la obra *Los seis libros de la República* (*Les six livres de la République),* en la que la soberanía es considerada atributo del Estado desde un enfoque jurídico. Así, en su perspectiva, la soberanía es el elemento distintivo del poder estatal en relación con cualquier otro poder social. A partir de este momento el Estado y su poder llegaron a tener justificación jurídica, sin descansar únicamente en la fuerza pura y simple. No obstante, Bodino propuso la subordinación del monarca a la ley de Dios, únicos límites que conocía el soberano. Esta enseña contradijo el principio de la soberanía estatal como poder ilimitado, pues el soberano dejó de ser tan soberano o simplemente dejó de ser soberano.

Surgió entonces la influencia del monarca inglés Jacobo I (1603-1625), quien trató de superar la contradicción entre poder público y soberanía. Así, en su obra, *El libro de las monarquías libres,* dejó abierta la posibilidad de monarquías en libertad, sin demérito de las monarquías contra la libertad como fueron las de corte absolutista, si se entiende a la libertad —lo hace el autor— como la inexistencia de sujeción a otro poder que no sea el poder estatal. De esta forma la soberanía no podía residir en el pueblo para su delegación en el monarca, pues este recibía su mandato directamente de Dios, sin terceros o intermediarios ajenos. Por ello Jacobo I implícitamente señaló que el pueblo no es divino ni receptor de la voluntad divina, pues solo es un instrumento al servicio del monarca ligado a Dios. Esto derivó en una conclusión lógica: las conductas del soberano fueron fiel reflejo de la voluntad divina, sin que tenga sentido resaltar límites frente a la ley de Dios, dada su unidad con el mandato del monarca que favoreció —como es obvio— al mismo Jacobo I.

En todo caso, llegados a este punto de reflexión, se impone una verdad objetiva: el término *soberanía* es más antiguo que el nacimiento del Estado moderno, pues estuvo presente en la teología precristiana de la cultura china, que identificó el poder soberano con el dios soberano de las leyes del universo.

Así, en la obra *Christus*[1] se destaca que los textos conservados de las Odas y los Anales, se encuentra información importante sobre el período histórico que precedió a la dinastía Tcheu (siglo xxix al xii a. C.), en los que los antiguos chinos colocaron por encima de todo al Sublime Soberano que fue llamado *Cielo* o *Sublime Cielo*. En esta dimensión, Dios es soberano en el universo sin otro poder que lo contradiga, subordine o anule.

Pasemos ahora a la distinción que de la soberanía hicieron pensadores eclesiásticos y políticos, sin que necesariamente estén en lugares excluyentes o antagónicos. Ciertamente, para justificar el poder del Pontífice como cabeza del cuerpo cristiano, el pensamiento católico medieval utilizó el término *plenitud* o *potestatis*, que es estrictamente igual al de la *soberanía estatal*. La combinación de los términos *stato* y *soberanía* dio como resultado la caracterización del Estado moderno, con agregado de otros elementos expuestos en la obra de MAQUIAVELO, para quien la política debe ser objeto de la descripción realista y empírica, con dominio de la historia y alejada de la teología y de la moral. Así, en *El Príncipe* se enaltece el ejercicio inductivo de la política como objeto de estudio, para poner al desnudo el verdadero manejo de los gobernantes acostumbrados a negociaciones y conductas decadentes y tras bambalinas, para mantener el disfrute del poder político en proyección de aumento ilimitado. Es por esto por lo que desde la obra de MAQUIAVELO, se fortaleció el control del poder político a través de la crítica y la fiscalización ciudadana por la desconfianza y crítica contra los gobernantes y el ejercicio real de la política, dando así paso a la opinión pública en las sociedades democráticas, con posterior favorecimiento de los medios de comunicación, con presencia destacada en el siglo xx. Por esto bien podemos decir, con ánimo optimista, que en el pensamiento de MAQUIAVELO se da un singular maquiavelismo, consistente en dar estocadas mortales a la corrupción política con las lecciones al futuro príncipe, aun sin perjuicio de su exposición permanente a la opinión pública. Y así el MAQUIAVELO de lo que *es* no coincide con el filósofo político de lo que *debe ser,* bajo la tonalidad de un claro sentimiento humanista que fue expuesto claramente en *Discursos sobre la primera década de Tito Livio*, en que enaltece la forma republicana de gobierno, como respuesta a la *Historia de Roma* de TITO LIVIO. Y es aquí —se resalta— donde MAQUIAVELO se muestra partidario de la república como óptima expresión de toda organización social y política; de ahí su rechazo a toda monarquía que la relaciona con los pueblos corruptos.

---

[1] *Vid.* JOSÉ HUBY, *Christus*, Buenos Aires, Ediciones Angelus, 1952, págs. 134 a 142; se dice al texto: "El Cielo, el Sublime Soberano, da, conserva, o arrebata la existencia. Es el autor de todas las relaciones, de todas las leyes. Observa a los hombres y los juzga. Recompensa y castiga, según el mérito y el demérito. De él vienen la escasez o la abundancia, la adversidad o la prosperidad. El emperador es su mandatario. El Cielo predestina con mucha anticipación; durante siglos viene preparando a su elegido [...]".

Pero acá no se agota su legado positivo, pues en las postrimerías de su vida también escribió, por encargo de Clemente VII, *Historia de Florencia* donde se destacan elementos importantes para la actividad del investigador social. En efecto, el autor creyó que los hechos históricos son producto de los conflictos de clases sociales y las leyes expresión del forcejeo de la corriente popular con las clases superiores; este análisis fue fuente de inspiración para el nacimiento del método dialéctico en la interpretación sociológica, filosófica y jurídica. No podemos obviar tampoco la intención del autor de unificar Italia desde Florencia y así evitar los actos de humillación extranjera, que sin duda fortaleció la defensa y unidad del Estado nacional.

Ahora bien, llegados a este punto del análisis, debemos retomar la equivocidad del término *stato, donde nuevamente* está presente la obra de BODINO, *De la Republiqué*, en la que *se* identifica el Estado con la república desde el cimiento de la *res publica* romana.

Los ingleses usaron la locución *commonwealth*, traducido correctamente por *república* para designar al Estado. No en vano HOBBES en *Leviatán* (*Leviathan*) identifica la *civitas*, la *commonwealth* y el *Estado*. Con posterioridad se conocía la obra de JOHN LOCKE, *Segundo tratado sobre el gobierno civil*, en la que se identifica a la *commonwealth* con la república, para así designar a una forma de organización política próxima a la *civitas*, como comunidad *independiente* que, en todo caso, llega a ser el Estado. Por esto son cuatro los resultados de la anterior pormenorización conceptual, a saber: a) el término Estado adquiere relevancia universal a partir de la obra de SAMUEL PUFENDORF, *De iure naturae et gentium* (*libri octo*), donde el Estado (civitas) es reconocido por el derecho público como persona moral (*persona moralis*); asimismo la voluntad del estado es la expresión de la suma de voluntades individuales que constituyen tal asociación, que a la vez debe someter con disciplina a los ciudadanos en favor de la paz y la seguridad. b) La república es contraria a toda forma de autoritarismo político, tanto por lo indicado por MAQUIAVELO como por el análisis de MONTESQUIEU en *El espíritu de las leyes*. c) La *commonweath* es la génesis de lo que posteriormente pasará a ser la *Brithish Commonwealth of Nations*. d) La soberanía implica el poder supremo del Estado al interior de su territorio jurídicamente organizado, en función de la autoregulación y la autolimitación; a la vez es consustancial al Estado moderno como entidad constituida. Y es la soberanía a la vez un término negativo, ya que no existe —al menos teóricamente— sujeción ni limitación a otro poder distinto. La soberanía del Estado es diferente a su independencia; principio este que permite la igualdad de los Estados en el concierto interestatal.

Así entonces, no existe —como algunos equivocadamente señalan— la soberanía externa, pues lo que se da es la independencia estatal. No obstante, cada Estado debe dictar, como efecto de su soberanía, las órdenes, directrices y políticas en general que ha de adoptar y respetar en el ámbito internacional y regional, con soporte sustancial de su independencia interestatal conforme al Derecho internacional. Sin embargo, desde el enfoque de la *real politik*, las soberanías de los Estados han tenido y tienen la presencia interventora de grandes y fuertes centros de poder que, en ocasiones no infrecuentes, son fuerzas unilaterales, multilaterales, intraestatales y supraestatales en los ámbitos financiero, mediático, militar y político, amén de un amplio etcétera que contradice en esencia lo que es o debe ser la soberanía de los Estados contemporáneos. Y aun existe contradicción al principio de igualdad internacional de los estados, cuando la sola existencia del privilegiado y minoritario Consejo de Seguridad de las Naciones Unidas, no soporta la crítica razonable y ética frente a principios básicos del Derecho internacional. Pero aún con los entuertos, lunares y críticas, la presencia del Estado liberal de derecho unido al Estado social, que han sido un enorme y valioso legado de los siglos XIX y XX, como efecto de la coyuntura dialéctica de la historia entre libertad formal y libertad material, han quedado fortalecidos con el posterior Estado democrático y participativo, con sus cimientos algo robustos en el presente siglo.

2. EL ESTADO NACIONAL EN LA DIMENSIÓN GLOBAL Y LA INCIDENCIA
   DE LA TECNOLOGÍA DE PUNTA

Un Estado anclado al concepto sociológico de Nación, con políticas de cierre radical de fronteras para el acceso de extranjeros e inmigrantes, vistos demagógicamente como causantes de todo caos estatal, afecta sustancialmente el principio de solidaridad con trascendencia de las distancias, religiones, idiomas, etnias, costumbres, historias y políticas. Desde la época primitiva ha existido el afán de unión: desde las simples organizaciones primitivas a la construcción de civilizaciones cada vez más complejas. Incluso la lucha por la sobrevivencia se ha complementado con el instinto del apoyo mutuo o múltiple de la especie humana para sobrevivir y avanzar en sociedad. Así, en términos generales, el concepto de globalización es el fenómeno de la interacción planetaria, donde todos los rincones del mundo se relacionan entre sí y el desarrollo de las telecomunicaciones y las tecnologías de la información ocupan lugar de privilegio, sin perjuicio de la apertura dinámica y constante de las fronteras económicas.

No obstante, como siempre sucede en los acontecimientos humanos, existen posturas detractoras, unas a partir de postulados ideológicos fundamentalistas e inexorables, otras desde la crítica razonable y científica al amparo de principios rectores de lo que debe ser la globalización en sentido estricto y completo; sin perjuicio de quienes destacan solo sus éxitos sin reparar en críticas, adscribiéndose así a posiciones radicales en los ámbitos conceptual y pragmático.

Resaltemos sucintamente las distintas posiciones que existen al respecto, a saber:

1) Están los enemigos del concepto de globalización, personificados en los ultranacionalistas, xenófobos y populistas allegados a los movimientos neofascistas e incluso neonazis; también están los marxistas, que lo identifican con el "neoliberalismo" bajo la proclama de que se quiere más mercado y nada de Estado, aun cuando en sentido estricto, esta corriente económica favorece la economía social de mercado con intervención estatal y jurídica, para impedir los monopolios y garantizar la estabilidad de precios, con defensa del Estado de derecho y de las libertades públicas. Los marxistas defienden la tesis de la revolución mundial proletaria, en posición radicalmente opuesta al mercado de la libre empresa y con miras a la desaparición del Estado que favorecería el advenimiento de la etapa comunista. Asimismo, en esta tendencia contraria a la globalización económica, están los anarquistas de corte socialista que avalan la tesis del materialismo histórico; sin perjuicio de los anarco-sindicalistas y los libertarios anarquistas, contrarios al socialismo de Estado y a la intervención del poder público.

2) Los escépticos, para quienes el concepto de globalización es simplemente un mito, una mentira propagandística por la inexistente apertura de las fronteras; en su lugar está la regionalización y las relaciones de los Estados en posición tradicional, nunca así la globalización. También están los liberales, al mejor estilo del liberalismo humanitario, donde podríamos ubicar —entre otros— al sociólogo Ralf Dahrenhdorf[2], para quien la globalización económica es pura apariencia, pues no se da globalmente el libre tránsito de bienes y servicios en los mercados competitivos. En lugar de la real y total apertura, lo que prevalecen son los subsidios estatales, las murallas fronterizas, los abusos de los Estados poderosos contra los Estados débiles y las distorsiones de los mercados en perjuicio de la mundialización ética, jurídica y política.

3) De otro lado se encuentran los transformadores que afirman que la globalización —aun con sus debilidades— representa un mayor progreso para la humanidad pues las relaciones entre los Estados, obliga a sus respectivas restructuraciones y adaptaciones frente a una realidad imparable, mas no incontrolable, por medio de políticas económicas y administrativas en pos de la consolidación de los Estados, que he denominado *interaccionales*.

Ahora bien, el desarrollo de las telecomunicaciones ha incidido sustancialmente en la producción y transmisión del conocimiento, la educación, el entretenimiento, maneras de gobernar a los Estados, incluso con gobiernos digitales, sin olvidar el fortalecimiento de las democracias y los procesos de liberación de pueblos reprimidos por dictaduras exhibidas públicamente. También está presente el fortalecimiento de las redes sociales y las convocatorias de protestas

---

[2] *Vid.* del autor, *En busca de un nuevo orden. Una política de la libertad para el siglo XXI*, Barcelona, Ediciones Paidós Ibérica, 2005, *in totum*.

masivas o planetarias, como sucedió contra la invasión de Irak; las masacres de la dictadura de China en el Tíbet y la represión estudiantil en la plaza de Tiananmen; sin perjuicio de las propuestas de los llamados indignados contra las prácticas financieras mundiales y el levantamiento de los pueblos árabes en medio de mentiras, corrupción, caídas y torpezas en las relaciones internacionales. Y este desarrollo tecnológico ha fortalecido la asistencia en la salud, colaboración humanitaria, protección ambiental y justicia internacional, con especial énfasis en materia penal, entre otras realidades recientes de implicaciones universales y encomiables. De esta manera, un amplio sector de los Estados se ha adscrito al rápido desarrollo de las tecnologías de la información y las comunicaciones con redes de nueva generación o convergentes. Por esto, la liberalización o *despublificación* —como algunos llaman— implica que el férreo y cerrado control estatal de la economía, debe ceder, con soltura democrática, a las exigencias del mercado, sin que los Estados dejen de fiscalizar la economía en competencia a través de políticas y normas con nuevas y eficientes políticas de regulación, que prohíban los monopolios, oligopolios y cualquier tendencia material de concentración de bienes y servicios en un pequeño o exclusivo grupo de operadores económicos en cada mercado, en contra de otros operadores y de los derechos de los consumidores, clientes y usuarios de los servicios públicos o servicios de interés general.

Es por esto por lo que el proceso de liberalización de los mercados supone y exige la desaparición de monopolios *de iure* y de hecho, para lo cual es necesario acelerar la óptima regulación jurídica en aras del equilibrio entre los intereses públicos, mixtos y privados y los derechos humanos. Surge así la necesaria normativa excelsa y ejecutable, no así desregulación, que garantice el devenir ágil, fiscalizado, transparente y competitivo del libre mercado sin prácticas monopolísticas absolutas o relativas. En síntesis parcial: el acelerado y sofisticado desarrollo de la técnica y la ciencia, ha acortado las distancias del mundo y ha destruido los muros estatales, para dar cabida a la *aldea global*, sin perjuicio de las distintas aldeas regionales. No en vano se ha dado el vertiginoso aumento de la conciencia planetaria por el disfrute y defensa de bienes y derechos de contenido e incidencia universal como son los intereses —y derechos— difusos. La superación incipiente de los Estados tradicionales, anclados históricamente al Estado moderno, comienza por abrir espacios a favor de algún super Estado cuyos lineamientos todavía no son del todo claros en su contenido, definición y fines; sin perjuicio de la violenta y radical oposición de movimientos ultranacionalistas que reviven, en cierta medida, el *Volksgeist* (espíritu del pueblo) del romanticismo jurídico, con todos sus defectos e inconsistencias. En todo caso, quizás el sueño compartido de DANTE, KANT y RUSSELL por un Estado universal, apenas muestra sus primeros signos de vida que por ahora son intermitentes y desdibujados.

3. Organización y desarrollo institucional del Estado liberal
de derecho, social y democrático de Costa Rica

Si analizamos las distintas formas de Estado desde el ejercicio del poder público que, a la vez, se relaciona pero no se confunde con el gobierno —se insiste— pues no todo gobierno tiene igual cantidad de poder, tenemos el poder relacionado con el territorio para dar cabida al Estado unitario o unitarismo, y al Estado federal o federalismo, sin perjuicio del sistema regional y el autonómico de España, donde cada autonomía tiene su estatuto regulador, gobiernos internos y parlamentos. No obstante, todas las comunidades autónomas quedan adscritas a la unidad del Estado bajo una misma Constitución (1978), que determina con precisión expresa su conjunto de derechos y deberes, sin perjuicio de las potestades del Estado español en defensa del interés general, sin que alguna comunidad autónoma pueda salirse de la integración territorial, jurídica y política del Estado mismo, que ejerce las potestades soberanas sobre las autonómicas.

En términos generales, en el sistema unitario prevalece el principio del centralismo territorial; en otros predomina la descentralización política y territorial; sin embargo se impone una cierta precisión técnica, para evitar equívocos. Primero, existen diferencias entre un sistema federal y un sistema regional. Ciertamente en el Estado federal existe un conjunto de competencias asignadas al Estado, las competencias restantes o residuales se dan en favor de los Estados federados —o como se les denomine— en calidad de administraciones territoriales inferiores. En cambio, en segundo orden, en un sistema regional la regla se invierte: se parte de la asignación competencial a las entidades territoriales menores, siendo así que el Estado (soberano) tendría competencia de absorción sobre lo residual. En tercer lugar, como en el caso español, como ya se adelantó, no encaja en ninguna de ambas posiciones dogmáticas y doctrinarias, por lo que deviene en un sistema *sui generis* que comparte características de ambos modelos, por la configuración del Estado autonómico que no es típicamente federal ni tampoco estrictamente regional, lo que ha generado un amplísimo tratamiento doctrinal y jurisprudencial de particular interés. En España, por disposición constitucional (art. 149,1) quedan dispuestas expresamente las competencias exclusivas del Estado, por lo que cada comunidad autónoma debe definir el marco de competencia en cada estatuto regulador, sin invadir la esfera de competencia del Estado, cuya cláusula residual gira a su favor. Se da entonces una lista de competencias constitucionales, pero el listado de competencias complementarias quedaría desarrollado en los estatutos de cada comunidad autónoma.

Costa Rica es un Estado unitario, dividido territorialmente en siete provincias, cada una integrada por cantones, que constituyen municipios y, a la vez, los cantones se dividen en distritos como parte de su división administrativa.

Esto, sin demérito de los concejos (así, con c) de distrito que deben actuar en forma coordinada y bajo la tutela de la Contraloría General de la República, pues su autonomía funcional no es soberanía, ni son órganos colegiados que puedan ir en detrimento de los concejos municipales integrados por regidores y síndicos, estos con voz y sin voto; todos electos popularmente. Son a la vez los concejos municipales los órganos superiores jerárquicos de las municipalidades, con plena autonomía política, administrativa, financiera y de gobierno. También están los funcionarios ejecutivos llamados alcaldes, electos popularmente; en conjunto con las competencias y obligaciones dispuestas complementariamente en el Código Municipal y la jurisprudencia.

Hagamos ahora una breve referencia del poder público relacionado con el elemento humano. Desde esta perspectiva, cabe la comparación de los sistemas democráticos, que reconocen y protegen los derechos humanos en función expansiva y evolutiva; están, además, los sistemas autoritarios donde la libertades públicas y los derechos humanos en general sufren restricciones y violaciones en sus contenidos y fines; por último, los sistemas totalitarios, en los que se da la negación radical a las libertades, disfrute y protección de los derechos humanos. Tanto en el autoritarismo como en el totalitarismo, el principio de interdicción de la arbitrariedad es violado de manera permanente por conductas administrativas y estatales en general, en aras de la sobrevivencia del sistema represivo y asesino, aspecto que en esencia comparten los sistemas autoritarios. El sistema totalitario va más allá del autoritarismo, pues se relaciona con la imposición de los dogmas y creencias oficiales, facilitada, en gran medida, por los medios de comunicación estatales, por la incesante invasión propagandística de las mentes de todos los súbditos, sometidos a la amenaza y represión permanente; por esto, el sistema totalitario solo fue posible a partir del siglo xx en las dictaduras marxistas-leninistas, fascistas y nacionalsocialista.

La historia institucional de Costa Rica, como la de muchas otras de América hispánica, no puede excluir la trascendencia originaria de la Constitución de Cádiz (1812), la cual, sin ser en sentido estricto y formal una primera constitución, no dejó de ser fuente de inspiración genética para todo su devenir institucional. Así en la primera etapa de su estado liberal de derecho, Costa Rica plasmó importantes lineamientos de su organización social y política. Cierto, con influencia de la Constitución de Cádiz, se resaltan principios rectores de la monarquía ilustrada alejada del sistema monárquico absolutista, que irán dando forma y contenido al Estado de derecho imbuido de valores de corte liberal, pues ya el monarca tuvo límites y potestades previamente delimitadas por disposición constitucional. En este mismo contexto histórico, Fernando VII fue un monarca parcialmente ilustrado, bajo el yugo del malestar ciudadano que se alió al ideario liberal. La voluntad política y comprometida del monarca, cedió terreno en principio ante la amenaza de quienes lucharon por las libertades individuales y el incipiente auge de los derechos humanos. Con esto, de manera implícita, ya está presente en la Constitución de Cádiz el principio de legalidad para el ejercicio de la función pública y la división orgánica de funciones[3].

Destacado lo anterior, podemos indicar que las catorce Constituciones de Costa Rica —sin considerar la Constitución de Cádiz— tienen por contenido dogmático la defensa de la democracia y los derechos individuales, algunas veces con mayor precisión y extensión y otras —irónicamente— con la intervención de militares criollos que no siempre fueron enemigos del interés público. Así, nuestro despotismo ilustrado, representado por el general Tomás Guardia Gutiérrez (1870-1882), eliminó la pena de muerte mediante la reforma del artículo 45 de la Constitución de 1871, que fue promulgada el 26 de abril de 1882. También por don Próspero Fernández Oreamuno (1882-1885), quien a pesar de haber estado solo tres años en el poder, impulsó la formación de comisiones redactoras de los Códigos Civil y Fiscal e implantó leyes de contenido liberal de enorme importancia y razonabilidad jurídicas, como las del matrimonio civil y divorcio. No obstante se ha considerado como factor negativo —común en la corriente liberal de la época— la expulsión de los jesuitas en demérito del desarrollo cultural. Y don Bernardo Soto Alfaro (1885-1889), baluarte de la revolución educativa, con ejecución de la Constitución de 1869 que obligó al Estado a brindar educación primaria, gratuita y obligatoria; quien a la vez denunció que la ignorancia es la causa de la pobreza colectiva. Y ya un abogado sin ser militar, con mano de hierro y con el centralismo a su favor, don Braulio Carrillo Colina (1835-1837; 1838-1842), impulsó el desarrollo económico y jurídico, con la creación y aprobación de distintos códigos en medio de una economía débil y pobre, redactando y haciendo vigente la Ley de Bases y Garantías, inspirada en gran medida en la Constitución de Bolivia elaborada por Simón Bolívar en 1826. También existió durante el siglo XIX,

---

[3] El período de ensayo constitucional costarricense, se ubica entre 1812 y 1823, y comprende la Constitución de Cádiz; el Pacto de Concordia o Pacto Social Fundamental Interino de 1º de diciembre de 1821; Primer Estatuto Político de la Provincia de Costa Rica, de 27 de marzo de 1823; Segundo Estatuto de la Provincia de Costa Rica de 16 de mayo de 1823. Con algún grado de soltura independiente, se incorporan la Constitución de la República Federal de Centroamérica de 22 de noviembre de 1824; Ley Fundamental del Estado Libre de Costa Rica de 25 de enero de 1825; Ley de Bases y Garantías de 8 de marzo de 1841; Constitución Política del Estado de 9 de abril de 1844; Constitución Política de Costa Rica de 10 de febrero de 1847; Constitución Política de 30 de noviembre 1848, que constituyó una reforma casi total de la Constitución de 1847 (considerada por esto otra Constitución); Constitución Política de 27 de diciembre de 1859, Constitución Política de 15 de abril de 1869; Constitución Política de 7 de diciembre de 1871 con sesenta y siete años de vigencia y 19 reformas parciales, entre las que se destaca la gran reforma social del año 1943; Constitución de 1917, que tuvo vigencia de dos años como la dictadura militar que la posibilitó, para luego ser restituida la Constitución liberal de 1871.

un fuerte y altivo espíritu civilista que abrió paso al estado social del siglo xx, con la presencia del partido reformista y la posterior reforma social de 1943, de la mano del catolicismo social. No obstante, hubo políticas inspiradas en las bondades del asistencialismo estatal, como fue la fundación del Banco Nacional en 1857 (duró diez años), que fomentó el crédito público para la actividad del monocultivo cafetalero durante el gobierno del prócer Juan Rafael Mora Porras (1849-1853; 1853-1859), quien a la vez encabezó la lucha armada contra los esclavistas y filibusteros bajo el mando del norteamericano William Walker. También debe mencionarse la gestión gubernamental de don Alfredo González Flores (1914-1917), con la creación del Banco Internacional de Costa Rica (1914), como entidad emisora del Estado, sin implantar, como fue su plan original y base de su caída, el impuesto directo sobre la renta y el impuesto territorial en medio de un mundo convulso durante la primera guerra mundial.

Ahora bien, si se hace una valoración en conjunto de nuestras Constituciones, se observan regulaciones semánticas sin mayor contenido práctico-existencial, aunque fueron técnicamente bien elaboradas, entre las que podríamos destacar elementos comparativos con el entorno centroamericano, como sucedió con el bicameralismo en favor de la coexistencia de la cámara de diputados y la cámara de senadores, lo cual fue excluido en las Constituciones de 1871 y en la vigente de 1949. Empero, tal realidad institucional, formó parte del contenido regulador de las Constituciones de 1844, 1859, 1869 y 1917.

Otro elemento importante fue la presencia del poder conservador, como cuarto poder en la Ley Fundamental del Estado Libre de Costa Rica de 1825, lo que demuestra, una vez más, la rebeldía del costarricense respecto a la federación centroamericana. En efecto, el 4 de marzo de 1824 la asamblea nacional constituyente de Centroamérica, con sede en Guatemala, decretó la incorporación de la provincia de Costa Rica a la República de Centroamérica y con tal decreto se le impuso a nuestro país un formato de Constitución. Pero Costa Rica no cumplió con el respectivo decreto de bases y, en su lugar, transformó el poder federativo bicameral en un poder unicameral, dándose así forma al poder conservador de elección popular, que fue un consejo colegiado con un mínimo de tres miembros y no más de cinco. De tal manera que el poder legislativo formó un Congreso, mientras que el Poder Conservador constituyó un Consejo que ejerció potestades de moderador, a tal grado que ostentó facultades para suplir los cargos públicos de importancia, incluso el de la primera jefatura del Estado, de manera temporal y a instancia del Congreso, por impulso del presidente del poder conservador ya desaparecido de nuestra institucionalidad.

En lo relativo a la vigente Constitución de 1949, resalto aspectos de gran trascendencia innovadora, a saber: a) la creación de la jurisdicción contencioso administrativa; b) la creación del Tribunal Supremo de Elecciones, con rango de cuarto poder; c) la creación del Servicio Civil; d) la creación de instituciones autónomas, con autonomía plena en lo administrativo, político, financiero y gubernativo; aspecto que, con reforma posterior, quedó sujeto a la ley para la intervención del poder ejecutivo en materia de gobierno, en perjuicio de la descentralización técnica y la disminución de la centralización como reacción a las prácticas abusivas y centralistas relacionadas con la anterior Constitución de 1871; e) la eliminación del ejército como institución permanente; f) la creación de la Contraloría General de la República como órgano auxiliar de la Asamblea Legislativa, encargada fundamentalmente del control de la hacienda pública y de la contratación administrativa; g) no obstante la incorporación íntegra de la reforma social de 1943, ya contenida en la Constitución de 1871, se plasmó el principio equilibrado y razonable entre el fomento a la producción con libertad de industria, comercio y agricultura, junto al "más adecuado reparto de la riqueza" (art. 50).

Posteriormente, por reformas parciales, se creó la Sala Constitucional como órgano del poder judicial en calidad de Sala Cuarta que conoce y resuelve acciones de amparo, *habeas corpus*, acciones de inconstitucionalidad, consultas facultativas y preceptivas de inconstitucionalidad, resolución de conflictos de competencia, cuestión que será abordada en el próximo apartado de este estudio. También se incluyó la defensa efectiva del "ambiente sano y ecológicamente equilibrado" (*ibid.*) y se incorporó el mecanismo de consulta popular de contenido jurídico, por medio del referéndum, que complementó el reconocimiento original del plebiscito en materias que trascienden cuestiones estrictamente jurídicas, como la creación de provincias o la desmembración de cantones. De esta forma se reconoció el Estado democrático en su contemporánea visión participativa, sin que fuera meramente representativa, con favorecimiento de la democracia directa en la toma de importantes decisiones para la vida democrática del Estado y la sociedad, en permanente coexistencia activa y complementaria.

4. Referencia sucinta de los conflictos de competencia administrativa en el Estado costarricense

Los conflictos de competencia no solo se dan en lo orgánico sino también entre entidades administrativas, sean estas institucionales, corporativas o territoriales. Y entre las mismas personas jurídicas públicas existen potenciales conflictos orgánicos de competencia, como se dan conflictos de competencia entre órganos de la administración central, o de estos con otras administraciones, con personalidad jurídica propia y con plena capacidad para contraer derechos y obligaciones. Así tenemos una estructura normativa para la configuración de las organizaciones administrativas, compuestas por todo un conjunto orgánico con distribución de potestades y competencias, a manera de sistema que se nutre y evoluciona en unidad, donde las partes y el todo constituyen una sola realidad armónica —al menos en principio— para el cumplimiento de los fines jurídicamente determinados y delimitados. Esto hace resaltar que el ordenamiento jurídico de un Estado comprende al conjunto de órganos, instituciones y funciones que expresan la voluntad del Estado como unidad jurídica y política fundamental y permanente.

La organización, a partir de SANTI ROMANO, es el elemento básico de todo ordenamiento jurídico. Así podríamos concebir al órgano, con criterio doctrinal dominante, como aquella unidad compleja por medio de la cual se realizan las funciones y potestades de alguna organización administrativa, para satisfacer los intereses públicos. Y así se precisa la distribución de las potestades orgánicas en la dimensión organizacional administrativa, lo cual en principio haría suponer la competencia de los órganos y no así de las organizaciones. No obstante, esto no es cierto por la misma dimensión unitaria de las organizaciones administrativas que presuponen a los órganos, como a la vez los órganos suponen cada organización interna. Por consiguiente, como ya se dijo e insiste, la organización impone la distribución de potestades a través de los órganos en relación con el ejercicio efectivo del poder público en los Estados constitucionales de derecho, donde la legalidad y la legitimidad se entremezclan en favor de la organización, la actividad y la continuidad del Estado, desde la base de aceptación y participación ciudadanas.

En el encuadre de la distribución de potestades, donde se subraya la figura de la competencia propia frente a la competencia ajena o la competencia compartida, se impone la necesidad de dirimir los conflictos para mantener en armonía y equilibrio la organización administrativa y la organización constitucional del Estado. Así entonces, cuando implicamos el conflicto de competencia, en lo orgánico y en cuanto hace a las entidades o personas jurídicas, los órganos quedan adscritos a una administración pública que los envuelve como centro de imputación jurídico-unitario. De esta manera la legislación costarricense suele identificar incorrectamente —también sucede en el Derecho comparado— a la administración central con la persona jurídica del Estado, siendo a su vez el Estado, según el Código Civil (art. 33) una persona jurídica de pleno derecho. Con esto se evidencia la influencia en Costa Rica del primer constitucionalismo alemán (GERBER; LABAND) retomado por la doctrina francesa con incidencia en España para su arribo en América Latina.

Dicho lo anterior, surgen distintas manifestaciones de órganos y conflictos, a saber: sean los órganos de alguna administración central o descentralizada, y entre estas las territoriales, sin que se agoten necesariamente en las administraciones municipales. También existen órganos de las mal denominadas administraciones corporativas, o incluso órganos que forman parte de la estructura y organización fundamental del Estado definido, para nuestro análisis, en la óptica del Estado de derecho, social y democrático, al igual que se dan órganos con rango constitucional incluidos en su texto, sin que se confundan con los órganos clásicos de la trilogía legislativa, judicial y ejecutiva. O incluso también existen órganos que son fundamentales en la estructura del Estado democrático, que sin adentrarse en tal identificación tripartita clásica, no por ello dejan de coexistir al mismo nivel, como sucede con el Tribunal Supremo de Elecciones, por expresa disposición constitucional (art. 9º).

De esta forma, en la proliferación de órganos y personas jurídicas como expresión diluida en el ejercicio del poder único del Estado, surge la necesaria intervención de otros órganos o personas jurídicas que brinden solución a los conflictos de competencia en forma contraria a la autocracia o concentración de poder, incluso para la solución competencial. Ciertamente en las administraciones públicas existen las esferas competenciales de sujeción objetiva, toda vez que se impone el principio de legalidad, no solo mediante actos reglados sino también discrecionales con protección a los derechos y libertades ciudadanos, a la técnica, ciencia, lógica, conveniencia pública y a los principios de justicia, proporcionalidad, seguridad y razonabilidad jurídicas. De esta manera, sin voluntarismo ni subjetivismo arbitrarios, se da fundamento para el ejercicio de la competencia administrativa, que se determina por identificadores objetivos en razón del grado, que supone, en principio, la relación orgánica vertical incluso para el agotamiento de la vía administrativa, cuando procede de manera preceptiva en materias de contratación administrativa y municipal, o cuando sea por la libre determinación del interesado. Y digo en principio, toda vez que no siempre es el órgano jerárquico supremo, unipersonal o colegiado el que agota la vía administrativa, por expresa disposición legal que lo asigna a un órgano distinto. En segundo término, está la competencia en razón de la materia, según la cual cada organización tiene sus fines por cumplir y proteger, lo que es impensable sin las correspondientes potestades de los órganos con distribución de funciones. Los fines jurídicamente dispuestos determinan la materia por cumplir, como sucede, a manera de ejemplo entre la Caja Costarricense de Seguro Social y el Instituto Costarricense de Turismo. En tercer lugar, la competencia puede ubicarse por el territorio que, en nuestro sistema —se insiste—, es de fácil localización en las municipalidades definidas a partir de los cantones y a la inversa. Y en cuarto orden, la competencia por el tiempo, dando así lugar al potencial decaimiento de la competencia para alguna conducta no realizada, sin que esto sea viable para la desaparición de las potestades competenciales en su conjunto. A manera de ejemplo, los plazos para la declaratoria de lesividad de actos propios reconocedores de derechos subjetivos; o el plazo para la incoación de la demanda ordinaria de lesividad; o cuando el Estado no ejercita, en el plazo de cuatro años, la reclamación a sus agentes por daños y perjuicios ocasionados en su contra (principio de reversión), o cuando exista condenatoria judicial contra el Estado al pago de indemnizaciones en favor de terceros, por conductas de sus funcionarios, sin que se pueda iniciar el procedimiento administrativo contra estos vencido el año a partir de la firmeza de la sentencia. Podríamos agregar una necesaria verdad en las conductas administrativas, por la coparticipación de competencias generales y competencias especiales, toda vez que las administraciones públicas y sus órganos deben satisfacer los intereses públicos, que son la suma coincidente de los intereses individuales de los administrados (Ley General de la Administración Pública, LGAP, art. 113,1).

Esta satisfacción también queda incorporada a la organización interna administrativa, que permite el cumplimiento de los principios del servicio público (de inspiración francesa), que están incorporados en el artículo 4º *ibid*., según los criterios de eficiencia, igualdad de trato, adaptación flexible a los cambios de hecho y de Derecho y continuidad. Al respecto la jurisprudencia constitucional los ha ampliado con la eficacia, transparencia, regularidad, objetividad, control de resultados y rendición de cuentas. Y nada de esto elimina la dimensión de especialidad de las competencias orgánicas y administrativas, toda vez que existen fines incluidos en los círculos de intereses con protección y fiscalización.

El conflicto de competencia es positivo, cuando dos o más órganos administrativos pretender resolver un mismo asunto y, a la inversa, será negativo cuando dos o más órganos se declaran incompetentes para conocer de determinado asunto. Estamos acá entonces ante el primer planteamiento de los conflictos competenciales en lo administrativo. Para esto seguiré algunos lineamientos de la LGAP, en el entendido de que el presidente de la República es el órgano de máxima jerarquía de la administración central, sin perjuicio de que lo sea para los entes descentralizados con la potestad de resolver los conflictos de competencia entre órganos de la administración central y entes descentralizados, o entre entes descentralizados, no así en lo territorial como sería el caso de las municipalidades. Tenemos entonces un primer punto de vista en la materia de la resolución de conflictos de competencia desatados por el presidente de la República. El segundo planteamiento se relaciona con los conflictos entre órganos de un mismo ministerio, que debe ser resuelto por el ministro; o acaso el conflicto entre órganos de una misma entidad descentralizada que será dirimido por los superiores jerárquicos, las juntas directivas. En lo pertinente a los plazos, los conflictos entre órganos de un mismo ministerio o entre distintos ministerios, deben resolverse máximo en un mes (fecha a fecha) a partir del planteamiento de la gestión, situación distinta si el conflicto de competencia se presenta entre algún órgano de la administración central y alguna entidad descentralizada; o entre entes descentralizados. En estas dos hipótesis, el órgano que formule la incompetencia lo elevará ante el jerarca con las pruebas y motivaciones del caso, para que valore y determine si es procedente en el plazo de ocho días a partir de su recibo, siendo factible, en caso de procedencia, la inclusión de modificaciones. En caso de acogerse la gestión, debe llevarse ante el presidente de la República, debiendo este conferir un plazo de un mes al otro órgano o entidad relacionado con el conflicto. El presidente debe resolver la cuestión en el mes siguiente a partir de la conclusión de la audiencia otorgada, con independencia de si hubo contestación o de si ella no existió. Empero, en caso de que se requiera la evacuación de pruebas, el presidente dispone de un mes adicional para la resolución final. Se insiste: este procedimiento queda enmarcado en los conflictos de competencia entre el Estado (administración central) y los entes descentralizados, o entre los entes descentralizados con exclusión de la administración central.

Tendríamos así una importante consideración práctica: en nuestro ordenamiento jurídico se dan tres hipótesis distintas para el caso de intervención del presidente de la República como órgano decisorio. Una primera hipótesis se relaciona con el conflicto entre órganos de la administración central, por conflicto entre distintos ministerios. Y las otras hipótesis corresponden a los conflictos entre órganos de la administración central (ministerios) y los entes descentralizados, o por conflictos entre las distintas entidades descentralizadas.

Otra cuestión importante radica en la posibilidad que tienen los administrados de plantear la cuestión de incompetencia, en los que el órgano requerido debe pronunciarse en el plazo de cinco días —comprendidos los que no son hábiles— posteriores al recibo de la petición. Esta solicitud de incompetencia no está sujeta a plazo alguno, y en caso de que el órgano requerido persista en ser competente, cabría la impugnación en vía de recurso ante el respectivo jerarca para que resuelva de conformidad, según el "procedimiento usual", como lo denomina la LGAP. A su vez el "procedimiento usual" supone el procedimiento ordinario según el artículo 308 *ibid.*, por lo que en principio es necesario ubicar al interesado gestor del conflicto de competencia, como un sujeto interesado en el procedimiento, con afectación en su esfera de intereses legítimos o derechos subjetivos. De lo contrario, no estaríamos ante un procedimiento ordinario sino en uno sumario que, a la vez, es excepcional y por esto no es el usual.

En todo caso, creo, el problema que surge ante la falta de precisión procedimental, ha de resolverse en favor del ciudadano y no así de la administración, toda vez que el procedimiento ordinario brinda al ciudadano, mayor flexibilidad de plazos y oportunidades que el procedimiento sumario. También hemos de insistir que la LGAP expresamente remite al "procedimiento usual", sin que por esto sea la excepción a la regla. Pero aquí surge una duda complementaria para el caso en que el órgano requerido confirme su competencia, a pesar de la oposición: ¿qué pasaría cuando sea el órgano jerárquico supremo el que resuelve y persista en su competencia? Por el silencio normativo, con integración del ordenamiento, estaríamos en presencia del recurso ordinario de revocatoria, o en su caso ante el recurso de reposición que estuvo regulado con detalle en la derogada Ley Reguladora de la Jurisdicción Contencioso Administrativa (LRJCA), sin que revocatoria y reposición sean estrictamente lo mismo. Ciertamente para el recurso de reposición el acto administrativo debía ser expreso y no así implícito, supuesto lo cual cabría la aplicación de este recurso ordinario de reposición. Asimismo la LGAP remite a la derogada LRJCA para la especificidad del plazo para la incoación por el interesado del recurso de reposición (dos meses) en fase administrativa. Sin embargo, en la actualidad existe el silencio normativo, pues subiste el recurso de reposición (LGAP), sin plazo alguno, por derogatoria de la ley que lo contenía (LRJCA). Y el Código Procesal Contencioso Administrativa (CPCA) nada regula al respecto: ¿cómo solucionar entonces esta laguna jurídica? Sin duda el recurso de reposición permanece vigente en la LGAP, no obstante la omisión respecto al plazo de interposición, lo cual debe ser suplido por el ordenamiento no escrito con la costumbre administrativa, que plasmó en la realidad repetida el contenido regulador de la derogada LRJCA. De tal manera que los dos meses permanecen insertos en el ordenamiento por virtud de la costumbre, sin que exista disposición legal expresa que prohíba su aplicación. Y además se impone, por expresa disposición legal, la debida integración con el derecho no escrito, cuando deba suplirse alguna laguna —silencio puro y simple— del derecho escrito. Asimismo, dada la permanencia legal del instituto, sin referencia legal de plazo, no por esto dejaría de aplicarse, por virtud del principio *pro ciudadano* ante la duda procedimental, sin que este principio sea en favor de la administración sino del administrado y justiciable. En efecto, al tratarse de un mecanismo procedimental de los justiciables, debe aplicarse la interpretación progresiva y extensiva del derecho humano por ser parte del debido procedimiento administrativo, como efecto reflejo del debido proceso (arts. 39 y 41 constitucionales).

Otra inquietud jurídica surge en relación con el conflicto competencial: la LGAP expresamente prohíbe la interposición de la acción contencioso-administrativa contra los actos finales que resuelvan el conflicto de competencia, salvo si estamos ante conflictos entre entidades descentralizadas, no así en hipótesis distintas (art. 82,4); sin embargo la LGAP dispone el régimen de excepción. En efecto, cabría suponer en principio la acción contencioso administrativa contra la conducta viciada de nulidad absoluta por el órgano que resuelva el conflicto de competencia, sin que tal órgano sea competente, para lo cual ya no importaría si es o no un órgano de algún ente descentralizado. Dos argumentos afloran para justificar la eventual procedencia impugnatoria: de una parte, la nulidad por incompetencia del órgano que resolvió no hace derecho, por lo que estaríamos ante una actuación material o de hecho. Y en segundo término, dejar firme una actuación viciada de plena nulidad por expreso imperativo legal, implicaría trastocar y contradecir el régimen de nulidades absolutas regulado en la misma LGAP. Que por ley se haga jurídico lo antijurídico, violaría elementales principios de justicia y seguridad, proporcionalidad y razonabilidad jurídicas, a tenor con la abundante jurisprudencia constitucional. Y un último elemento debemos mencionar: si bien no existe plazo para la gestión de incompetencia por parte del interesado, sí existe en cambio el plazo —ya señalado— de los cinco días para la resolución administrativa. Si esta no se produce, se entenderá tácitamente ratificada la respectiva competencia orgánica, por lo que surgen dos hipótesis: de un lado la interposición del recurso ordinario contra la denegatoria implícita, sea en relación jerárquica, si existe o lo sea en cambio en revocatoria, con exclusión del recurso de reposición por la simple inexistencia del acto expreso por parte del órgano jerarca. Y, de otro lado, que la gestión sea presentada ante un órgano incompetente para su resolución, debiendo en este caso remitirla al órgano competente, siendo así que estando uno y otro órgano en una misma estructura física, el plazo de los cinco días transcurriría sin suspensión alguna para el ejercicio ulterior del derecho impugnatorio.

En síntesis parcial: no todos los conflictos de competencia son de conocimiento y resolución de la justicia contencioso administrativa, destacándose entonces cuando se trate de conflictos entre entes descentralizados, sin perjuicio de los recursos administrativos dentro del procedimiento ordinario y sin detrimento de la procedencia procesal contra conductas viciadas de nulidad absoluta, por la incompetencia del órgano que resolvió la gestión de incompetencia. Quedaría por derivación cierto vacío de control jurisdiccional ante posibles actuaciones administrativas que generen eventuales conflictos de competencia distintos a los conflictos entre entes administrativos, aun siendo en perjuicio del administrado, salvo por la nulidad radical antes referida.

En todo caso, la nueva dinámica del proceso contencioso administrativa frente a conductas administrativas en general, deja abierta la esperanza de la coherente interpretación judicial con rango de cosa juzgada material, a fin de evitar las inmunidades del control jurisdiccional ordinario cuando estén involucrados los derechos humanos, aun tratándose de actos políticos.

Nos adentramos seguidamente en la jurisdicción constitucional, para lo cual haré una sucinta referencia por razones de espacio. Así la Sala Constitucional tiene las siguientes potestades, a saber: 1) puede conocer y resolver conflictos de competencia entre los poderes del Estado, lo que confirmaría que puede valorar y resolver asuntos relacionados con los actos políticos, a instancia del órgano (poder) vinculado con el conflicto de competencia; 2) puede conocer y resolver asuntos relacionados con alguna fallida pretensión impugnatoria no definida como materia electoral, según el criterio competencial del artículo 48 de la Constitución Política. De esta manera tendría atribución en los conflictos de competencia, por conductas del TSE con otros órganos y entidades; 3) puede conocer y resolver acciones de inconstitucionalidad, amparo o *habeas corpus* que tengan relación con violaciones a las competencias orgánicas e institucionales de incidencia negativa en las esferas de protección ciudadana; 4) conocería y resolvería conflictos de competencia entre entes municipales, o entre órganos y entidades con tales entes territoriales; 5) también, los posibles conflictos de competencia respecto al poder judicial, aun cuando la misma Sala Constitucional esté adscrita a su estructura organizativa; 6) asimismo, lo haría ante los conflictos de competencia de los entes descentralizados de rango constitucional, sea entre estos o contra estos por entidades distintas.

Un último aspecto queda planteado: ¿correspondería a esta Sala resolver los conflictos de competencia de los órganos fundamentales del Estado por cuestiones de legalidad ordinaria y no así de constitucionalidad? Podríamos asumir distintas tesis para su defensa u oposición. En efecto, se puede decir que todos los conflictos de competencia entre los órganos fundamentales del Estado tienen incidencia constitucional, por su reflejo necesario en la organización y actividad del Estado en su conjunto. Asimismo, si la Sala Constitucional no resuelve el eventual conflicto, podría darse alguna equívoca o suelta interpretación contrarias al derecho de la Constitución, o al menos afectar o amenazar la protección de los derechos fundamentales implicados en el conflicto de competencia. En la acera del frente están los defensores de que sea la jurisdicción ordinaria la que resuelva los conflictos de legalidad. Se dice en su favor que los problemas de legalidad son del resorte de la jurisdicción ordinaria. El que un órgano de justicia constitucional resuelva asuntos de legalidad, es tan improcedente como que la jurisdicción ordinaria lo haga en asuntos exclusivos de la jurisdicción constitucional. Sin embargo, en ocasiones es muy tenue la línea divisoria entre ambas jurisdicciones, por la debida aplicación del derecho constitucional por los tribunales ordinarios, aun cuando existan materias —como las del conflicto de competencia— en las que debe resolver la Sala Constitucional. No obstante se dan materias que son algo imprecisas en la ubicación certera y objetiva para la concreción procesal, donde la afectación de los derechos fundamentales está estrictamente relacionada con conductas administrativas. En este panorama hipotético, se impone la regla de que la discusión procesal sea plenaria y no sumaria, como sucede en las acciones de amparo (Sala Constitucional), por la necesidad de conocer, debatir y resolver asuntos de amplia discusión compleja y técnica, con el elenco probatorio de rigor que garantice el debido proceso y el arribo de la verdad objetiva. En todo caso, se da cierto grado de confusión en la certera ubicación de las materias por tratar, sin perjuicio del ejercicio interpretativo para definir si el eventual conflicto sea de legalidad ordinaria o constitucional. Así entonces debiera aplicarse un criterio semejante al seguido en materia electoral: lo residual debe ser definido por la Sala Constitucional, sin perjuicio de que la materia de legalidad sea resuelta por la jurisdicción ordinaria. Y en el caso de conflictos de competencia "entre autoridades judiciales y administrativas" (art. 54,12 de la Ley Orgánica del Poder Judicial) correspondería resolverlos a la Sala Primera de la Corte Suprema de Justicia; lo que no impide que sea la Sala Constitucional la que resuelva los conflictos de competencia entre los órganos fundamentales del estado, que en todo caso se adentran en el contenido de los actos políticos.

ECUADOR

LA ORGANIZACIÓN INTERNA DE ECUADOR

Efraín Pérez[*]

1. Caracterización constitucional del Estado desde la perspectiva de los tipos de Estado conocidos en el Derecho comparado

La Constitución ecuatoriana califica al Estado ecuatoriano como "unitario"[1]. La ley hace referencia a "descentralizaciones" y "autonomías"[2], pero estas son de carácter administrativo y no político.

Desde su creación como país independiente, en 1830, la República del Ecuador ha tenido las tres clásicas funciones: legislativa, ejecutiva y judicial.

La Constitución ecuatoriana de 2008 añade dos nuevas funciones del Estado: "electoral" y de "transparencia".

Si bien desde fines del siglo xx se multiplican las manifestaciones ciudadanas inclinadas a la descentralización, estas expresiones no se reflejan en cambios legislativos y, menos aún, constitucionales, ocurridos a partir de esas fechas.

Más aún, con la nueva Constitución (2008) se incrementa fuertemente la centralización, principalmente política, en especial en los últimos diez años de gobierno, de modo que hoy el Ecuador se puede caracterizar como un país fuertemente centralizado.

Parte de esa centralización no es jurídica, en órganos administrativos que son nominalmente autárquicos, pero con sus representantes que resultaron cooptados por el ejecutivo.

La Constitución de 2008 establece instituciones que son en principio independientes: las "funciones" del Estado, que son clásicamente "legislativa", "ejecutiva" y "judicial", a las que se añaden las novísimas funciones "electoral" y de "transparencia: de participación ciudadana y control social".

La función electoral la desempeñan el Consejo Nacional Electoral y el Tribunal Contencioso Electoral.

A la nueva función de "transparencia" le corresponde el nombramiento de funcionarios que presiden las instituciones de control, básicamente la Procuraduría General del Estado y la Contraloría General del Estado y de los organismos de regulación, principalmente las "superintendencias".

---

[*] Investigador en temas de derecho civil, derecho ambiental y derecho público.

[1] Constitución de 2008, art. 1º.

[2] Código Orgánico de Organización Territorial, Autonomía y Descentralización, SRO Nº 303, 19 octubre 2010.

2. Evolución histórica de la organización del Estado en general
y del poder público administrativo en particular

Originalmente, el Ecuador se denominó el "Estado de Ecuador en la República de Colombia", integrado por los actuales países Venezuela, Panamá, Colombia y Ecuador.

Para todos los efectos, a partir de la Constitución de 1830, Ecuador fue un país independiente, a pesar de que nominalmente se llamaba a sí mismo "Estado de Ecuador en la República de Colombia"[3]. La Constitución de 1830 disponía que "[e]l Estado de Ecuador se une i confedera con los demás Estados de Colombia para formar una sola nación con el nombre de *República de Colombia*[4].

El Estado ecuatoriano se creó con una estructura semi-federal, puesto que la primera Asamblea Constituyente y los congresos subsiguientes se establecieron con una representación paritaria de las tres provincias entonces existentes constituidas por los departamentos de Quito, Guayaquil y Azuay "en los límites del antiguo reino de Quito"[5].

El texto de la primera Constitución (1830) rezaba:

"Artículo 1º.—Los departamentos del Azuay, Guayas i Quito quedan reunidos entre sí formando un solo cuerpo independiente".

En el Congreso actuaban diez diputados por cada departamento. En esa época (primera mitad del siglo xix) se acarició el ideal federalista, puesto que la integración del legislativo fue paritaria, sin distingos del número de habitantes[6].

Estas vacilaciones federalistas concluyeron en 1861, año en que se consagró militarmente el Estado unitario, a pesar de las diferencias económicas entre las regiones naturales. Fue modificado el esquema semifederal y se impuso el nombramiento por número de habitantes, en que predominaba la región interandina, donde vivía la mayor parte de la población de ese entonces[7].

---

[3] Encabezamiento de la Constitución ecuatoriana de 1830.

[4] Art. 2º de la Constitución 1830. Resalto del original.

[5] Constitución de 1830, art. 6º. "Reino de Quito": una ficción de historiadores del siglo xix, "Reino" que nunca existió, en un territorio donde habitaban tribus diversas.

[6] Constitución de 1830, art. 21.

[7] El país se compone de tres regiones claramente diferenciadas: la región costera, que se extiende desde el océano Pacífico hasta las estribaciones de la Cordillera de Los Andes; la región Andina, constituida por los valles entre las dos cadenas de montañas y volcanes de hasta más de seis mil metros; y la región amazónica donde comienza la llanura que se extiende por Brasil hasta el océano Atlántico.

La región costera se caracteriza por su riqueza agrícola, industrial y comercial. En la región andina —la "sierra"— se encuentra la capital del país, Quito. La sierra posee una creciente importancia económica, sin perjuicio de la importancia política de la capital de la

La organización administrativa reflejó la tradición del gobierno español, que dominó la región durante unos cientos de años. Incluso se decretó y fue aplicado durante algunos años el principio de que aplicaban las leyes españolas en todo lo que no estuviera reglado en forma expresa[8].

Por ejemplo, en 1831 se dispuso aplicar en Ecuador el Código de Comercio de España de 1829, derogado por las "Ordenanzas de Bilbao", vigentes hasta entonces[9]. En 1832 se ratifica la vigencia de "la real cédula española de 20 de enero de 1775"[10].

Instituciones de la Corona española, como la Contaduría Mayor del Reino (Tribunal de Cuentas, a partir de 1851, en España) denominado en el Ecuador "Contaduría Jeneral" [sic][11] o el Consejo de Estado, a veces denominado Consejo de Gobierno, persistieron en la estructura del Estado ecuatoriano hasta comienzos del siglo xx, aunque con una propia conformación legal.

Originalmente se establece la creación de ministerios en el texto de la Constitución[12], ministerios que son, como en otros países, secretarías del ejecutivo, dependientes del presidente de la República.

La designación de ministerios corresponde posteriormente a la norma legal.

Recién en la segunda mitad del siglo xx se deslegaliza la instauración de ministerios y se autoriza al ejecutivo a crear ministerios por norma administrativa. Esta potestad permitió al gobierno de los últimos diez años en Ecuador (2006-2017), durante una bonanza petrolera, a establecer más de treinta ministerios y secretarías.

República. Finalmente, la Amazonía es la región más rica en petróleo, la mayor fuente de los ingresos públicos.

Se podría resumir señalando que la mayor producción económica a la fecha actual es la denominada región amazónica, por la explotación petrolera. La región de Quito, con importancia económica creciente, mantiene el poderío del Gobierno central y la sede legal y tributaria de las empresas y demás inversiones extranjeras. La zona costera conserva su mayor importancia económica por su producción agrícola, pesquera, industrial y comercial.

[8] La Convención del Ecuador, Lei [sic] de procedimiento civil, art. 1º.—El orden con que deben observarse las leyes de todos los tribunales i juzgados de la República, civiles, eclesiásticos i militares, así en materias civiles, como criminales, es el siguiente: 1º Las decretadas o que en lo sucesivo decretare el poder legislativo; 2º Las pragmáticas, cédulas, órdenes, decretos i ordenanzas del gobierno español, sancionadas hasta diez i ocho de marzo de mil ochocientos ocho, que estaban en observancia bajo el mismo gobierno español, en el territorio que forma hoy la República; 3º Las de la Recopilación de Indias; Las de la Recopilación de Castilla; las de las *Siete Partidas*" —que es el mismo texto de la ley expedida en Colombia en 1825, cuando el Ecuador era parte de esa República—.

[9] Congreso constitucional del Estado del Ecuador, 1831, Registro Auténtico Nacional, pág. 173.

[10] Circular, Primer Registro Auténtico Nacional, núm. 44, pág. 346.

[11] Constitución de 1830, art. 53.

[12] Constitución de 1830, art. 38.

Los cambios de dirección de regímenes jurídicos aplicables como técnica organizativa en el Ecuador, ha ido: desde el manejo institucional a través de figuras del derecho privado, incluso del derecho mercantil, a comienzos del siglo XX, hasta la actual aplicación de derecho público generalizadamente en todas las instituciones jurídicas estatales que antes se manejaban en el derecho privado, por lo menos en forma parcial.

A comienzos del siglo XX se intentó la creación de entidades públicas que se manejaran con relativa autonomía del poder gubernamental, mediante estructuras y reglamentación de figuras del derecho privado: el Banco Central del Ecuador se constituyó en el primer cuarto de siglo XX originalmente como sociedad anónima.

Originalmente, el enfoque en Ecuador de realizar la autonomía de las instituciones a través de su creación como entidades privadas, sometidas a las leyes de derecho civil y mercantil se abandonó después.

Con posterioridad, se estableció la estructuración y encuadramiento del Banco Central del Ecuador en el derecho público, pero se integró el Directorio de esta institución financiera pública con representantes del sector privado al lado de los representantes del poder público.

El último gobierno, de la línea del "socialismo del siglo XXI", centralizó fuertemente el Banco Central, eliminando la representación privada de su directorio.

Las diferentes denominaciones de las instituciones públicas y los cambios en su régimen jurídico durante el siglo XX, reflejan la búsqueda por mantener a las organizaciones del Estado como entes administrativamente independientes, separados de la inestabilidad de la política, pero que al mismo tiempo reflejaran una trayectoria común. El contraste que originó esta perspectiva contradictoria fue la existencia de una acción administrativa dispersa, apartada de una acción política uniforme y la falta de potestades del gobierno central para imprimir a sus acciones finalidades y resultados complementarios.

Las denominaciones y las figuras institucionales han variado en esta exploración organizativa, con ensayos como entidades "semipúblicas", "de derecho privado con finalidad social o pública", pero que concluyen con su reconocimiento en la actualidad como lo que son: "instituciones de derecho público" para aquellas que tienen personalidad jurídica de derecho público. Las demás instituciones son "dependencias" administrativas,

Esta orientación de la normativa legal de todas las actividades estatales, para someter a las instituciones públicas, en sus variados aspectos, al derecho público se refleja también en el proceso judicial: la litigación del Estado con los particulares sobre temas de adquisición estatal de bienes, obras y servicios (contratación y ejecución que se rige, en la mayoría de los elementos que la componen, en su contenido, por el derecho civil), está sometida judicialmente en el Ecuador de hoy a la jurisdicción contencioso administrativa.

La jurisdicción procesal civil manejó hasta finales del siglo xx los conflictos producidos en la ejecución de estas contrataciones públicas de adquisición de bienes, obras y servicios. En el presente, la ley de contratación pública, califica a todos esos contratos estatales, aunque se trate de adquisición de bienes, obras y servicios, como "contratos administrativos", sometidos a la jurisdicción "contencioso administrativa"[13].

Desde fines del siglo xx se atribuyó a la jurisdicción administrativa (contencioso administrativa, de derecho público) competencia para zanjar toda clase de litigios sobre contratos y otras disputas en que interviene el Estado, aunque últimamente, la jurisprudencia ha vacilado, asignando a la jurisdicción civil una serie de controversias en que interviene el Estado.

Por otra parte, apenas se ha desarrollado en Ecuador la normativa aplicable a los verdaderos contratos administrativos: los contratos de concesiones de servicios públicos, de obra pública y de bienes públicos.

El enfoque que contempla la doctrina administrativa contemporánea consiste en la llamada "autonomía funcional" en la doctrina de la administración empresarial: dirección política centralizada y operación descentralizada o, por lo menos, desconcentrada; sin perjuicio de la existencia de instituciones reguladoras y de control relativamente independientes del poder político.

El ensayo de las entidades "autónomas" de control y de regulación, que se reforzó en la última década del siglo xx en Ecuador y en otros países del mundo, concluyó en el régimen instaurado en Ecuador a partir de la Constitución de 2008, que suprimió la relativa autonomía de las instituciones de "regulación" y "control", que se terminaron integrando como una competencia más de unidades administrativas en los ministerios respectivos.

Por ejemplo, la regulación de telecomunicaciones, que estaba a cargo de una "superintendencia", en teoría administrativamente autónoma, pasó a ser una dependencia ministerial, con el nuevo nombre de "Arcotel" —Agencia de Regulación y Control de las Telecomunicaciones—.

En general, se podría resumir señalando que el gobierno de los últimos diez años, revierte la tendencia desconcentradora y descentralizadora en las estructuras políticas y administrativas. No obstante, los vocablos desconcentración, autonomía y descentralización, se continuaron destacando en la terminología burocrática[14].

---

[13] Ley Orgánica del Sistema Nacional de Contratación Pública (LOSNCP).

[14] Es corriente encontrar en los planes y políticas de las dependencia administrativas la adherencia nominal a "desconcentración y descentralización", simultáneamente, así como se utiliza el término de "descentralización" y "autonomía" en el Código Orgánico de Organización Territorial, Autonomía y Descentralización" (COOTAD), código que es jurídicamente centralizador.

En su mayor parte, estas tendencias se manifiestan en instrumentos legales y administrativos, que podrán reformarse en el futuro, si los nuevos regímenes adoptan una actitud consonante con las corrientes de la época anterior al "socialismo del siglo XXI", es decir el período político que se extiende desde finales del siglo XX hasta 2006; tendencia descentralizadora que se revertió definitivamente con la Constitución de 2008.

3. ORGANIZACIÓN Y CARACTERÍSTICAS FUNDAMENTALES DE LA ADMINISTRACIÓN PÚBLICA, DIRECTA E INDIRECTA

Existe en el ejecutivo de Ecuador un nivel jerárquico directo, que son los ministerios y las secretarías de Estado; secretarías que tienen un rango inferior a los ministerios. Los ministerios y las secretarías, en razón de ser dependencias administrativas, carecen de personalidad jurídica.

La administración pública ecuatoriana se compone del ejecutivo —la presidencia de la República—, con variadas secretarías directamente dependientes; los ministerios de Estado, las instituciones públicas y las empresas públicas adscritas a los ministerios, todas ellas compuestas de variadas dependencias o unidades administrativas, algunas de ellas regionales o provinciales.

La administración pública ecuatoriana tiene un núcleo central, que es el ejecutivo, con unas secretarías a su cargo, más o menos dependientes; los ministerios tienen su propia estructura, a pesar de que dependen directamente del ejecutivo.

Como entidades "adscritas" a los ministerios se encuentran entidades públicas, con personalidad jurídica de derecho público.

Las empresas públicas no se diferencian demasiado de las demás entidades de derecho público en su normativa organizacional, sino que se diferencian en sus objetivos especiales, aunque finalmente también están destinadas a servir a la población.

También hay por lo menos un banco privado, manejado por el Estado, además de los bancos públicos y existen variadas compañías comerciales, que comprende canales de televisión y diarios, hoteles e imprentas, producto de confiscaciones ocasionadas en las masivas quiebras económicas ocurridas a principio del siglo XXI, personas jurídicas de derecho privado que no se han rematado todavía y que se manejan como empresas privadas.

3. LAS EMPRESAS PÚBLICAS

Una categoría de instituciones públicas con personalidad jurídica de derecho público son las empresas públicas regidas por la Ley de Empresas Públicas.

Las empresas públicas en Ecuador, que tienen un régimen de derecho público, ostentan personalidad jurídica de derecho público y se rigen por el mismo régimen contractual que las demás instituciones públicas. La excepción a este régimen de contratación son las celebradas por consorcios de empresas públicas nacionales y empresas públicas extranjeras. También existen figuras de contratación directa, sin concurso, por razones de áreas temáticas, de montos y de urgencia.

Se puede distinguir entre empresas públicas de servicios públicos básicos y empresas públicas comerciales. A esto se deben sumar las empresas financieras: bancos de crédito y compañías financieras, ambas figuras regidas por el derecho público.

Además de las descritas empresas públicas, existen empresas públicas constituidas como compañías mercantiles, personas jurídicas de derecho privado, sometidas a la Ley de Compañías que, en su mayoría, son empresas confiscadas al sector privado por diferentes motivos, pero nominalmente para compensar a los acreedores particulares de las deudas insolutas provenientes de la quiebra generalizada del sector bancario a comienzos del siglo XXI.

Existen pocas compañías anónimas de capitales públicos, sometidas a Ley de Compañías, que fueron creadas a finales del siglo XX, que funcionan como empresas eléctricas.

Adicionalmente se conservan unas pocas compañías anónimas de capitales públicos, especialmente empresas de energía eléctrica.

En otros países de Latinoamérica se multiplicaron las empresas comerciales a mediados del siglo XX, incluyendo hoteles y acerías, principalmente en Argentina y México, muchas de las cuales fueron liquidadas con posterioridad, en la época de la "privatización" a finales del siglo XX.

En Ecuador casi no se establecieron empresas mercantiles del Estado y las pocas empresas comerciales que se crearon no existen en la actualidad, ni siquiera se conserva como empresa pública la "Ecuatoriana de Aviación", que se la vendió a una compañía comercial privada extranjera; a pesar de que las líneas aéreas nacionales son compañías comerciales del Estado en la mayoría de los países.

Así, la corriente privatizadora de fines del siglo XX apenas afectó al Ecuador, puesto que no había mayor cantidad de empresas por privatizar.

Las empresas públicas del Ecuador, que se multiplicaron a mediados del siglo XX y que hoy se conservan, en su mayoría son empresas de recursos naturales y servicios públicos básicos, que originalmente fueron unidades administrativas ministeriales: hidrocarburos, correos, electrificación, telecomunicaciones, etc.

En la actualidad existe una ley de empresas públicas que regula su creación por el ejecutivo, las municipalidades y los centros universitarios, con personalidad jurídica de derecho público.

Se conservan unas pocas compañías mercantiles regionales de electrificación, sociedades anónimas de derecho privado, con capitales públicos, a las que se ha hecho referencia líneas arriba.

Las empresas de capitales mixtos, llamadas empresas mixtas, se forman especialmente entre empresas públicas nacionales y empresas públicas extranjeras y tienen un régimen que se exceptúa del procedimiento contractual público. Asimismo hay instituciones financieras públicas, también dotadas de teórica autonomía.

4. LAS ADMINISTRACIONES INDEPENDIENTES: SU ESTATUTO BÁSICO
   Y SUS COMPETENCIAS

La Constitución establece una serie de instituciones que han sido nominalmente autónomas ("entidades autónomas"), aunque sus personeros dependen del ejecutivo para sus nombramientos.

En la actualidad, la administración pública ecuatoriana es en alto grado centralizada, lo que no se advierte a primera vista en la estructura constitucional y, en general, legal.

Además de la función ejecutiva, reconocidas y establecidas en la Constitución se encuentran la Corte Constitucional, el Banco Central, el Instituto Ecuatoriano de Seguridad Social (IESS) y algunos organismos de control y de regulación.

La Corte Constitucional no forma parte de la Función Judicial y se puede considerar una entidad autónoma. Su competencia es la de juzgar la constitucionalidad de las actuaciones públicas y privadas que demanden los particulares, aunque también han participado instituciones públicas como actores. Debe juzgar en apelación las siguientes acciones constitucionales: acción de protección, acción extraordinaria de protección, *habeas corpus*, *habeas data* y, en forma directa, acción por incumplimiento, acción de incumplimiento de sentencias y dictámenes, constitucionalidad de tratados internacionales, constitucionalidad de estados de excepción, constitucionalidad de consulta popular, consultas de constitucionalidad de norma, acción pública de inconstitucionalidad, inconstitucionalidad de actos administrativos.

Las designaciones de los personeros de estas instituciones dependen de directorios designados por el ejecutivo y de la función de transparencia, que escoge a los principales mediante concursos establecidos o de ternas remitidas por el ejecutivo.

La más amplia autonomía de las entidades corresponde al Instituto Ecuatoriano de Seguridad Social (IESS), con fondos nominalmente propios, diferentes de los fondos del Estado. Tiene un directorio que se encuentra integrado incluso con representantes de los afiliados.

El IESS, es una institución autónoma, con fondos propios, diferentes de los fondos del Estado, fondos del IESS que pertenecen nominalmente a los afiliados al seguro social. La afiliación al IESS de los empleados por los empleadores es obligatoria.

Como instituciones financieras con personalidad jurídica de derecho público, regidas por un directorio, se encuentran: la Corporación Financiera Nacional (CFN) y Corporación Nacional de Finanzas Populares y Solidarias (CONAFIPS)[15], BanEcuador —antes Banco de Fomento, orientado hacia los préstamos de crédito agrícolas— y el Banco del IESS, llamado BIESS, dirigidos básicamente a los préstamos de vivienda, pero también encargado de préstamos quirografarios a los afiliados.

El Banco Central se creó originariamente para la emisión de moneda y el manejo de aspectos determinados de la política monetaria. En la actualidad, el uso obligatorio del dólar americano, desde el año 2000, como moneda de curso legal en Ecuador, suprime una de las principales competencias que tenía el Banco Central.

Conforme a la Constitución de 2008, las nuevas funciones del Estado son: la función electoral y la función de participación ciudadana y de control social, que desarrollan personas jurídicas de derecho público y que según la normativa constitucional anterior a 2008 eran el Consejo Nacional Electoral y órganos diversos de control determinados en la Constitución.

Los nuevos enfoques jurídicos propician la "participación ciudadana" y el "control social", que se refleja en la nueva función creada por la Constitución de 2008, la "función de transparencia y control social", constituida por el "Consejo de Participación Ciudadana y Control Social".

Esta función —quinta función del Estado— está concebida como una representación apolítica de la ciudadanía en el control de instituciones públicas. En la última década se integró por partidarios del régimen que se encontraba vigente, pero podría eventualmente ostentar un perfil democrático.

La función de participación ciudadana y control social se encarna en el Consejo de Participación Ciudadana y Control Social, compuesto por organismos de regulación y control: Contraloría General del Estado (Tribunal de Cuentas), Procuraduría General del Estado y superintendencias: de Bancos, de Compañías, Valores y Seguros, de competencia y poder de mercado, de Comunicaciones, de Organización Territorial, de economía popular y solidaria, de organización territorial y uso de suelos.

La función electoral corresponde al Consejo Nacional Electoral y al Tribunal Contencioso Electoral.

El Consejo de Competencias es una institución pública integrada por delegados de diferentes estamentos de las administraciones descentralizadas, que se establecen en el Código Orgánico de Organización Territorial, Descentralización y Autonomía (COOTAD); regiones, distritos metropolitanos, gobiernos autónomos descentralizados (municipalidades).

---

[15] La Ley Orgánica de Economía Popular y Solidaria y del Sector Financiero Popular y Solidario –LOEPS–, de 10 de mayo de 2011, creó la Corporación Nacional de Finanzas Populares y Solidarias.

5. Organización y características de la administración regional
   o seccional

Los antecedentes históricos de la estructuración del Estado de la República de Ecuador han sido federalistas, como se analizó líneas arriba. Incluso, cuando Ecuador se desligó de Colombia y dejó de ser "la República del Ecuador en el Sur de Colombia", Ecuador se constituyó como formado por tres "departamentos" y la representación de estos tres departamentos ante el Congreso fue paritaria, es decir que nombraban igual número de representantes. El número de sus pobladores era diferente en las tres provincias, así como era diferente su importancia económica.

La representación paritaria, semifederal, continuó hasta 1861, año en que se estableció la representación proporcional al número poblacional, pero que era una representación que no reflejaba la importancia de la producción económica.

No obstante, desde esa época los anhelos de conseguir una representación regional, que encarne el sentir de los diferentes sectores del país, han persistido y han producido esquemas teóricos que proponen dividir el país en amplias regiones.

Esto también se ha reflejado en esquemas de planificación económica y política. Adicionalmente, se ha querido equilibrar de esta forma las desigualdades entre las secciones territoriales. Por alguna razón que tal vez se explique por factores que no corresponde ahora analizar, esta ilusión nunca ha sido concretada.

El último de estos empeños se establece en la ley de "Organización territorial, autonomía y descentralización", que crea figuras que carecen de antecedentes históricos, como son especialmente las "regiones" y los "distritos metropolitanos". No se ha creado ni una "región" en Ecuador en los últimos ocho años transcurridos desde la expedición de la norma que contempla esta figura territorial.

Incluso, diseños menos formales y con un menor número de requisitos para su formación, apenas han sido aplicados: en los años transcurridos desde la expedición del COOTAD solo se ha creado una "mancomunidad" desde la expedición de la ley en 2010. La Mancomunidad del Norte, por ejemplo, se integra por las provincias de Esmeraldas, Carchi, Imbabura y Sucumbíos. Tampoco se ha creado un "consorcio".

Solo podría establecerse un "distrito metropolitano" más, adicional al existente en la capital, Quito, puesto que solamente otro conjunto territorial (la ciudad de Guayaquil en la provincia del Guayas) podría llenar los requisitos necesarios para la creación de un distrito metropolitano. Esto no ha ocurrido ni se visualiza que ocurra en el próximo futuro. Ese distrito metropolitano adicional sería Guayaquil, mas, por diferentes razones, este otro "distrito metropolitano" nunca se estableció.

En conclusión, puede afirmarse que no existe un Ecuador de "regiones", a pesar de estar contemplada la "región" en la normativa vigente, aunque sí hay sectores territoriales cercanos en diferentes aspectos que podrían integrar una región, pero son áreas territoriales que se encuentran separadas por amplias rivalidades, situación que se presenta también en otros países.

6. Organización y características de la administración local y de su autonomía. Sus competencias

No obstante las repetidas referencias a la descentralización y a la autonomía, las entidades "descentralizadas" y "autónomas", llamadas todas ellas gobiernos autónomos descentralizados (GAD) —básicamente las municipalidades, pero también las "regiones", consorcios y parroquias— dependen en muchos aspectos de un par de instituciones centrales —el Consejo Nacional de Competencias (CNC) y la Superintendencia de Organización Territorial (SOT) —.

El análisis jurídico de la norma permite concluir que las unidades territoriales del Estado ecuatoriano carecen de autonomía política, mas ostentan cierta autonomía administrativa, sujeta a la asignación de competencias que enumera la Constitución y las dispuestas por la Asamblea Nacional[16], y adicionalmente las que otorgue un "organismo técnico"[17], denominado "Consejo Nacional de Competencias" en el Código Orgánico de Organización Territorial (COOTAD)"[18].

Las municipalidades también se encuentran sujetas, en el aspecto territorial, en el importante tema del uso de suelos, a la Superintendencia de Ordenamiento Territorial, Uso y Gestión del Suelo (SOT), entidad de control teóricamente autónoma.

La figura tradicional es el cabildo —las municipalidades— que cuenta con una historia milenaria. El Código de Ordenación Territorial, Autonomía y Descentralización (COOTAD), reconoce esta figura, pero añade las parroquias (asignándoles personalidad jurídica y funciones determinadas). Las parroquias siempre han existido, pero como divisiones territoriales de los cantones; cada cantón constituye un municipio.

Después de las municipalidades, la más antigua división territorial es la de las provincias. El consejo provincial es una figura relativamente nueva, de comienzos del siglo XX, con personalidad jurídica de derecho público, presidida por un Prefecto, electo por votación popular.

---

[16] Constitución de 2008, art. 132, 4.
[17] Constitución de 2008, art. 269.
[18] COOTAD, art. 119.

7. LAS RELACIONES DE COLABORACIÓN, COOPERACIÓN, COORDINACIÓN, CONTROL
   Y CONFLICTO ENTRE LAS DIVERSAS ADMINISTRACIONES

Un precedente jurisprudencial rechaza la posibilidad de litigios entre instituciones públicas, puesto que tal circunstancia no se encuentra contemplada en la legislación vigente a la época del fallo, que afirmó que "[...] no es jurídicamente admisible que un organismo del Estado o del Gobierno demande ante los jueces a otro organismo de su misma especie o naturaleza"[19].

La norma legal de "descentralizaciones" (COOTAD) atribuye prevalencia a los gobiernos autónomos descentralizados (GAD) en la determinación del dominio de las tierras públicas por encima de la competencia de las dependencias del gobierno central sobre esas tierras. En caso de conflicto entre la administración descentralizada y la institución del gobierno central esta debe ser dirimida por el juez de lo contencioso administrativo[20].

Los conflictos de competencia entre órganos administrativos de la misma administración pública son resueltos por la máxima autoridad de la dependencia administrativa correspondiente. En caso de que un órgano administrativo se considere incompetente para la solución de un asunto que haya llegado a su conocimiento, remitirá este asunto a la autoridad que considere competente, sea de la misma administración o de otra administración. Si no existe un órgano superior que dirima la competencia, corresponde dirimirla a un juez de lo contencioso administrativo[21].

Asimismo, al Concejo Nacional de Competencias le corresponde resolver conflictos entre varios niveles de gobierno[22].

---

[19] Sentencia 109, 92-2008.

[20] COOTAD, art. 422.

[21] Código Orgánico Administrativo, art. 85 y Disposición Reformatoria Primera, I, artículo que se añade después del art. 14 del Código Orgánico General de Procesos (COGEP).

[22] COOTAD, arts. 115 y 119, lits. h y n.

FRANCIA

L'ORGANISATION INTERNE DE L'ÉTAT FRANÇAIS

RENÉ HOSTIOU[*]

1. CARACTÉRISATION CONSTITUTIONNELLE DE LA FRANCE AU REGARD DE LA TYPOLOGIE DES DIFFÉRENTS TYPES D'ETAT CONNUS EN DROIT COMPARÉ (FÉDÉRAL, UNITAIRE, ETC. ...). CONSÉQUENCES

a) « *La France est une République indivisible, laïque, démocratique et sociale. Elle assure l'*égalité devant la loi de tous les citoyens sans distinction d'*origine, de race ou de religion. Elle respecte toutes les croyances. Son organisation est décentralisée* » (Constitution du 4 octobre 1958, art. 1er).

« La souveraineté nationale appartient au peuple qui l'*exerce par ses représentants et par la voie du référendum.*

» *Aucune section du peuple ni aucun individu ne peut s'en attribuer l'exercice* » (art. 4º).

b) L'Etat unitaire se caractérise par l'unité du pouvoir politique, avec un seul centre de décisions politiques. Il n'y a qu'un seul Etat.

Sur le plan juridique, il n'existe par conséquent qu'une seule catégorie de lois, issues de l'Etat et qui s'appliquent sur l'ensemble du territoire. Cette unité n'interdit pas néanmoins l'édiction de règles de droit qui ont vocation à ne s'appliquer que sur une portion déterminée du territoire national, comme, par exemple, un arrêté préfectoral ou municipal

Dans un Etat unitaire, les normes locales ne peuvent être édictées qu'en application et en conformité avec les normes nationales, qu'elles soient constitutionnelles, législatives ou réglementaires (principe de légalité). L'Etat unitaire est « indivisible », ce qui signifie que le pouvoir politique est « un » et qu'il n'est pas divisible en parties (art. 1er de la constitution de 1958 selon lequel « *la France est une République indivisible »*). Cette proclamation —particulièrement solennelle— se retrouve déjà dans les constitutions antérieures, à partir de 1792, date de la proclamation de la République, afin de lutter contre les ennemis de la Révolution, accusés de fédéralisme. Mais ce caractère n'est pas propre à la République, comme l'attestait déjà l'article 1er du Titre II de la constitution du 3 septembre 1791: « *Le Royaume est un et indivisible »*.

Cette indivisibilité du pouvoir se caractérise par le fait que tous les citoyens sont soumis au même pouvoir « initial » (constitution), aux mêmes lois, au

[*] Professeur émérite. Université de Nantes (France).

même gouvernement et aux mêmes tribunaux. Il faut signaler toutefois qu'il existe depuis la loi du 1er juin 1924, un droit particulier en Alsace-Moselle, qui reprend des éléments du droit allemand,et qui s'applique à certains domaines très particuliers (comme, par exemple, les relations entre l'Eglise et l'Etat) et qu'il s'agit là désormais d'un problème d'une brulante actualité, s'agissant d'une revendication très forte en ce sens d'une partie très importante des élus corses.

c) L'Etat simple ou unitaire est presque naturellement centralisé, comme le montre avant la Révolution la construction de l'Etat monarchique absolutiste, avec le nivellement des particularismes locaux. En France, le mouvement s'est poursuivi sous la Convention (1792) avec les Jacobins, dont le nom est devenu synonyme de centralisation (le « jacobinisme »), et avec Napoléon Bonaparte qui avec la loi du 28 pluviôse an VIII (17 février 1800), crée les préfets. A partir de 1850, la construction du chemin de fer en étoile depuis Paris illustre parfaitement —en même temps qu'elle la renforce— cette tendance à la « centralisation ».

Une centralisation absolue (« pure ou parfaite » pour reprendre l'expression de Ch. Eisenmann) n'est toutefois pas sans dangers . F.-R. de Lamennais, au XIXème siècle, stigmatisait déjà « l'apoplexie du centre et la paralysie des extrémités ». Plus récemment, évoquant la situation de la France, un géographe (J.-F. Gravier) a ainsi pu parler en 1947 de «Paris et le désert français». Cette centralisation ne peut donc être totale et elle ne l'a jamais été, même en France.

L'Etat est en effet divisé en différentes circonscriptions administratives, qui constituent autant de découpages territoriaux. Même à l'époque napoléonienne, il y a des départements, des arrondissements et des communes avec à leur tête des autorités locales (préfets, sous-préfets et maires) nommées par le pouvoir central et chargées, avant tout, d'exécuter les décisions venues du centre, c'est-à dire de la capitale.

Cette « centralisation » est de la sorte tempérée par ce qu'on appelle la « déconcentration », qui est un aménagement du pouvoir de décision à l'intérieur d'un système centralisé. Les attributions de l'Etat sont réparties ainsi entre différentes autorités de l'Etat, nommées par lui, et qui exercent leurs pouvoirs, au nom de l'Etat, dans les différentes circonscriptions administratives de l'Etat. La déconcentration est donc tout simplement un déplacement du pouvoir de décision: « C'est toujours le même marteau qui frappe, mais on en a raccourci le manche » (Odilon Barrot, homme politique du milieu du XIXème siècle).

Ces autorités ne se bornent pas à exécuter les ordres venus du centre, elles reçoivent également un pouvoir de décision. Mais elles sont soumises à un pouvoir et à un contrôle hiérarchique qui s'exerce à la fois sur les actes (pouvoir d'instruction, d'injonction et de réformation) ainsi que sur les personnes (nomination et révocation par l'autorité hiérarchique).

Les préfets, les directeurs départementaux ou régionaux des services déconcentrés de l'Etat, les recteurs d'académie et même les maires (pour certains de leurs pouvoirs), apparaissent de la sorte comme des autorités déconcentrées.

d) Mais tout en demeurant unitaire, l'Etat peut également être « décentralisé »

La décentralisation est la reconnaissance de collectivités ou d'entités administratives, distinctes de l'Etat pris en tant que personne morale, dotées elles aussi de la personnalité morale, agissant selon un principe d'autonomie. La personnalité morale leur permet de bénéficier d'une « autonomie » juridique et financière, mais non pas d'une « indépendance » et les actes que prennent celles-ci font l'objet d'un contrôle de l'Etat, appelé traditionnellement « tutelle », et depuis la loi du 2 mars 1982, qualifié désormais de « contrôle de légalité ».

e) Pour reprendre l'analyse de Ch. EISENMANN, « la décentralisation est pure ou parfaite lorsque dans une activité interviennent exclusivement des organes non-centraux, lorsque tous ses agents sans exception ont un caractère non-central [...] Lorsque dans une activité interviennent tant des organes centraux que des organes non-centraux, il y a décentralisation « imparfaite », c'est-à-dire la combinaison de la centralisation et de la décentralisation, avec une prépondérance de celle-ci » (Centralisation et décentralisation. Esquisse d'une théorie générale, LGDJ. 1948, p. 86).

A partir de 1982, et dans les années qui ont suivi, sous l'impulsion de F. Mitterrand et de G. Deferre, la France s'est considérablement rapproché du modèle décentralisateur (suppression de la tutelle, élection des organes exécutifs régionaux et départementaux, nouvelle répartition des compétences, fonction publique territoriale).

f) Il y a souvent des situations intermédiaires entre l'Etat unitaire et l'Etat fédéral: on parle parfois à propos de l'Espagne ou de l'Italie, d'un Etat « régional » ou parfois même d'un Etat « autonomique », le partage des compétences entre l'Etat et les collectivités décentralisées se faisant dans la Constitution et celle-ci autorisant ces collectivités à s'organiser partiellement et à définir leur mode de fonctionnement. La situation est alors très proche de celle de l'Etat fédéral. De même, l'autonomie donnée à certaines parties du territoire français outre-mer (Martinique, Guadeloupe, La Réunion, Mayotte, Polynésie française) éloigne la France du strict modèle strictement unitaire.

2. EVOLUTION HISTORIQUE DE L'ORGANISATION DE L'ETAT EN GÉNÉRAL ET DU POUVOIR PUBLIC ADMINISTRATIF EN PARTICULIER. SES COMPÉTENCES.

a) L'article 72 de la Constitution contient les principes qui déterminent au niveau constitutionnel la répartition des compétences entre l'Etat et les différentes collectivités territoriales infra-étatiques:

« Les collectivités territoriales de la République sont les communes, les départements, les régions, les collectivités à statut particulier et les collectivités d'outre-mer régies par *l'article 74*. Toute autre collectivité territoriale est créée par la loi, le cas échéant en lieu et place d'une ou de plusieurs collectivités mentionnées au présent alinéa.

» Les collectivités territoriales ont vocation à prendre les décisions pour l'ensemble des compétences qui peuvent le mieux être mises en oeuvre à leur échelon.

» Dans les conditions prévues par la loi, ces collectivités s'administrent librement par des conseils élus et disposent d'un pouvoir réglementaire pour l'exercice de leurs compétences.

» Dans les conditions prévues par la loi organique, et sauf lorsque sont en cause les conditions essentielles d'exercice d'une liberté publique ou d'un droit constitutionnellement garanti, les collectivités territoriales ou leurs groupements peuvent, lorsque, selon le cas, la loi ou le règlement l'a prévu, déroger, à titre expérimental et pour un objet et une durée limités, aux dispositions législatives ou réglementaires qui régissent l'exercice de leurs compétences.

» Aucune collectivité territoriale ne peut exercer une tutelle sur une autre. Cependant, lorsque l'exercice d'une compétence nécessite le concours de plusieurs collectivités territoriales, la loi peut autoriser l'une d'entre elles ou un de leurs groupements à organiser les modalités de leur action commune.

» Dans les collectivités territoriales de la République, le représentant de l'Etat, représentant de chacun des membres du Gouvernement, a la charge des intérêts nationaux, du contrôle administratif et du respect des lois ».

En ce qu'il traite très directement des compétences respectives de l'Etat et des collectivités territoriales, l'article 72 renvoie à deux grands principes: le principe de « libre administration des collectivités territoriales » et le principe de « subsidiaité ».

b) *Le principe de libre administration des collectivités territoriales.* « *Dans les conditions prévues par la loi, les collectivités s'administrent librement par des conseils élus et disposent d'un pouvoir réglementaire pour l'exercice de leurs compétences* ».

Il s'agit là d'un principe dont l'objet est de protéger les collectivités locales contre les empiétements de l'Etat. C'est au législateur que revient la charge de préciser le contenu de la libre administration, et ce sous le contrôle du Conseil d'Etat et du constitutionnel.

La « libre administration » se limite toutefois à des compétences administratives, ce qui exclut tout partage s'agissant de l'exercice des compétences dites « régaliennes » (édiction des lois, justice, diplomatie). Ce principe vise néanmoins à garantir un espace de liberté à l'intérieur duquel les collectivités territoriales peuvent agir.

Ce principe est souvent invoqué dans le but de faire barrage à des dispositions législatives soupçonnées d'empiéter sur les attributions des collectivités territoriales. Le Conseil constitutionnel classe ledit principe parmi les droits et libertés invocables dans le cadre du nouveau contrôle de constitutionnalité par voie d'exception entré en application en 2010 sous l'appellation de Question Prioritaire de Constitutionnalité (art. 61-1 de la constitution) mais il n'a censuré que très peu de dispositions législatives pour ce motif, ne sanctionnant uniquement que les atteintes « excessives » du législateur à ce principe.

c) *Le principe de « subsidiarité »*. La Constitution —révisée en 2003— a en tant que conséquence de la libre administration - élargi les pouvoirs reconnus aux collectivités territoriales infra-étatiques:

« Dans les conditions prévues par la loi, ces collectivités s'*administrent librement par des conseils élus et disposent d'un pouvoir réglementaire pour l'exercice de leurs compétences* ». (art. 72 alinéa 3).

En rupture avec notre tradition « jacobine », c'est-à-dire centralisatrice, le principe de « subsidiarité » reconnaît aux collectivités locales vocation à exprimer l'intérêt général, et ce dans le domaine de leurs compétences, au niveau auquel elle se situent. Les organes délibérants des collectivités territoriales règlent par leurs délibérations les affaires relevant de leur territoire. Ainsi, le conseil municipal règle les affaires de la commune (disposition remontant, en réalité, à la loi du 5 avril 1884), le conseil général les affaires du département et le conseil régional les affaires de la région.

La clause générale de compétence est en principe ce qui distingue les collectivités territoriales des établissements publics de coopération intercommunale qui ne disposent quant à eux que de compétences d'attribution limitativement énumérées. Donc, toute collectivité locale peut, sans excéder ses compétences —mais sous la réserve énoncée ci-après— agir dans tout domaine présentant un intérêt local (communal, départemental ou régional, selon les cas), alors même qu'aucun texte particulier ne serait venu lui reconnaître vocation à traiter de la matière en cause.

Chaque collectivité se voit reconnaître un bloc de compétences: la commune se voit attribuer la maîtrise du sol, c'est-à-dire l'essentiel des compétences relatives à l'urbanisme et aux équipements de proximité; le département est chargé des missions relatives à l'action sociale et à l'équipement rural; la Région intervenant surtout dans le domaine économique, où elle joue pleinement, mais non exclusivement, un rôle d'incitation et d'impulsion, et en matière de formation professionnelle.

3. ORGANISATION ET CARACTÉRISTIQUES FONDAMENTALES À L'ÉCHELON NATIONAL DE L'ADMINISTRATION PUBLIQUE, DIRECTE ET INDIRECTE (Y COMPRIS LES ENTREPRISES PUBLIQUES).

a) A l'opposé du modèle fédéraliste, anciennement ancré en Allemagne, ainsi que des modèles très fortement décentralisés, comme en Espagne ou en

Italie, l'Etat français repose, et ce depuis l'Ancien Régime et la Révolution, sur le dogme de son caractère « unitaire ». Chronologiquement et hiérarchiquement, l'Etat est la première des personnes publiques et bénéficie d'un régime particulier par rapport aux autres collectivités territoriales, qualifiées « d'infra-étatiques ». Par ailleurs, les rapports entre le pouvoir politique de l'Etat et l'administration se caractérisent par un phénomène d'osmose qui se traduit —à l'échelon national— par une relative confusion entre l'Administration et l'Etat, l'Administration étant placée très directement sous le contrôle de l'exécutif (Président de la République, Premier ministre, ministres). La gestion des activités de l'Etat selon le procédé dit de la « régie » aboutit de la sorte à ce que se retrouve confondu en un seul et même budget le financement de l'ensemble des activités de l'Etat (gérées par l'administration de l'Etat), à ce que soit confié la direction et le contrôle de celle-ci aux mêmes organes et à ce qu'en soit confiée l'exécution à un personnel unique, à savoir les fonctionnaires de l'Etat . Même s'il est tempéré par la « déconcentration », ce modèle ultra- centralisé est très évidemment lourd d'inertie et de complexité et il se révèle être très largement inadapté à la gestion des tâches de plus en plus diversifiées relevant de la compétence de l'Etat.

b) Au demeurant, ce « modèle » a, et de tout temps, toujours fait l'objet d'un certain nombre de dérogations sous la forme d'une individualisation —plus ou moins grande— de certaines activités de l'Etat.

La plus ancienne et la plus classique correspond à la formule de l'établissement public, qui est un « service public personnalisé » et dont la justification réside dans le souhait de distinguer —en la particularisant— l'activité en cause et de lui conférer une autonomie institutionnelle, juridique, budgétaire et financière, de singulariser un service doté de moyens propres pour remplir une mission que la personne publique de rattachement (l'Etat, en l'espèce) ne souhaite pas assurer elle-même, tout en soumettant ledit service à l'intégralité des règles de droit public (exemples: la Caisse des Dépôts et consignations, l'Ecole national d'Administration ou, encore, les Universités) .

Ce « modèle » s'est diversifié et, en même temps, quelque peu altéré avec la mise en place à partir des années 20, de la notion d'établissement public « à caractère industriel et commercial », dont la création correspond au seul but de soustraire leur gestion aux contraintes du droit public (considérées comme trop lourdes et exagérément contraignantes) et de se rapprocher ainsi du secteur privé.

c) Par ailleurs et plus récemment, deux phénomènes de type très différent ont contribué à une diversification profonde de l'administration publique de l'Etat.

La première correspond au développement de l'interventionnisme économique qui a conduit l'administration publique à empiéter très largement sur un domaine que le libéralisme du XIXème siècle avait entendu —au nom du principe de la liberté du commerce et de l'industrie— réserver très largement à l'entreprise privée. Les services de l'Etat ont de ce fait été conduits à modifier leurs modalités d'organisation et de fonctionnement, ce qui se traduit en particulier par la place prépondérante prise au sein du gouvernement par le Ministère de l'économie et des finances. La forme la plus remarquable de cette politique consiste dans une prise en charge directe par l'Etat d'activités économiques, soit pour apporter son concours à un secteur privé défaillant (création de la SNCF en 1937), soit pour contrôler de très près des activités présentant un caractère éminemment stratégique (industries de guerre), soit enfin dans le climat d'après-guerre, dans le but de relancer l'économie (nationalisation de l' électricité, du gaz, de l'industrie automobile). Toutefois la France a, comme beaucoup d'autres pays, et en particulier sous l'impulsion des autorités européennes focalisées sur l'ouverture à la concurrence, engagé dorénavant un très large mouvement de privatisation concernant de nombreux services publics (telles que la Poste) et des entreprises publiques (EDF, GDF).

La seconde, la plus originale, concerne la multiplication des « autorités administratives indépendantes «, qui sont des institutions soustraites à toute subordination hiérarchique ou de tutelle et dont plusieurs participent au contrôle de l'administration.

Il s'agit, en particulier, du Défenseur des droits, créé en 2011, qui est né de la réunion de quatre institutions (Médiateur de la République, né en 1973, Défenseur des enfants, Haute Autorité de Lutte contre les Discriminations et pour l'Egalité (HALDE) et Commission Nationale de Déontologie de la Sécurité (CNDS), ou encore d' organismes collégiaux, tels que la Commission Nationale de l'Informatique et des Libertés (CNIL), la Commission d'Accès aux Documents Administratifs (CADA) ou encore le Conseil Supérieur de l'Audiovisuel (CSA) qui disposent, dans leur domaine respectif, de pouvoir de surveillance et de contrôle de l'administration et des entreprises publiques et privées.

4. Organisation et caractéristiques de l''Administration régionale.
Ses compétences

a) L'apparition de la Région au sein des institutions administratives en France est relativement récente. Les objectifs qui sont à l'origine de cette instauration sont de deux ordres: le développement économique et la sécurité. Son statut a toujours été configuré en fonction de ces deux préoccupations.

La création en 1919 des « groupements d'intérêts régionaux », appelés également « Régions Clémentel » (au nombre de 15, à l'origine) dont la mission était de coordonner les acteurs économiques autour des grandes agglomérations régionales en vue de la reconstruction du pays après la Première Guerre mondiale, relève de la première de ces deux préoccupations. Cette idée reviendra par la suite.

Relève de la seconde l'institution des Préfets de Région sous le régime de Vichy (correspondant à la période de l'occupation allemande), ceux-ci exerçant leur autorité sur les préfets de département et dirigeant les services de police et de renseignement. Les inspecteurs généraux de l'administration en mission extraordinaire (IGAME) leur ont fait suite, avec pour fonction de coordonner l'action des forces militaires et des autorités de police lorsqu'en 1947 de grandes grèves laissaient craindre une généralisation des conflits civils.

b) La loi du 5 juillet 1972 a érigé la Région en « établissement public » à vocation économique, administré par un Conseil régional composé d'élus locaux, un Comité économique et social représentant le monde socio-professionnel et par le préfet de région, ce dernier constituant son exécutif. Conçue au départ comme un simple échelon d'administration territoriale, la Région a changé de nature avec la loi du 2 mars 1982 qui prévoit l'élection des conseillers régionaux au suffrage universel direct. A l'image des communes et du département, elle est érigée en « collectivité territoriale ». On est ainsi passé d'un régionalisme « technocratique » à un régionalisme « démocratique ».

Depuis le 1er janvier 2016, le nombre des régions métropolitaines est passé de 22 à 13, l'idée qui a présidé à cette réduction ayant été d'élargir le périmètre de celles-ci - à l'instar de leurs homologues européennes - dans le but de leur permettre de définir des politiques régionales plus cohérentes et mieux financées Pour recomposer le paysage régional, c'est la voie autoritaire qui a été retenue, la loi ayant imposé ces fusions sans la moindre procédure qui aurait permis aux électeurs et aux élus de se prononcer. Si le procédé a suscité des réactions, il n'a toutefois pas été déclaré contraire à la Constitution (Conseil constitutionnel, décision nº 2014-709 DC 15 janvier 2015).

c) L'organisation de la collectivité régionale est un peu plus complexe que celle du département. Cela tient à la vocation économique qui est la sienne, récemment confirmée par la loi du 7 août 2015 portant nouvelle organisation territoriale de la République. Si la Région possède à sa tête un Conseil régional, son Président qui en est désormais l'exécutif et sa Commission permanente, elle se voit dotée en outre d'un Conseil économique, social et environnemental.

d) La principale compétence régionale réside dans l'aide économique aux entreprises privées. C'est une compétence historique pour les régions. Avant même d'être érigées en 1982 en collectivité territoriale, les régions —établissements publics depuis 1972— étaient spécialisées dans le développement économique de leur territoire. Cette mission leur a été confirmée avec le tournant de la décentralisation des années 1982 dans le but de les engager dans la lutte contre la crise économique.

Cette compétence a été renforcée avec la loi du 7 août 2015. Les régions ont acquis une compétence propre pour déterminer un certain nombre d'aides énumérées par la loi en vue de favoriser la création et l'extension d'entreprises: prestations de services, subventions, prêts et avances remboursables, bonifications d'intérêts (Code général des collectivités territoriales: article L. 1511-2). Les régions ne disposent toutefois pas d'une compétence exclusive en la matière, les départements et le bloc communal pouvant également accorder des aides aux entreprises installées sur leur territoire, moyennant accord de la région.

Même si la loi écarte formellement cette présentation des choses, le rôle de « chef de file » de la région acquis en 1982 pour toutes ces aides ne s'est pas démenti après 2015. Le développement économique des régions profite des infrastructures dont celles-ci ont la responsabilité. Au fil des réformes, la région acquiert une compétence principale en la matière. C'est le cas avec la création et l'exploitation des ports maritimes de commerce, des cours d'eau, des canaux et des ports fluviaux, des aérodromes civils d'intérêt local. Les régions prennent en charge les transports non urbains —scolaires ou non— à la place des départements (loi 7 août 2015). Il est à noter que les régions sont venues en aide de la SNCF pour financer des réseaux régionaux de chemin de fer (loi 13 août 2004) ainsi que des lignes de fret à faible trafic (loi 7 août 2015). Elles ont en outre acquis la responsabilité de définir une politique d'articulation entre les différents moyens de transport sur leur territoire, avec le statut de « chef de file ». Ce rôle s'exerce dans le cadre d'un schéma régional d'aménagement, de développement durable et d'égalité des territoires qu'elles élaborent (loi 7 août 2015).

Les régions sont devenues également « chef de file » en matière d'aménagement et de protection de l'environnement avec la loi 27 janvier 2014 (localisation des grands équipements, développement équilibré des agglomérations, protection des sites et des paysages naturels, réhabilitation des patrimoines dégradés, gestion des déchets, objectifs climat-air-énergie pour lutter contre le réchauffement climatique...). Ce schéma, nouvelle version 2015, prend l'aspect d'un schéma global intégrant les schémas sectoriels antérieurs (déchets, protection de l'environnement...). Toutefois, ses prescriptions ne s'imposent pas fermement aux collectivités inférieures qui doivent seulement le «prendre en compte» dans le cadre de leur action. Les régions possèdent en outre l'initiative pour installer des parcs naturels régionaux, leur création relevant de l'Etat. Elles en réglementent l'utilisation par les chartes pouvant s'imposer aux documents d'urbanisme des communes et intercommunalités. Les compétences environnementales des régions s'étaient élargies à la faveur de la loi du 27 janvier 2014 dans le domaine de l'eau (lutte contre les inondations, gestion des milieux aquatiques...).

Les régions interviennent de manière importante dans le domaine de l'enseignement et de la formation professionnelle. Elles ont la responsabilité des lycées et des établissements d'enseignement spécialisé, cette responsabilité excluant les structures pédagogiques (enseignants, programmes). La loi leur a ainsi transféré la gestion des personnels techniciens, ouvriers et de service (TOS) et la propriété des bâtiments. Amorce d'une évolution remarquable, la loi du 27 janvier 2014 officialise l'aide des régions aux activités universitaires (financement de formations, de bourses de thèse). Cette aide est programmée dans le cadre d'un schéma régional de l'enseignement supérieur de la recherche et de l'innovation, élaboré avec les collectivités inférieures (loi 7 août 2015). En matière de formation professionnelle et d'apprentissage, les régions se sont vu reconnaitre la compétence de principe. Elles définissent leur politique en la matière au profit des jeunes et des adultes s'exprimant par l'adoption d'un plan régional de développement des formations professionnelles (loi 13 août 2004). Il faut toutefois noter que cette compétence s'exerce sous réserve des actions que l'Etat entend lui-même mener au titre de la lutte contre le chômage et par l'intermédiaire de Pôle Emploi.

5. Organisation et caractéristiques de l'administration locale. Ses compétences

Par opposition, au plan national, à l'administration de l'Etat, centralisée, l'administration locale, décentralisée, comporte trois niveaux: un niveau régional, départemental et communal.

Depuis 1983, le législateur a surtout procédé à des transferts de compétences (avec les charges financières correspondant à ceux-ci) de l'Etat vers les collectivités territoriales, tout en conservant le plus souvent un certain nombre d'attributions. C'est ainsi, par exemple, que dans le domaine de l'enseignement, l'Etat conserve la rémunération des personnels et la définition du contenu pédagogique, alors que les collectivités sont responsables, chacune en fonction de son niveau respectif, des écoles (communes), des collèges (départements) et des lycées (région). Cette répartition des compétences se traduit en réalité par une étroite interdépendance et une complémentarité entre ces différents niveaux de compétence.

De manière générale, la région est la collectivité chargée du développement économique. Elle est compétente en matière de planification économique, de programmation des équipements et d'aménagement du territoire.

Le département a été conçu en 1983 plutôt comme une collectivité gestionnaire tournée vers les services et les actions de solidarité.

Quant à la commune, elle est, de par ses dimensions, le lieu idéal pour l'administration de proximité et de contact: collectivité proche des habitants, elle peut leur offrir des services quotidiens (transports urbains, écoles maternelles et primaires, urbanisme, bibliothèques et musées, voirie). La commune est la collectivité qui a les compétences les plus diversifiées et, à la différence des régions et des départements, les lois de Décentralisation n'ont pas bouleversé les compétences communales. Elles ont toutefois reçu une compétence importante —qui était exercée antérieurement par l'Etat—, en matière d'urbanisme (élaboration des documents réglementaires d'urbanisme, permis de construire).

Il faut signaler, pour conclure sur ce point, que des regroupements au niveau territorial sont —plus que jamais— à l'ordre du jour. S'agissant des régions, on est passé en 2014: de 21 régions à 13. Et, s'agissant des communes (au nombre de 36 658 au 1er janvier 2015), l'heure est de plus en plus aujourd'hui à des formules de coopération (syndicats de communes, communautés de communes) ou à la création de « métropoles », avec le cas particulier de Paris (Métropole du Grand Paris).

6. LES RELATIONS DE COLLABORATION, COOPÉRATION, COORDINATION, CONTRÔLE ET CONFLIT ENTRE LES DIVERSES ADMINISTRATIONS

a) Différents mécanismes de collaboration, de coopération et de coordination entre les différents niveaux et les différentes composantes de l'administration publique ont été évoqués ci-dessus.

b) Pour ce qui est du contrôle exercé sur celles-ci et du risque de conflit entre elles (et en particulier entre l'Etat et les collectivités infra-étatiques), il convient de rappeler que a décentralisation n'a jamais été synonyme de liberté totale pour les différentes collectivités territoriales infra-étatiques. Celles-ci subissent un contrôle qui est exercé par l'Etat. L'équilibre entre le principe de libre administration et le principe d'un contrôle à la charge de l'Etat apparaît très clairement à la lecture de l'article 72 de la constitution qui, après avoir mentionné que « les collectivités territoriales s'administrent librement par des conseils élus et disposent d'un pouvoir réglementaire pour l'exercice de leurs compétences, ajoute:

« Dans les collectivités territoriales de la République, le représentant de l'Etat, représentant de chacun des membres du Gouvernement, a la charge des intérêts nationaux, du contrôle administratif et du respect des lois ».

Le contrôle exercé dans le cadre d'un système dans lequel la décentralisatiion est érigée en principe ne peut donc être le même que celui qui prévaut dans le cadre d'une relation hiérarchique, comme c'est le cas s'agissant d'une administration déconcentrée, dans la mesure où il s'agit ici de concilier le caractère unitaire de l'Etat (responsable du « respect des lois ») et la libre administration des collectivités territoriales.

Antérieurement connu sous le nom de « tutelle » (conférant au représentant de l'Etat de très larges pouvoirs, d'annulation et même d'approbation préalable), ce contrôle a été profondément modifié en 1982. Il s'agit désormais d'un contrôle portant uniquement sur la légalité des actes des collectivités territoriales (et non pas sur leur « opportunité »), ceux-ci étant « exécutoires » dès leur dès leur transmission au représentant de l'Etat, et c'est un contrôle qui est exercé *a posteriori,* à la demande du préfet, par le juge administratif.

FRANCIA

ORGANIZACIÓN INTERNA DEL ESTADO FRANCÉS[*]

René Hostiou[**]

1. Caracterización constitucional en Francia en cuanto a la tipología de las diferentes clases de Estados conocidos en el derecho comparado (federal, unitario, etc.). Consecuencias

a) "Francia es una República indivisible, laica, democrática y social. Garantiza la igualdad ante la ley de todos los ciudadanos sin distinción de origen, raza o religión. Respeta todas las creencias. Su organización es descentralizada" (Constitución de 4 octubre 1958, art. 1º).

"La soberanía nacional reside en el pueblo que la ejerce a través de sus representantes y del referéndum.

"Ninguna parte del pueblo, ni ningún individuo puede reenvidicar su ejercicio" (art. 4º).

b) El Estado unitario se caracteriza por la unidad del poder político, con un único centro de decisiones políticas. Existe solamente un Estado.

En consecuencia, desde una perspectiva jurídica, solo existe una categoría de leyes, que emanan del Estado y se aplican en todo el territorio. Esta unidad, sin embargo, no impide que se dicten reglas de derecho que se apliquen solo a una porción del territorio nacional, como, por ejemplo, una decisión departamental o municipal.

En un Estado unitario, las normas locales solamente pueden adoptarse sobre la base y de conformidad con las normas nacionales, ya sean constitucionales, legislativas o reglamentarias (principio de legalidad). El Estado unitario es "indivisible", lo que significa que el poder político es «uno» y que no es divisible en partes (art. 1º de la Constitución de 1958 que dice: "Francia es una República indivisible"). Esta proclamación —particularmente solemne— estaba en las anteriores constituciones, es decir, desde 1792, fecha de la proclamación de la República, con el fin de luchar contra los enemigos de la Revolución, acusados de federalistas. Pero este carácter no es propio de la República, así como ya lo demostraba el artículo 1º del Título II de la Constitución de 3 de septiembre de 1791: "el Reino es uno e indivisible".

---

[*] Trad. de Gustavo Quintero Navas. Abogado de la Universidad Santo Tomás de Bogotá. Especialista en derecho administrativo, Universidad Externado de Colombia. Maestría y doctorado de la Universidad de Nantes, Francia. Profesor Asociado, Facultad de Derecho de la Universidad de los Andes.

[**] Profesor Emérito, Universidad de Nantes.

Esta indivisibilidad del poder se caracteriza por el hecho de que todos los ciudadanos están sujetos al mismo poder "inicial" (Constitución), a las mismas leyes, al mismo gobierno y a los mismos tribunales. Conviene señalar, sin embargo, que desde la ley del 1º de junio de 1924, existe un derecho especial en Alsacia-Mosela que toma elementos del derecho alemán y que se aplica a ciertos sectores muy específicos (por ejemplo, la relación entre Iglesia y Estado), que ahora son un problema de palpitante actualidad, por las fuertes reivindicaciones, en este sentido, de una parte muy importante de los elegidos corsos.

c) El Estado simple o unitario es casi naturalmente centralizado, como lo muestra, antes de la Revolución, la construcción del Estado monárquico absolutista, con la nivelación de las particularidades locales. En Francia, este movimiento continuó bajo la Convención (1792) con los jacobinos, cuyo nombre se convirtió en sinónimo de centralización (el "jacobinismo"), y, con Napoleón Bonaparte que con la Ley de 28 pluviôse del año VIII (17 de febrero de 1800), creó las gobernaciones. A partir de 1850, la construcción del ferrocarril, a manera de estrella, desde París, ilustró perfectamente —y fortaleció esta tendencia hacia la «centralización».

Una centralización absoluta ("pura o perfecta" en palabras de Ch. Eisenmann). Sin embargo no está exenta de peligros. F. R. DE LAMENNAIS, en el siglo XIX, ya estigmatizaba la "apoplejía del centro" y la "parálisis de las extremidades". Más recientemente, refiriéndose a la situación de Francia, un geógrafo (J. F. GRAVIER) pudo decir, en 1947, de «París y el desierto francés». Esta centralización no puede ser total y nunca lo ha sido, incluso en Francia.

De hecho, el Estado se divide en diferentes circunscripciones administrativas que constituyen igualmente divisiones territoriales. Incluso, desde la época napoleónica había departamentos, distritos y municipios dirigidos por autoridades locales (gobernadores, vice-gobernadores y alcaldes), designados por el gobierno central y responsables, sobre todo, de ejecutar las decisiones del centro, es decir, de la capital.

Esta "centralización" es mitigada por lo que llamamos "desconcentración", que es una ordenación del poder de decisión dentro de un sistema centralizado. Las funciones del Estado se dividen entre diferentes autoridades del Estado, nombradas por él, y ejercen sus poderes en nombre del Estado, en sus diferentes circunscripciones administrativas. La desconcentración es, por tanto, simplemente un traslado del poder de decisión: "Sigue siendo el mismo martillo que golpea, pero con el mango más corto" (ODILON BARROT, político de mediados del siglo XIX).

Estas autoridades no se limitan a ejecutar órdenes dictadas desde el centro; también reciben un poder de decisión. Pero están sometidas a un poder y control jerárquico que se ejerce sobre los actos (poder para instruir, dar órdenes y reformar) y sobre las personas (nombramiento y remoción por la autoridad jerárquica).

Los gobernadores, los directores departamentales o regionales de los servicios desconcentrados del Estado, los rectores de las academias e, incluso, los alcaldes (respecto de algunos de sus poderes), aparecen así como autoridades desconcentradas.

d) Pero permaneciendo unido, el Estado puede también ser "descentralizado". La descentralización es el reconocimiento de colectividades o entidades administrativas, diferentes del Estado, dotadas de personería jurídica, de conformidad con el principio de autonomía. La personería jurídica les permite gozar de "autonomía" jurídica y financiera, pero no de "independencia", y las decisiones que toman están bajo el control del Estado, tradicionalmente llamado "control de tutela", control que desde la ley de 2 de marzo de 1982, se denomina control de "legalidad".

e) Retomando el análisis de Ch. EISENMANN, "la descentralización es pura o perfecta cuando en una actividad solamente intervienen, de manera exclusiva, órganos que no son centrales. Cuando ninguno de sus agentes tiene un carácter central [...] Cuando en una actividad intervienen órganos centrales y no centrales, hay descentralización «imperfecta», es decir, la combinación de centralización y descentralización, con preponderancia de la descentralización". (*Centralisation et décentralisation. Esquisse d'une théorie générale*, LGDJ, 1948, pág. 86).

Desde 1982 y en los años siguientes, bajo el impulso de F. Mitterrand y de G. Deferre, Francia era considerablemente más cercana al modelo descentralizado (supresión de la tutela, elección de los órganos ejecutivos regionales y departamentales, nueva distribución de competencias y función pública territorial).

f) A menudo hay situaciones intermedias entre el Estado unitario y el Estado federal: se habla a veces, a propósito de España y de Italia, de un Estado "regional" o incluso de uno "autonómico". En este caso la distribución de las competencias entre el Estado y las colectividades descentralizadas proviene de la Constitución y esta autoriza a las colectividades a organizarse parcialmente y a definir su modo de funcionar. La situación es muy cercana a la del Estado federal. Del mismo modo, la autonomía dada a ciertas partes del territorio francés de ultramar (Martinica, Guadalupe, Reunión, Mayotte, Polinesia Francesa), aleja a Francia del estricto modelo unitario.

2. EVOLUCIÓN HISTÓRICA DE LA ORGANIZACIÓN DEL ESTADO EN GENERAL,
Y DEL PODER PÚBLICO ADMINISTRATIVO EN PARTICULAR. SUS COMPETENCIAS

a) *El artículo 72 de la Constitución contiene los principios que determinan, en el nivel constitucional, la distribución de competencias entre el Estado y las diversas colectividades territoriales infra estatales.*

"Las entidades territoriales de la República son los municipios, los departamentos, las regiones, las entidades con estatuto particular y las entidades de Ultramar regidas por el artículo 74. Cualquier otra entidad territorial se crea por ley, en su caso, en lugar de una o de varias de las entidades mencionadas en este apartado.

"Las entidades territoriales podrán decidir sobre el conjunto de las competencias que mejor pueden ejercerse en sus respectivos niveles.

"En las condiciones previstas por la ley, entidades se administran libremente mediante consejos elegidos y disponen de un poder reglamentario para ejercer sus competencias.

"En las condiciones previstas por la ley orgánica, y salvo que se trate de las condiciones esenciales para el ejercicio de una libertad pública o de un derecho garantizado por la Constitución, las entidades territoriales o agrupaciones podrán, cuando esté previsto por la ley o por el reglamento, derogar, a título experimental y para una duración y fin limitados, las disposiciones legislativas o reglamentarias que rigen el ejercicio de sus competencias.

"Ninguna entidad territorial podrá ejercer tutela sobre otra. Sin embargo, cuando el ejercicio de una competencia necesite la ayuda de varias entidades territoriales, la ley permite que una de esas entidades o agrupaciones organice las modalidades de su acción común.

"En las entidades territoriales de la República, el representante del Estado, que lo es también de cada uno de los miembros del Gobierno, velará por los intereses nacionales, el control administrativo y el respeto a las leyes".

El artículo 72 cuando trata directamente las competencias respectivas del Estado y de las colectividades territoriales, reenvía a dos grandes principios: el principio de "libre administración de las colectividades territoriales" y el principio de "subsidiariedad".

b) *El principio de libre administración de las colectividades territoriales.* "En las condiciones previstas por la ley, las colectividades se administran libremente gracias a corporaciones colegiadas —consejos elegidos— y disponen de poder reglamentario para el ejercicio de sus competencias".

Se trata de un principio cuyo objeto es proteger a las colectividades locales contra las usurpaciones del Estado. Es el legislador quien debe precisar el contenido de la libre administración, bajo el control del Consejo de Estado y del Consejo Constitucional.

Sin embargo, la "libre administración" se limita a las competencias administrativas, lo que excluye cualquier participación en el ejercicio de competencias llamadas "regalianas" (promulgación de leyes, justicia y diplomacia). Sin embargo, este principio pretende garantizar un espacio de libertad dentro del cual pueden actuar las colectividades territoriales.

Este principio a menudo se invoca para obstruir las disposiciones legislativas que permiten sospechar la usurpación de las competencias de las colectividades territoriales. El Consejo Constitucional clasifica dicho principio entre los derechos y libertades que pueden ser invocados en el marco del nuevo control de constitucionalidad por vía de excepción y que entró a regir desde 2010 bajo el nombre de cuestión prioritaria de constitucionalidad (art. 61-1 de la Constitución[1]), pero el Consejo Constitucional, por este motivo, ha censurado muy pocas disposiciones legislativas, sancionando únicamente los abusos "excesivos" del legislador.

c) *El principio de "subsidiaridad"*. La Constitución —reformada en 2003— como consecuencia de la libre administración, expandió los poderes reconocidos a las colectividades territoriales *infra* estatales :

"En las condiciones previstas por la ley, estas entidades se administran libremente por medio de consejos elegidos y disponen de poder reglamentario para ejercer sus competencias" (inc. 3º del art. 72).

En contravía de nuestra tradición "jacobina", centralizadora, el principio de «subsidiariedad» reconoce la vocación de las colectividades locales para expresar el interés general, en el campo de sus competencias y en el nivel en que se encuentran. Los órganos deliberantes de las colectividades territoriales, resuelven los asuntos relacionados con su territorio de manera deliberativa. El concejo municipal regula los asuntos del municipio (disposición que se remonta en realidad a la ley de 5 de abril de 1884), el consejo general regula los asuntos del departamento y el consejo regional los asuntos de la región.

La cláusula general de competencia, en principio distingue las colectividades territoriales de los establecimientos públicos de cooperación intermunicipal que solo disponen de competencias de atribución. Entonces, toda colectividad local puede, sin exceder sus competencias —pero con la consiguiente reserva— actuar en cualquier área de interés local (municipal, departamental o regional, según el caso), así no haya ningún texto particular que le reconozca competencia para tratar el asunto en cuestión.

A cada colectividad se le puede reconocer un bloque de competencias: el municipio tiene el control del suelo, es decir la mayor parte de las competencias relacionadas con el urbanismo y las instalaciones locales. El departamento es responsable de la acción social y de la infraestructura rural; la región interviene especialmente en el campo económico, donde interpreta plenamente, pero no exclusivamente, un papel de incentivar e impulsar y, también de formación profesional.

---

[1] Art. 61-1: "Cuando, con motivo de una instancia pendiente ante una jurisdicción, se alegue que una disposición legislativa perjudica los derechos y las libertades que garantiza la Constitución, se podrá *someter el* asunto, tras su remisión por el Consejo de Estado o el Tribunal de Casación, al Consejo Constitucional que se pronunciará en un plazo determinado.

"Una ley orgánica determinará las condiciones de aplicación del presente artículo". [Nota del trad.].

3. Organización y características fundamentales en el ámbito nacional
de la Administración pública directa e indirecta
(comprende las empresas públicas)

a) Al contrario del modelo federalista, arraigado desde hace mucho tiempo
en Alemania, así como de los modelos fuertemente descentralizados, como
el español o el italiano, el Estado francés se basa, desde el Antiguo Régimen
y la Revolución, en su carácter «unitario». Cronológica y jerárquicamente,
el Estado es la primera de todas las personas *públicas* y goza de un régimen
especial en comparación con otras colectividades territoriales, llamadas infraestatales. Por otra parte, las relaciones entre el poder político del Estado y
la administración se caracterizan por un fenómeno de *ósmosis que se traduce* —en lo nacional— en una relativa confusión entre la administración y el
Estado, estando aquella bajo el control directo del ejecutivo (presidente de la
República, primer ministro, ministros). La gestión de las actividades del Estado
según el procedimiento conocido como *régie*[2] conduce a que se confundan,
en un único presupuesto, la financiación del conjunto de las actividades del
Estado (administradas por *él mismo*), con el hecho de que le sean confiados a
los mismos órganos, la dirección y el control del conjunto de sus actividades
y, por lo tanto, que también le sea confiada la ejecución a un personal único,
es decir, a los funcionarios del orden estatal. Aunque sea atenuado por la
"desconcentración", este modelo ultracentralizado es, de manera evidente,
inmóvil y de una inercia y complejidad ostensibles, que resulta ser, en gran
medida, inadecuado para la gestión de las actividades cada vez más diversificadas dentro de la competencia del Estado.

b) Por otra parte, este "modelo" ha sido, desde siempre, materia de una
serie de excepciones, bajo la forma de una individualización, más o menos
importante, de ciertas actividades del Estado.

La más antigua y la más clásica, corresponde a la fórmula del establecimiento público, que es un "servicio público personalizado" y cuya justificación
reside en el deseo de distinguir —particularizando— la actividad en cuestión,
otorgándole autonomía institucional, jurídica, presupuestal y financiera, sin-
gularizando un servicio dotado con medios propios para cumplir una misión
que la persona *pública* a la que se encuentra vinculado (el Estado, en este
caso) no desea realizar directamente y al mismo tiempo somete ese servicio
al conjunto de reglas del derecho público (ejemplos: la Caja de Depósitos y
Consignaciones, la Escuela Nacional de Administración o las Universidades).

Este "modelo" se ha diferenciado, al mismo tiempo, con ciertos cambios
que provienen de la aplicación, desde los años veinte, de la noción de establecimiento público "con carácter comercial e industrial", cuya creación

---

[2] En Francia, la *régie* es un modo de gestión directa de un servicio público por el Estado
y las colectividades territoriales, que no goza de personería jurídica. [Nota del trad.].

corresponde a la única finalidad de sustraer su gestión a las limitaciones del derecho público (consideradas como demasiado pesadas y demasiado restrictivas) y acercarse así al sector privado.

c) Recientemente, dos fenómenos muy diferentes contribuyeron a una profunda diversificación de la administración pública del Estado.

El primero corresponde al desarrollo del intervencionismo económico que llevó al gobierno a interferir en una esfera que el liberalismo del siglo XIX había entendido —en nombre del principio de libertad de comercio y de industria— reservado, en gran medida, a las empresas privadas. Los servicios del Estado, por ese hecho, tuvieron que cambiar sus métodos de organización y funcionamiento, lo que se traduce en particular por la posición predominante del Ministerio de Economía y Finanzas en el gobierno. La forma más significativa de esta política consiste en la asunción directamente por el Estado, de las actividades económicas, sea para apoyar un sector privado fragilizado (creación de la SNCF en 1937), o para controlar de cerca ciertas actividades que revisten un carácter eminentemente estratégico (industrias de guerra), o sea, finalmente, en ese clima de posguerra, con la finalidad de reanimar la economía (nacionalización de la electricidad, gas, industria del automóvil).

Sin embargo, Francia, como muchos otros países, al impulso de las autoridades europeas enfocadas en la apertura a la competencia, se ha comprometido con un movimiento muy amplio de privatización de muchos servicios públicos (como la oficina de correos) y de empresas públicas (EDF, GDF).

El segundo y más original, se refiere a la proliferación de "las autoridades administrativas independientes", que son instituciones sustraídas a cualquier subordinación jerárquica o de tutela y de las que varios participan en el control de la administración.

Se trata, en particular, del defensor de los derechos, creado en 2011 y que nació de la reunión de cuatro instituciones (defensor del pueblo de la República, creado en 1973, Defensor de los niños, la Alta Autoridad de Lucha contra la Discriminación y por la Igualdad [HALDE] y la Comisión Nacional de Deontología de la Seguridad [CNDS]), o incluso de organizaciones colegiadas como la Comisión Nacional de Informática de Libertades (CNIL), la Comisión de Acceso a Documentos Administrativos (CADA) o también el Consejo Superior para lo Audiovisual (CSA), que disponen, en sus respectivos campos, de poderes para vigilar y controlar a la administración y a las empresas públicas y privadas.

4. Organización y características de la Administración regional. Sus competencias

a) El surgimiento de la región dentro de las instituciones administrativas en Francia es relativamente reciente. Los objetivos que sirven de base a su establecimiento son de dos órdenes: desarrollo económico y seguridad. Su estatus se ha configurado siempre en función de esas dos preocupaciones.

La creación en 1919 de los "grupos de interes regional", también llamados "Regiones Clémentel" (quince originalmente) cuya misión era coordinar los actores económicos alrededor de grandes aglomeraciones regionales para la reconstrucción del país después de la primera guerra mundial, constituye la primera de esas preocupaciones. Esta idea será retomada después.

La segunda es la institución de los gobernadores de región, bajo el régimen de Vichy (correspondiente al período de la ocupación alemana). Estos gobernadores de región ejercían su autoridad sobre los gobernadores de departamento y dirigían los servicios de policía e inteligencia. Le siguieron después los inspectores generales de la administración en misión extraordinaria (IGAME), que tenían la función de coordinar la acción de las fuerzas militares y de las autoridades de policía cuando en 1947 se presentaron huelgas importantes que crearon el temor de una generalización de los conflictos civiles.

b) La ley de 5 de julio de 1972, convirtió la región en "establecimiento público" con vocación económica, administrada por un consejo regional compuesto por miembros que eran elegidos localmente, por un comité económico y social que representa el mundo socio-profesional y por el gobernador de la región, que conservaba el poder ejecutivo. Diseñado en un principio como un simple nivel de administración territorial, la región ha cambiado su naturaleza con la ley de 2 de marzo de 1982, que establece la elección de consejeros regionales por sufragio universal directo. A imagen de los municipios y del departamento, la región se convirtió en "colectividad territorial". Así se pasa de un regionalismo "tecnócrata" a un regionalismo "democrático".

Desde el 1º de enero de 2016, las regiones metropolitanas han pasado de 22 a 13. La idea que preside esta disminución es la de ampliar el perímetro de las regiones metropolitanas, de la misma manera que lo han hecho sus homólogos europeos, con el propósito de hacer más coherentes y mejor financiadas las políticas regionales. Para recomponer el paisaje regional, se escogió la vía autoritaria. La ley ha impuesto estas fusiones sin el más mínimo procedimiento que hubiera permitido pronunciarse a los electores y a los elegidos. Si el procedimiento provocó reacciones, no fue suficiente como para haber sido declarado contrario a la Constitución (Consejo Constitucional, decisión 2014-709 DC, 15 enero 2015).

c) La organización de la colectividad regional es un poco más compleja que la del departamento. Esto se explica por su vocación económica, como lo ha confirmado recientemente la ley de 7 de agosto de 2015, sobre la nueva organización territorial de la República. Si la región tiene a la cabeza un consejo regional cuyo presidente es ahora el ejecutivo y su comisión permanente, también tiene un consejo económico, social y ambiental.

d) La principal competencia regional radica en la ayuda económica a las empresas privadas. Es una competencia histórica para las regiones. Incluso antes de ser erigidas en 1982 en colectividades territoriales, las regiones —establecimientos *públicos* desde 1972— estaban especializadas en el desarrollo económico de su territorio. Esta misión les ha sido confirmada en el momento decisivo de la descentralización de 1982, con el propósito de comprometerlas en la lucha contra la crisis económica.

Esta competencia se ha reforzado con la ley de 7 de agosto de 2015. Las regiones han adquirido competencia propia para determinar cierta cantidad de ayudas enumeradas en la ley con el fin de favorecer la creación y la expansión de las empresas: prestación de servicios, subvenciones, préstamos y anticipos reembolsables, bonificaciones de interés (Código General de las Colectividades Territoriales, art. L.1511-2). Las regiones, sin embargo, no tienen competencia exclusiva en esta materia, pues los departamentos y el bloque municipal también pueden acordar ayudas a las empresas que operan en su territorio, conforme a un acuerdo con la región.

Incluso, si la ley excluye formalmente esta presentación de las cosas, el papel de liderazgo (*chef de file*) de la región, adquirido desde 1982, consideradas todas estas ayudas, no puede ser negado después de 2015. El desarrollo económico de las regiones se beneficia de las infraestructuras de las cuales ella es responsable. Tras las reformas, la región adquirió competencia fundamental en la materia. Es el caso de la creación y explotación de puertos marítimos de comercio, corrientes de agua, canales y puertos fluviales, de aeródromos civiles de interés local. Las regiones se encargan de los transportes que no son urbanos, escolares o no, en lugar de los departamentos (ley de 7 de agosto de 2015). Cabe destacar que las regiones han ayudado a la SNCF para financiar redes regionales de ferrocarriles (ley de 13 de agosto de 2004), así como las rutas de carga de bajo tráfico (ley de 7 de agosto de 2015). También han adquirido, con estatus de liderazgo (*chef de file*) la responsabilidad de crear una política de articulación entre los diferentes medios de transporte en su territorio. Este papel se ejerce en el contexto de un plan de desarrollo regional, de desarrollo sostenible y de igualdad de los territorios que desarrollan (ley de 7 de agosto de 2015).

Con la ley de 27 de enero de 2014, las regiones también se han vuelto líderes en materia de planificación y protección del medio ambiente (localización de grandes equipos, desarrollo equilibrado de las aglomeraciones [poblados], protección de sitios y paisajes naturales, rehabilitación de patrimonios degradados, gestión de residuos, objetivos aire-clima-energía para combatir el calentamiento climático). Este esquema, en su versión de 2015, toma la forma de un esquema global integrando los planes sectoriales anteriores (residuos, protección del medio ambiente). Sin embargo, esas disposiciones no son firmemente impuestas a las colectividades inferiores que apenas deben "tenerlas en cuenta" como parte de su acción. Las regiones también tienen iniciativa para instalar parques naturales regionales pero su creación depende del Estado. Ellas reglamentan su utilización mediante actos administrativos llamados cartas que pueden imponerse sobre los documentos de planificación urbanística de los municipios e intercomunidades. Las competencias ambientales de las regiones, en materia de agua (inundaciones, manejo de ambientes acuáticos), se ampliaron por medio de la ley de 27 de enero de 2014.

Las regiones intervienen considerablemente en el campo de la educación y de la formación profesional. Tienen la responsabilidad de las escuelas de bachillerato y de las instituciones educativas especializadas. La responsabilidad de estas regiones excluye las estructuras pedagógicas (profesores, programas), por lo que la ley les transfirió la gestión de personal técnico, obreros y personal de servicio (TOS) y la propiedad de los edificios. Como inicio de una extraordinaria evolución, la ley de 27 de enero de 2014 oficializa las ayudas de las regiones a las actividades universitarias (financiación para la educación, becas para elaborar tesis). Esta ayuda está programada en el marco de un plan regional de la educación superior, de la investigación y de la innovación, elaborado con las colectividades inferiores (ley de 7 de agosto de 2015). En materia de formación profesional y aprendizaje, a las regiones se les ha reconocido el principio de competencia. Definen su política en beneficio de jóvenes y adultos por medio de la adopción de un plan regional para el desarrollo de la formación profesional (ley de 13 de agosto de 2004). Tenemos que señalar que esta competencia se ejerce bajo reserva de las acciones que el Estado considera realizar con respecto a la lucha contra el desempleo por medio del "Pôle Emploi" (Organismo para la creación de empleo).

5. Organización y características de la administración local.
   Sus competencias

En oposición al sector nacional (administración del Estado, centralizada), la administración local, descentralizada, tiene tres niveles: regional, departamental y municipal.

Principalmente desde 1983, el legislador ha transferido competencias (con las correspondientes provisiones financieras que les corresponde), del Estado a las colectividades territoriales, conservando ciertas atribuciones. Por ejemplo, en el campo de la educación es competencia del Estado la remuneración del personal y la definición del contenido pedagógico, mientras que las colectividades son responsables, cada una según su nivel respectivo, de las escuelas (municipios) colegios (departamentos) y secundaria (región). Esta división de poderes en realidad traduce una estrecha interdependencia y complementariedad entre los distintos niveles de competencia.

En general, la región es la colectividad encargada del desarrollo económico. Es competente en el campo de la planificación económica, de la programación de las infraestructuras y del ordenamiento territorial.

El departamento fue diseñado en 1983 como una colectividad gestora orientada hacia los servicios y las acciones de solidaridad.

En cuanto al municipio, por sus dimensiones, es el lugar ideal para una administración de cercanía y de contacto: como colectividad cercana a sus habitantes, puede proporcionar servicios cotidianos (transporte urbano, guardería, escuelas primarias, urbanismo, bibliotecas y museos, carreteras). El municipio como colectividad tiene las más diversas competencias y, a diferencia de las regiones y de los departamentos, las leyes de descentralización no han afectado las competencias comunales. Sin embargo, recibieron una competencia importante en materia de urbanismo, competencia que antes le correspondía al Estado (elaboración de documentos reglamentarios de urbanismo, licencias de construcción).

Cabe señalar, antes de concluir, que las agrupaciones territoriales hoy *más que nunca* tienen particular importancia. Tratándose de las regiones, pasamos en 2014, de 21 a 13. Y en el caso de los municipios (36.658, el 1º de enero de 2015). Cada vez más existen más fórmulas de cooperación (asociación de municipios, agrupaciones de municipios y creación de "metrópolis", como es el caso específico de París (metrópolis del Gran París).

6. Las relaciones de colaboración, cooperación, coordinación, control y conflicto entre las distintas administraciones

a) Diferentes mecanismos de colaboración, cooperación y coordinación entre los distintos niveles y componentes de la administración pública, ya se han mencionado.

b) En cuanto al control ejercido y sobre el riesgo de conflicto entre ellas (especialmente entre el Estado y las colectividades infraestatales), debe recordarse que la descentralización nunca ha sido sinónimo de libertad total para las colectividades infraestatales. Estas se someten a un control que ejerce el Estado. El equilibrio entre el principio de libre administración y el principio de un control a expensas del Estado aparece claramente con la lectura del artículo 72 de la Constitución que, tras haber mencionado que las colectividades territoriales son administradas libremente por los consejos y tienen poder reglamentario para ejercer sus competencias, dispone:

"En las entidades territoriales de la República, el representante del Estado, que lo es también de cada uno de los miembros del gobierno, velará por los intereses nacionales, el control administrativo y el respeto a las leyes".

El control que se ejerce dentro de un sistema en el que la descentralización se erige en principio no puede ser igual al que existe en una relación jerárquica, como es el caso respecto de una administración desconcentrada, en la medida en que aquí se trata de conciliar el carácter unitario del Estado (responsable

del "respeto a las leyes") y la libre administración de las colectividades territoriales.

Conocido con el nombre de "tutela" (el representante del Estado tiene
amplias facultades de anulación e incluso de aprobación previa), este control
ha sido profundamente modificado en 1982. Desde entonces se trata de un
control solamente de la legalidad de los actos de las colectividades territoriales (y no sobre su "oportunidad"). Estos actos son "ejecutorios" a partir de
su transmisión al representante del Estado, porque es un control ejercido *a
posteriori*, a petición del gobernador, por el juez administrativo.

ITALIA

L'ORGANIZZAZIONE AMMINISTRATIVA IN ITALIA DALL'UNITÀ AD OGGI

GIUSEPPE FRANCO FERRARI[*]

1. CARATTERI COSTITUZIONALI DELLO STATO

Il 2 e il 3 giugno 1946 si tenne in Italia un referendum istituzionale e l'intera popolazione fu chiamata a partecipare, a suffragio universale, alla vita politica dello Stato italiano.

Erano state a tal fine promulgate due leggi essenziali: la legge elettorale politica n. 74 del 10 marzo 1946, che dettava la normativa necessaria all'elezione dell'Assemblea Costituente; il decreto legislativo luogotenenziale n. 98, 16 marzo 1947, noto come "seconda costituzione transitoria", che provvedeva ad affidare direttamente al popolo la scelta sulla forma istituzionale dello Stato.

Gli italiani furono, quindi, chiamati a scegliere, *in primis*, la forma istituzionale che avrebbe caratterizzato da quel momento in poi lo Stato italiano: (monarchia oppure repubblica) e vennero chiamati inoltre a eleggere i membri dell'Assemblea Costituente.

In realtà fin dal 1944 con il decreto legislativo luogotenenziale n. 151, 25 giugno 1944, era stata prefigurata la creazione di una Assemblea Costituente.

L'Assemblea, costituita il 25 giugno 1946, era composta in totale da 556 membri e continuò i suoi lavori fino al 31 gennaio 1948, con l'obiettivo principale di redigere una Costituzione per lo Stato italiano; altre mansioni attribuitele furono ad esempio: l'elezione del Capo dello Stato provvisorio, scelta che ricadde su Enrico De Nicola e approvare le leggi costituzionali ed elettorali.

Il 15 luglio 1946 venne istituita la "Commissione per la Costituzione" detta anche "Commissione dei 75", con la speciale prerogativa di elaborare e proporre un progetto di Costituzione della Repubblica Italiana. Durante lo svolgimento dei lavori assembleari si tennero 375 sedute pubbliche di cui 170 dedicate interamente all'approvazione del testo costituzionale.

Le elezioni dell'Assemblea Costituente si svolsero con un sistema di votazione introdotto dal decreto legislativo luogotenenziale n. 74, 10 marzo 1946, e approvato dalla Consulta Nazionale in data 23 febbraio 1946, a carattere proporzionalistico.

[*] Professore ordinario (catedrático de Derecho Constitucional, Università commerciale "Luigi Bocconi", Milan, Italia, Vice-presidente de la International Academy of Comparative Law.

I risultati elettorali registrarono l'affermazione principalmente di tre differenti forze politiche: la Democrazia Cristiana, il Partito Socialista Italiano e il Partito Comunista Italiano. La diversità di obiettivi e di cultura politica fra i tre partiti era tale da rendere inevitabile una stretta collaborazione fatta di accordi e compromessi, indispensabili per l'individuazione di un testo costituzionale che trovasse il più largo consenso possibile. Mancò una vera e propria operazione di bilanciamento di interessi e principi, le istante proposte dai vari gruppi politici vennero fra loro sommate.

La forma tipicamente "lunga" e "aperta" dell'attuale Costituzione italiana è un dato comune, in realtà, a tutte le costituzioni del '900 che, fisiologicamente, nacquero da accordi tra forze politiche contrapposte. I contrasti politici ebbero però precisi punti di incontro nell'affermazione delle libertà fondamentali, della tutela delle autonomie locali, nell'individuazione di principi finalizzati ad impedire l'avvento di una nuova dittatura.

L'accentramento esasperato operato dalla dittatura aveva portato alla soppressione delle autonomie territoriali, suscitando forti resistenze e alimentando correnti separatistiche sfociate poi, finita la guerra, nella volontà di tutelare costituzionalmente le autonomie locali, anima ed essenza dello Stato.

Pertanto, compito dell'Assemblea Costituente fu rispondere in modo positivo alla volontà politica e popolare di ricostituire una forte autonomia territoriale locale attraverso la ricerca di un accordo fra le forze politiche.

I Padri Costituenti, chiamati a decidere il futuro assetto costituzionale, trassero ispirazione da due differenti realtà regionali: il regionalismo spagnolo della seconda Repubblica e il federalismo mitteleuropeo. La Costituzione di Weimar, tradotta e illustrata da Costantino Mortati, ebbe una grande influenza sul testo costituzionale italiano. Il federalismo mitteleuropeo fu di esempio per il riparto di competenze fra centro e periferia e per la creazione della categoria delle Regioni ordinarie, dotate fra loro di identiche attribuzioni.

Al modello spagnolo si ricondussero, invece, l'enumerazione regionale delle competenze e la previsione di alcune Regioni dotate di una speciale autonomia e di competenze differenziate ed individuate dal loro statuto.

Le forze politiche antifasciste concordarono nel considerare l'istituzione delle Regioni una risposta efficacie alla volontà di ricostituire uno Stato di tipo democratico.

Primi fra tutti, i cattolici, riprendendo le tesi già espresse da Don Luigi Sturzo e ribadite nel 1943 da Alcide De Gasperi, espressero la necessità di introdurre un modello regionalista, come anche i repubblicani.

Manifestarono, invece, il loro scetticismo rispetto all'introduzione di un regionalismo eccessivamente forte: i liberali, il Partito comunista e il Partito socialista.

Durante la fase preparatoria ai lavori assembleari si delinearono in modo preciso le intenzioni definitive della varie forze politiche in gioco. La Democrazia cristiana sostenne la necessità di creare enti regionali non solo dotati di rappresentanza politica ma anche di potestà legislativa esclusiva; le forze social-comuniste, invece, optarono per un modello di Regione da intendersi come un organo principalmente amministrativo e con potestà legislativa limitata e circoscritta dalla volontà nazionale; non mancarono poi, nel dibattito pre assembleare, posizioni estreme che prevedevano o un forte accentramento statale oppure un forte federalismo regionale .

A lavori assembleari già avviati la Democrazia cristiana venne ridimensionando l'originaria spinta regionalista, assumendo un atteggiamento più cauto.

L'idea di un federalismo regionale forte rimase prerogativa di singole personalità non riconducibili ad un unico indirizzo politico, ma che comunque influenzarono il disegno costituzionale finale, come ad esempio i repubblicani Oliviero Zuccarini e Giovanni Conti, il sardista Emilio Lussu, l'autonomista valdostano Giulio Bordon.

L'Assemblea Costituente decise di dedicare un titolo, il V, all'istituzione e al funzionamento di Regioni, Provincie e Comuni. La fase di discussione assembleare del testo del Titolo V di svolse fra il 27 maggio e il 22 luglio 1947. I partiti politici concentrarono le proprie posizioni in due poli opposti: da una parte democristiani, repubblicani e autonomisti-azionisti che difesero l'introduzione della potestà legislativa regionale, dall'altro le sinistre con il Partito socialista, il Partito comunista e le destre con i liberali, i qualunquisti e il Blocco nazionale delle libertà[1] che sostennero invece un limitato decentramento delle funzioni e poteri statali.

L'esito del dibattito svoltosi in Assemblea Costituente diede origine al testo dell'art. 114 della Costituzione che recitava: *"La Repubblica si riparte in Regioni, Province e Comuni"*. A fianco dei due enti locali storicamente preesistenti venne ufficialmente istituita una nuova articolazione territoriale: la Regione.

Il Comune vantava, in realtà, la storia più antica. Con l'avvento della modernità si passò da un concetto di Comune come città-Stato ad un concetto di Comune come mera articolazione amministrativa. La Provincia nacque, invece, come organismo intermedio, in particolare risalente all'Editto Albertino n. 659 del 27 novembre 1847 e, quindi, alla legge n. 2248 del 20 marzo 1865.

L'art. 107 del "Progetto Costituzione", che darà successivamente vita all'art. 114 dell'attuale Costituzione, fu discusso in Assemblea Costituente nella seduta del 27 giugno 1947.

Attraverso l'art. 115 Cost. si posero le basi per la loro futura attuazione: *"le Regioni sono costituite in enti autonomi con propri poteri e funzioni secondo i principî fissati nella Costituzione"*.

Con l'art. 116 della Costituzione si introdussero invece le Regioni a Statuto speciale, volte al riconoscimento e alla tutela della minoranze linguistiche

---

[1] GIOVANNI GIORGINI, LUCA MEZZETTI, ANGELO SCAVONE, *La costituzione "vivente": nel cinquantesimo anniversario della sua formazione,* 1999, p. 34 ss.

presenti in alcune Regioni di confine: francese in Valle D'Aosta, tedesca in Trentino Alto - Adige e slovena in Friuli Venezia Giulia; nonché assecondare le forti spinte autonomistiche manifestate in Sardegna e Sicilia, tali da far presupporre un concreto pericolo secessionista.

Il risultato dell'Assemblea Costituente fu, quindi, la prospettazione di un regionalismo di tipo asimmetrico con previsioni di ampia eterogeneità per le Regioni a Statuto speciale e forme maggiormente limitative per le Regioni a Statuto ordinario.

Fu attraverso l'art. 117 Cost. che la Costituente attribuì alle Regioni le proprie competenze legislative *"nei limiti dei principi fondamentali stabiliti dalle leggi dello Stato, sempreché le norme stesse non siano in contrasto con l'interesse nazionale e con quello di altre Regioni"*. Il dibattito che portò alla redazione dell'art. 117 fu lungo ed articolato. Inizialmente la discussione si concentrò *"nel determinare la competenza legislativa. E qui si pone questa considerazione: se sia il caso di procedere a questa determinazione della competenza in via diretta o in via indiretta, cioè in relazione alla competenza dello Stato. [...] Le due formule, queste possono essere: l'una, determinare le materie nelle quali la competenza legislativa è riservata allo Stato; l'altra, inversa, determinare direttamente la competenza della regione, senza fare un'elencazione di competenze dello Stato"*[2]. La scelta definitiva fu quella di elencare le competenze attribuite alla Regione e non viceversa. Si passò poi a determinare in che senso e in che limiti la Regione avrebbe esercitato la propria funzione legislativa e quali materie sarebbero dovute confluire alla sua sfera di attribuzioni. Il dibattito, iniziato il 27 luglio 1946, si concluse il 22 luglio 1947 e il testo coordinato dal Comitato di redazione, prima della votazione finale in Assemblea, fu distribuito ai Deputati in data 20 dicembre 1947 e approvato il 22 dicembre 1947, così articolato: *"La Regione emana per le seguenti materie norme legislative nei limiti dei principî fondamentali stabiliti dalle leggi dello Stato, sempreché le norme stesse non siano in contrasto con l'interesse nazionale e con quello di altre Regioni"*. Alle Regioni furono attribuite competenze legislative in materia di: ordinamento degli uffici e degli enti amministrativi dipendenti dalla Regione, polizia locale, fiere e mercati, beneficienza pubblica ed assistenza sanitaria ed ospedaliera, istruzione artigiana e professionale e assistenza scolastica, musei e biblioteche di enti locali, urbanistica, turismo ed industria alberghiera, tramvie e linee automobilistiche d'interesse regionale, viabilità, acquedotti e lavori pubblici di interesse regionale, navigazione e porti lacuali, acque minerali e termali, cave torbiere, caccia, pesca nelle acque interne, agricoltura e foreste, artigianato e *"altre materie indicate da leggi costituzionali"*.

---

[2] Il 27 luglio 1946 la seconda Sottocommissione della Commissione per la Costituzione iniziò la discussione sulle autonomie locali.

Un altro passo fondamentale per la definizione e limitazione delle autonomie locali fu la formazione dell'art. 118 Cost., che attribuì alla competenza di Province e Comuni le materie di loro esclusivo interesse e che quindi attengono ad una dimensione strettamente locale e territoriale.

Con l'art. 119 Cost., invece, la Costituente sancì l'autonomia finanziaria delle regioni *"nei limiti stabiliti da leggi della repubblica, che la coordinano con la finanza dello Stato, delle Provincie e dei Comuni"*.

Il Titolo V individuò poi puntualmente gli organi costituenti i nuovi enti regionali (art. 121, Cost.), la necessità di emanazione di uno statuto regionale (art. 123 Cost.), i sistemi di controllo di legittimità sugli atti degli enti locali (art. 130 Cost.), il numero e la denominazione delle Regioni, originariamente 19 e attualmente 20, data separazione tra Abruzzo e Molise avvenuta nel 1963 (art. 131 Cost.), l'autonomia di Comuni e Provincie (art. 128 Cost.).

La tardiva attuazione del Titolo V comportò un'inversione rispetto agli obiettivi individuati dalla Costituente: si delineò e attuò una potestà legislativa maggiormente accentrata nelle mani dello Stato e anche la prassi della Corte costituzionale consolidò negli anni una posizione centralistica lontana dalla valorizzazione delle autonomie regionali prospettato dalla Costituente.

In realtà, il vero cambiamento dell'assetto territoriale avverrà solo in un secondo momento con l'introduzione, nel 1976, delle Regioni a statuto ordinario e, ancora di più, nel 1990 con la riforma delle autonomie locali.

2. Evoluzione storica dell'organizzazione dello Stato

A) *Decreto Rattazzi del 1859*

Il c.d. *"decreto Rattazzi"*, ossia la *"legge comunale e provinciale"* 23 ottobre 1859 n. 3702 del Regno di Sardegna, veniva emanato su iniziativa del Ministro dell'Interno del Regno, Urbano Rattazzi.

Tale legge ridisegnava la geografia amministrativa dell'intero sabaudo, ispirandosi sia al pensiero di Jeremy Bentham, che tendeva a subordinare le autonomie locali all'interesse generale dello Stato, sia a una concezione politica "liberal - autoritaria", cara a Rattazzi e a gran parte della sinistra piemontese, convinta della necessità di un "governo forte" sia al centro che in periferia.

Con l'obiettivo di costruire circoscrizioni territoriali più vaste e, in teoria, più efficienti, il Regno di Sardegna venne suddiviso in Province, Circondari, Mandamenti e Comuni, sulla base del modello francese.

Nello specifico, i *Circondari* presero il posto delle antiche *Province* piemontesi, mentre le vecchie *Divisioni* vennero ridefinite come *Province*. Il sindaco invece rimaneva di nomina regia e continuava ad essere, allo stesso tempo, rappresentante dello Stato e capo dell'amministrazione locale.

Il livello circondariale, seppur perdendo il consiglio elettivo, continuava ad avere dei compiti meramente consultivi. Al vertice della piramide amministrativa, invece, risiedevano le maggiori novità. In cima alla scala gerarchica veniva collocata la Deputazione provinciale, guidata da un Governatore di nomina statale che era, al tempo stesso, il rappresentante periferico dello Stato e il capo della Giunta esecutiva della Provincia. La legge Rattazzi inoltre ampliò l'elettorato amministrativo.

B) *Legge n. 2248/1865*

L'unificazione amministrativa del Regno d'Italia avvenne con l'emanazione della l. 20 marzo 1865, n. 2248, c.d. *"legge - Lanza"* che comprendeva sei provvedimenti riguardanti l'organizzazione amministrativa dello Stato (all. A), la pubblica sicurezza (all. B), la sanità pubblica (all. C), l'istituzione del Consiglio di Stato (all. D), il contenzioso amministrativo (all. E) e le opere pubbliche (all. F), ossia un complesso di norme destinate a incidere profondamente sulla vita civile e sull'organizzazione degli organi del governo locale.

Con la legge comunale e provinciale del 1865 (all. A) fu confermato il sistema accentrato, di ispirazione francese, che in parte era già stato recepito con la restaurazione da alcuni degli Stati preunitari[3] (c.d. "piemontesizzazione").

In particolare fu riconfermata la struttura ordinamentale caratterizzata da una Amministrazione centrale forte - che si esprimeva anche nell'organizzazione della scuola, della giustizia e delle forze armate, nel ruolo privilegiato del Piemonte nella guida del Paese - la quale si avvaleva, su base provinciale[4], dei Prefetti per vigilare e provvedere affinché le amministrazioni locali si attenessero alle direttive del vertice accentratore.

Tale scelta fu dettata non solo dal forte influsso delle istituzioni e degli ordinamenti francesi, ma soprattutto dall'esigenza di evitare che tendenze centrifughe mettessero in crisi l'unità nazionale appena conquistata.

Fu formalizzata la suddivisione del Regno in vari livelli amministrativi (Province, Circondari, Mandamenti e Comuni).

Ma gli enti territoriali veri e propri erano Comuni e Province. I Circondari, Enti intermedi tra Provincia e Mandamento, erano sede di Sotto-Prefettura, mentre ai Mandamenti, che erano sedi di pretura, la legge riservava funzioni meramente giudiziarie oltre che rappresentative delle circoscrizioni territoriali per la designazione dei consiglieri provinciali (art. 157).

---

[3] Cfr. PETROCCHI, *Le origini dell'ordinamento comunale e provinciale italiano*, Milano, 1962.

[4] Sebbene l'istituto della Provincia fosse già presente nel Regno Sabaudo nonché estesa al Regno d'Italia il 17 marzo 1861, la legge 2248/1865 costituisce la prima disciplina dell'istituto del Regno successivamente all'unificazione (in sostituzione alla legge 23 ottobre 1859 n. 3702).

A capo della Provincia era posto il Prefetto quale rappresentante del Governo, assistito da un Consiglio di prefettura. Le istruzioni ministeriali erano impartite direttamente, senza passare per il dicastero dell'interno (dal quale dipendeva il personale di prefettura).

Sottratta la maggior parte delle attribuzioni giurisdizionali ai Consigli di Prefettura (presieduti dal Prefetto), a seguito dell'abolizione del contenzioso amministrativo, permanevano le funzioni consultive ed amministrative.

I circondari erano affidati alla direzione politica ed amministrativa di un Sottoprefetto alle dirette dipendenze del Prefetto (art. 7).

Né il Prefetto né il Sottoprefetto potevano essere chiamati a rendere conto dell'esercizio delle loro funzioni, fatta eccezione esclusivamente dell'autorità amministrativa superiore, né potevano essere sottoposti a procedimento per alcun atto emesso nell'esercizio delle proprie funzioni senza l'autorizzazione del Re, sentito il parere del Consiglio di Stato (art. 8).

L'amministrazione comunale era composta di tre Organi (art. 10): il Consiglio, la Giunta, il Sindaco. A capo degli uffici comunali era posto il Segretario comunale[5].

Da 60 previsti dalla normativa rattazziana, il numero dei Consiglieri comunali veniva elevato a 80 per i Comuni aventi popolazione superiore ai 250.000 abitanti. In 60, 40, 30 e 20 era rispettivamente fissato il numero per i Comuni con popolazione superiore a 60.000, 30.000, 10.000 e 3.000. Per i Comuni più piccoli era stabilita una rappresentanza di 15 membri per quelli con popolazione inferiore ai 3.000 abitanti *"e di tutti gli eleggibili quando il loro numero non raggiunga quello sopra fissato"* (art. 11).

L'elezione diretta dei Consiglieri comunali avveniva con la tecnica della lista maggioritaria (art. 71). La durata della carica dei consiglieri era quinquennale. Tuttavia il rinnovo parziale degli organi era annuale. Il contenzioso elettorale era demandato alla Deputazione provinciale (artt. 36 e 75). Il Sindaco, *longa manus* del Ministro dell'Interno, era nominato dal Re, scelto tra i Consiglieri (art. 98).

L'art. 17 dell'all. A riprendeva pedissequamente l'art. 14 della legge Rattazzi (n. 3702/1859), a mente del quale, *"i consiglieri comunali sono eletti dai cittadini[6] che hanno 21 anni compiuti, che godono dei diritti civili e che pagano annualmente nel comune per contribuzioni dirette di qualsivoglia natura"* una somma che variava a seconda del numero di abitanti: da lire 5 per Comuni con meno di 3.000 abitanti a lire 25 per quelli con oltre 60.000. il diritto all'elettorato attivo era altresì ammesso, indipendentemente dal

---

[5] Lo stesso art. 10 prevedeva che il medesimo Segretario comunale potesse servire più di un Comune contemporaneamente.

[6] Ai cittadini italiani, ai fini del diritto elettorale, venivano equiparati i «non regnicoli», ossia gli abitanti di Trento, Trieste e del Canton Ticino.

censo, qualora il cittadino esercitasse uffici e professioni che configuravano la capacità elettorale[7].

Relativamente all'elettorato passivo, l'art. 25 dell'allegato A riproponeva quanto già stabilito dall'art. 22 della legge Rattazzi: "*sono eleggibili tutti gli elettori inscritti nelle liste elettorali, eccettuati gli ecclesiastici e ministri dei culti che abbiano giurisdizione o cura d'anime; coloro che ne fanno le veci, e i membri dei capitoli e delle collegiate; i funzionari del governo che debbono invigilare sull'amministrazione comunale e gl'impiegati dei loro uffizi; coloro che ricevono uno stipendio o salario dal Comune o dalle istituzioni che esso amministra; coloro che hanno il maneggio del denaro comunale, o che non ne abbiano reso il conto in dipendenza di una precedente amministrazione, e coloro che abbiano lite vertente col Comune*".

La Giunta municipale, il cui funzionamento era descritto dal Capo IV dell'allegato A, era composta di Consiglieri comunali.

Era eletta a maggioranza assoluta dei voti dal Consiglio, poteva essere rinnovata per metà ogni anno. Era consentita la rielezione dei membri uscenti. Ai sensi dell'art. 92, "*la Giunta rappresenta il Consiglio comunale nell'intervallo delle sue riunioni. Essa veglia sul regolare andamento dei servizi municipali, mantenendo ferme le deliberazioni del Consiglio*".

Tale organo, espressione della maggioranza del Consiglio, disponeva di notevoli poteri (art. 93), quali, ad esempio, di formare il progetto dei bilanci, di promuovere le azioni possessorie, di nominare e licenziare, su proposta del sindaco, i servienti del Comune, ecc..

Al Consiglio era riservata, invece, la determinazione dell'indirizzo amministrativo generale del Comune (art. 82 ss.).

Il Capo V, disciplinando la figura del Sindaco, riproponeva il sistema del doppio binario nel governo locale che già era stato sperimentato in Piemonte: da una parte vi era la Giunta municipale che aveva carattere rappresentativo, dall'altra il Sindaco, organo burocratico nominato dal Re e vincolato all'amministrazione centrale tramite il Prefetto.

Le amministrazioni locali erano considerate "enti autarchici", ovvero organi di amministrazione indiretta dello Stato, a base territoriale, che perseguivano interessi omologhi a quelli statali, i cui atti dovevano, quindi, essere sottoposti ad un penetrante controllo, sia di legittimità che di merito, nel rispetto del principio dell'unitarietà dell'azione amministrativa. Da questa concezione derivava l'ampia funzione di vigilanza, che si concretizzava nel controllo di legittimità e nella verifica della regolarità formale di ogni delibera dei consigli e delle giunte, attribuita (art. 130) al Prefetto (o al Sotto-prefetto). La vigilanza e il controllo si esprimevano con il visto di legittimità ovvero con l'annullamento. A questa si aggiungeva anche il controllo tutorio (quale

---

[7] V. "Suffragio e Democratizzazione", p. 1, nota 4.

controllo di merito) demandato alle Deputazioni provinciali (per i Comuni) o al Prefetto (per le Province), che si esprimeva attraverso l'approvazione (elemento necessario di integrazione dell'efficacia) degli atti sottoposti a tale specifico regime (alienazione di immobili, titoli di credito, regolamenti, fiere e mercati, locazioni ultra decennali, ecc.).

Il Capo VI disciplinava amministrazione e contabilità comunale. Distinzione fondamentale era quella tra spese obbligatorie (tassative) e spese facoltative (art. 115 ss.).

L'elencazione delle spese obbligatorie, contenuta in venti voci, comprendeva, tra le altre, l'archivio comunale, la polizia locale, le spese giudiziarie mandamentali. Conformemente a quanto già disposto dalla legge Rattazzi, tutte le spese che non fossero qualificate quali obbligatorie erano da considerarsi facoltative. Il Consiglio di Stato, a proposito delle spese facoltative, stabilì che fosse il Prefetto l'organo preposto all'annullamento/conservazione delle deliberazioni comunali a queste relative, mantenendole solo a condizione che fossero adottate nell'interesse comunale.

A tale condizione, i Comuni avevano libertà piena di effettuare le spese facoltative, ad esclusione di quelle che richiedessero l'approvazione della Deputazione provinciale. In realtà, la tassatività delle spese obbligatorie a carico del Comune, così come quelle a carico della Provincia, più che rappresentare una tutela dell'autonomia dell'Ente era in pratica una decisa limitazione della possibilità di scegliere autonomamente come gestire il proprio patrimonio[8].

Il Titolo III dell'allegato A disciplinava l'amministrazione provinciale. L'art. 152 definiva la Provincia *"corpo morale"*, dotato di personalità giuridica con una *"amministrazione propria che ne regge e ne rappresenta gli interessi"*.

Come il Comune, la Provincia era articolata su tre organi fondamentali: un Consiglio provinciale con poteri deliberanti; una Deputazione provinciale che doveva provvedere ad eseguire le deliberazioni del Consiglio ed alla sua sostituzione in caso d'urgenza; il Prefetto, con funzioni non solo esecutive, ma anche di rappresentanza esterna dell'ente, *"rappresentante massimo in loco dell'autorità governativa"*.

---

[8] «*Colla sua lunga enumerazione delle spese obbligatorie pei Comuni (art. 116) e le Province (art. 174) e col suo riferimento a quelle che siano poste a carico dei Comuni e delle Province da speciali disposizioni legislative del Regno, per la verità la legge vigente ha singolarmente ristretto il campo delle spese facoltative. [...] Se dunque un atto non è chiaramente vietato tanto i Comuni quanto le Province come gli individui possono farlo: e una spesa che non sia espressamente proibita fatta dal Consiglio comunale e provinciale, dovrebbe dirsi validamente fatta. E nondimeno la giurisprudenza amministrativa respinse questo principio. Essa decise costantemente che spetta al savio e prudente arbitrio del Prefetto l'annullare o il conservare le deliberazioni comunali relative alle spese facoltative, secondo che queste siano fatte o no nell'interesse comunale*» (FRANCESCO BUFALINI, *Commento teorico e pratico della legge del regolamento comunale e provinciale*, Torino, 1881, pag. 338-340).

I membri del Consiglio (artt. 155 ss.) erano eletti in collegi uninominali mandamentali, su base quinquennale con rinnovo parziale annuale.

Il corpo elettorale della Provincia era costituito dalla somma degli elettori dei singoli comuni, valendo di conseguenza i medesimi requisiti per l'elettorato attivo.

La composizione del Consiglio provinciale era stabilita da una scala demografica che andava dai 60 membri per le Province con più di 600.000 abitanti, a 50 per quelle con oltre 400.000, a 30 per oltre 200.000, a 20 per le altre Province.

A rappresentare il Consiglio provinciale nell'intervallo delle sue riunioni era eletta la Deputazione. Ai sensi dell'art. 179, "*la deputazione provinciale è composta del prefetto che la convoca e la presiede e dei membri eletti dal Consiglio provinciale*". In pratica la Deputazione provinciale, presieduta dal Prefetto, rappresentava l'organo esecutivo dell'Ente, nonché quello tutorio dei Comuni e delle opere pie compresi nella sua Circoscrizione.

L'art. 174 indicava le spese obbligatorie a carico della Provincia, individuando così alcuni dei compiti fondamentali che interessavano alcuni settori vitali dell'attività provinciale, come i lavori pubblici, la viabilità, l'assistenza, la pubblica istruzione. Attribuzioni che, pur nel quadro dello stretto controllo del Governo, assicuravano una notevole funzione economica all'Ente provinciale.

La struttura e le funzioni degli Enti locali, sebbene successivamente integrate, sono rimaste sostanzialmente immutate sino all'approvazione delle «Modificazioni ed aggiunte alla legge comunale e provinciale 20 marzo 1865» del 1888, confluite nel T.U. approvato con r.d. 10 febbraio 1889, n. 5921. Il Sindaco doveva ora essere nominato dal Consiglio comunale (nei capoluoghi di provincia e di circondario e nei Comuni la cui popolazione superasse le 10.000 unità); la tutela sugli Enti locali venne trasferita ad un nuovo organo, ossia alla Giunta provinciale amministrativa[9], presieduta dal prefetto (che cessò di far parte della Deputazione provinciale) e composta di due consiglieri di prefettura nominati annualmente dal Ministro dell'interno, di quattro membri effettivi più due supplenti, questi ultimi in carica per quattro anni, mentre i membri della Giunta erano rinnovati per metà ogni biennio; spettava ora alla Deputazione la rappresentanza del Consiglio nell'intervallo delle sessioni (amministrando e sostituendosi, nei casi d'urgenza, al medesimo, in quelle materie riservate al Consiglio stesso) e manteneva la funzione di Ente esecutore dei deliberati del Consiglio provinciale.

---

[9] "*La istituzione della G.P.A. è l'innovazione più radicale che la riforma parziale ha portato alla legge del 1865*" (cfr. MAGNI E., *La legge comunale e provinciale*, Padova, 1889).

Comuni e Province, oltre alle funzioni obbligatorie, hanno sempre avuto la possibilità di svolgere funzione facoltative[10], purché di pubblica utilità per le proprie popolazioni. Fintantoché lo Stato italiano, ispirato dai principi liberali, non intervenne nei settori sociali, fu lasciato ampio spazio alla libera iniziativa degli Enti locali (in particolare di quelli più ricchi). In particolare i Comuni disciplinarono tutta una serie di settori che la legislazione nazionale ignorava completamente (edilizia, acque pubbliche, ecc.). Successivamente, il legislatore si occupò di colmare tali lacune intervenendo a livello nazionale, privando o comunque limitando le possibilità di intervento autonomo degli Enti territoriali[11].

Per quanto riguarda i controlli (di legittimità e di merito) può farsi un discorso analogo, in quanto questi, già particolarmente penetranti sin dall'approvazione della legge comunale e provinciale 23 ottobre 1859, n. 3702, aumentarono nel numero con la nuova disciplina. Ai controlli degli organi prefettizi si aggiunsero una serie di controlli "atipici" ad opera di organi decentrati dallo Stato (es.: il Provveditorato alle opere pubbliche) o di organi ministeriali (es.: la Commissione centrale per la finanza locale).

C) *La legge elettorale Zanardelli*

La proclamazione del Regno d'Italia avvenne, formalmente, con un atto normativo del Regno di Sardegna: la legge n. 4761 del 17 marzo 1861. Tuttavia, le prime elezioni del Regno d'Italia si tennero il 27 gennaio 1861 (il primo turno) ed il 3 febbraio dello stesso anno (ballottaggi).

Il primo periodo di vita dello stato unitario si caratterizzò per la sua "piemontesizzazione". A tal proposito, per l'appunto, le elezioni politiche del 1861 si svolsero utilizzando la legge elettorale del Regno di Sardegna, ovvero la legge n. 680 del 1848 (così come modificata dalla legge n. 4513 del 17 dicembre 1860).

Il sistema elettorale delineato dalla suddetta legge era maggioritario a doppio turno con, inizialmente, 443 collegi uninominali (dopo l'annessione del Veneto, nel 1836, di Roma e del Lazio, nel 1870, i collegi diventarono 580). Al primo turno, risultavano eletti coloro che avessero ottenuto il 50% dei voti nonché un numero di voti pari ad almeno un terzo degli aventi diritto. In caso contrario, si sarebbe tenuto il ballottaggio tra i due candidati maggiormente votati al primo turno.

Ad ogni modo, tale legge elettorale, che restò in vigore sino al 1882, era basata sul principio censitario. Essa, infatti, riservava il diritto di voto unicamente ai cittadini di sesso maschile, di età superiore ai 25 anni non analfabeti.

---

[10] L. n. 2248/1965, artt. 116, 117 e 174.

[11] Cfr. PUGLIESE, *La normazione comunale*, in *I Comuni, Atti del congresso celebrativo del centenario delle leggi amministrative di unificazione*, Venezia, 1967, 15.

Era, inoltre, necessario che pagassero un'imposta diretta di almeno 40 lire in Piemonte e di almeno 20 lire in Liguria. Per gli elettori residenti in altre zone del Regno, invece, la capacità contributiva veniva calcolata prendendo in considerazione il valore dei beni immobili posseduti.

È evidente che la legge elettorale del Regno di Sardegna prevedesse dei requisiti per votare particolarmente stringenti: si pensi a titolo esemplificativo che il 78% della popolazione del neo proclamato Regno d'Italia era analfabeta. Non sorprende, allora, che gli aventi diritto al voto nel 1861 fossero solo il 2% della popolazione totale del Regno.

In sostanza, la normativa elettorale in vigore tra il 1861 ed il 1882 creava una barriera di accesso al diritto elettorale attivo, limitandolo alle *élites* politiche e sociali che avevano guidato il processo unitario. Ecco, allora, che il ventennio 1861-1880, dal punto di vista amministrativo, fu caratterizzato dall'osmosi tra politica ed amministrazione: c'era, infatti, identità tra i vertici politici e quelli amministrativi. Essi provenivano dalla stessa estrazione geografica, sociale, culturale e politica.

La c.d. "democratizzazione" del Regno d'Italia ebbe inizio a partire dal 1876, quando la Sinistra storica vinse per la prima volte le elezioni politiche. I rappresentati della Sinistra storica si resero immediatamente conto del fatto che sussisteva un considerevole *gap* tra le istituzioni del Regno e gli abitanti dello stesso. In particolar modo, essi ebbero modo di osservare che le esigenze delle istituzioni non combaciavano con quelle della grande maggioranza dei cittadini. Si decise, quindi, di cercare riavvicinare questi due mondi così distanti modificando la legge elettorale. Si pensava che allargando la base dei possibili elettori, sarebbe stato più facile eleggere rappresentanti maggiormente sensibili ai bisogni di tutti i cittadini.

Pertanto, a partire dal 1882, durante il IV governo Depretis, vennero approvate tre diverse leggi di riforma: la legge n. 593 del 22 gennaio 1882, concernete i requisiti per l'elettorato attivo, la legge n. 725 del 7 maggio 1882, relativa all'introduzione dello scrutinio di lista, ed il Regio decreto n. 796 del 13 giugno 1882 che modificò la mappa dei collegi. Tali disposizioni vennero poi trasfuse nel Testo Unico approvato con Regio decreto n. 999 del 24 settembre 1882 conosciuto anche come legge Zanardelli dal nome dell'allora Ministro della Giustizia.

Innanzitutto, per quanto concerne il meccanismo di formazione della rappresentanza, la legge Zanardelli aveva introdotto un sistema plurinominale a doppio turno, basato sullo scrutinio di lista in collegi plurinominali. Il Regno venne, quindi, diviso in 135 collegi che eleggevano, in totale, 508 deputati. In particolar modo, ciascun collegio eleggeva dai 2 ai 5 deputati a seconda delle dimensioni. Risultavano eletti al primo turno i candidati che avessero ottenuto un numero di voti superiore ad 1/8 degli aventi diritto. Nel caso in cui nessun candidato avesse raggiunto tale soglia, si procedeva ad un ballottaggio tra i due candidati che, al primo turno, avevano ottenuto il maggior numero di voti in assoluto.

Per quanto concerne, invece, l'elettorato attivo, la nuova legge elettorale prevedeva che potessero votare tutti i cittadini italiani maschi che avessero compiuto 21 anni d'età e che sapessero leggere e scrivere. Era, inoltre, necessario che tali soggetti avessero almeno uno dei seguenti requisiti: aver superato gli esami del corso elementare obbligatorio, pagare annualmente imposte dirette per almeno 19,80 lire oppure aver ricoperto per almeno un anno determinate cariche pubbliche.

Tali innovazioni determinarono effettivamente un allargamento della base elettorale. Infatti, se nelle ultime elezioni con l'applicazione della legge elettorale del Regno di Sardegna, che si tennero nel maggio 1880, gli elettori furono 621.896, pari, al 2,2% della popolazione totale del Regno, durante la prima tornata elettorale che vide l'applicazione della cosiddetta "legge Zanardelli", nell'ottobre del 1882, gli elettori passarono a 2.017.829, pari al 6,9% della popolazione totale. Tuttavia, escludendo dal voto la massa degli analfabeti, la nuova legge elettorale favoriva, ancora una volta, le città rispetto alle campagne e, dunque, il Settentrione rispetto al Mezzogiorno.

Tuttavia, al di là dei proclami, la Camera, nel 1881, respinse la proposta formulata dalla sinistra radicale per l'introduzione del suffragio universale. Infatti, i radicali, i socialisti nonché, addirittura, alcuni esponenti della destra liberale che vedevano nel voto dei contadini analfabeti una garanzia di conservazione sociale, erano favorevoli all'introduzione del suffragio universale puro. I rappresentati della Sinistra storica, invece, decisero di considerare requisito essenziale per il diritto elettorale, come detto, la licenza elementare. Invero, la scuola elementare era ritenuta fondamentale poiché, oltre a rendere "capaci" i potenziali elettori, costruiva un sistema di educazione civica, limitando il dilagante astensionismo.

Ecco, allora, che, per l'introduzione del suffragio universale maschile sarà necessario aspettare fino al 1918, quando, con la legge n. 1495 del 16 dicembre 1918, venne introdotto il suffragio universale maschile; potevano, infatti, votare tutti i cittadini maschi che avessero compiuto almeno 21 anni d'età indipendentemente dal censo e dall'istruzione ricevuta.

Le donne, invece, hanno avuto, per la prima volta, la possibilità di prendere parte alle consultazioni elettorali solo nel 1946, in occasione delle elezioni amministrative del 10 marzo.

D) *Le Riforme Crispine*

Come si è avuto modo di dire nei precedenti paragrafi, al momento dell'unificazione nazionale, venne adottato il modello amministrativo del Regno di Sardegna. Esso, tuttavia, aveva caratteristiche che lo rendevano inadatto ad essere applicato ad un territorio certamente più vasto e più eterogeneo rispetto al Regno di Sardegna.

Con la legge elettorale Zanardelli del 1882 si era allargata la base elettorale: ciò comportò, seppur con tutte le limitazioni che sono già state evidenziate, il venir meno dell'osmosi tra politica e amministrazione, situazione che, come detto, aveva caratterizzato i primi anni del Regno d'Italia. Inoltre, col passare degli anni, le funzioni dello Stato tendevano inevitabilmente a crescere, rendendo il sistema amministrativo del Regno di Sardegna oramai assolutamente inadeguato.

Nell'ambito di tale contesto, si esercitò l'attività riformatrice di Francesco Crispi.

Autorevole esponente della Sinistra storica, fu Presidente del Consiglio dei Ministri per ben quattro volte: la prima dal 1887 al 1889, la seconda dal 1889 al 1891, la terza dal 1893 al 1894 e la quarta ed ultima volta dal 1894 al 1896.

Le principali leggi di riforma Crispina tuttavia, si sono concentrate durante il primo governo, ovvero dal 1887 al 1889.

Dapprima, il 12 febbraio 1888, venne promulgata la legge n. 5195. Nonostante si tratti di una disposizione formata solamente da due articoli, la sua portata innovativa è fuori discussione. Infatti, il primo articolo di questa legge prevedeva che "*il numero e le attribuzioni dei ministeri sono determinati con decreti reali*": venne, pertanto, fissata, per la prima volta, l'autonomia del potere esecutivo dal potere legislativo nel campo dell'organizzazione. Il secondo articolo, invece, introdusse per ogni Ministero la figura del sottosegretario di Stato "*il quale potrà sostenere le discussioni degli atti e delle proposte del ministero nel ramo del Parlamento a cui appartiene, o quale commissario regio in quello di cui non fa parte*". Tale articolo, dunque, risolveva l'annoso problema della presenza del governo in parlamento.

Un'altra riforma estremamente significativa venne promulgata il 22 dicembre del 1988: si tratta della cosiddetta legge Crispi - Pagliani (la n. 5849), concernente la tutela dell'igiene e della sanità. Tale legge non venne adottata prima dell'entrata in vigore di sei diversi decreti che erano considerati prodromici alla successiva emanazione dell'intero progetto di riforma igienico - sanitaria. Ecco, allora, che, il 7 giugno 1887, la figura professionale dell'ingegnere venne introdotta nei consigli sanitari; il 5 luglio 1887, vennero istituiti prestiti a favore dei Comuni per realizzare le opere di risanamento igienico; il 14 luglio 1887, venne istituito l'Ufficio degli ingegneri sanitari; il 31 luglio 1887, venne creata la facoltà di ingegneria sanitaria a Roma; il 27 novembre 1887, nacque la Scuola di perfezionamento nell'igiene pubblica, mentre, il 22 novembre 1887, l'Istituto vaccinogeno dello Stato.

Il primo grande merito della legge Crispi - Pagliani fu quello di aver realizzato una ramificata struttura amministrativa piramidale anche nell'ambito della sanità. In particolare, al vertice di tale piramide si trovava la Direzione

Generale, affiancata dal Consiglio Superiore della Sanità, che, a sua volta, si articolava verso il basso attraverso l'istituzione dei medici e dei veterinari provinciali riuniti nei Consigli provinciali. Alla base della piramide del nuovo sistema sanitario si trovavano, invece, i medici condotti, qualificati come ufficiali sanitari e posti a capo degli istituti d'igiene comunali.

Il secondo grande merito di questa riforma fu quello di affrontare i numerosi problemi di natura igienica che affliggevano il Regno d'Italia in quegli anni e che avevano comportato l'insorgere di numerose epidemie. A tal proposito, la legge n. 5849 prescriveva la denuncia obbligatoria, in capo ai Comuni, delle malattie contagiose, dell'obbligo della vaccinazione, della provvista di acque potabili e della compilazione di statistiche sanitarie. L'impianto normativo fu poi completato da una serie di decreti attuativi in ogni settore dell'igiene pubblica: in particolar modo, nel campo della polizia mortuaria, della sanità marittima, della vigilanza annonaria, dell'igiene del suolo e dell'abitato, dell'esercizio delle professioni mediche, della polizia veterinaria e della prostituzione.

Nel dicembre 1888, fu promulgata la legge di pubblica sicurezza che limitava pesantemente la libertà sindacale e conferiva ampi poteri al corpo di polizia, mentre, il 20 gennaio 1889, venne pubblicata sulla Gazzetta Ufficiale la legge n. 5866 che regolamentava l'emigrazione. Tale legge rese libera la possibilità di espatriare per lavoro, a condizione che chi volesse partire fosse in regola con la leva militare. Inoltre, venne introdotta, per la prima volta, la figura dell'agente di emigrazione che poteva vendere i biglietti ed organizzare i viaggi.

Importanti innovazioni nell'organizzazione degli Enti Locali furono introdotte con il Regio Decreto n. 5924 approvato il 10 febbraio 1889 e conosciuto anche come Testo Unico della legge comunale e provinciale. Questa legge modificò sensibilmente la legge Rattazzi del 1865. Infatti, in primo luogo, venne introdotta la Giunta Provinciale Amministrativa (GPA), formata dal Prefetto, da quattro membri scelti dal Consiglio Provinciale e da due rappresentati del Ministero dell'Interno, che aveva il compito di deliberare in merito alle decisioni più importanti di natura finanziaria che dovevano essere adottate dalle Province, dai Comuni e dalle Opere Pie. Oltre alla possibilità di porre il veto nell'esecuzione delle delibere, la Giunta Provinciale Amministrativa svolgeva anche una funzione giurisdizionale: era il giudice amministrativo di primo grado per quanto concerneva l'impugnazione degli atti delle pubbliche amministrazioni di rango provinciale.

Il prefetto, inoltre, non era più al vertice della Deputazione Provinciale in quanto fu introdotta la figura del Presidente della Deputazione Provinciale eletto annualmente dal Consiglio Provinciale.

La riforma degli ordinamenti del 1889 modificò anche le regole per poter diventare elettori amministrativi. In particolare, divennero elettori amministrativi i cittadini italiani di 21 anni capaci di leggere e scrivere ed in grado di dimostrare di avere almeno uno dei seguenti requisiti: pagare annualmente e da almeno 6 mesi una contribuzione diretta di qualunque natura nel Comune; pagare 5 lire per tasse comunali di famiglia, di focatico, sul valore locativo, sul bestiame, sulle vetture, sui domestici, sugli esercizi e sulle rivendite; tenere a mezzadria o in affitto di qualunque specie beni colpiti da una imposta diretta di qualsiasi natura non inferiore a 15 lire; pagare un minimo di fitto di casa o di bottega non inferiore a 100 lire all'anno. Tali modifiche permisero di aumentare l'elettorato amministrativo attivo dal 4% all'11% della popolazione maschile.

Nei Comuni con più di 10.000 abitanti, il Sindaco, il cui mandato durava 4 anni, divenne di nomina del Consiglio comunale, attraverso un voto di fiducia, e non più di nomina governativa. La Giunta comunale, composta da un numero variabile di assessori, da 2 sino a 10, a seconda delle dimensione dell'Ente, poteva utilizzare la decretazione d'urgenza. Inoltre, qualora il Consiglio comunale fosse stato sciolto, a capo del Comune doveva essere nominato un Commissario Straordinario.

La legge di riforma riservò grande attenzione anche alla figura del Segretario comunale, la cui nomina divenne obbligatoria in tutti i Comuni.

La riforma in materia di enti locali promossa da Crispi a cavallo tra il 1888 ed il 1889, determinò una nuova fase nei rapporti tra l'Amministrazione centrale e l'Amministrazione periferica dello Stato.

Un'altra storica riforma promossa da Francesco Crispi è stata quella che mediante la promulgazione della legge n. 5992 avvenuta il 31 marzo del 1889, ha istituito la quarta sezione del Consiglio di Stato, dando vita al modello dualistico di giurisdizione. Infatti, se è ben vero che il Consiglio di Stato fosse già stato istituito in Piemonte nel 1831, è altrettanto vero che la legge del 1889 ha, per la prima volta, sancito che *"spetta al Consiglio di Stato in sede giurisdizionale di decidere sui ricorsi per incompetenza, per eccesso di potere o per violazione di legge, contro atti e provvedimenti di un'autorità amministrativa o di un corpo amministrativo deliberante, che abbiano per oggetto un interesse d'individui o di enti morali giuridici; quando i ricorsi medesimi non siano di competenza dell'autorità giudiziaria, né si tratti di materia spettante alla giurisdizione od alle attribuzioni contenziose di corpi o collegi speciali"*. La legge n. 5992 del 1889, tuttavia, non delineava un'autonoma disciplina per ciò che riguardava le regole di procedura del nuovo "contenzioso". Infatti, il procedimento risultava strutturato in modo del tutto simile rispetto al rito innanzi alla Corte di Cassazione. In particolare, l'oggetto del giudizio era costituito solo da atti e provvedimenti amministrativi e si strutturava come processo da ricorso. Accanto al giudizio principale era, altresì, previsto uno strumento accessorio di natura cautelare, attraverso il quale si chiedeva la sospensione dell'esecuzione dell'atto o provvedimento impugnato.

Nell'ambito delle "Riforme Crispine" che hanno interessato il tema della giustizia, non si può non menzionare il Regio decreto del 30 giugno 1889 con il quale venne approvato il nuovo codice penale, conosciuto anche come Codice Zanardelli dal nome dell'allora Ministro di grazia e giustizia. Tra le principali innovazioni introdotte da questo Codice, di chiara impronta liberale, è necessario citare: l'abolizione della pena di morte per la maggior parte dei reati, l'introduzione della libertà condizionata nonché del principio rieducativo della pena e l'introduzione dell'infermità mentale certificata come causa di esonero dal processo. Con la legge n. 6165 del 14 luglio del 1889 venne, altresì, promulgata la prima legge sull'edilizia penitenziaria. In particolare, si prevedeva di reperire i proventi necessari per l'edilizia penitenziaria dalle lavorazioni carcerarie, dalla vendita di alcuni immobili e da economie realizzate su altri capitoli di bilancio dell'amministrazione carceraria che, all'epoca, gestiva direttamente la sua edilizia.

Merita di essere menzionata anche la legge n. 6972 del 1890 concernente le istituzioni pubbliche di beneficenza: per la prima volta, la materia degli istituti di beneficenza venne riordinata secondo principi moderni.

Insomma, alla luce di quanto si è detto sinora, non sussistono dubbi sul fatto che le riforme promosse da Francesco Crispi hanno delineato la struttura amministrativa del Regno d'Italia e posto le basi per la moderna organizzazione pubblica dello Stato.

Questa struttura, sino all'avvento della dittatura fascista, non è mai stata messa significativamente in discussione.

E) *L'Amministrazione pubblica durante la dittatura fascista*

Durante il cosiddetto "fascismo parlamentare" (1922-1924), le camicie nere arrivarono al potere promettendo, tra le altre cose, radicali semplificazioni volte a ridurre drasticamente la spesa pubblica. Il Regio decreto n. 2440 del 1923, conosciuto anche con "Riforma De Stefani" dal nome del Ministero delle Finanze e dell'Economia del primo governo Mussolini, conteneva una serie di disposizioni in linea con tale obiettivo. Ad esempio, una delle principali novità introdotte della "Riforma De Stefani" fu l'accorpamento di alcuni Ministeri. In particolare, i dicasteri economici furono ridotti al solo Ministero dell'Economia nazionale, i due dicasteri finanziari furono riassunti nel solo Ministero delle Finanze. Inoltre, il nuovo Ministero delle Comunicazioni incorporò le Poste e i Telegrafi, il Commissariato straordinario per la marina mercantile ed il Commissariato straordinario per le ferrovie. Un altro aspetto significativo di tale decreto fu la completa riforma della Ragioneria generale dello Stato: tutte le ragionerie centrali dei Ministeri, infatti, vennero poste, per la prima volta, sotto il controllo capillare della Ragioneria generale dello Stato. Il Ministro De Stefani decise, altresì, di privatizzare alcuni servizi pubblici - su tutti, i telefoni nazionali - e di abrogare il monopolio delle assicurazioni del ramo vita.

Sono, ad ogni modo, tre i principali aspetti della "Riforma De Stefani" che meritano di essere ricordati.

In primo luogo, l'intera materia del pubblico impiego venne interamente devoluta alla giurisdizione esclusiva del Consiglio di Stato. La legge n. 638 del 1907 aveva già istituito la V Sezione del Consiglio di Stato che aveva alcune competenze differenti rispetto alla IV Sezione.

In secondo luogo, il Regio decreto n. 2440 introdusse la cosiddetta "smobilitazione amministrativa". Il personale amministrativo ministeriale ritenuto esorbitante venne, di fatto, epurato. Particolarmente colpito fu il personale sindacalizzato e quello femminile. La "smobilitazione amministrativa" fu, successivamente, perfezionata con il blocco totale delle assunzioni del 1926. L'obiettivo di tale epurazione fu, come detto, quello di ridurre la spesa pubblica; tuttavia esso ebbe come effetto collaterale l'inesorabile invecchiamento del personale amministrativo sia dal punto di vista meramente anagrafico sia, di conseguenza, dal punto di vista politico.

Infine, l'ordinamento amministrativo venne interamente modellato sul modello gerarchico. Furono introdotti tredici gradi gerarchici e le carriere furono divise in tre gruppi (A, B e C).

Questa riforma, benché frutto del Governo fascista, condivideva una visione quasi ottocentesca della burocrazia. Iniziavano, tuttavia, già a scorgersi i primi segnali della trasformazione dello Stato liberale in un modello autoritario dalla forte componente ideologica, di tipo nazionalista, centralista e statalista.

Con l'entrata in vigore delle leggi eccezionali del fascismo, adottate tra il 1925 ed il 1926, conosciute anche come "leggi fascistissime", questa trasformazione subì una drastica accelerazione.

È possibile brevemente analizzare le leggi che, dal 1925 al 1926, hanno, di fatto, annichilito lo Stato liberale.

Innanzitutto, il 26.11.1925 ed il 24.12.1925, vennero approvate rispettivamente la legge n. 2029 e quella n. 2300, che prevedevano, la prima, una mappatura dell'associazionismo sindacale e politico operante in tutto il Regno d'Italia, mentre, la seconda, l'allontanamento dal servizio di tutti i funzionari pubblici che rifiutavano di prestare il giuramento di fedeltà al regime.

La legge n. 2263 del 24.12.1925 stabilì che il Presidente del Consiglio dei Ministri avrebbe dovuto chiamarsi Capo del Governo, Primo Ministro, Segretario di Stato. Era evidente la volontà del legislatore: sottolineare la posizione di preminenza del Presidente del Consiglio rispetto a tutti gli altri membri del Governo. Tale legge, inoltre, di fatto, poneva fine forma parlamentare in quanto prevedeva, in primo luogo, all'articolo 2, che il Capo del Governo fosse unicamente responsabile nei confronti del Re, che lo nominava, e non più nei confronti del Parlamento. In secondo luogo, l'articolo 6 stabiliva che, senza l'adesione del Capo del Governo Primo Ministro Segretario di Stato, nessun oggetto potesse essere messo all'ordine del giorno in una delle due Camere. Il controllo dell'Esecutivo, o meglio, del suo capo, sull'ordine del giorno dei lavori parlamentari, segnava la fine dell'indipendenza del potere legislativo da quello esecutivo. La completa soppressione dello Stato parlamentare avvenne con la legge n. 100 del 31.1.1926 che diede facoltà al potere esecutivo di emanare decreti aventi forza di legge. Il legislatore cercò di mitigare questa disposizione prevedendo che il governo avrebbe potuto esercitare il potere legislativo solamente in casi di assoluta urgenza e necessità. Era, inoltre, previsto che tali decreti dovessero essere convertiti in legge dalle Camere non oltre la terza seduta dopo la loro pubblicazione e, comunque, non oltre due anni. Ad ogni modo, le garanzie d'intervento da parte delle Camere per limitare l'intervento normativo del Governo - anche alla luce delle precedenti disposizioni che avevano, di fatto, eliminato ogni tipo d'indipendenza tra potere legislativo ed esecutivo - non erano efficaci.

La legge n. 237 del 4.2.1926 modificò l'ordinamento municipale in senso fortemente centralista: il Consiglio comunale venne completamente eliminato e la figura del Sindaco venne sostituita con quella del Podestà, nominato con decreto reale ed in carica per 5 anni. Il Podestà assumeva su di sé le funzioni del Sindaco, del Consiglio comunale e della Giunta.

Con il Regio decreto n. 1848 del 6.11.1926 vennero ampliati i poteri del Prefetto. Esso, infatti, poteva sciogliere associazioni, enti, istituti, partiti, gruppi e organizzazioni politiche. Venne, inoltre, introdotto l'istituto del confino, da applicare nei confronti dei soggetti contro il regime.

Da ultimo, la legge n. 2008 del 1926, introdusse il reato di istigazione all'attentato a mezzo stampa e di diffusione all'estero di notizie false, esagerate o tendenziose sulle condizioni interne dello Stato. Allo scopo di verificare la commissioni di tali nuovi reati fu istituito il Tribunale speciale le cui sentenze erano immediatamente esecutive ed inappellabili.

Il 1928 è l'anno in cui lo Stato liberale è stato completamente sovrastato e sostituito dallo Stato autoritario.

Il 9.12.1928, infatti, con la promulgazione della legge n. 2693, venne definitivamente istituzionalizzato il gran consiglio del fascismo. Il 14.3.1928, Mussolini presentò alle Camere il disegno di legge per la riforma della rappresentanza politica: il numero complessivo di deputati venne ridotto a 400 e le candidature potevano essere presentate solamente dalla confederazione sindacale del sindacato fascista e da associazioni culturali di rango nazionale abilitate da un regio decreto e, pertanto, di fatto, anch'esse controllate dal Partito fascista. Il 19.1.1939 la Camera dei deputati fu sostituita con la Camera dei Fasci.

Come si è detto nel primo capitolo, sarà necessario attendere la caduta del fascismo e l'inizio dei lavori dell'Assemblea Costituente per assistere al ritorno dei principi liberali.

F) *D.P.R. n. 616/1977*

Negli anni '70 del secolo scorso il Legislatore italiano demandò al Governo la riforma dell'assetto della pubblica amministrazione (ancora risalente all'epoca liberale e fascista) nella prospettiva di un adeguamento dell'organizzazione statale ai principi della Costituzione del 1948.

Infatti, uno dei principi fondamentali dell'organizzazione amministrativa fissati dalla Carta Costituzionale è costituito dall'autonomia e decentramento amministrativo. Esso è finalizzato a realizzare la partecipazione effettiva della collettività all'esercizio e alla cura degli interessi pubblici attraverso l'esercizio diretto delle funzioni amministrative. Tale principio è enunciato nell'art. 5 della Cost., in base al quale «*la Repubblica italiana, una e indivisibile, riconosce e promuove le autonomie locali e attua nei servizi che dipendono dallo Stato il più ampio decentramento amministrativo; adegua i principi ed i metodi della sua legislazione alle esigenze dell'autonomia e del decentramento*»

Il concreto trasferimento di funzioni amministrative dallo Stato alle Regioni è avvenuto prima nel 1972 (attraverso undici decreti delegati attuativi della l. 281/1970) e poi nel 1977 con il d.P.R. 616. Quest'ultimo decreto fu emanato dal Governo in attuazione della delega conferita dal Parlamento con l. 382/1975. Essa conteneva un vincolo al legislatore delegato ad operare accorpando funzioni affini, strumentali e complementari, di modo che il trasferimento risultasse finalizzato ad assicurare una gestione sistematica e programmata delle attribuzioni costituzionalmente spettanti alle Regioni per il territorio e il corpo sociale.

Tuttavia si è trattato di un trasferimento parziale, perché i ministeri hanno conservato numerose competenze nell'ambito delle materie che la Costituzione affidava alle Regioni.

G) *Leggi Bassanini*

Un'ulteriore svolta nella ripartizione delle funzioni amministrative è rappresentata da alcuni interventi legislativi della fine degli anni '90. Le riforme furono promosse dal Ministro della funzione pubblica del periodo, Franco Bassanini.

La prima legge entrata in vigore fu la cosiddetta *legge Bassanini*, ovvero la l. n. 59/1997. Essa si occupò della disciplina del decentramento amministrativo: stabiliva che alle Regioni e agli enti locali fossero attribuiti tutte le funzioni e i compiti amministrativi localizzabili nei rispettivi territori, con la sola eccezione di quei compiti e funzioni riservati espressamente dalla legge medesima allo Stato, come ad esempio la difesa, le forze armate, i rapporti con le confessioni religiose e la tutela dei beni culturali. In questo modo si operava un consistente capovolgimento della precedente logica di riparto: prima della l. 59/1997, infatti, la Regione esercitava esclusivamente le funzioni amministrative nelle materie in cui aveva competenza legislativa. Con la riforma Bassanini invece, si attribuivano funzioni amministrative a Regioni ed enti locali anche nelle materie in cui lo Stato aveva la titolarità della funzione legislativa.

Alla riforma sul decentramento amministrativo si accompagnò la riforma sulla semplificazione amministrativa realizzata con la l. 127/1997, *c.d. Bassanini bis*.

L'attuazione dei principi fissati dalla legge Bassanini in tema di decentramento avvenne con il d.lgs. 112/1998 e con alcuni decreti degli anni successivi, attraverso i quali fu avviato un processo di riorganizzazione dello Stato in senso regionalista e autonomista.

Tale decentramento fu realizzato con legge ordinaria e dunque senza modificare la Costituzione: per questo motivo si parlò di federalismo "*a Costituzione invariata*". Tuttavia, siffatta circostanza fece sorgere dubbi sulla legittimità di tale modo di procedere. Pertanto alcune forze politiche e parte dell'opinione pubblica insistettero affinché il processo di ristrutturazione dello Stato in senso regionalista e autonomista fosse spostato sul terreno della riforma costituzionale. Tutto ciò ha portato alla Riforma del Titolo V della Costituzione del 2001.

H) *Revisione costituzionale del 2001*

Nel 2001 il Parlamento ha approvato una legge costituzionale (l. cost. 3/2001) di riforma organica del titolo V della Parte II della Costituzione. Tale riforma è entrata in vigore solo a seguito dell'esito positivo di referendum costituzionale.

La nuova disciplina ha profondamente mutato l'assetto dei rapporti tra Stato, Regioni ed enti locali, realizzando un forte decentramento politico. Essa ha avuto effetti di notevole impatto sull'intero assetto costituzionale. La riforma ha disegnato una "*Repubblica delle autonomie*", articolata su più livelli territoriali di governo, ciascuno dotato di autonomia politica costituzionalmente garantita.

Infatti la nuova disciplina prevede che la Repubblica sia costituita dai Comuni, dalle Province, dalle Città metropolitane, dalle Regioni e dallo Stato. Con questa previsione, i diversi enti pubblici rappresentativi vengono posti, per la prima volta nella storia delle istituzioni e dell'amministrazione italiana, formalmente in una posizione di parità, senza che si configuri una gerarchia tra i diversi livelli istituzionali.

Il nuovo testo costituzionale ha mantenuto le cinque Regioni speciali esistenti, il cui ordinamento e le cui funzioni sono stabiliti dai rispettivi statuti, approvati con legge costituzionale. Le Regioni speciali, fin dal 1948, sono: Sicilia, Sardegna, Friuli-Venezia Giulia, Valle d'Aosta, Trentino-Alto Adige.

Inoltre il nuovo testo ha abrogato le precedenti previsioni costituzionali che disciplinavano i controlli amministrativi sugli atti delle Regioni e sugli atti degli enti locali.

E' stato previsto tuttavia un ampio potere sostitutivo del Governo rispetto a Regioni ed enti locali nel caso di mancato rispetto di norme e trattati internazionali o della normativa comunitaria oppure di pericolo grave per l'incolumità e la sicurezza pubblica, per la tutela di unità giuridica o economica, oppure infine per la tutela dei livelli essenziali delle prestazioni concernenti i diritti civili e sociali.

I) *Art. 117 Cost. (post riforma 2001)*

Una delle modifiche più rilevanti al testo costituzionale è rappresentata dal superamento del precedente criterio di riparto delle competenze legislative tra Stato e Regioni ad autonomia ordinaria configurato nel vecchio testo dell'art. 117 della Costituzione.

Lo Stato conserva una competenza esclusiva in alcune materie o gruppi di materie , mentre per altre materie e gruppi di materie viene creata una legislazione concorrente tra Stato e Regioni: nelle materie di competenza concorrente lo Stato mantiene solo il potere di determinare i principi fondamentali; nelle materie residuali invece spetta alle Regioni la potestà legislativa.

Tale potestà legislativa regionale deve essere esercitata nel rispetto della Costituzione nonché dei vincoli derivanti dall'ordinamento comunitario e degli obblighi internazionali.

Le materie riservate in via esclusiva alla legge statale sono tali in virtù della loro importanza e delicatezza. Le principali materie sono: politica estera e rapporti internazionali dello Stato; rapporti dello Stato con l'Unione europea; diritto di asilo e condizione giuridica dei cittadini di Stati non appartenenti all'Unione europea; immigrazione; rapporti tra la Repubblica e le confessioni religiose; difesa e Forze armate; sicurezza dello Stato; moneta, tutela del risparmio e mercati finanziari; tutela della concorrenza; sistema valutario; sistema tributario e contabile dello Stato; perequazione delle risorse finanziarie; organi dello Stato e relative leggi elettorali; elezione del Parlamento europeo; ordine pubblico e sicurezza, ad esclusione della polizia amministrativa locale; cittadinanza, stato civile e anagrafi; giurisdizione e norme processuali; ordinamento civile e penale; giustizia amministrativa; determinazione dei livelli essenziali delle prestazioni concernenti i diritti civili e sociali che devono essere garantiti su tutto il territorio nazionale; norme generali sull'istruzione; previdenza sociale; dogane, protezione dei confini nazionali; tutela dell'ambiente, dell'ecosistema e dei beni culturali.

Per quanto riguarda le materie di legislazione concorrente, spetta alle Regioni la potestà legislativa, salvo che per la determinazione dei principi fondamentali, riservata alla legislazione dello Stato.

Le principali materie di legislazione concorrente sono quelle relative a: rapporti internazionali e con l'Unione europea delle Regioni; commercio con l'estero; tutela e sicurezza del lavoro; istruzione, salva l'autonomia delle istituzioni scolastiche e con esclusione della istruzione e della formazione professionale; professioni; ricerca scientifica e tecnologica e sostegno all'innovazione per i settori produttivi; tutela della salute; alimentazione; ordinamento sportivo; protezione civile; governo del territorio; produzione, trasporto e distribuzione nazionale dell'energia; previdenza complementare e integrativa; armonizzazione dei bilanci pubblici e coordinamento della finanza pubblica e del sistema tributario; valorizzazione dei beni culturali e ambientali e promozione e organizzazione di attività culturali.

J) *Art. 118 Cost.*

Alla base dell'attuale disciplina costituzionale degli enti locali si pone il c.d. principio di sussidiarietà.

Esso si sviluppa lungo due direttrici: una verticale e una orizzontale. La prima consiste nel trasferire la gestione di dati servizi pubblici agli enti locali (in particolare i Comuni): essi sono più vicini ai cittadini, che potranno meglio controllare la qualità dei servizi e i relativi costi. Il Governo centrale interviene solo quando l'amministrazione più vicina ai cittadini non possa da sola assolvere al compito. La seconda consiste nell'attribuire compiti tradizionalmente propri dello Stato sociale ad alcune formazioni sociali che non hanno scopo di lucro e che costituiscono il cosiddetto terzo settore (terzo a fianco dello Stato e del mercato), in grado di fornire servizi tipici dello Stato sociale ad un costo minore e con qualità migliore di quelli erogati dalle burocrazie delle amministrazioni pubbliche; lo Stato interviene con incentivi, soprattutto di natura monetaria e fiscale.

La giurisprudenza costituzionale ha confermato che il principio di sussidiarietà è entrato a pieno titolo nell'ordinamento italiano, indicando nella sussidiarietà il criterio direttivo per l'allocazione della potestà legislativa tra Stato e Regioni (sentenze 303/2005, 285/2005).

L'art. 118 della Costituzione, dopo la riforma del 2001, attribuisce tendenzialmente la titolarità e l'esercizio delle funzioni amministrative ai Comuni, salvo che, per assicurarne l'esercizio unitario, siano conferite a Province, Città metropolitane, Regioni e Stato sulla base dei principi di sussidiarietà, differenziazione e adeguatezza. I Comuni, le Province e le Città metropolitane sono titolari di funzioni amministrative proprie e di quelle conferite con legge statale o regionale, secondo le rispettive competenze.

L'art. 118 prevede che la legge statale disciplini forme di coordinamento fra Stato e Regioni nelle materie di immigrazione e ordine pubblico e sicurezza, ad esclusione della polizia amministrativa locale (lettere b) ed h) del secondo comma dell'art. 117) e disciplina inoltre forme di intesa e coordinamento nella materia della tutela dei beni culturali.

Infine, l'art. 118, comma quarto, della Costituzione prevede che lo Stato, le Regioni, le Città metropolitane, le Province e i Comuni favoriscano l'autonoma iniziativa dei cittadini, singoli o associati, per lo svolgimento di attività di interesse generale. Questo approccio viene definito principio di sussidiarietà orizzontale.

La Corte costituzionale, in due diverse occasioni, ha sostanzialmente riscritto l'art. 118 in punto di funzioni amministrative degli enti locali. Con la sentenza 303/2003 ha precisato che in forza dei principi di sussidiarietà, differenziazione ed adeguatezza la funzione amministrativa può essere portata ad un livello territoriale più elevato, più adeguato per l'esercizio della competenza, e correlativamente, in forza del principio di legalità e del c.d. parallelismo invertito, finanche la potestà legislativa può essere portata ad un livello territoriale più alto, previo accordo con le regioni interessate. Con la sentenza 43/2004 la Corte ha infine precisato che non vi è un obbligo di allocazione della funzione amministrativa al livello territoriale più vicino al cittadino, bensì una mera preferenza, ferma restando inoltre la possibilità di sostituirsi all'ente territoriale destinatario della funzione che si renda inadempiente.

3. Organizzazione e caratteristiche fondamentali a livello nazionale dell'Amministrazione pubblica

A) *Il pluralismo della Pubblica Amministrazione*

Nell'ordinamento italiano vige il principio del pluralismo della Pubblica Amministrazione: infatti, accanto allo Stato - amministrazione coesistono altri soggetti che, dotati di capacità giuridica pubblica e privata, perseguono fini d'interesse pubblico.

Lo Stato - amministrazione è il più importante soggetto attivo dell'ordinamento: esso si configura come la persona giuridica pubblica per eccellenza. La personalità giuridica dello Stato - amministrazione è incontestabilmente dimostrata dagli articoli 28 e 42 della Costituzione secondo cui lo Stato può essere civilmente responsabile e può possedere beni.

Sono tre le principali caratteristiche dello Stato - amministrazione. In primo luogo, esso è un ente sovrano nel senso che è sovraordinato rispetto a tutti gli altri soggetti che operano nell'ambito dell'ordinamento. In secondo luogo, si tratta di un ente politico in quanto persegue fini di interesse generale. Infine, si configura come un ente necessario poiché la sua esistenza è indispensabile per il perseguimento dei pubblici interessi.

È interessante osservare come lo Stato - amministrazione, pur configuran-dosi un soggetto unitario - per esempio, esso risponde nei confronti dei terzi come un unico soggetto - abbia una soggettività del tutto particolare che si manifesta attraverso un'organizzazione disaggregata e frammentata. In parti-colare, le diverse organizzazioni amministrative dello Stato sono raggruppate in "branche di amministrazioni" che prendono il nome di Ministeri: essi hanno poteri propri, attribuiti dalla legge, nonché proprio personale e risorse econo-miche che sono assegnate annualmente con il bilancio dello Stato. Al vertice di ogni Ministero si trova un organo di vertice politico, il Ministro che, a sua volta, ai sensi dell'articolo 95 della Costituzione, risponde nei confronti del Parlamento circa l'andamento complessivo dell'Amministrazione.

Lo Stato - amministrazione, per intervenire nel sistema economico, si avvale degli enti pubblici economici. Tali enti, che sono in concorrenza con i soggetti economici privati, operano nel campo della produzione e dello scambio di beni e servizi svolgendo attività prevalentemente, se non esclusivamente, economiche.

Al di sotto dello Stato - amministrazione, ai sensi dell'articolo 118 della Costituzione, così come modificato dall'articolo 3, legge costituzionale n. 3 del 18 ottobre 2001, si trovano i Comuni, le Province, le Città Metropolitane e le Regioni che svolgono attività amministrative, sulla base dei principi di sussidiarietà, differenziazione ed adeguatezza. In particolar modo, l'articolo 5 della Costituzione prevede espressamente che sia compito essenziale della Repubblica riconoscere e promuovere le autonomie locali. Come si avrà modo di illustrare nel prossimo capitolo, pur con funzioni sensibilmente diverse, sin dall'unificazione del Regno d'Italia, gli Enti Locali hanno sempre costituito il primo livello di esercizio delle funzioni amministrative.

Il passaggio da un modello di Stato liberale a un modello di Stato sociale ha poi determinato la necessità di avvalersi, nello svolgimento di funzioni amministrative, anche dell'apporto dei privati che, spesso, sono chiamati a svolgere alcuni servizi di rilievo pubblicistico, venendo in tal modo attratti nell'ambito dell'organizzazione pubblica. A tal proposito, è importante os-servare come l'articolo 2 della Costituzione sancisca il principio generale secondo cui le formazioni sociali sono riconosciute e garantite dallo Stato. In particolar modo, l'articolo 118 della Costituzione prevede che "*Stato, Regioni, Città metropolitane, Province e Comuni favoriscono l'autonoma iniziativa dei cittadini, singoli e associati, per lo svolgimento di attività d'interesse generale, sulla base del principio di sussidiarietà*".

Nell'ambito di tale scenario, è necessario evidenziare che, come si avrà modo di analizzare nel proseguo della trattazione, diverse funzioni ammini-strative sono, altresì, esercitate dalle Autorità Amministrative Indipendenti che svolgono funzioni giusdicenti in veste neutrale, non essendo collegate al potere politico da vincoli di dipendenza e responsabilità.

B) *La struttura della Pubblica Amministrazione*

Nonostante la Pubblica Amministrazione sia un organismo plurale, tutti gli enti pubblici sono tendenzialmente formati da organi ed uffici.

Per quanto concerne la definizione di organo, esistono tre diverse teorie: i) la teoria soggettiva ritiene che per organo debba intendersi la persona fisica titolare dell'ufficio; ii) la teoria oggettiva sostiene che l'organo s'identifichi con l'ufficio inteso come l'insieme delle attribuzioni assegnate al soggetto che agisce per l'ente; iii) la teoria mista, invece, afferma che per organo si deve intendere la persona o il complesso di persone preposte ad un determinato centro di imputazione di competenza amministrativa. In ogni caso, al netto delle possibili definizioni, sono essenzialmente due le principali caratteristiche di un organo: il titolare è, di regola, una persona fisica che esercita una pubblica potestà.

Ogni organo ha una propria competenza ovvero è titolare di un complesso di poteri e di funzioni legislativamente determinate. Ci sono tre diverse tipologie di competenza: quella per materia, per territorio e per grado. Il legislatore, infatti, assegna a un determinato organo le competenze che esso deve esercitare (competenza per materia). Tuttavia, quando all'interno dello stesso ramo dell'amministrazione ci sono più organi che svolgono la medesima funzione, interviene la competenza territoriale il cui compito è quello di ripartire le attribuzioni dal punto di vista, per l'appunto, territoriale. La competenza per grado interviene nel momento in cui, nell'ambito della medesima amministrazione e del medesimo territorio, ci sono organi che svolgono le attività identiche: ecco, allora, che, in tal caso, alcune materie sono riservate all'organo superiore mentre altre a quello di rango inferiore. In forza delle attribuzioni per grado, si forma una piramide che ha al proprio vertice il Ministero e alla base gli organi periferici.

L'ufficio, invece, è generalmente definito come il "complesso organizzato di sfere di competenze tale da consentire all'organo di porre in essere i provvedimenti per la realizzazione dei fini istituzionali dell'ente". Gli uffici sono caratterizzati da un elemento funzionale ed un elemento strutturale. In particolar modo, agli uffici, che sono anche stabilmente incorporati nella struttura dell'ente di cui fanno parte, sono attribuite esclusivamente le funzioni proprie della persona giuridica di cui fanno parte.

Esistono numerosi elementi che consentono di classificare gli organi e gli uffici. Ecco, allora, per esempio, che, prendendo in considerazione la loro struttura, è possibile distinguere tra organi ed uffici complessi ed organi ed uffici semplici oppure tra organi (o uffici) territoriali e non territoriali; in forza della responsabilità dell'agente, si distinguono gli organi (o gli uffici) rappresentativi da quelli non rappresentativi; in base alla funzione esercitata, ci sono gli organi (o gli uffici) di amministrazione attiva e quelli con funzione consultiva.

Ad ogni modo, nella pratica non è sempre facile distinguere tra organo ed ufficio in quanto spesso le definizioni generali di cui sopra tendono a sovrapporsi.

C) *Imprese pubbliche*

L'istituto delle imprese pubbliche affonda le sue radici nella disciplina dei rapporti economici nella Carta Costituzionale e nei limiti da essa apposti alle amministrazioni per lo svolgimento di attività imprenditoriali.

Infatti, tale disciplina costituzionale, accanto alla consacrazione della libertà d'iniziativa economica dei privati (principio contenuto nell'art. 41 della Costituzione), prevede un articolato sistema di limiti alla stessa e di correlati poteri di interferenza pubblica, contemplando anche l'attività economica pubblica e la possibilità di situazioni di monopolio.

In particolare, tale sistema di limiti è disegnato dall'art. 43 della Costituzione, il quale prevede che "*a fini di utilità generale la legge può riservare originariamente o trasferire, mediante espropriazione e salvo indennizzo, allo Stato, ad enti pubblici o a comunità di lavoratori o di utenti determinate imprese o categorie di imprese, che si riferiscano a servizi pubblici essenziali o a fonti di energia o a situazioni di monopolio ed abbiano carattere di preminente interesse generale*".

Pertanto, sotto tale profilo, il sistema italiano oscilla tra i poli di un marcato intervento pubblico nell'economia, costituito appunto dalle imprese pubbliche, e dello Stato Regolatore, la cui attività è al servizio del mercato e del suo corretto funzionamento.

Le principali ragioni che hanno spinto il legislatore alla creazione delle imprese pubbliche sono state individuate nella necessità di evitare la costituzione di monopoli privati nell'esercizio di quei servizi che devono essere accessibili a tutti, (es. illuminazione, servizi di trasporto, approvvigionamento di acqua ed energia elettrica) e nell'esigenza di assumere iniziative che necessitino di massicci investimenti o che richiedano un enorme capitale fisso (come i servizi ferroviari, le autostrade, le telecomunicazioni).

Dà quindi luogo a impresa pubblica un'impresa il cui capitale o patrimonio sia stato conferito in tutto o in parte dallo Stato o da altro ente pubblico.

Diversi sono stati i modelli organizzativi delle imprese pubbliche.

Infatti, tradizionalmente, si considera che il "sistema delle imprese pubbliche" abbia assunto la seguente articolazione tripartita:

1. Aziende municipalizzate e aziende speciali;
2. Enti pubblici economici;
3. Partecipazioni societarie.

D) *Aziende municipalizzate*

La prima regolamentazione legislativa delle aziende municipalizzate è stata operata, in età giolittiana, tramite la *c.d. legge Montemartini*, ovvero la l. 29 marzo 1903 n. 103.

Tale legge fu introdotta per consentire alle amministrazioni di dare vita ad organismi appositamente costituiti per la gestione di servizi pubblici, così arginando il potere delle imprese private in tale campo. Le aziende private, infatti, all'epoca gestivano servizi destinati alla collettività ricavandone ingenti guadagni senza le garanzie tipiche delle *public service obligations*. L'intento della legge era quindi quello di permettere un intervento pubblico in attività ritenute importanti per la popolazione, bloccando così situazioni di redditività dei privati e ricavando, dall'espletamento di quei servizi, anche utili per il Comune.

Si parlò infatti di due *"anime"* ispiratrici di tale legge: un'anima *"facoltizzante e promozionale"* per l'obiettivo di favorire gli enti locali, correggere le distorsioni derivanti dalla titolarità privata dei monopoli naturali e integrare l'offerta privata dei beni pubblici; e di un'anima *"pubblicistica e di tutela"* per l'obiettivo di imbrigliare iniziative già esistenti nella prassi mediante controlli e cautele procedimentali e sostanziali a garanzia dei cittadini.

La legge Montemartini fu modificata nel 1923 ad opera del regio decreto n. 3047 e successivamente coordinata con quest'ultimo nel testo unico delle leggi sull'assunzione diretta dei pubblici servizi da parte dei Comuni e delle Province, approvato con il r.d. 2578/1925.

Secondo la normativa del 1925, le aziende municipalizzate consistevano in organismi tecnico-produttivi che venivano costituiti dai Comuni per l'esercizio di uno o più servizi pubblici locali.

La loro esistenza dunque era strettamente collegata al pubblico servizio per lo svolgimento del quale venivano costituite.

Esse erano organismi, e non enti, in quanto sprovviste di propria personalità giuridica. Sul piano formale non si distinguevano dalla persona giuridica - ovvero dall'ente territoriale- cui esse appartenevano.

Tuttavia tale fattore non impediva che le aziende municipalizzate fossero connotate, sia sul piano giuridico sia in via di fatto, da un'ampia autonomia gestionale e finanziaria rispetto all'ente di appartenenza. Infatti, pur non disponendo di una propria capacità giuridica, le aziende municipalizzate avevano capacità di agire e potevano operare alla stregua di autonomi centri di imputazione di rapporti giuridici.

Esse, ad ogni modo, potevano compiere soltanto i negozi giuridici necessari per il raggiungimento del loro scopo ed il venir meno del servizio comportava necessariamente la messa in liquidazione dell'azienda.

La costituzione di aziende di questo tipo poteva essere promossa non solo dai Comuni, ma anche dalle Province e dai Consorzi locali di Comuni e/o Province. Spettava dunque alle amministrazioni comunali e provinciali, oltre che la costituzione di tali aziende, anche il compito di fornire i mezzi tecnici e finanziari per il loro funzionamento e di deliberare, ove fosse necessario, la revoca del servizio e la liquidazione delle aziende stesse. Inoltre, le suddette amministrazioni avevano il potere di nominare gli organi aziendali come il Presidente e la Commissione amministratrice e di esprimere il proprio veto sulle deliberazioni fondamentali delle municipalizzate.

Le aziende municipalizzate, inoltre, potevano definirsi organismi tecnico produttivi in quanto l'attività che esse istituzionalmente svolgevano non era di tipo burocratico -amministrativo, ma di tipo economico-industriale o economico-commerciale. Pertanto i servizi o i beni che tali aziende producevano venivano offerti su un mercato in cui esse potevano operare in condizioni di monopolio totale, monopolio parziale o di rapporti di concorrenza con i privati.

I principali servizi pubblici gestiti tramite le aziende municipalizzate erano: la costruzione di acquedotti e fontane e la distribuzione di acqua; l'impianto e l'esercizio dell'illuminazione pubblica e privata; le fognature; i trasporti locali; le reti telefoniche locali; le farmacie; la nettezza urbana; i trasporti funebri; i macelli; i mulini e i forni, i mercati pubblici; le affissioni; gli asili notturni e il trattamento e la commercializzazione del latte.

La produzione di tali servizi comportava oneri e benefici di tipo finanziario: essi erano tuttavia posti in capo all'amministrazione Comunale e Provinciale in ragione della mancanza di personalità giuridica delle aziende municipalizzate.

Ad ogni modo, a partire dagli anni '50 e '60 del secolo scorso ebbero inizio i tentativi del legislatore italiano di trasformare l'assetto giuridico delle aziende municipalizzate. I vari progetti di riforma prevedevano, di anno in anno, un accostamento ai modelli privatistici, fino ad attribuire personalità giuridica alle aziende municipalizzate. Le municipalizzazioni passarono così dalla eterodirezione amministrativa locale ad una gestione improntata a una logica maggiormente aziendalistica.

Nello specifico, il legislatore scelse un rapporto organizzativo di strumentalità incentrato sul potere di direzione dell'ente locale e sulla tendenziale autonomia gestionale delle aziende municipalizzate.

La riforma venne completata negli anni '90 e 2000 (l. 142/1990 e d.lgs. 267/2000) con l'abbandono del modello delle municipalizzazioni e la contestuale istituzione delle nuove aziende speciali, dotate di personalità giuridica e di una responsabilità patrimoniale perfetta, che quindi rispondano con il proprio patrimonio delle obbligazioni contratte.

E) *Aziende speciali*

L'azienda speciale, in seguito alla riforma del 2000 (d.lgs. 267/2000), è soggetto distinto dall'ente locale ma nello stesso tempo è ente strumentale dell'ente locale. L'azienda ha il potere di adottare uno statuto proprio, che tuttavia è sottoposto all'approvazione dell'amministrazione. Il relativo statuto deve disciplinare le modalità di nomina e revoca degli amministratori dell'azienda.

Questa è dotata di una sua personalità giuridica, la quale viene acquisita attraverso l'iscrizione nel registro delle imprese. L'ente locale conferisce il capitale di dotazione, determina le finalità e gli indirizzi dell'azienda, approva i relativi atti fondamentali, esercita la vigilanza su di essa; verifica i risultati della gestione e provvede alla copertura degli eventuali costi sociali.

La riforma del 2001 (l. 448/2001, finanziaria 2002) ha inciso sulla natura giuridica delle aziende speciali: pur essendo previste in origine per i servizi di rilevanza economica e imprenditoriale, in seguito alla riforma è divenuto possibile fare ricorso ad esse solo per i servizi privi degli anzidetti caratteri. La riforma stabilì che solo la gestione dei servizi privi di rilevanza industriale fosse possibile attraverso le aziende speciali. Viceversa la gestione dei servizi industriali è divenuta possibile solo attraverso società di capitali selezionate con gara pubblica. Le stesse aziende speciali che gestivano servizi industriali dovettero trasformarsi in società di capitali per poter continuare a gestire i servizi.

Il legislatore è intervenuto ulteriormente sulla materia nel 2003 (d.l. 269/2003 convertito dalla l. 326/03): la nuova disciplina distingue oggi tra servizi pubblici locali a rilevanza economica e servizi privi di rilevanza economica, sostituendo così la distinzione tra servizi aventi e non aventi rilevanza industriale.

F) *Enti pubblici economici*

Gli enti pubblici economici costituiscono una particolare categoria di ente pubblico che opera non in regime di diritto amministrativo, bensì di diritto privato e che ha ad oggetto esclusivo o principale l'esercizio di un'impresa commerciale; quest'ultimo costituisce compito istituzionale dell'ente ed è, di regola, strumentale per la realizzazione di interessi pubblici.

Gli enti pubblici economici hanno, oltre all'autonomia finanziaria, una vera e propria personalità giuridica, a differenza delle aziende autonome, che invece non sono dotate di una propria personalità giuridica.

Discussa è stata, in dottrina e in giurisprudenza, la nozione di "economicità": infatti, talora essa è stata individuata nello svolgimento di un'attività per fini di lucro e in regime di concorrenza, mentre altre volte è stata definita come "imprenditorialità", e cioè come astratta idoneità a conseguire utili previsti in funzione della remunerazione del costo di produzione o di scambio di beni o di servizi.

In ogni caso, storicamente tale modello si è configurato come tappa intermedia in vista della privatizzazione: infatti le aziende speciali, prima di essere trasformate in società per azioni, sono state trasformate in enti pubblici economici.

All'interno degli enti economici si distinguono quelli che svolgono direttamente attività produttiva di beni e servizi da quelli che detengono partecipazioni azionarie in società a capitale pubblico (enti di gestione delle partecipazione azionarie: come ad esempio IRI ed ENI).

G) *Passaggio a modello societario e "in house providing"*

L'evoluzione normativa degli anni '90 ha portato alla trasformazione del modello aziendale in quello societario.

La tendenza legislativa, infatti, è stata quella di operare la trasformazione degli enti pubblici economici in società per azioni, strumento ritenuto più adatto ai fini della gestione dell'impresa.

Nell'ambito dei servizi pubblici locali assumono poi importanza determinante i principi dettati a livello comunitario. Sulla scorta di tali principi, le tre possibili modalità di gestione e affidamento dei servizi pubblici locali cui si fa riferimento nel panorama normativo italiano odierno sono:

a) società di capitali individuate attraverso l'espletamento di gare con procedure ad evidenza pubblica;

b) società a capitale misto pubblico/privato nelle quali il socio privato venga scelto attraverso l'espletamento di gare con procedure ad evidenza pubblica che abbiano dato garanzia di rispetto delle norme interne e comunitarie in materia di concorrenza secondo le linee di indirizzo emanate dalle autorità competenti attraverso provvedimenti o circolari specifiche;

c) società a capitale interamente pubblico, a condizione che l'ente o gli enti pubblici titolari del capitale sociale esercitino sulla società un controllo analogo a quello esercitato sui propri servizi e che la società realizzi la parte più importante della propria attività con l'ente o gli enti pubblici che la controllano.

L'espressione *in house providing* identifica il fenomeno di "*autoproduzione*", attraverso società a capitale pubblico, di beni, servizi o lavori da parte della pubblica amministrazione. L'autoproduzione consiste nell'acquisire un bene o un servizio attingendoli all'interno della propria compagine organizzativa senza ricorrere a "terzi" tramite gara (così detta esternalizzazione) e dunque al mercato. L'*in house* rappresenta il tentativo di conciliare il principio di auto-organizzazione amministrativa (che trova corrispondenza nel più generale principio comunitario di autonomia istituzionale), con i principi di tutela della concorrenza e del mercato.

Le società in house fanno parte del genere delle società pubbliche pur essendo soggette, come ogni altro tipo di società, al diritto comune e dunque alle disposizioni dettate dal codice civile, pur con alcuni accorgimenti.

L'istituto ha, in ogni caso, origine giurisprudenziale, essendo stato elaborato attraverso pronunce della Corte di Giustizia europea, la quale ha progressivamente specificato i criteri in base ai quali può considerarsi legittimo l'affidamento diretto di appalti e servizi pubblici, in deroga al generale principio di concorrenza.

La prima pronuncia è rappresentata dalla sentenza Teckal del 18 novembre 1999, causa C-107/98: in essa la Corte di Giustizia europea ha escluso l'obbligatorietà della procedura di evidenza pubblica per la scelta del contraente allorquando:

I) l'amministrazione aggiudicatrice esercita sul soggetto aggiudicatario "un controllo analogo" a quello esercitato sui propri servizi (elemento strutturale del rapporto in house).

II) il soggetto aggiudicatario svolga la maggior parte della propria attività in favore dell'ente pubblico che lo controlla (elemento funzionale del rapporto in house).

Ricorrendo tali condizioni, secondo la Corte non sussiste alterità tra i soggetti coinvolti nel rapporto giuridico in analisi.

Nel tentativo di limitare la nozione di controllo analogo, la Corte è intervenuta con una ulteriore decisione ovvero con la sentenza Parking Brixen del 2005.

Con tale pronuncia la giurisprudenza comunitaria ha sostenuto che, affinché il controllo analogo possa dirsi sussistente, non è sufficiente che vi sia partecipazione pubblica totalitaria, ma è anche necessario che il soggetto pubblico abbia la concreta possibilità di influire sulle decisioni più importanti per la vita societaria.

Ciò in quanto può accadere che il soggetto pubblico abbia sì il 100% del capitale azionario della società, ma che, ciò nonostante, il consiglio di amministrazione di quest'ultimo, sulla base di previsione statutarie della società, abbia un margine di indipendenza decisionale consistente, potendo così assumere in autonomia importanti atti gestionali.

Pertanto è necessario che sia valutato il caso concreto al fine di verificare che il socio pubblico abbia anche la possibilità di incidere sulle più importanti decisioni della società controllata. Solo in tal caso è possibile l'affidamento in house.

La Corte infine ha ritenuto astrattamente configurabile il controllo analogo anche nel caso in cui le azioni non siano detenute direttamente dall'ente pubblico ma indirettamente mediante una società per azioni capogruppo (c.d. holding) posseduta al 100% dall'ente medesimo. Secondo la Corte, tale forma di partecipazione "*può, a seconda delle circostanze del caso specifico, indebolire il controllo esercitato dall'amministrazione aggiudicatrice su una società per azioni in forza della mera partecipazione al suo capitale*".

I delineati principi comunitari sono stati recepiti dalla giurisprudenza nazionale. Un fondamentale quadro di sintesi in materia di *in house providing* è rintracciabile nella sentenza n. 1 del 3.3.2008, con cui l'Adunanza plenaria del Consiglio di Stato ha così delineato gli indici del controllo analogo:

"a) lo statuto della società non deve consentire che una quota del capitale sociale, anche minoritaria, possa essere alienata a soggetti privati (Cons. Stato, sez. V, 30 agosto 2006, n. 5072);

"b) il consiglio di amministrazione della società non deve avere rilevanti poteri gestionali e all'ente pubblico controllante deve essere consentito esercitare poteri maggiori rispetto a quelli che il diritto societario riconosce normalmente alla maggioranza sociale (Cons. Stato, sez. VI, 3 aprile 2007, n. 1514);

"c) l'impresa non deve avere acquisito una vocazione commerciale che rende precario il controllo dell'ente pubblico e che risulterebbe, tra l'altro: dall'ampliamento dell'oggetto sociale; dall'apertura obbligatoria della società, a breve termine, ad altri capitali; dall'espansione territoriale dell'attività della società a tutta l'Italia e all'estero (C. giust. CE: 10 novembre 2005, C-29/04, Mödling o Commissione c. Austria; 13 ottobre 2005, C-458/03, Parking Brixen);

"*d) le decisioni più importanti devono essere sottoposte al vaglio preventivo dell'ente affidante (Cons. Stato, sez. V, 8 gennaio 2007, n. 5)*".

La medesima pronuncia individua come "*essenziale il concorso dei seguenti ulteriori fattori, tutti idonei a concretizzare una forma di controllo che sia effettiva, e non solo formale o apparente:*

"*a) il controllo del bilancio;*

"*b) il controllo sulla qualità della amministrazione;*

"*c) la spettanza di poteri ispettivi diretti e concreti;*

"*d) la totale dipendenza dell'affidatario diretto in tema di strategie e politiche aziendali*".

In definitiva, quindi, "*il controllo analogo deve importare un'influenza determinante sugli obiettivi strategici e le decisioni importanti, e può essere attuato con poteri di direttiva, di nomina e revoca degli amministratori, e con poteri di vigilanza e ispettivi*" (Cons. Stato, Sez. VI, 11.2.2013, n. 762).

Ciò non significa che siano annullati tutti i poteri gestionali dell'affidatario *in house*, ma che "*la «possibilità di influenza determinante» è incompatibile con il rispetto dell'autonomia gestionale* [della società partecipata - n.d.r.]*, senza distinguere – in coerenza con la giurisprudenza comunitaria – tra decisioni importanti e ordinaria amministrazione* [...]*. Il condizionamento stretto, richiesto dalla giurisprudenza comunitaria, non può essere assicurato da pareri* *obbligatori, ma non vincolanti, resi peraltro* [...] «*sugli atti fondamentali del soggetto gestore* in house»" (Corte Cost., 28.3.2013, n. 50).

I descritti penetranti poteri devono trovare adeguato riscontro nello Statuto delle società partecipate dalle amministrazioni pubbliche. Sono stati ritenuti indici del controllo analogo "*l'obbligo di trasmettere mensilmente i verbali delle riunioni del consiglio di amministrazione e del collegio sindacale, l'ordine del giorno delle adunanze del medesimo consiglio di amministrazione al sindaco ed all'assessore alle aziende ed agli amministratori della società;*

"- l'obbligo di trasmettere trimestralmente al sindaco ed all'assessore una relazione sull'andamento della società, con particolare riferimento alla qualità e quantità dei servizi resi ai cittadini nonché ai costi di gestione in relazione agli obiettivi fissati;

"- *i poteri di nomina e revoca di un rilevante numero di amministratori e sindaci*" (Cons. Stato, cit.).

In definitiva, gli enti pubblici che partecipano alla compagine societaria devono poter esercitare, in seno all'assemblea dei soci, incisivi poteri di controllo e vigilanza, "*superiori a quelli normalmente rinvenibili in soggetti societari similari*" (TAR Piemonte, Sez. I, 17.4.2013, n. 461). In via esemplificativa, tali ampi poteri possono sostanziarsi nell'"*approvare tutte le decisioni strategiche per l'attività della società ed in particolare la determinazione degli indirizzi finanziari ed operativi della società, individuati mediante il Budget* [...]; *verificare in concreto il perseguimento dei predetti indirizzi finanziari ed operativi, mediante il controllo di gestione* [...]; *approvare atti fondamentali per la gestione operativa della società, quali lo 'Schema organizzativo degli uffici' ed il 'Piano delle risorse umane e degli investimenti'*" (TAR Piemonte, cit.).

Le recenti direttive dell'Unione Europea n. 23, 24 e 25 del 2014 hanno codificato i principi definiti dalla giurisprudenza comunitaria e hanno introdotto nuove disposizioni per l'affidamento in house.

E' stato codificato innanzitutto il requisito del controllo analogo; è stata espressamente trattata anche la questione del controllo analogo indiretto, ammettendo che l'"influenza dominante" sia esercitata da soggetto giuridico diverso dall'Amministrazione aggiudicatrice, purché assoggetta al "controllo analogo" di quest'ultima.

E' stato stabilito espressamente che l'attività prevalente della società debba essere svolta, nella misura dell'80%, in favore del soggetto controllante. Inoltre è diventata possibile l'apertura al capitale privato purché sia connotata dall'assenza di poteri di influenza sulla gestione della società.

H) *Autorità amministrative indipendenti*

Sulla scorta delle esperienze legislative straniere, anche l'Italia ha modificato la struttura organizzativa dell'amministrazione statale, introducendo nel proprio ordinamento soggetti pubblici dotati di sostanziale indipendenza dal Governo e caratterizzati da autonomia organizzatoria, finanziaria e contabile, nonché dalla mancanza di controlli di soggezione al potere di direttiva dall'Esecutivo.

Le autorità indipendenti si sono sviluppate soprattutto dagli anni Novanta del XX secolo.

I modelli a cui si è ispirato il legislatore italiano sono stati, da un lato, le *independent agencies* statunitensi, e, dall'altro, le più recenti «autorités administratives indépendantes» francesi.

Sono varie le ragioni di questa scelta legislativa.

In primo luogo si è cercato di svincolare la gestione di determinati settori sensibili dal condizionamento degli organi politici, oltre che dai titolari degli interessi stessi, affidandola a soggetti dotati non solo di funzioni amministrative in senso classico, ma anche di competenze regolatorie e sanzionatorie.

In secondo luogo tale modello di pubblica amministrazione va ricollegato al processo di progressivo arretramento dello Stato dall'intervento diretto nell'economia e alla conseguente necessità di prevedere nuove forme di tutela degli operatori sul mercato e degli utenti e quindi di introdurre regole elaborate o applicate da soggetti indipendenti.

Non meno importante è stato poi il ruolo della normativa europea che ha richiesto l'istituzione di autorità nazionali di regolazione in alcuni settori chiave, quali la concorrenza, le banche e l'energia, con conseguente integrazione in reti europee (come ad esempio la Banca d'Italia, l'Autorità Garante della concorrenza e del mercato e della Commissione nazionale per le società e la Borsa).

Le amministrazioni indipendenti si distinguono dalle Amministrazioni intese in senso tradizionale anzitutto dal punto di vista funzionale.

Infatti le funzioni ad esse attribuite non sono sussumibili all'interno di un'unica categoria, posto che il tratto distintivo del loro modo di essere è di costituire una deroga al principio classico della separazione dei poteri, essendo esse titolari di funzioni che si sovrappongono al potere legislativo, esecutivo e giudiziario.

Pertanto, accanto a funzioni propriamente normative o di regolazione le Autorità sono titolari di poteri amministrativi in senso tradizionale (come ad esempio, il rilascio di autorizzazioni) nonché di poteri arbitrali e di contenzioso nello specifico settore alla cui vigilanza e regolazione sono preposte rispetto a situazioni giuridiche di tipo bilaterale e orizzontale intercorrenti tra soggetti privati.

Proprio nell'esercizio di tale funzione a connotazione contenziosa e semi-giurisdizionale le Autorità indipendenti costituiscono un fattore di novità rispetto al modello classico dell'amministrazione preposta alla cura di un interesse pubblico.

Sotto il profilo soggettivo, invece, la loro caratteristica fondamentale è quella dell'indipendenza, da intendere sia quale indipendenza dal potere di indirizzo politico del Governo ed assicurata attraverso la predisposizione di un sistema di garanzie riguardante le nomine, le incompatibilità, i poteri e l'autonomia organizzatoria, sia come impermeabilità all'interferenza sul proprio agire da parte delle *lobbies* operanti nella realtà dei mercati, in modo tale da mantenere l'interesse pubblico quale parametro di riferimento per la missione istituzionale.

Di conseguenza, quanto al rapporto con il potere esecutivo, le autorità non sono tenute ad adeguarsi all'indirizzo politico espresso dalla maggioranza e adottano, in posizione di terzietà, decisioni simili a quelle degli organi giurisdizionali.

Peraltro sotto tale specifico aspetto, è opinione comune che esse abbiano una posizione "neutrale" piuttosto che "imparziale". Infatti la neutralità significa totale indifferenza rispetto agli interessi in gioco, mentre l'imparzialità si riferisce a un canone d'azione che impone di perseguire un peculiare interesse pubblico solo tenendo conto degli altri interessi pubblici e privati presenti nella vicenda, evitando compromissioni degli stessi che non appaiano ragionevoli e proporzionate.

In ogni caso, proprio la circostanza che le autorità indipendenti non rispondano politicamente all'esecutivo ha suscitato dubbi in ordine alla legittimità costituzionale della scelta legislative di istituirle.

Infatti, anche se per molte di esse sussiste un fondamento giuridico sovranazionale segnatamente di diritto comunitario, le amministrazioni indipendenti sono prive di una vera e propria "copertura costituzionale" e sfuggono completamente al modello generale fondato sul principio di responsabilità ministeriale consacrato nell'art. 95 della Costituzione, a mente del quale i Ministri sono responsabili collegialmente degli atti del Consiglio dei Ministri e individualmente degli atti dei loro dicasteri.

In particolare, il dibattito fondato su tali rilievi evidenzia il rischio che settori rilevanti della vita del Paese vengano amministrati da soggetti pubblici che, essendo svincolati dalla direzione e dal controllo del Governo, finiscano per essere privi di legittimazione democratica.

Ciò detto in generale, è possibile effettuare una distinzione tra autorità di settore e autorità trasversali: nello specifico, le prime sono preposte, in via esclusiva, ad un peculiare settore economico, mentre le seconde sono dotate di competenze non limitate, dal punto di vista materiale, a singoli comparti, in quanto titolari di un potere di tutela di specifici interessi pubblici di portata generale.

Quanto invece alla natura giuridica delle autorità amministrative indipendenti, data per scontata la matrice pubblicistica delle autorità, si è discusso a lungo circa il plesso costituzionale di appartenenza.

Infatti ci si è chiesti se esse siano da ricondurre nell'alveo della pubblica amministrazione o se, invece, siano da assimilare al potere giudiziario, in considerazione della loro spiccata indipendenza strutturale e della natura neutrale delle funzioni loro assegnate.

In una sentenza del 2002 (la n. 7341 del 20 maggio 2002), la Cassazione ha optato per l'assimilazione di tali autorità al potere amministrativo, escludendo, da una parte, che nell'ordinamento sia consentito ipotizzare un *tertium genus* fra amministrazione e giurisdizione e, dall'altra, che i provvedimenti adottati dalle autorità a chiusura dell'istruttoria siano suscettibili di assumere l'autorità di cosa giudicata, come invece è necessario affinché si possa desumere la natura giurisdizionale dell'organo emanante.

Attualmente le autorità sono definite e disciplinate dalle singole leggi istitutive.

Tra le principali autorità amministrative indipendenti si annoverano le seguenti:

• l'Autorità per le garanzie nelle comunicazioni (AGCOM), istituita dalla l. n. 249/1997, con il compito di assicurare il rispetto dei diritti fondamentali della persona e la tutela della concorrenza nel settore delle comunicazioni, anche radiotelevisive, attraverso la regolamentazione dei mercati, dei servizi e dei prodotti;

• l'Autorità garante della concorrenza e del mercato (AGCM), istituita con l. n. 287/1990 e nota come Autorità antitrust;

• la Banca d'Italia, istituita nel 1936 e da ultimo riformata dalla l. n. 262/2005, la quale dal 1998 è parte integrante del Sistema Europeo delle Banche Centrali (SEBC).;

• la Commissione nazionale per le società e la borsa (CONSOB) con funzioni di regolamentazione, vigilanza e garanzia della trasparenza sul corretto funzionamento dei mercati mobiliari;

• l'Istituto per la vigilanza sulle assicurazioni (noto con l'acronimo IVASS ed istituito con il decreto legge 6 luglio 2012 n. 95, convertito in legge 7 agosto 2012 n. 135, andando a sostituire il precedente ISVAP) con il compito di svolgere funzioni di vigilanza sul mercato assicurativo.

Vanno infine menzionate il Garante per la protezione dei dati personali; l'Autorità di regolazione per energia reti e ambiente (ARERA); il Garante del Contribuente e l'Autorità Nazionale per l'Anticorruzione (nota con l'acronimo ANAC).

4. Organizzazione e caratteristiche dell'amministrazione regionale

Il 23.10.1859 fu promulgata la legge n. 3702 del Regno di Sardegna, conosciuta anche con il nome di decreto Rattazzi dal nome dell'allora Ministro dell'Interno del Regno sabaudo, Urbano Rattazzi. È importante analizzare le principali disposizioni di tale legge in quanto, in seguito alla proclamazione del Regno d'Italia nel 1861, l'organizzazione degli enti locali così come disciplinata nel 1859 fu estesa a tutto il Regno e rimase tale, se non con qualche minima modifica, sino al 1888.

È, dapprima importante osservare come tale legge non concedesse rilevante autonomia agli enti locali, specialmente ai comuni, perché, come si avrà modo di analizzare, essa prevedeva pervasivi controlli da parte dell'autorità centrale nei confronti di tutte le attività di competenza degli enti periferici.

Il Decreto Rattazzi suddivise l'intero territorio del Regno in provincie, circondari, mandamenti e comuni.

Ogni provincia era guidata da un governatore di nomina regia - in seguito all'estensione di tale legge all'intero Regno d'Italia, il governatore prese il nome di prefetto - a sua volta coadiuvato da un vice - governatore, anch'esso nominato dal Re. Sotto il governatore si trovava la Deputazione provinciale, che aveva funzioni di giudice amministrativo, ed il Consiglio provinciale, che veniva eletto dai cittadini che godevano del diritto di voto. La province istituite dal decreto Rattazzi furono: Alessandria, Annency, Bergamo, Brescia, Cagliari, Nuoro, Ciamberi, Como, Cremona, Cuneo, Genova, Milano, Nizza, Novara, Pavia, Sassari, Sondrio e Torino.

I circondari, che nelle intenzioni del Ministro Rattazzi dovevano assomigliare agli *arrondissements* francesi, non erano, in realtà, enti locali, ma degli organi di rango statale. Essi, invero, si configuravano come delle sottoprefetture guidate, per l'appunto, da sottoprefetti. Quando i circondari erano costituiti presso le città capoluogo, alla loro guida era posto un viceprefetto. Anche i mandamenti, in realtà, non avevano alcuna autonomia: essi, infatti, non erano altro che i singoli collegi utilizzati per le elezioni provinciali.

I veri organismi di base del Regno erano i comuni. L'amministrazione comunale era formata da un Sindaco, un Consiglio comunale, una Giunta municipale e, in via facoltativa, da un Segretario comunale.

Il Sindaco rivestiva la doppia funzione di ufficiale del governo - egli, infatti, era nominato direttamente dal Re - e di capo dell'amministrazione comunale. Rimaneva in carica per tre anni, ma poteva essere nuovamente nominato, qualora avesse mantenuto la qualifica di consigliere. Le principali funzioni del Sindaco, quale capo dell'Amministrazione, era quella di presiedere il Consiglio comunale, convocare e presiedere la Giunta municipale e rappresentare il Comune in giudizio. Come ufficiale del governo, invece, esso era incaricato della pubblicazione delle leggi e degli ordini governativi, di tenere i registri dello stato civile, di riferire all'intendente sulla concessione di licenze per esercizi e stabilimenti pubblici nonché di riferire alle autorità governative sull'ordine pubblico. La Giunta, che veniva eletta dal Consiglio comunale a maggioranza assoluta dei suoi membri e rimaneva in carica per un anno, aveva tra i suoi compiti principali quello di nominare il personale del Comune, assistere agli incanti, vigilare sull'ornato e sulla polizia locale e controllare la regolarità delle operazioni di leva. Il Consiglio comunale, invece, era composto da un numero variabile di consiglieri (da un massimo di 60 ad un minimo di 4) a seconda del numero degli abitanti del comune. Ogni anno gli elettori erano chiamati a rinnovare un quinto del Consiglio. A tal proposito, godevano del diritto di voto solamente i cittadini maschi, non analfabeti, che pagavano al comune contribuzioni dirette di entità variabile a seconda del numero di abitanti del comune di residenza. Non potevano, invece, votare le donne, gli interdetti ed i soggetti condannati a pene correzionali. Il sistema elettorale amministrativo prevedeva che gli elettori potessero esprimere tante preferenze quanti erano i consiglieri da nominare: risultavano, ovviamente, eletti i consiglieri più votati.

Le principali funzioni del Consiglio comunali erano quelle di eleggere i membri della giunta municipale, di effettuare i controlli contabili sugli istituti di carità e di beneficenza, nominare i revisori dei conti, aggiornare costantemente le liste elettorali e deliberare gli stipendi degli impiegati comunali.

Come si è già avuto modo di dire, il decreto Rattazzi configurava un'organizzazione amministrativa dello Stato fortemente accentrata. Non stupisce, dunque, che il capo VII della legge n. 3702 prevedesse che i rappresentati dello Stato dovessero effettuare dei regolari controlli nei confronti delle attività comunali. Ecco, allora, che, per esempio, il prefetto doveva controllare la regolarità di tutte le deliberazioni comunali nonché la regolarità dei bilanci dell'Ente. Erano soggetti alla preventiva approvazione del Re, previo parere del Consiglio di Stato, i regolamenti sui dazi, sulle imposte, sull'ornato e sulla polizia locale. Dovevano, inoltre, essere approvate dalla Deputazione provinciale le deliberazioni comunali inerenti a numerose materie (acquisto o alienazione di immobili; costituzioni di servitù; delimitazioni di beni e territori; spese vincolanti i bilanci per più di tre esercizi; azioni legali e liti giudiziali; regolamenti concernenti l'uso dei beni comunali...).

Nel 1861, tale sistema organizzativo fu esteso a tutto il Regno d'Italia.

La prima legge organica sugli ordinamenti locali in epoca post-unitaria fu adottata il 20.3.1865: si tratta della legge n. 2248, conosciuta anche con il nome di legge Lanza, dal Ministro degli Interni del governo La Marmora. L'allegato A di tale legge era dedicato all'organizzazione amministrativa dello Stato. È, tuttavia, opportuno osservare come furono davvero poche le novità introdotte dalla legge Lanza rispetto al decreto Rattazzi nell'ambito dell'organizzazione degli enti periferici. Basti, infatti, pensare come i 235 articoli della legge del 1865 spesso non fossero altro che una mera ripetizione dei 222 articoli della previgente legge del 1859. In particolare, la legge Lanza non modificò i controlli che lo Stato, per mezzo dei suoi rappresentanti, poteva esercitare nei confronti delle attività svolte dalle amministrazioni locali, specialmente quelle comunali. Pertanto, la legge del 1865 delineava, ancora una volta, uno Stato fortemente accentrato che, di fatto, non concedeva sensibili autonomie agli enti periferici.

Ad ogni modo, le principali novità introdotte dalla legge Lanza furono: l'introduzione della provincia di Siracusa e l'eliminazione di quella di Noto, la concessione di una delega al governo per la cancellazione di diversi comuni di piccole dimensioni ed il raddoppio della durata dell'incarico della Deputazione provinciale e della Giunta comunale.

La prima legge che concesse significative autonomie agli enti periferici fu la n. 5865 del 30.12.1988, poi trasfusa nel Regio decreto n. 5921 del 10.2.1889 conosciuto anche come Testo Unico della legge comunale e provinciale. L'ordinamento comunale delineato da tale legge costituisce l'ossatura di quello oggi ancora in vigore.

Innanzitutto, è importante evidenziare come, nei Comuni con più di 10.000 abitanti, il Sindaco non fosse più nominato dal Re su proposta del prefetto. Esso, infatti, veniva eletto dal Consiglio comunale che, a sua volta, era eletto da un numero sempre maggiore di cittadini dal momento che furono, altresì, modificati i requisiti per poter votare. In particolare, a partire dal dicembre del 1888, potevano partecipare alle consultazioni elettorali tutti i cittadini maschi, non analfabeti, che avessero compiuto 21 anni e che avessero pagato al Comune di residenza un certo ammontare annuale di imposte dirette. Tali modifiche consentirono all'elettorato attivo di aumentare dal 4% all'11%. Era, inoltre, previsto che il Consiglio comunale potesse decidere di rimuovere il Sindaco dalla sua carica. Le sedute del Consiglio comunale furono aperte al pubblico e la loro fissazione poteva essere anche richiesta da un terzo dei consiglieri. In caso di scioglimento del Consiglio comunale, al posto del Sindaco veniva nominato un Commissario straordinario.

La Giunta comunale, che doveva essere composta dal Sindaco e da un numero variabile di assessori, da 2 a 10 a seconda delle dimensioni dell'Ente, poteva utilizzare, in presenza di determinati presupposti (per esempio, gravi motivi di ordine pubblico), la decretazione d'urgenza.

Divenne, inoltre, obbligatoria la presenza del Segretario comunale in tutti i comuni: ai comuni di piccole dimensioni venne permesso di consorziarsi per avvalersi del medesimo Segretario.

Alla luce di quanto sopra, è possibile osservare che, grazie alla legge n. 5865 del 1888, l'autonomia dei Comuni rispetto al potere centrale accrebbe notevolmente. In sostanza, il Re poteva interferire nell'organizzazione comunale solamente nel caso di cattiva amministrazione oppure per gravi motivi di ordine pubblico.

Anche l'organizzazione provinciale fu modificata. Fu, invero, introdotta la Giunta Provinciale Amministrativa composta dal Prefetto, da quattro membri scelti dal Consiglio provinciale e da due rappresentanti del Ministero dell'Interno. Il prefetto, inoltre, non era più al vertice della Deputazione provinciale. Il presidente della Deputazione, infatti, doveva essere annualmente eletto dal Consiglio provinciale, a maggioranza assoluta dei suoi membri.

Dal 1894 al 1912, l'autonomia degli enti periferici rispetto al potere centrale crebbe ulteriormente. Infatti, l'art. 9 della legge n. 287 dell'11.7.1894 aumentò sino a sei anni la durata in carica dei Consigli comunali. La legge n. 346 del 29.7.1896 dispose l'elezione da parte dei Consigli comunali di tutti i Sindaci indipendentemente dal numero di abitanti del Comune. Con la legge n. 665 del 30.12.1912, venne introdotto il suffragio universale maschile per i cittadini che avessero compiuto 21 anni d'età.

Con l'avvento del fascismo, i principi liberali che, sin dal 1861, avevano caratterizzato il Regno d'Italia vennero annichiliti e sostituiti da un'ideologica, di tipo nazionalista, centralista e statalista. Ovviamente tali principi ispirarono anche le leggi concernenti l'ordinamento comunale che furono approvate durante la dittatura. In particolar modo, la legge n. 237 del 4.2.1926 introdusse - dapprima solamente per i comuni sino a 5.000 abitanti poi, nel dicembre dello stesso anno con la legge n. 1910, a tutti i comuni - la figura del podestà. Esso, che assumeva su di sé tutte le funzioni che, in precedenza, erano esercitate dal Sindaco, dal Consiglio comunale e dalla Giunta, era nominato per decreto reale ed il suo mandato, pur rinnovabile, durava 5 anni. Accanto alla figura del podestà fu istituita la Consulta comunale che, tuttavia, aveva una funzione meramente consultiva. In caso di mala amministrazione il podestà poteva essere rimosso unicamente dal prefetto. Il processo di trasformazione degli enti locali in mere diramazioni del potere centrale si perfezionò con la legge n. 2113 del 23.10.1925 che introdusse l'obbligo per tutti gli impiegati comunali e provinciali, a pena della perdita del posto di lavoro, di prestare un giuramento di fedeltà al regime.

Sarà, dunque, necessario attendere la conclusione del secondo conflitto mondiale e la fine della dittatura fascista per assistere ad un nuovo impulso delle autonomie locali.

Con l'entrata in vigore della Costituzione repubblicana il 1º gennaio 1948 si volle dare nuovo vigore al sistema di governo locale.

Si restituì carattere elettivo alle assemblee di Comuni e Province e vennero istituite le Regioni con il preciso scopo di sopperire a quelle mancanze che Comuni, Province e Stato, a causa delle loro differenti dimensioni, avrebbero sicuramente incontrato sul loro cammino.

Iniziò a germogliare il seme del pluralismo e ciò era facilmente constatabile dal testo dell'art. 5 Cost. in combinato disposto con il vecchio art. 114 Cost.: *"la Repubblica, una e indivisibile, riconosce e promuove le autonomie locali; attua nei servizi che dipendono dallo Stato il più ampio decentramento amministrativo; adegua i principi ed i metodi della sua legislazione alle esigenze dell'autonomia e del decentramento"* e *"la Repubblica si riparte in Regioni, Provincie e Comuni"*.

Negli anni successivi, però, il processo di potenziamento delle autonomie locali subì un forte ridimensionamento rispetto a quanto previsto dalla nuova

Costituzione. La mancanza di una sistematica conoscenza in tema di governo locale e l'azione frenante dei governi democristiani portarono alla mancata attuazione delle disposizione transitorie finali n. IX, Cost., *"La Repubblica, entro tre anni dall'entrata in vigore della Costituzione, adegua le sue leggi alle esigenze delle autonomie locali e alla competenza legislativa attribuita alle Regioni"*[12] e n. VIII Cost.: *"le elezioni dei Consigli regionali e degli organi elettivi delle amministrazioni provinciali sono indette entro un anno dall'entrata in vigore della Costituzione. Leggi della Repubblica regolano per ogni ramo della pubblica amministrazione il passaggio delle funzioni statali attribuite alle Regioni. Fino a quando non sia provveduto al riordinamento e alla distribuzione delle funzioni amministrative fra gli enti locali restano alle Provincie ed ai Comuni le funzioni che esercitano attualmente e le altre di cui le Regioni deleghino loro l'esercizi"*.

Fu solo nel 1953 che il Parlamento promulgò una legge sul funzionamento degli organi regionali, legge che rimase però lettera morta fino, all'incirca, al 1963-1968.

Nel periodo successivo all'entrata in vigore della Costituzione la vita dei Comuni italiani continuò ad essere disciplinata, sostanzialmente, dalla vecchia normativa pre-repubblicana e cioè dal Testo Unico del 1934 sia pur modificato, non radicalmente, da leggi successive. Nonostante la distanza e l'incoerenza fra la normativa del 1934 e il dettato costituzionale si approderà ad una nuova ed organica disciplina solo nel 1990.

Un cambiamento di rotta concreto si ebbe a partire dagli anni '60 con i governi di centro-sinistra che fecero dell'attuazione del dettato costituzionale un punto fondamentale del loro programma. Il 21 giugno 1967 il Ministro dell'Interno Taviani presentò alla Camera un disegno di legge, divenuto poi l. 108/1968, contente la legge elettorale regionale.

Il 22 maggio 1970 fu pubblicata la legge n. 281 del 1970 (*"Provvedimenti finanziari per l'attuazione delle Regioni a statuto ordinario"*), c.d. legge finanziaria per le regioni a statuto ordinario.

Nel 1970, con le prime elezioni dei Consigli Regionali le Regioni entrarono ufficialmente a far parte della storia istituzionale italiana affiancandosi a Province e Comuni.

In ogni caso, l'ordinamento delle autonomie locali era rimesso dall'art. 128 della Costituzione alla potestà legislativa dello Stato cui era riconosciuta una evidente posizione di supremazia. Si può quindi ritenere che il disegno costituzionale abbia scelto una via intermedia tra: un accentramento di tipo totalitario in capo allo stato e la totale rimessione dei pieni poteri alle singole unità territoriali.

---

[12] ROBERTO SEGATORI, *I sindaci. Storia e sociologia dell'amministrazione locale in Italia dall'unità a oggi,* Roma, 2003, p. 32 ss.

ITALIA

LA ORGANIZACIÓN ADMINISTRATIVA EN ITALIA DESDE LA UNIFICACIÓN HASTA HOY

Giuseppe Franco Ferrari*

1. Caracterización constitucional del Estado

Los días 2 y 3 de junio de 1946 se celebró un referéndum institucional en Italia y se convocó a toda la población a participar, por sufragio universal, en la vida política del Estado italiano.

Para este fin se promulgaron dos leyes esenciales: la ley electoral 74 de 10 de marzo de 1946, que dictó la legislación necesaria para la elección de la Asamblea Constituyente; el decreto legislativo lugartenencial 98, de 16 de marzo de 1947, conocido como la "segunda constitución transicional", que confió directamente al pueblo la elección de la forma institucional del Estado.

Los italianos fueron, por lo tanto, llamados a elegir, ante todo, la forma institucional que habría caracterizado a partir de ese momento al Estado italiano (monarquía o república) y también fueron llamados a elegir a los miembros de la Asamblea Constituyente.

En realidad, desde 1944 con el decreto legislativo lugartenencial 151, de 25 de junio de 1944, había sido prefigurada la creación de una Asamblea Constituyente.

La Asamblea, constituida el 25 de junio de 1946, la integraron 556 miembros y continuó su labor hasta el 31 de enero de 1948, con el objetivo principal de redactar una Constitución para el Estado italiano; otras tareas que se le atribuyeron fueron: la elección del Jefe de Estado provisional, en este caso Enrico De Nicola, y la aprobación de leyes constitucionales y electorales.

El 15 de julio de 1946 se estableció la "Comisión para la Constitución", también llamada "Comisión de los 75", con la prerrogativa especial de elaborar y proponer un proyecto de Constitución de la República Italiana. Durante su mandato, se realizaron 375 sesiones públicas, de las cuales 170 específicas para la aprobación del texto constitucional.

Las elecciones de la Asamblea Constituyente se celebraron con un sistema de votación introducido por el decreto legislativo lugartenencial 74, de 10 de marzo de 1946, y aprobado por el Consejo Nacional el 23 de febrero de 1946, de tipo proporcional.

* Profesor de Derecho Constitucional en la Universidad Bocconi, Milán; director de la revista "Diritto Pubblico Comparato ed Europeo". Ha publicado monográficas y estudios sobre temas de derecho público, derecho administrativo y derechos civiles y sociales.

Los resultados electorales destacaron la afirmación principalmente de tres fuerzas políticas diferentes: la Democracia Cristiana, el Partido Socialista Italiano y el Partido Comunista Italiano. La diversidad de objetivos y de cultura política entre las tres partes hicieron inevitable una colaboración estrecha, compuesta de acuerdos y compromisos, indispensables para la identificación de un texto constitucional que tuviera el consenso más amplio posible. A falta de una operación efectiva de equilibrio de intereses y principios, el resultado fue una suma de las propuestas de los diversos grupos políticos.

La forma típicamente "larga" y "abierta" de la actual Constitución italiana es, de hecho, un dato común a todas las constituciones del siglo xx que, fisiológicamente, surgieron de acuerdos entre fuerzas políticas opuestas. Sin embargo, las disputas políticas encontraron puntos de encuentro en la afirmación de las libertades fundamentales, de la protección de las autonomías locales y en la identificación de principios destinados a prevenir el advenimiento de una nueva dictadura.

La exagerada centralización llevada a cabo por la dictadura condujo a la supresión de las autonomías territoriales, provocando una fuerte resistencia y alimentando las corrientes separatistas que desembocaron después de la guerra en la voluntad de proteger constitucionalmente las autonomías locales, el alma y la esencia del Estado.

Por lo tanto, la tarea de la Asamblea Constituyente era responder de forma positiva a la voluntad política y popular de reconstruir una fuerte autonomía territorial local a través de la búsqueda de un acuerdo entre las fuerzas políticas.

Los padres constituyentes, llamados a decidir el futuro orden constitucional, se inspiraron en dos realidades regionales diferentes: el regionalismo español de la Segunda República y el federalismo centroeuropeo. La Constitución de Weimar, traducida e ilustrada por Costantino Mortati, tuvo gran influencia en el texto constitucional italiano. El federalismo centroeuropeo fue un ejemplo para la división de competencias entre el centro y la periferia y para la creación de la categoría de las regiones ordinarias, dotadas de idénticas atribuciones.

El modelo español, en cambio, inspiró la enumeración regional de atribuciones y la creación de algunas regiones con una autonomía especial y competencias diferenciadas e identificadas por su Estatuto.

Las fuerzas políticas antifascistas acordaron considerar el establecimiento de las regiones como una respuesta efectiva al deseo de reconstruir un Estado democrático.

En primer lugar, los católicos, recuperando la tesis ya expresada por Don Luigi Sturzo y reafirmada en 1943 por Alcide De Gasperi, expresaron la necesidad de introducir un modelo regionalista, al igual que los republicanos.

Y expresaron su escepticismo sobre la introducción de un regionalismo excesivamente fuerte: los liberales, el Partido Comunista y el Partido Socialista.

Durante la fase preparatoria del trabajo de la Asamblea, surgieron con precisión las intenciones definitivas de las diversas fuerzas políticas en juego. Los demócratas cristianos apoyaron la necesidad de crear cuerpos regionales no solo con representación política sino también con poder legislativo exclusivo; las fuerzas social-comunistas, por su parte, optaron por un modelo de región como un órgano principalmente administrativo y con un poder legislativo limitado por la voluntad nacional; luego, en el debate anterior al pleno de la Asamblea, no faltaron posiciones extremas que preveían una fuerte centralización estatal o un fuerte federalismo regional.

Mientras que el trabajo de la Asamblea ya había comenzado, los demócratas cristianos redujeron el impulso regionalista original, adoptando una actitud más cauta.

La idea de un fuerte federalismo regional siguió siendo una prerrogativa de personalidades individuales que no se pueden referir a una sola dirección política; sin embargo, estas figuras influyeron en el diseño constitucional final, como los republicanos Oliviero Zuccarini y Giovanni Conti, el sardista Emilio Lussu, el autonomista valdostano Giulio Bordon.

La Asamblea Constituyente decidió dedicar un Título, el V, al establecimiento y funcionamiento de regiones, provincias y municipios. La fase de discusión en la Asamblea del texto del Título V tuvo lugar entre el 27 de mayo y el 22 de julio de 1947. Los partidos políticos concentraron sus posiciones en dos polos opuestos: por un lado, demócratas cristianos, republicanos y autonomistas-accionistas que defendieron la introducción del poder legislativo regional; en el otro, la izquierda con el Partido Socialista, el Partido Comunista y las derechas con los liberales, los qualunquististas y el Bloque Nacional Liberal[1], que en cambio apoyaron una descentralización limitada de las funciones y los poderes del Estado.

El resultado del debate celebrado en la Asamblea Constituyente dio lugar al texto del artículo 114 de la Constitución que dice: "la República se reparte en regiones, provincias y municipios". Junto a las dos autoridades locales históricamente preexistentes, se estableció oficialmente una nueva estructura territorial: la Región.

El municipio poseía la historia más antigua. Con el advenimiento de la modernidad, el concepto de ciudad como ciudad-estado fue reemplazado por el concepto de la ciudad como una mera articulación administrativa. En cambio, la Provincia nació como un cuerpo intermedio, en particular desde el Edicto Albertino 659 de 27 de noviembre de 1847 y, después, desde la ley 2248 de 20 de marzo de 1865.

---

[1] G. Giorgini, L. Mezzetti y A. Scavone, *La costituzione "vivente": nel cinquantesimo anniversario della sua formazione*, 1999, págs. 34 y ss.

El artículo 107 del "Proyecto de Constitución", que posteriormente dará vida al art. 114 de la Constitución actual, fue debatido en la Asamblea Constituyente en la sesión del 27 de junio de 1947.

Mediante el artículo 115 de la Constitución se sentaron las bases para su futura implementación: "las regiones se constituyen en entidades autónomas con sus propios poderes y funciones de acuerdo con los principios establecidos en la Constitución".

El artículo 116 de la Constitución introdujo las regiones con estatuto especial, destinadas al reconocimiento y la protección de las minorías lingüísticas presentes en algunas regiones fronterizas: francés en Valle D'Aosta, alemán en Trentino Alto - Adige y esloveno en Friuli Venezia Giulia; así como al apoyo de las fuertes presiones de autonomía manifestadas en Cerdeña y Sicilia, capaces de plantear la hipótesis de un peligro secesionista concreto.

El resultado de la Asamblea Constituyente fue, por lo tanto, la perspectiva de un tipo de regionalismo asimétrico con la posibilidad de una amplia heterogeneidad para las regiones con Estatuto especial y formas más restrictivas para las regiones con Estatuto ordinario.

Por medio del artículo 117 de la Constitución la Asamblea atribuyó a las regiones sus poderes legislativos "dentro de los límites de los principios fundamentales establecidos por las leyes del Estado, siempre que las mismas normas no contradigan el interés nacional y el de otras Regiones". El debate que condujo a la redacción del artículo 117 fue largo y articulado. Inicialmente, la discusión se centró "en determinar la competencia legislativa. Y aquí se plantea esta observación: si es apropiado proceder con la determinación de la competencia directa o indirectamente, es decir, en relación con la competencias del Estado. [...] Las dos fórmulas pueden ser estas: la primera, determinar los asuntos en que la competencia legislativa está reservada al Estado; la segunda, a la inversa, determinar directamente la competencia de la región, sin hacer una lista de poderes del Estado"[2]. La elección definitiva fue enumerar las competencias atribuidas a la región y no al revés. Posteriormente se determinó en qué sentido y en qué límites la región habría ejercido su función legislativa y qué asuntos tendrían que fluir dentro de su esfera de atribuciones. El debate, que comenzó el 27 de julio de 1946, finalizó el 22 de julio de 1947 y el texto coordinado por el Comité de Redacción, antes de la votación final en la Asamblea, se distribuyó a los diputados el 20 de diciembre de 1947 y se aprobó el 22 de diciembre de 1947: "la región emite para los siguientes asuntos disposiciones legislativas dentro de los límites de los principios fundamentales establecidos por las leyes del Estado, siempre que las mismas normas no entren en conflicto con el interés nacional y con las de otras regiones".

---

[2] El 27 de julio de 1946, el segundo Subcomité de la Comisión para la Constitución comenzó la discusión sobre las autonomías locales.

Las regiones obtuvieron competencias legislativas en el ámbito de: ordenamiento de oficinas y órganos administrativos dependientes de la región, policía local, ferias y mercados, obras de caridad pública y asistencia sanitaria y hospitalaria, educación artesanal y profesional y asistencia escolar, museos y bibliotecas de autoridades locales, urbanismo, turismo e industria hotelera, tranvías y líneas automotrices de interés regional, carreteras, acueductos y obras públicas de interés regional, navegación y puertos lacustres, aguas minerales y termales, turberas, caza, pesca en aguas interiores, agricultura y bosques, artesanías y "otras materias indicadas por las leyes constitucionales".

Otro paso fundamental para la definición y limitación de la autonomía local fue la formación del artículo 118 de la Constitución, que atribuyó a la competencia de las provincias y municipios los asuntos de su interés exclusivo, pertinentes a una dimensión estrictamente local y territorial.

Con el artículo 119 de la Constitución, en cambio, la Asamblea sancionó la autonomía financiera de las regiones "dentro de los límites establecidos por las leyes de la República, que la coordinan con las finanzas del Estado, las provincias y los municipios".

El Título V identificó con precisión los órganos constitutivos de los nuevos órganos regionales (art. 121 Const.), la necesidad de aprobar un estatuto regional (art. 123 Const.), los sistemas de control de legitimidad sobre los actos de las autoridades locales (art. 130 Const.), el número y la denominación de las Regiones, originalmente 19 y actualmente 20, después de la separación entre Abruzzo y Molise en 1963 (art. 131 Const.), la autonomía de los municipios y provincias (art. 128 Const.).

El tardío desarrollo del Título V implicó una inversión con respecto a los objetivos identificados por el Constituyente: se delineó e implantó un poder legislativo más centralizado en manos del Estado; también la práctica de la Corte Constitucional fortaleció con el correr del tiempo una postura centralista alejada de la valorización de las autonomías regionales contenida en la Constitución.

En realidad, el cambio real del orden territorial solo se producirá más tarde con la introducción, en 1976, de las regiones con Estatuto ordinario y, aún más, en 1990 con la reforma de las autonomías locales.

2. Evolución histórica de la organización del Estado

A) *Decreto Rattazzi de 1859*

El llamado "*decreto Rattazzi*", es decir, la "ley municipal y provincial" de 23 de octubre de 1859, 3702 del Reino de Cerdeña, se emitió por iniciativa del Ministro del Interior del Reino, Urbano Rattazzi.

Esta ley rediseñó la geografía administrativa de todo el estado de Saboya, inspirada tanto por el pensamiento de Jeremy Bentham, que tendía a subordinar las autonomías locales al interés general del Estado, como por una concepción política "liberal-autoritaria", acogida por Rattazzi y parte de la izquierda piamontesa, convencida de la necesidad de un "gobierno fuerte" tanto en el centro como en periferia.

Con el objetivo de construir distritos territoriales más grandes y, en teoría, más eficientes, el Reino de Cerdeña se dividió en provincias, distritos, mandatos y municipios, atendiendo al modelo francés

En particular, los *Distritos* tomaron el lugar de las antiguas *povincias* piamontesas, mientras que las antiguas *divisiones* fueron reemplazadas por las *provincias*. El alcalde, sin embargo, permaneció nombrado por el Rey y continuó siendo, al mismo tiempo, representante del Estado y jefe de la administración local.

El nivel del distrito, si bien ya no contaba con el consejo electivo, continuó teniendo funciones meramente consultivas. En la parte superior de la pirámide administrativa, por otro lado, estaban los cambios más importantes. En la parte superior de la jerarquía se encontraba la diputación provincial, dirigida por un gobernador designado por el Estado que era, al mismo tiempo, el representante periférico del Estado y el jefe del Comité Ejecutivo de la Provincia. La ley Rattazzi también amplió el electorado administrativo.

B) *Ley 2248 de 1865*

La unificación administrativa del Reino de Italia se produjo con la emisión de la ley 20 de marzo de 1865, 2248, llamada *"ley - Lanza"* que incluía seis medidas relativas a la organización administrativa del Estado (Anexo A), seguridad pública (Anexo B), salud pública (Anexo C), el establecimiento del Consejo de Estado (Anexo D), contencioso-administrativo (Anexo E) y obras públicas (Anexo F), es decir un conjunto de normas diseñadas para afectar profundamente la vida civil y la organización de los órganos del gobierno local.

Con la ley municipal y provincial de 1865 (Anexo A) se confirmó el sistema centralizado de inspiración francesa, que ya había sido implantado parcialmente con la Restauración por algunos de los Estados existentes antes de la unificación[3] (llamada "piemontesizzazione").

En particular, se reconfirmó la estructura general caracterizada por una administración central fuerte —que también se manifestó en la organización de la escuela, la justicia y las fuerzas armadas, en el papel privilegiado de Piamonte en el liderazgo del país— que utilizó, en el ámbito provincial[4], los

---

[3] V. Petrocchi, *Le origini dell'ordinamento comunale e provinciale italiano*, Milano, 1962.

[4] Aunque la Provincia ya estaba presente en el Reino de Saboya, y luego se extendió al Reino de Italia el 17 de marzo de 1861, la ley 2248 de 1865 constituye la primera disciplina directa de la Provincia después de la unificación (en lugar de la ley 23 de octubre de 1859, 3702).

prefectos para supervisar y garantizar que las autoridades locales cumplieran con las directivas del centro.

Esta elección estuvo determinada no solo por la fuerte influencia de las instituciones y sistemas franceses, sino sobre todo por la necesidad de evitar que las tendencias centrífugas atacasen la unidad nacional recién conquistada.

Se formalizó la división del Reino en varios niveles administrativos (provincias, distritos, mandamientos y municipios).

Pero las instituciones territoriales reales eran los municipios y las provincias. Los distritos, órganos intermedios entre la provincia y el mandamiento, eran la sede de la subprefectura, mientras que los mandamientos, que eran sede de juzgados, ejercían por ley solo funciones judiciales, así como la representación de los distritos territoriales para el nombramiento de los consejeros provinciales (art. 157).

El prefecto se colocó a la cabeza de la Provincia como representante del Gobierno, con la asistencia de una junta de prefectura. Las instrucciones ministeriales se daban directamente, sin pasar por las oficinas ministeriales (de las cuales dependía el personal de la prefectura).

Una vez que la mayoría de las asignaciones jurisdiccionales fueron eliminadas de los consejos de prefectura (presididos por el prefecto), después de la abolición del contencioso-administrativo, permanecieron las funciones consultivas y administrativas.

Los distritos estaban sujetos a la dirección política y administrativa de un subprefecto directamente bajo la autoridad del prefecto (art. 7º).

Ni el prefecto ni el subprefecto podrían ser llamados a rendir cuentas por el ejercicio de sus funciones, con excepción de la autoridad administrativa superior, ni podrían ser procesados por ningún acto emitido en el ejercicio de sus funciones sin la autorización del Rey, previo dictamen del Consejo de Estado (art. 8º).

La administración municipal estaba compuesta por tres cuerpos (art. 10): el consejo, la junta, el alcalde. El secretario municipal estaba a cargo de las oficinas municipales[5].

De los 60 establecidos por la legislación de Rattazzi, el número de concejeros municipales se elevó a 80 para los municipios cuya población fuese superior a 250,000. Para los municipios con una población de más de 60,000, 30,000, 10,000 y 3,000, el número se estableció en 60, 40, 30 y 20, respectivamente. Para los municipios más pequeños se estableció una representación de 15 miembros para aquellos con una población de menos de 3,000 habitantes "y de todos los elegibles cuando su número no alcanza el establecido arriba" (art. 11).

---

[5] El mismo art. 10 previó la posibilidad de que un solo secretario municipal prestara servicios a más de un municipio al mismo tiempo.

La elección directa de los concejeros municipales se realizó con la técnica del sistema mayoritario (art. 71). El mandato de los concejales era de cinco años. Sin embargo, la renovación parcial de los órganos era anual. Los contenciosos electorales fueron delegados a la diputación provincial (arts. 36 y 75). El alcalde, *longa manus* del ministro del Interior, era nombrado por el Rey, elegido entre los consejeros (art. 98).

El artículo 17 del Anexo A repitió al pie de la letra el artículo 14 de la Ley Rattazzi (n. 3702/1859), según el cual "los concejales municipales son elegidos por los ciudadanos[6] de 21 años cumplidos, que disfrutan de los derechos civiles y que pagan anualmente en el municipio contribuciones directas de cualquier tipo" una suma variable según el número de habitantes: por lo menos 5 liras para municipios con menos de 3,000 habitantes y 25 liras para aquellos con más de 60,000. También se admitió el derecho al electorado activo, independientemente del censo, si el ciudadano ejercía cargos y profesiones que constituían capacidad electoral[7].

Con respecto al electorado pasivo, el artículo 25 del Anexo A volvió a proponer lo que ya estaba establecido por el artículo 22 de la Ley Rattazzi: "todos los electores inscritos en las listas electorales son elegibles, a excepción de los eclesiásticos y ministros de cultos que tienen jurisdicción o cuidado de las almas; aquellos que hagan sus veces, y los miembros de los capítulos y colegiatas; funcionarios del gobierno que deben supervisar a la administración municipal y los empleados de sus oficinas; aquellos que reciben un salario o sueldo del municipio o de las instituciones que administra; aquellos que tienen el manejo de recursos municipales, o que no han rendido cuentas de cómo gastaron el dinero en dependencia de una administración anterior, y aquellos que tienen una disputa con el municipio".

La junta municipal, cuyo funcionamiento se describía en el Capítulo IV del Anexo A, estaba compuesto por concejales municipales.

Se elegía por mayoría absoluta de votos por el Consejo, y podría renovarse al 50 por ciento cada año. La reelección de los miembros salientes fue permitida. De conformidad con el artículo 92, *"la junta representa al consejo en el intervalo de sus reuniones. Vigila la actuación regular de los servicios municipales, velando sobre las resoluciones del Consejo"*.

Este organismo, expresión de la mayoría del consejo, tenía poderes considerables (art. 93), como, por ejemplo, la elaboración de proyectos de presupuestos, la promoción de acciones posesorias, el nombramiento y el despido, a propuesta del alcalde, de los servidores del municipio, etc.

---

[6] Los "no *regnicoli*", es decir, los habitantes de Trento, Trieste y el cantón de Ticino, a los efectos de la ley electoral se compararon con los ciudadanos italianos.

[7] V. "Suffragio e Democratizzazione", p. 1, nota 4.

Por otro lado, al consejo estaba reservada la determinación de la orientación administrativa general de la municipalidad (arts. 82 y ss.).

El Capítulo V, que regula la figura del Alcalde, volvió a proponer el sistema de doble vía en el gobierno local, ya experimentado en el Piamonte: por un lado estaba la junta, que tenía carácter representativo, por otro, el alcalde, órgano burocrático designado por el Rey y vinculado a la administración central a través del prefecto.

Las administraciones locales se consideraron "entidades autárquicas", es decir, órganos administrativos indirectos del Estado, con una base territorial, que perseguían intereses similares a los del Estado, cuyos actos tenían que estar sujetos a un control penetrante, tanto de legitimidad como de mérito, en el respeto del principio de la acción administrativa unitaria. De esta concepción deriva la amplia función de vigilancia, que se concretó en el control de la legitimidad y en la verificación de la regularidad formal de cada resolución de los consejos y de las juntas, atribuida (art. 130) al prefecto (o al subprefecto). La supervisión y el control se expresaron con la visado de legitimidad o con la anulación. Esta función también fue complementada por el control tutelar (como control de mérito) encomendado a las diputaciones provinciales (para los municipios) o al prefecto (para las provincias), que se expresó a través de la aprobación (elemento necesario de integración de la eficacia) de los actos sujetos a este régimen específico (venta de immuebles, títulos de deuda, reglamentos, ferias y mercados, arrendamientos con una duración de más de diez años, etc.).

El Capítulo VI regulaba la administración municipal y la contabilidad. Se establecieron diferencias fundamentales entre los gastos obligatorios (imperativos) y opcionales (arts. 115 y ss.).

La lista de los gastos obligatorios, contenida en veinte puntos, incluía, entre otros, el archivo municipal, la policía local, los gastos judiciales mandamentali. Con fundamento en las disposiciones de la ley Rattazzi, todos los gastos no calificados como obligatorios debían considerarse opcionales. El Consejo de Estado, con respecto a los gastos opcionales, estableció que el prefecto era el órgano responsable de la anulación/preservación de las resoluciones municipales relacionadas con los gastos, manteniéndolas solo a condición de que fueran adoptadas en beneficio del municipio.

Bajo esta condición, los municipios tenían plena libertad para realizar los gastos opcionales, excluyendo aquellos para los cuales se requería la aprobación de la diputación provincial. En realidad, la lista exhaustiva de gastos obligatorios a cargo de la municipalidad, así como en el caso de la provincia, en lugar de representar una protección de la autonomía local, era de hecho una limitación decisiva de la posibilidad de elegir de forma autónoma cómo administrar los propios bienes[8].

---

[8] "Con su profusa enumeración de gastos obligatorios para los municipios (art. 116) y las Provincias (art. 174) y con su referencia a los gastos puestos a cargo de los municipios y pro-

El Título III del Anexo A regulaba la administración provincial. El artículo 152 definía la provincia como un "cuerpo moral" dotado de personalidad jurídica con una "administración propia que gobierna y representa sus intereses".

Al igual que el municipio, la provincia se articuló en tres órganos fundamentales: un Consejo provincial con poderes deliberativos; una diputación provincial encargada de llevar a cabo las resoluciones del consejo y reemplazarlo en casos urgentes; el prefecto, con funciones no solo ejecutivas, sino también de representación externa del cuerpo, "máximo representante a nivel local de la autoridad del gobierno".

Los miembros del Consejo (art. 155 y ss.) eran elegidos en circunscripciones uninominales, cada cinco años y con una renovación anual parcial.

El cuerpo electoral de la provincia consistía en la suma de los electores de las municipalidades; por lo tanto, eran válidos los mismos requisitos para el electorado activo.

La composición del consejo provincial se estableció por una escala demográfica que oscilaba entre 60 miembros para las provincias con más de 600,000 habitantes, a 50 para aquellos con más de 400,000, a 30 para más de 200,000, a 20 para las otras provincias.

En el intervalo de las reuniones del consejo provincial su representante era la Diputación. De conformidad con el art. 179, "*la diputación provincial está compuesta por el prefecto que la convoca y preside y por los miembros elegidos por el consejo provincial*". De hecho, la diputación provincial, presidida por el prefecto, representaba el órgano ejecutivo de la entidad, así como el órgano de tutela de los municipios y de las obras piadosas incluidas en su circunscripción.

El artículo 174 establecía los gastos obligatorios para la provincia, identificando algunas de las tareas fundamentales que involucraban a algunos sectores vitales de la actividad provincial, tales como obras públicas, tráfico, asistencia y educación pública. Estas son atribuciones que, a pesar del estricto control del gobierno, aseguraron una función económica significativa para la entidad provincial.

---

vincias por disposiciones legislativas especiales del Reino, la ley actual ha restringido mucho el campo de gastos opcionales. [...] Si, por lo tanto, un acto no está claramente prohibido, tanto las municipalidades como las provincias pueden hacerlo, de acuerdo con la regla que se aplica a los individuos, y un gasto que no está expresamente prohibido, una vez hecho por el consejo municipal y provincial, debe considerarse válido. Sin embargo, la jurisprudencia administrativa rechazó este principio. Siempre decidió que corresponde a la voluntad prudente y sabia del prefecto anular o conservar las resoluciones municipales relacionadas con los gastos opcionales, dependiendo de si se realizan o no en el interés municipal" (Francesco Bufalini, *Commento teorico e pratico della legge del regolamento comunale e provinciale*, Torino, 1881, págs. 338-340). Traducción del Autor.

La organización y las funciones de las entidades locales, a pesar de su incremento, se han mantenido prácticamente sin cambios hasta la aprobación de las "Modificaciones y adiciones a la ley municipal y provincial 20 de 1888 marzo de 1865", incorporadas en el Texto único aprobado por R. D. de 10 de febrero de 1889, 5921. El alcalde debía ser nombrado por el Consejo (en las capitales de provincia y de circondario y en los municipios cuya población era de más de 10.000); la protección de las entidades locales se transfirió a un nuevo organismo, a saber, la junta provincial administrativa (GPA por sus siglas en italiano)[9], presidida por el prefecto (que dejó de formar parte de la diputación provincial) y compuesta por dos consejeros prefecturales nombrados cada año por el ministro del Interior, cuatro miembros más dos suplentes, estos últimos con un mandato de cuatro años, mientras que los miembros de la junta se renovaban por la mitad cada dos años; correspondía a la diputación la representación del consejo en el intervalo de las sesiones (administrando y reemplazando, en casos urgentes, al consejo en asuntos reservados al propio consejo) y mantener la función de Entidad ejecutora de las decisiones del consejo provincial.

Los municipios y las provincias, además de las funciones obligatorias, siempre han tenido la posibilidad de realizar funciones opcionales[10], siempre y cuando sean de utilidad pública para sus poblaciones. Hasta que el Estado italiano, inspirado por los principios liberales, no intervino en los sectores sociales, se dejó un amplio espacio para la libre iniciativa de las entidades locales (especialmente las más ricas). En particular, los municipios regularon toda una serie de sectores que la legislación nacional ignoraba por completo (construcción, agua pública, etc.). Posteriormente, el legislador se ocupó de colmar estas lagunas en el ámbito nacional, impidiendo o limitando las posibilidades de intervención autónoma de las entidades locales[11].

En lo que respecta a los controles (de legitimidad y sustantivos) es posible hacer un discurso similar, ya que estos controles, particularmente incisivos desde la aprobación de la ley municipal y provincial el 23 de octubre de 1859, 3702, aumentaron en número con la nueva disciplina. A las inspecciones de los órganos prefectorales se sumaron controles "atípicos" por parte de organismos descentralizados del Estado (por ejemplo, la Superintendencia de las obras públicas) o por órganos ministeriales (por ejemplo, la Comisión central para las finanzas locales).

---

[9] "La institución de la GP. es la innovación más radical que la reforma parcial ha traído a la ley de 1865" (v. E.MAGNI, *La legge comunale e provinciale,* Padova, 1889).

[10] Ley 2248 de 1965, arts. 116, 117 y 174.

[11] Cfr. PUGLIESE, "La normazione comunale", en *I Comuni, Atti del congreso celebrativo del centenario delle leggi amministrative di unificazione*, Venecia, 1967, p. 15.

C) *La ley electoral Zanardelli*

La proclamación del Reino de Italia tuvo lugar, formalmente, con un acto normativo del Reino de Cerdeña: la ley 4761 de 17 de marzo de 1861. Sin embargo, las primeras elecciones del Reino de Italia se celebraron el 27 de enero de 1861 (la primera vuelta) y el 3 de febrero del mismo año (el balotaje).

El primer período de la vida del estado unitario se caracterizó por su "piemontesizzazione". En este sentido, las elecciones políticas de 1861 se celebraron utilizando la ley electoral del Reino de Cerdeña, a saber, la ley 680 de 1848 (modificada por la ley 4513 de 17 de diciembre de 1860).

El sistema electoral construido por la ley en cuestión era mayoritario con doble turno y preveía, inicialmente, 443 colegios de un solo miembro (después de la anexión de Veneto, en 1836, de Roma y Lazio, en 1870, los colegios se convirtieron en 580). En la primera ronda, eran electos aquellos que obtenían el 50 por ciento de los votos y una cantidad de votos igual como mínimo a un tercio de los elegidos. De lo contrario, se celebraría la segunda vuelta entre los dos candidatos más votados en la primera ronda.

En cualquier caso, esta ley electoral, que permaneció vigente hasta 1882, se basó en el principio del censo. De hecho, limitó el derecho al voto solo a los ciudadanos varones no analfabetos mayores de 25 años. También tenían que pagar un impuesto directo de al menos 40 liras en Piamonte y al menos de 20 liras en Liguria. Para los votantes residentes en otras áreas del Reino, por otro lado, la capacidad de pago se calculó teniendo en cuenta el valor de los bienes inmuebles poseídos.

Está claro que la ley electoral del Reino de Cerdeña estipulaba requisitos particularmente estrictos, teniendo en cuenta, por ejemplo, que el 78 por ciento de la población del recién proclamado Reino de Italia era analfabeta. No es sorprendente, entonces, que aquellos con derecho a voto en 1861 solo fueron el 2 por ciento de la población total del Reino.

En esencia, la legislación electoral vigente entre 1861 y 1882 creó una barrera para acceder al derecho de sufragio activo, limitándolo a las élites políticas y sociales que habían guiado el proceso unitario. Los años 1861 a 1880, desde el punto de vista administrativo se caracterizaron por la ósmosis entre la política y la administración: había, de hecho, identidad entre los líderes políticos y administrativos. Procedían de la misma extracción geográfica, social, cultural y política.

La llamada "democratización" del Reino de Italia comenzó en 1876, cuando la izquierda histórica ganó por primera vez las elecciones políticas. Los representantes de la Izquierda histórica inmediatamente se dieron cuenta de que había una brecha considerable entre las instituciones del Reino y sus habitantes. En particular, pudieron observar que las necesidades de las instituciones no coincidían con las de la gran mayoría de los ciudadanos. Se decidió, entonces, tratar de acercar estos dos mundos distantes mediante la modificación de la ley electoral. Se pensó que, al ampliar la base de posibles votantes, sería más fácil elegir representantes más sensibles a las necesidades de todos los ciudadanos.

Por lo tanto, a partir de 1882, durante el IV gobierno Depretis, se aprobaron tres leyes de reforma: la ley 593 de 22 de enero de 1882, sobre los requisitos para el electorado activo, la ley 725 de 7 de mayo de 1882, que introdujo el escrutinio de la lista, y el Real Decreto 796 de 13 de junio de 1882, que modificó el mapa de las circunscripciones. Estas disposiciones fueron luego incluidas en el Texto único aprobado por el Real Decreto 999 de 24 de septiembre de 1882, también conocido como la ley Zanardelli (en ese momento Ministro de Justicia).

En primer lugar, en lo que respecta al mecanismo de formación de la representación, la ley Zanardelli introdujo un sistema plurinominal con dos vueltas, basado en el escrutinio de listas en circunscripciones plurinominales. El Reino se dividió entonces en 135 circunscripciones que eligieron, en total, 508 diputados. En particular, cada circunscripción elegía de 2 a 5 diputados dependiendo de su tamaño. Los candidatos con un número de votos superior a 1/8 de aquellos con derecho a voto eran elegidos en la primera ronda. En caso de que ningún candidato hubiera alcanzado este umbral, se celebraba una segunda vuelta entre los dos candidatos que habían obtenido el mayor número de votos en la primera ronda.

En lo que respecta al electorado activo, la nueva ley electoral establecía que todos los ciudadanos italianos varones con 21 años o más y capaces de leer y escribir podían votar. También era necesario que estos ciudadanos cumplieran al menos uno de los siguientes requisitos: haber aprobado los exámenes obligatorios de la escuela primaria, pagar impuestos directos anuales por al menos 19,80 liras o haber ocupado ciertos cargos públicos durante al menos un año.

Estas innovaciones determinaron efectivamente una ampliación de la base electoral. De hecho, si en las últimas elecciones con la aplicación de la ley electoral del Reino de Cerdeña, de mayo de 1880, los electores fueron 621.896 (equivalentes al 2.2 % de la población total del Reino), durante la primera elección que vio la aplicación de la llamada "ley Zanardelli", en octubre de 1882, los votantes pasaron a 2,017,829, equivalentes al 6.9 por ciento de la población total. Sin embargo, excluyendo a la masa de analfabetos, la nueva ley electoral una vez más favoreció a las ciudades con respecto al campo y, por lo tanto, al Norte con respecto al Sur.

Sin embargo, más allá de los anuncios, la Cámara, en 1881, rechazó la propuesta formulada por la izquierda radical para aprobar el sufragio universal. De hecho, los radicales, los socialistas e incluso algunos miembros de la derecha liberal, que veían en el voto de los campesinos analfabetos una garantía de conservación social, estaban a favor de la introducción del sufragio universal puro. Los representantes de la izquierda histórica, sin embargo, decidieron considerar como requisito básico del derecho electoral el certificado de escuela primaria. La escuela primaria se consideró fundamental porque, además de hacer que los potenciales votantes fueran "capaces", construyó un sistema de educación cívica que limitaba la abstención rampante.

Para la aprobación del sufragio universal masculino fue necesario esperar hasta 1918, cuando, con la ley 1495 de 16 de diciembre de 1918, se introdujo el sufragio universal masculino; de hecho, podían votar todos los ciudadanos varones que tenían al menos 21 años de edad, independientemente del censo y la educación recibida.

Las mujeres, por otra parte, tuvieron la oportunidad, por primera vez, de participar en consultas electorales solo en 1946, con ocasión de las elecciones locales del 10 de marzo.

D) *Las Reformas de Crispi*

Como se ha dicho en los párrafos anteriores, en el momento de la unificación nacional, se adoptó el modelo administrativo del Reino de Cerdeña. Sin embargo, tenía características que lo hacían inadecuado para ser aplicado a un territorio que era sin duda más grande y más heterogéneo que el Reino de Cerdeña.

Con la ley electoral Zanardelli de 1882 la base electoral se amplió: esto produjo, aunque con las limitaciones ya destacadas, la desaparición de la ósmosis entre política y administración, situación que, como se mencionó, caracterizó los primeros años del Reino de Italia. Además, con los años, las funciones del Estado inevitablemente tendieron a crecer, haciendo absolutamente insuficiente el sistema administrativo del Reino de Cerdeña.

En este contexto, se ejerció la actividad reformista de Francesco Crispi.

Exponente influyente de la izquierda histórica, Crispi fue presidente del Consejo de Ministros en cuatro ocasiones: la primera de 1887 a 1889, la segunda de 1889 a 1891, la tercera de 1893 a 1894 y la cuarta y última vez de 1894 a 1896.

Sin embargo, las principales leyes de reforma de Crispi se concentraron durante el primer gobierno, desde 1887 hasta 1889.

Primero, el 12 de febrero de 1888, se expidió la ley 5195. Aunque es una ley de apenas dos artículos, su alcance innovador está fuera de toda discusión. De hecho, el primer artículo de esta ley disponía que *"el número y las atribuciones de los ministerios están determinados por decretos reales"*: por lo tanto, se estableció por primera vez la autonomía del poder ejecutivo respecto del poder legislativo en el campo de la organización. El segundo artículo, sin embargo, introdujo para cada ministerio la figura del subsecretario de Estado "que puede debatir sobre los hechos y las propuestas del ministerio en la rama del Parlamento al que pertenece, o en calidad de comisionado real en la rama de la que no forme parte". Este artículo, por lo tanto, resolvió el problema de larga data de la presencia del gobierno en el Parlamento.

Otra reforma extremadamente significativa se expidió el 22 de diciembre de 1888: es la llamada ley Crispi-Pagliani (5849), relativa a la protección de la higiene y la salud. Esta ley no fue adoptada antes de la entrada en vigor de seis decretos diferentes que se consideraron preliminares para la posterior promulgación de todo el proyecto de reforma higiénico-sanitaria. El 7 de junio de 1887, la figura profesional del ingeniero se introdujo en los consejos de salud; el 5 de julio de 1887, se otorgaron préstamos a los municipios para llevar a cabo obras de saneamiento; el 14 de julio de 1887, se estableció la Oficina de Ingenieros de Salud; el 31 de julio de 1887, la facultad de ingeniería sanitaria se estableció en Roma; el 27 de noviembre de 1887, nació la Escuela de perfeccionamimento en la Higiene Pública, mientras que el 22 de noviembre de 1887 nació el Instituto Estatal de Vacunas.

El primer gran mérito de la ley Crispi-Pagliani fue el de haber creado una estructura piramidal administrativa ramificada también en el sector de la salud. En particular, en la cima de esta pirámide estaba la administración general, flanqueada por el Consejo Superior de Salud, que, a su vez, se dividió mediante el establecimiento de los médicos y veterinarios provinciales reunidos en los consejos provinciales. En la base de la pirámide del nuevo sistema de salud estaban, en cambio, los médicos de cabecera, calificados como funcionarios de salud y colocados a la cabeza de los institutos de higiene municipal.

El segundo gran mérito de esta reforma fue el de hacer frente a los numerosos problemas de carácter higiénico que afectaban al Reino de Italia en aquellos años y que dieron lugar a la aparición de numerosas epidemias. A este respecto, la ley 5849 prescribió la denuncia obligatoria, para los municipios, de enfermedades contagiosas, la obligación de vacunación, el suministro de agua potable y la compilación de estadísticas de salud. El marco normativo se completó con una serie de decretos de aplicación en todos los sectores de la higiene pública: en particular, en el campo de la policía mortuoria, la salud marítima, el control de abastecimiento de alimentos, la higiene del suelo y urbana, ejercicio de las profesiones médicas, la policía veterinaria y la prostitución.

En diciembre de 1888 se expidió la ley de seguridad pública que restringía severamente la libertad sindical y confería amplios poderes a la policía, mientras que el 20 de enero de 1889 se publicó la ley 5866 que regulaba la emigración. Esta ley liberó la posibilidad de expatriación para el trabajo, siempre que los emigrantes se encontraran a paz y salvo con el servicio militar obligatorio. Además, por primera vez, se introdujo la figura del agente de emigración que podría vender boletos y organizar viajes.

Se introdujeron importantes innovaciones en la organización de las entidades locales con el Real Decreto 5924, aprobado el 10 de febrero de 1889 y conocido como el Texto único de la ley municipal y provincial. Esta ley modificó la ley Rattazzi de 1865 en diferentes puntos. De hecho, en primer lugar, se introdujo la Junta Administrativa Provincial (GPA por sus siglas en italiano), formada por el Prefecto, por cuatro miembros elegidos por el Consejo Provincial y por dos representantes del Ministerio del Interior, con la tarea de deliberar sobre las decisiones más importantes de naturaleza financiera de competencia de las provincias, los municipios y las obras pías. Además de la posibilidad de vetar la implantación de resoluciones, la junta administrativa provincial también desempeñaba una función judicial: era el tribunal administrativo de primera instancia con respecto a la impugnación de los actos de las administraciones públicas de rango provincial.

Además, el prefecto ya no estaba en la cumbre de la diputación provincial, habiéndose añadido la figura del presidente de la diputación provincial, elegido anualmente por el consejo provincial.

La reforma de la legislación de 1889 también cambió las reglas para convertirse en votantes administrativos. En particular, se volvieron electores los ciudadanos italianos de 21 años de edad, capaces de leer y escribir, y capaces de demostrar que tenían al menos uno de los siguientes requisitos: pagar anualmente, y durante al menos seis meses, una contribución directa de cualquier tipo en el municipio; pagar 5 liras por impuestos municipales familiares, de fogaje, sobre el valor del alquiler, el ganado, los vehículos, los sirvientes, las tiendas y las reventas; mantener en aparcería o alquilando cualquier tipo de bienes afectados por un impuesto directo de cualquier tipo no inferior a 15 liras; pagar un alquiler mínimo —por la casa o por la tienda— inferior a 100 liras por año. Estas modificaciones permitieron aumentar el electorado administrativo activo del 4 al 11 por ciento de la población masculina.

En los municipios con más de 10.000 habitantes, el alcalde, con un período de mandato de cuatro años, se convirtió en una autoridad nombrada por el concejo municipal mediante un voto de confianza, y no por nombramiento gubernamental. La junta municipal, compuesta por un número variable de asesores (de 2 a 10, dependiendo del tamaño de la institución), podía utilizar el decreto de emergencia. Además, en caso de disolución del concejo municipal, tenía que ser nombrado un comisario extraordinario como jefe de la municipalidad.

La ley de reforma también prestó gran atención a la figura del secretario municipal, cuyo nombramiento se hizo obligatorio en todos los municipios.

La reforma de las entidades locales promovida por Crispi entre 1888 y 1889 determinó una nueva fase en las relaciones entre la administración central y la administración periférica del Estado.

Otra reforma histórica promovida por Francesco Crispi fue la promulgación de la ley 5992 de 31 de marzo de 1889, por medio de la cual se estableció la cuarta sección del Consejo de Estado, dando lugar al modelo dualístico de jurisdicción. De hecho, si es verdad que el Consejo de Estado ya se había establecido en Piamonte en 1831, también lo es que la ley de 1889 estableció, por primera vez, que "corresponde al Consejo de Estado como órgano jurisdiccional decidir sobre los recursos por incompetencia, por exceso de poder o por violación de la ley, contra actos y disposiciones de una autoridad administrativa o de un cuerpo administrativo deliberativo, que tienen por objeto un interés de individuos o de entidades jurídicas morales; cuando los recursos no caen dentro de la competencia de la autoridad judicial, ni el asunto pertenece a la jurisdicción o a las atribuciones contenciosas de cuerpos o colegios especiales". La ley 5992 de 1889, sin embargo, no delineó una disciplina autónoma sobre las reglas de procedimiento del nuevo "contencioso". De hecho, el procedimiento se estructuró de manera completamente similar con respecto al rito ante la Corte de Casación. En particular, el objeto del juicio consistía únicamente en actos administrativos y disposiciones y se estructuraba como un juicio promovido con recurso. Junto con el procedimiento principal, también se previó un instrumento accesorio de carácter cautelar, mediante el cual se exigía la suspensión de la ejecución del acto o disposición impugnada.

Como parte de las "reformas crispinas" relacionadas con la justicia, no es posible dejar de mencionar el Real Decreto de 30 de junio de 1889 que aprobó el nuevo Código Penal, también conocido como el Código Zanardelli (nombre del Ministro de gracia y justicia en ejercicio en ese momento). Entre las principales innovaciones introducidas por este Código, de clara impronta liberal, es necesario mencionar: la abolición de la pena de muerte para la mayoría de los delitos, la introducción de la libertad condicional y el principio reeducativo del castigo y la introducción de la enfermedad mental certificada como fundamento de la exención del proceso. Con la ley 6165 de 14 de julio de 1889 también se promulgó la primera ley de construcción penitenciaria. En particular, se preveía encontrar los ingresos necesarios para la construcción de prisiones, explotando la venta de algunos edificios y de los ahorros realizados en otros capítulos presupuestarios de la administración penitenciaria que, en ese momento, administraba directamente sus edificios.

Cabe mencionar también la ley 6972 de 1890 sobre las instituciones públicas de caridad: por primera vez, el tema de las instituciones de caridad se reorganizó según principios modernos.

En conclusión, a la luz de lo que se ha dicho hasta ahora, no hay duda de que las reformas promovidas por Francesco Crispi trazaron la estructura administrativa del Reino de Italia y sentaron las bases para la organización pública moderna del Estado.

Esta estructura, hasta la llegada de la dictadura fascista, nunca ha sido cuestionada significativamente.

E) *La administración pública durante la dictadura fascista*

Durante el llamado "fascismo parlamentario" (1922-1924), las camisas negras llegaron al poder prometiendo, entre otras cosas, simplificaciones radicales destinadas a reducir drásticamente el gasto público. El Real Decreto 2440 de 1923, también conocido por "Reforma De Stefani" por el nombre del ministro de Finanzas y Economía del primer gobierno de Mussolini, contenía una serie de disposiciones en línea con este objetivo. Por ejemplo, una de las principales innovaciones introducidas por la "Reforma De Stefani" fue la fusión de algunos ministerios. En particular, los dicasterios económicos se redujeron solamente al Ministerio de la Economía Nacional, mientras que los dos dicasterios financieros se reunieron en el Ministerio de Finanzas. Además, el nuevo Ministerio de Comunicaciones incorporó los Correos y Telégrafos, el Comisariado extraordinario para la marina mercante y el Comisariado extraordinario para los ferrocarriles. Otro aspecto significativo de este decreto fue la reforma completa de la Oficina General de Contabilidad del Estado: todas las oficinas centrales de contabilidad de los ministerios, de hecho, se colocaron, por primera vez, bajo el control capilar de la Contaduría General del Estado. El ministro De Stefani también decidió privatizar algunos servicios públicos —ante todo los teléfonos nacionales— y revocar el monopolio de las compañías de seguros de vida.

En cualquier caso, hay tres aspectos principales de la "Reforma De Stefani" que merecen ser recordados.

En primer lugar, todo el asunto del servicio público se transfirió por completo a la jurisdicción exclusiva del Consejo de Estado. La ley 638 de 1907 ya había establecido la Sección V del Consejo de Estado, dotada de algunas competencias diferentes con respecto a la Sección IV.

En segundo lugar, el Real Decreto 2440 introdujo la llamada "desmovilización administrativa". El personal administrativo ministerial considerado exorbitante fue, de hecho, purgado. El personal activo en los sindicatos y el personal femenino quedaron particularmente afectados. La "desmovilización administrativa" fue, posteriormente, perfeccionada con el bloque total de las contrataciones (1926). El objetivo de esta depuración fue, como se dijo, reducir el gasto público; sin embargo, tuvo como efecto colateral el envejecimiento inexorable del personal administrativo tanto desde el punto de vista de la edad como desde un punto de vista político.

Por último, el marco administrativo fue completamente basado en el modelo jerárquico. Se introdujeron trece grados jerárquicos y las carreras se dividieron en tres grupos (A, B y C).

Esta reforma, aunque fue el producto del gobierno fascista, compartió una visión de la burocracia casi dieciochesca. Sin embargo, comenzaron a verse los primeros signos de la transformación del Estado liberal en un modelo autoritario con fuerte componente ideológico, de tipo nacionalista, centralista y estatista.

Con la entrada en vigor de las leyes excepcionales del fascismo, adoptadas entre 1925 y 1926, también conocidas como "leyes fascistísimas", esta transformación sufrió una aceleración drástica.

Es posible analizar brevemente las leyes que, de 1925 a 1926, aniquilaron de hecho al Estado liberal.

En primer lugar, el 26.11.1925 y el 24.12.1925, se aprobaron las leyes 2029 y 2300, respetivamente. La primera preveía un mapeo de las asociaciones sindicales y políticas operativas en todo el Reino de Italia; mientras que la segunda impuso la expulsión del servicio de todos los funcionarios públicos que se negaron a prestar juramento de lealtad al régimen

La ley 2263 de 24.12.1925 estableció una nueva denominación para el presidente del Consejo de Ministros: jefe de Gobierno, primer ministro, secretario de Estado. La voluntad del legislador era evidente: subrayar la posición preponderante del presidente del Consejo con respecto a todos los demás miembros del Gobierno. Además, esta ley, de hecho, puso fin a la forma parlamentaria, ya que preveía, en primer lugar, con el artículo 2º, que el jefe de Gobierno era responsable solo ante el Rey, por el cual era nombrado, y no más frente al Parlamento. En segundo lugar, el artículo 6º establecía que, sin la adhesión del jefe de Gobierno primer ministro secretario de Estado, ningún objeto podría incluirse en el orden del día de una de las dos Cámaras. El control del ejecutivo, o mejor dicho, de su jefe, en la agenda de los trabajos parlamentarios, fue el fin de la independencia del poder legislativo del ejecutivo. La completa supresión del Estado parlamentario vino con la ley 100 de 31.1.1926 que dio al poder ejecutivo el poder de emitir decretos con fuerza de ley. El legislador intentó mitigar esta disposición estableciendo que el gobierno podría ejercer el poder legislativo solo en casos de absoluta urgencia y necesidad. Además, estaba previsto que estos decretos debían ser convertidos en leyes por las Cámaras no más tarde de la tercera sesión parlamentaria posterior a su publicación y, en cualquier caso, no más tarde dos años. En cualquier caso, las garantías de intervención de las Cámaras para limitar la intervención legislativa del Gobierno —también a la luz de las disposiciones anteriores que, de hecho, habían eliminado cualquier tipo de independencia entre el poder legislativo y ejecutivo— no fueron efectivas.

La ley 237 de 4.2.1926 modificó la organización municipal en un sentido fuertemente centralista: el Consejo municipal fue eliminado de tajo y la figura del alcalde fue reemplazada por la del *Podestà*, nombrado por real decreto durante un período de cinco años. El *Podestá* asumió las funciones del alcalde, el consejo municipal y la junta.

Con el Real Decreto 1848 de 6.11.1926 se ampliaron los poderes del prefecto. De hecho, podría disolver asociaciones, entidades, instituciones, partidos políticos, grupos y organizaciones. Además, se introdujo la institución del confinamiento, aplicable a los opositores al régimen.

Finalmente, la ley 2008 de 1926 introdujo el delito de instigación al ataque por medio de la prensa y de propagación de noticias falsas, exageradas o tendenciosas sobre las condiciones internas del Estado. Para verificar la comisión de estos nuevos delitos, se estableció el Tribunal Especial, cuyas sentencias quedaban inmediatamente ejecutables y definitivas.

En 1928 el Estado liberal fue completamente dominado y reemplazado por el Estado autoritario.

El 9.12.1928, de hecho, con la promulgación de la ley 2693, el Gran Consejo Fascista fue definitivamente institucionalizado. El 14.3.1928, Mussolini presentó a las Cámaras el proyecto de ley para la reforma de la representación política: el número total de diputados se redujo a 400 y las solicitudes solo podían ser presentadas por la confederación sindical del sindicato fascista y por asociaciones culturales nacionales autorizadas por un real decreto y, de hecho, también controladas por el Partido Fascista. El 19.1.1939, la Cámara de Diputados fue reemplazada por la Cámara de los Fascios.

Como se ha mencionado en el primer apartado, fue necesario esperar la caída del fascismo y el comienzo del trabajo de la Asamblea Constituyente para ver el regreso de los principios liberales.

F) *D.P.R. 616/1977*

En los años setenta del siglo pasado, el Parlamento italiano confió al Gobierno la reforma de la estructura de la administración pública (que se remonta a la época liberal y fascista) con el objetivo de adaptar la organización estatal a los principios de la Constitución de 1948.

De hecho, uno de los principios fundamentales de la organización administrativa establecida por la Carta Constitucional está constituido por la autonomía y la descentralización administrativa. Tiene como objetivo realizar la participación efectiva de la comunidad en el ejercicio y cuidado de los intereses públicos mediante el ejercicio directo de funciones administrativas. Este principio se establece en el artículo 5º de la Constitución, según el cual "la República, una e indivisible, reconocerá y promoverá las autonomías locales; efectuará, en los servicios que dependan del Estado, la más amplia descentralización administrativa y adecuará los principios y métodos de su legislación a las exigencias de la autonomía y de la descentralización".

La transferencia concreta de funciones administrativas del Estado a las regiones ocurrió antes de 1972 (once decretos delegados de aplicación de la ley 281/1970) y luego en 1977 con el d.P.R. 616. Este decreto fue emitido por el Gobierno en cumplimiento de la delegación conferida por el Parlamento mediante la ley 382/1975. Contenía una limitación para el legislador delegado:

era necesario operar mediante la fusión de funciones similares, instrumentales y complementarias, de modo que la transferencia garantizase una gestión sistemática y planificada de las atribuciones asignadas constitucionalmente a las regiones para el territorio y el cuerpo social.

Sin embargo, fue una transferencia parcial, porque los ministerios han retenido numerosas atribuciones en las áreas que la Constitución confiaba a las regiones.

G) *Leyes Bassanini*

Otro punto de inflexión en la distribución de las funciones administrativas está representado por algunas intervenciones legislativas de finales de los años noventa. Las reformas fueron promovidas por el Ministro de Servicio Público de la época, Franco Bassanini.

La primera ley que entró en vigor fue la llamada *ley Bassanini*, es decir la ley 59/1997. Se ocupó de la regulación de la descentralización administrativa: estableció que las regiones y las entidades locales deberían tener asignadas todas las funciones y tareas administrativas correspondientes a sus respectivos territorios, con la única excepción de aquellas tareas y funciones reservadas expresamente por la ley al Estado, por ejemplo defensa, las fuerzas armadas, las relaciones con las confesiones religiosas y la protección de los bienes culturales. De esta manera, hubo una inversión sustancial de la lógica de asignación anterior: antes de la ley 59/1997, de hecho, la región ejerció solo las funciones administrativas en asuntos en los que tenía competencia legislativa. Con la reforma Bassanini, por otra parte, se asignaron funciones administrativas a las regiones y las entidades locales también en asuntos de competencia legislativa estatal.

La reforma de la descentralización administrativa fue acompañada por la simplificación administrativa llevada a cabo con la ley 127/1997, llamada *Bassanini bis*.

La implantación de los principios establecidos por la ley Bassanini sobre el tema de la descentralización ocurrió con el decreto legislativo 112/1998 y con algunos decretos de los años siguientes, por medio de los cuales se inició un proceso de reorganización del Estado en un sentido regionalista y autonomista.

Esta descentralización se llevó a cabo por la ley ordinaria y, por lo tanto, sin modificar la Constitución: por esta razón, se habló de federalismo en "Constitución inalterada". Sin embargo, esta circunstancia generó dudas sobre la legitimidad de este procedimiento. Por lo tanto, algunas fuerzas políticas y parte de la opinión pública insistieron en que el proceso de reestructuración del Estado en el sentido regionalista y autonomista se desarrollara en el marco de una reforma constitucional. Todo esto condujo a la Reforma del Título V de la Constitución de 2001.

H) *Revisión constitucional de 2001*

En 2001 el Parlamento aprobó una ley constitucional (3/2001) para la reforma orgánica del Título V de la Parte II de la Constitución. Esta reforma entró en vigor solo después del resultado positivo del referéndum constitucional.

La nueva disciplina ha cambiado profundamente la estructura de las relaciones entre el Estado, las regiones y las entidades locales, llevando a cabo una fuerte descentralización política. Tuvo efectos de considerable impacto en todo el orden constitucional. La reforma ha diseñado una "República de las autonomías", articulada en varios niveles territoriales de gobierno, cada uno dotado de autonomía política garantizada constitucionalmente.

De hecho, la nueva regulación establece que la República está constituida por los municipios, las provincias, las ciudades metropolitanas, las regiones y el Estado. Con esta previsión, los diversos organismos públicos representativos se ubican, por primera vez en la historia de las instituciones y de la administración italianas, formalmente en una posición de paridad, sin que se establezca una jerarquía entre los distintos niveles institucionales.

El nuevo texto constitucional ha mantenido las cinco regiones especiales existentes, cuya organización y funciones están establecidas por los respectivos estatutos, aprobados por ley constitucional. Las regiones especiales, desde 1948, son: Sicilia, Cerdeña, Friuli-Venecia Julia, Valle de Aosta, Trentino-Alto Adigio.

Además, el nuevo texto suprimió las disposiciones constitucionales preexistentes que regían los controles administrativos sobre los actos de las regiones y los actos de las entidades locales.

Sin embargo, se ha previsto una amplia facultad de sustitución del gobierno a las regiones y las entidades locales en caso de incumplimiento de las normas y tratados internacionales o de la legislación comunitaria o en caso de peligro grave para la seguridad pública, para la tutela de la unidad jurídica o de la unidad económica, o finalmente para la protección de los niveles esenciales de las prestaciones concernientes a los derechos civiles y sociales.

I) *El artículo 117 de la Constitución (después de la reforma de 2001)*

Uno de los cambios más significativos al texto constitucional está representado por la superación del criterio preexistente de división de competencias legislativas entre el Estado y las regiones con autonomía ordinaria, contenido en el texto del antiguo artículo 117 de la Constitución.

El Estado conserva la competencia exclusiva en algunas materias o grupos de materias, mientras que para otras materias y grupos de materias se introduce la legislación concurrente entre el Estado y las regiones: en las materias de competencia concurrente, el Estado conserva únicamente el poder de determinar los principios fundamentales; en las materias residuales, el poder legislativo pertenece a las regiones.

Este poder legislativo regional debe ejercerse de conformidad con la Constitución, así como con las obligaciones que deriven del ordenamiento comunitario y de los acuerdos internacionales.

Las materias reservadas exclusivamente a la ley estatal son tales en virtud de su importancia y delicadeza. Las materias principales son: política exterior y relaciones internacionales del Estado; relaciones del Estado con la Unión Europea; derecho de asilo y situación jurídica de los ciudadanos de Estados no pertenecientes a la Unión Europea; la inmigración; las relaciones entre la República y las confesiones religiosas; defensa y fuerzas armadas; seguridad del Estado; moneda, protección del ahorro y mercados financieros; defensa de la competencia; sistema monetario; régimen tributario y contable del Estado; compensación de los recursos financieros; órganos estatales y leyes electorales relacionadas; elección del Parlamento Europeo; orden público y seguridad, a excepción de la policía administrativa local; ciudadanía, estado civil y registros; jurisdicción y normas procesales; derecho civil y penal; justicia administrativa; determinación de las prestaciones relativas a los derechos civiles y sociales que deban garantizarse en todo el territorio nacional; normas generales en materia de enseñanza; seguridad social; aduanas, protección de las fronteras nacionales; protección del medio ambiente, del ecosistema y del patrimonio cultural.

En cuanto a las materias de legislación concurrente, el poder legislativo pertenece a las regiones, mientras que la determinación de los principios fundamentales se reserva a la legislación del Estado.

Las principales materias de la legislación concurrente tienen que ver con las relaciones internacionales y con la Unión Europea de las regiones; comercio exterior; protección y seguridad del trabajo; instrucción, dejando a salvo la autonomía de las instituciones escolares y con exclusión de la instrucción y formación profesional; profesiones; investigación científica y tecnológica y apoyo a la innovación para los sectores productivos; tutela de la salud; alimentación; ordenamiento deportivo; protección civil; gobierno del territorio; producción, transporte y distribución nacional de energía; previsión complementaria e integrativa; armonización de los balances públicos y coordinación de la hacienda pública y del sistema tributario; valoración de los bienes culturales y ambientales y promoción y organización de actividades culturales.

J) *Artículo 118 de la Constitución*

El fundamento de la regulación constitucional actual de las entidades locales es el llamado principio de subsidiariedad.

Se desarrolla en dos direcciones: una vertical y otra horizontal. La primera consiste en transferir la gestión de determinados servicios públicos a las entidades locales (en particular a los municipios): están más cerca de los ciudadanos, que podrán controlar mejor la calidad de los servicios y los costes relacionados. El Gobierno central interviene solo cuando la administración más cercana a los ciudadanos no puede por sí sola cumplir el mandato. La segunda consiste en atribuir tareas tradicionalmente inherentes al Estado de bienestar a ciertas formaciones sociales sin fines de lucro, que constituyen el llamado tercer sector (tercero junto con el Estado y el mercado), capaz de ofrecer servicios típicos del Estado de bienestar con un coste menor y con una mejor calidad de los servicios prestados por las burocracias de las administraciones públicas; el Estado interviene con incentivos, especialmente de naturaleza monetaria y fiscal.

La jurisprudencia constitucional confirmó que el principio de subsidiariedad entró plenamente en el ordenamiento jurídico italiano, indicando en la subsidiariedad el principio rector para la distribución del poder legislativo entre el Estado y las regiones (sents. 303/2005 y 285/2005).

El artículo 118 de la Constitución, después de la reforma de 2001, asigna tendencialmente la titularidad y el ejercicio de las funciones administrativas a los municipios, a menos que, para asegurar su ejercicio unitario, se encomienden a las provincias, ciudades, regiones y al Estado en virtud de los principios de subsidiariedad, de diferenciación y de adecuación. Los municipios, las provincias y las ciudades son titulares de funciones administrativas propias y de las que se les confieran mediante ley estatal o regional, según las competencias respectivas.

El artículo 118 establece que la ley estatal regule las formas de coordinación entre el Estado y las regiones en materia de inmigración y orden público y seguridad, excluyendo a la policía administrativa local (letras b) y h) del párr. 2º del art. 117) y también regula modalidades de acuerdo y de coordinación en orden a la protección del patrimonio cultural.

Finalmente, el artículo 118, párrafo 4º, de la Constitución establece que el Estado, las regiones, las ciudades metropolitanas, las provincias y los municipios fomentarán la iniciativa autónoma de los ciudadanos, individualmente o asociados, para el desarrollo de actividades de interés general. Este planteamiento se conoce como principio de subsidiariedad horizontal.

La Corte Constitucional, en dos ocasiones distintas, ha reescrito sustancialmente el artículo 118 con respecto a las funciones administrativas de las entidades locales. Con la sentencia 303/2003 precisó que, conforme a los principios de subsidiariedad, diferenciación y adecuación, la función administrativa puede llevarse a un nivel territorial más elevado, más adecuado para el ejercicio de la competencia, y, correlativamente, según el principio de legalidad y del denominado paralelismo invertido, incluso la potestad legislativa puede llevarse a un nivel territorial superior, previo acuerdo con las regiones afectadas. Con la sentencia 43/2004 el Tribunal finalmente especificó que no existe una obligación de asignar la función administrativa al nivel territorial más cercano al ciudadano, sino una mera preferencia, sin menoscabo de la posibilidad de sustituir la entidad territorial destinataria de la función que resulte inadecuado.

3. ORGANIZACIÓN Y CARACTERÍSTICAS FUNDAMENTALES A ESCALA NACIONAL
DE LA ADMINISTRACIÓN PÚBLICA

A) *El pluralismo de la Administración pública*

En el ordenamiento jurídico italiano está vigente el principio del pluralismo de la administración pública: de hecho, junto al Estado-administración coexisten otros sujetos que, dotados de capacidad jurídica pública y privada, persiguen finalidades de interés público.

El Estado-administración es el sujeto activo más importante del ordenamiento normativo: se configura como la entidad jurídica pública por excelencia. La personalidad jurídica del Estado-administración resulta evidente en los artículos 28 y 42 de la Constitución según los cuales el Estado puede ser civilmente responsable y poseer bienes.

Hay tres características principales del Estado-administración. En primer lugar, es una entidad soberana en el sentido de que es superior a los demás sujetos que operan dentro del ordenamiento. En segundo lugar, es un cuerpo político porque persigue objetivos de interés general. Finalmente, se configura como un cuerpo necesario porque su existencia es indispensable para la consecución de intereses públicos.

Es interesante observar cómo el Estado-administración, si bien se configura como un sujeto unitario —por ejemplo, es responsable frente a terceros como un sujeto único— tiene una subjetividad muy particular que se manifiesta mediante una organización desagregada y fragmentada. En particular, las diversas organizaciones administrativas del Estado se agrupan en "ramas de administraciones" que toman el nombre de ministerios: tienen sus propios poderes, asignados por ley, así como su propio personal y recursos económicos que se asignan anualmente con el presupuesto estatal. Al mando de cada ministerio se encuentra un órgano de jefatura política, el ministro que, a su vez, de conformidad con el artículo 95 de la Constitución, rendirá cuentas ante el Parlamento sobre la evolución general de la Administración.

El Estado-administración, para intervenir en el sistema económico, recurre a los entes económicos públicos. Estas entidades, que compiten con entes económicos privados, operan en el campo de la producción y el intercambio de bienes y servicios, ejerciendo principalmente, si no exclusivamente, actividades económicas.

En un nivel inferior al Estado-administración, según el artículo 118 de la Constitución, reformado por el artículo 3º de ley constitucional 3 de 18 de octubre de 2001, están los municipios, las provincias, las ciudades metropolitanas y las regiones, que realizan actividades administrativas, sobre la base de los principios de subsidiariedad, diferenciación y adecuación. En particular, el artículo 5º de la Constitución establece expresamente, como tarea esencial de la República, el reconocimiento y la promoción de las autonomías locales. Como se explicará *infra*, aunque con funciones significativamente diferentes, desde la unificación del Reino de Italia, las entidades locales siempre han constituido el primer nivel de ejercicio de las funciones administrativas.

La transición de un modelo de Estado liberal a un modelo de Estado social también ha determinado la necesidad de hacer uso, en el ejercicio de funciones administrativas, de la contribución de los particulares que, frecuentemente, son llamados a realizar algunos servicios de relevancia pública, quedando atraidos por la organización pública. En este sentido, es importante observar cómo el artículo 2º de la Constitución establece el principio general de que las formaciones sociales son reconocidas y garantizadas por el Estado. En particular, el artículo 118 de la Constitución establece que "el Estado, las regiones, las ciudades metropolitanas, las provincias y los municipios favorecerán la iniciativa autónoma de los ciudadanos, individualmente o asociados, para el desarrollo de actividades de interés general, en base al principio de subsidiaridad".

En este escenario es necesario subrayar que, como se analizará a continuación, también las autoridades administrativas Independientes ejercen varias funciones administrativas, de tipo jurisdiccional, en posición imparcial, sin estar conectadas al poder político bajo limitaciones de dependencia y responsabilidad.

B) *La estructura de la Administración Pública*

Aunque la Administración Pública es un organismo plural, todos los entes públicos tienden a estar formados por órganos y oficinas.

En lo que respecta a la definición de órgano, existen tres teorías diferentes: i) la teoría subjetiva considera que el órgano debe entenderse como la persona física titular de la oficina; ii) la teoría objetiva sostiene que el órgano se identifica con la oficina entendida como el conjunto de atribuciones asignadas a la persona física que actúa para el ente; iii) la teoría mixta, por otro lado, afirma que el órgano debe ser entendido como la persona o grupo de personas responsables de un determinado centro de imputación de competencia administrativa. En cualquier caso, independientemente de las posibles definiciones, hay esencialmente dos características principales de un órgano: el titular es, por regla general, una persona física que ejerce autoridad pública.

Cada órgano tiene su propia competencia o es titular de un conjunto de poderes y funciones reguladas por ley. Hay tres tipos diferentes de competencia: por materia, por territorio y por grado. El legislador, de hecho, asigna a un órgano determinado las competencias que debe ejercer (competencia por materia). Sin embargo, cuando dentro de la misma rama de la administración hay varios órganos que realizan la misma función, interviene la competencia territorial cuya tarea es repartir las atribuciones desde el punto de vista, precisamente, territorial. La competencia por grado interviene cuando, dentro de la misma administración y en el mismo territorio, hay órganos que realizan actividades idénticas: por eso, algunas materias están reservadas al órgano superior mientras que otras lo son al órgano de menor rango. En virtud de las atribuciones por grado, se forma una pirámide que tiene en su parte superior el Ministerio y en la base los órganos periféricos.

La oficina, por otro lado, se define generalmente como el "complejo organizado de esferas de competencias que permiten al órgano poner en marcha las disposiciones para la realización de los objetivos institucionales de la entidad". Las oficinas se caracterizan por un elemento funcional y un elemento estructural. En particular, a las oficinas, que también están incorporadas permanentemente en la estructura de la entidad a la que pertenecen, se asignan exclusivamente las funciones propias de la persona jurídica a la que pertenecen.

Existen numerosos elementos que permiten clasificar los órganos y las oficinas. Por ejemplo, teniendo en cuenta su estructura, es posible distinguir entre órganos y oficinas complejos y órganos y oficinas simples o entre órganos (u oficinas) territoriales y no territoriales; en virtud de la responsabilidad del agente, se distinguen los órganos (u oficinas) representativos de los que no son representativos; de acuerdo con la función ejercida, se identifican los órganos (u oficinas) de administración activa y los que tienen una función de asesoramiento.

Sin embargo, en la práctica no siempre es fácil distinguir entre órgano y oficina porque las definiciones generales tienden a superponerse con frecuencia.

C) *Empresas públicas*

El instituto de las empresas públicas tiene sus raíces en la disciplina de las relaciones económicas en la Carta Constitucional y en los límites que esta impone a las administraciones para la realización de actividades empresariales.

De hecho, esta disciplina constitucional, junto con la consagración de la libertad de iniciativa económica privada (principio contenido en el art. 41 de la Constitución), establece un complejo sistema de límites a esta libertad y un conjunto de poderes de interferencia pública, considerando también la actividad económica pública y la posibilidad de situaciones de monopolio.

En particular, este sistema de límites está diseñado por el artículo 43 de la Constitución, que establece que "la ley podrá, en pro del interés general, reservar a título originario o transferir, mediante expropiación y con la correspondiente indemnización, al Estado, a entes públicos o comunidades de trabajadores o de usuarios determinadas empresas o categorías de empresas que exploten servicios públicos esenciales o fuentes de energía o que constituyan un monopolio y sean, preeminentemente, de interés general".

Por lo tanto, conforme a lo anterior, el sistema italiano oscila entre los polos de una marcada intervención pública en la economía, que consiste precisamente en empresas públicas, y del Estado regulador, cuya actividad está al servicio del mercado y su buen funcionamiento.

Las principales razones que llevaron al legislador a la creación de empresas públicas se han identificado en la necesidad de evitar el establecimiento de monopolios privados en el ejercicio de aquellos servicios que deben ser accesibles para todos (por ejemplo, iluminación, servicios de transporte, suministro de agua y electricidad) y en la necesidad de tomar iniciativas que requieren inversiones masivas o una enorme cantidad de capital fijo (como los servicios ferroviarios, las autopistas o las telecomunicaciones).

Para que exista una empresa pública, por lo tanto, se requiere una empresa cuyo capital o patrimonio han sido aportados en su totalidad o en parte por el Estado u otro organismo público.

Los modelos organizacionales de las empresas públicas han sido diferentes.

De hecho, tradicionalmente, se considera que el "sistema de empresas públicas" puede clasificarse según la siguiente articulación tripartita:

1. Empresas municipales y empresas especiales;
2. Organismos económicos públicos;
3. Participaciones del Estado.

D) *Empresas municipales*

La primera regulación legislativa de las empresas municipales se elaboró, en la época de Giolotti, mediante la llamada Ley Montemartini, es decir la ley 103 de 29 de marzo de 1903.

Esta ley se introdujo para permitir a las administraciones crear organismos diseñados específicamente para la gestión de servicios públicos y para limitar el poder de las empresas privadas en este campo. De hecho, las compañías privadas, en ese momento, administraban servicios para la comunidad, obteniendo enormes ganancias sin las típicas garantías de las *public service obligations*. El propósito de la ley era, por lo tanto, permitir la intervención pública en actividades consideradas importantes para la población, bloqueando así la rentabilidad de las empresas privadas y obteniendo, a partir del ejercicio de esos servicios, utilidad para la municipalidad.

De hecho, hubo dos *"almas"* que inspiraron esta ley: un alma *"opcional y promocional"* con el propósito de 1) favorecer a las entidades locales, 2) corregir las distorsiones derivadas de la propiedad privada de los monopolios naturales y 3) integrar la oferta privada de bienes públicos; y un alma *"pubblicistica y de protección"* con el propósito de poner restricciones a las iniciativas existentes a través de controles y cautelas procedimentales y sustanciales para garantizar a los ciudadanos.

La ley Montemartini fue modificada en 1923 por el real decreto 3047 y posteriormente se coordinó con este último en el texto único de las leyes sobre la asunción directa de los servicios públicos por los municipios y las provincias, aprobado con el real decreto 2578/1925.

De acuerdo con la legislación de 1925, las empresas municipales consistían en organismos técnico-productivos establecidos por los municipios para el ejercicio de uno o más servicios públicos locales.

Por lo tanto, su existencia estaba estrictamente relacionada con el servicio público para el que estaban establecidas.

Eran organismos, y no entidades, ya que carecían de personalidad jurídica propia. Formalmente, formaban parte de la persona jurídica, es decir, la entidad territorial a la que pertenecían.

Sin embargo, este factor no impidió que las empresas municipales fueran connotadas, tanto legalmente como en la práctica, por una amplia autonomía gerencial y financiera frente al organismo de pertenencia. De hecho, aunque sin tener su propia personalidad jurídica, las empresas municipales tenían la capacidad de hecho y podían operar como centros independientes de imputación de derechos y obligaciones.

En cualquier caso, solo podían llevar a cabo los negocios jurídicos necesarias para lograr su propósito y la supresión del servicio implicaba necesariamente la liquidación de la empresa.

La constitución de empresas de este tipo podía ser promovida no solo por los municipios, sino también por las provincias y por los consorcios locales de municipios y provincias. Por lo tanto, correspondía a las administraciones municipales y provinciales, además de la constitución de estas empresas, la tarea de proporcionar los medios técnicos y financieros para su funcionamiento y aprobar, en caso necesario, la revocación del servicio y la liquidación de las empresas. Además, las administraciones tenían el poder de designar los órganos de la empresa, como el presidente y la comisión administrativa, y de expresar su veto sobre las decisiones fundamentales de los empresas municipales.

Además, las empresas municipales podían definirse como entidades técnicas y productivas, ya que su actividad institucional no era de tipo burocrático-administrativo, sino de tipo económico-industrial o económico-comercial. Por lo tanto, los servicios o bienes producidos por estas empresas se ofrecían en un mercado en el que podían operar en condiciones de monopolio total, monopolio parcial o en competencia con particulares.

Los principales servicios públicos gestionados por medio de las empresas municipales fueron: la construcción de acueductos y fuentes y la distribución de agua; la instalación y operación de alumbrado público y privado; las alcantarillas; transporte local; redes telefónicas locales; farmacias; la recolección de basura; transporte fúnebre; los mataderos; los molinos y los hornos; mercados públicos; la fijación de anuncios; centros de acogida para personas sin hogar y el tratamiento y comercialización de la leche.

La atención de estos servicios conllevaba cargas y beneficios financieros que, sin embargo, continuaron siendo responsabilidad de la administración municipal y provincial debido a la falta de personalidad jurídica de las empresas municipales.

En cualquier caso, a partir de los años cincuenta y sesenta del siglo pasado comenzaron los intentos del legislador italiano de transformar la estructura legal de las empresas municipales. Los diversos proyectos de reforma contemplaron, año tras año, un acercamiento a los modelos privatistas, hasta la atribución de personalidad jurídica a las empresas municipales. Las municipalizaciones pasaron de la heterodirección administrativa local a una gestión basada en una lógica más empresarial.

Específicamente, el legislador eligió una relación organizacional de instrumentalidad centrada en el poder de dirección de la Entidad local y en la autonomía de gestión de las empresas municipales.

La reforma se completó en los años 1990 y 2000 (ley 142/1990 y decr. leg. 267/2000) con el abandono del modelo de las municipalizaciones y el establecimiento simultáneo de nuevas empresas especiales con personalidad jurídica y plena responsabilidad patrimonial por las obligaciones contraídas.

E) *Empresas especiales*

La empresa especial, tras la reforma de 2000 (decr. leg. 267/2000), es un sujeto distinto de la entidad local, pero al mismo tiempo es órgano instrumental de la entidad local. La empresa tiene el poder de adoptar su propio estatuto, que sin embargo está sujeto a la aprobación de la administración. Los estatutos deben regular los procedimientos de nombramiento y destitución de los administradores de la empresa.

La empresa especial tiene personalidad jurídica propia, que se adquiere mediante la inscripción en el registro mercantil. La autoridad local confiere el capital de dotación, determina las finalidades y las orientaciones de la empresa, aprueba los actos básicos, supervisa la empresa; verifica los resultados de la gestión y asegura la cobertura de los costos societarios.

La reforma de 2001 (ley 448/2001, ley de finanzas de 2002) afectó la naturaleza jurídica de las empresas especiales: aunque originalmente se diseñaron para servicios de importancia económica y empresarial, tras la reforma se hizo

posible emplear estas empresas únicamente para servicios sin las características mencionadas anteriormente. La reforma estableció que solo la gestión de
servicios sin relevancia industrial era posible a través de las empresas especiales. Por otro lado, la gestión de los servicios industriales solo fue posible por
medio de sociedades de capital seleccionadas mediante licitación pública. Las
mismas empresas especiales que administraban servicios industriales tuvieron
que convertirse en compañías de capital para seguir gestionando los servicios.

El legislador intervino aún más sobre el asunto en 2003 (decr. leg. 269/2003
convertido por la ley 326/2003): la nueva reglamentación distingue hoy entre
los servicios públicos locales de importancia económica y los servicios sin
relevancia económica, reemplazando así la distinción entre los servicios que
tienen y los que carecen de relevancia industrial.

F) *Entes públicos económicos*

Los entes público económicos constituyen una categoría particular de
entidad pública que opera no en régimen de derecho administrativo, sino en
régimen de derecho privado y cuyo único o principal objeto es el ejercicio de
una actividad comercial; este último constituye su misión institucional y, por
lo general, es instrumental para la realización de los intereses públicos.

Además de la autonomía financiera, los entes públicos económicos tienen
una verdadera personalidad jurídica, a diferencia de las empresas autónomas,
que, al revés, no tienen personalidad jurídica propia.

En doctrina y en jurisprudencia, el carácter "económico" ha sido debatido:
de hecho, a veces se ha identificado en la realización de una actividad con fines de lucro y en régimen de competencia, mientras que otras veces se ha definido como "espíritu empresarial", es decir, como una aptitud abstracta para
obtener beneficios esperados de acuerdo con la remuneración del costo de
producción o intercambio de bienes o servicios.

En cualquier caso, históricamente este modelo se ha configurado como
un paso intermedio hacia la privatización: de hecho, las empresas especiales,
antes de transformarse en sociedades anónimas, se han transformado en entes
públicos económicos.

Dentro de la categoría de los entes públicos económicos, se encuentran
aquellos que realizan directamente actividades de producción de bienes y servicios y aquellos que poseen participaciones en empresas públicas (entidades
para la gestión de participaciones: como IRI y ENI).

G) *Transición al modelo societario e "in house providing"*
(contratación domestica)

La evolución legislativa de los años noventa condujo a la transformación
del modelo empresarial en el modelo societario.

La tendencia legislativa, de hecho, ha sido la de transformar los entes públicos económicos en sociedades anónimas, un instrumento considerado más adecuado para la gestión de la empresa.

En el contexto de los servicios públicos locales, los principios comunitarios adquieren importancia decisiva. Sobre la base de estos principios, las tres formas posibles de administrar y confiar los servicios públicos locales a los que se hace referencia en el panorama regulatorio actual de Italia son:

a) Sociedades anónimas identificadas mediante la ejecución de licitaciones públicas;

b) Sociedades con capital público/privado mixto en las que el socio privado se elige mediante la ejecución de licitaciones públicas que han garantizado el cumplimiento de las normas internas y comunitarias en materia de competencia de acuerdo con las directrices emitidas por las autoridades competentes a través de disposiciones o circulares específicas;

c) Sociedades con capital totalmente público, a condición de que el organismo público u organismos que posean el capital social ejerzan un control análogo al que puede ejercer sobre sus propios servicios en la empresa y que la sociedad realice la parte esencial de su actividad con la entidad o las entidades controladoras.

La expresión "*in house providing*" identifica el fenómeno de la "*autoproducción*", a través de empresas públicas, de bienes, servicios u obras por parte de la administración pública. La autoproducción consiste en adquirir un bien o un servicio, recurriendo a su propia organización sin servirse de "terceros" mediante una licitación (llamada externalización) y, por lo tanto, al mercado. El *in house* representa el intento de conciliar el principio de auto-organización administrativa (que encuentra correspondencia en el principio comunitario más general de autonomía institucional), con los principios de protección de la competencia y del mercado.

Las sociedades *in house* son parte del tipo de las empresas públicas aun sujetas, como cualquier otro tipo de empresa, al régimen del derecho común y, por lo tanto, a las disposiciones establecidas por el Código Civil, aunque con algunas advertencias.

El instituto tiene, en cualquier caso, origen jurisprudencial, al haberse elaborado mediante resoluciones del Tribunal de Justicia de la Unión Europea, que ha especificado progresivamente los criterios sobre cuya base la adjudicación directa de contratos y servicios públicos puede considerarse legítima, no obstante existir como excepción el principio general de competencia.

La primera sentencia es la sentencia Teckal de 18 de noviembre de 1999, asunto C-107/98: en ella, el Tribunal de Justicia ha excluido el carácter vinculante de la licitación pública para la elección de la parte contrayente cuando:

I) La entidad adjudicadora ejerce sobre el adjudicatario "un control análogo" al que ejerce sobre sus propios servicios (elemento estructural de la relación *in house*), y

II) El adjudicatario realice la parte esencial de su actividad con el ente público que lo controla (elemento funcional de la relación *in house*).

En presencia de tales condiciones, según el Tribunal, no hay alteridad entre los sujetos implicados en la relación jurídica en cuestión.

En un intento de limitar la noción de control análogo, el Tribunal intervino con una decisión posterior, la sentencia Parking Brixen de 2005.

Con esta resolución la jurisprudencia comunitaria ha argumentado que, para que el control análogo pueda decirse subsistente, no es suficiente que haya una participación pública total, pero también es necesario que el sujeto público tenga la posibilidad concreta de influir en las decisiones más importantes para la vida societaria.

Esto porque la entidad pública puede tener el ciento por ciento del capital social de la empresa y, al mismo tiempo, el consejo de administración de la empresa, en virtud de los estatutos societarios, puede tener un considerable grado de independencia en la toma de decisiones, pudiendo asumir de forma independiente importantes actos de gestión.

Por lo tanto, es necesario evaluar el caso concreto para verificar que el socio público también tenga la posibilidad de afectar las decisiones más importantes de la empresa controlada. Solo en este caso es posible la adjudicación directa.

Por último, el Tribunal consideró que un control análogo podría configurarse de forma abstracta, incluso si las acciones no están en manos del organismo público sino indirectamente a través de una empresa matriz (es decir, una sociedad *holding*) de propiedad del mismo organismo en su totalidad. Según el Tribunal, en esta forma de participación "la intervención de un intermediario de este tipo puede debilitar el eventual control ejercido por el poder adjudicador sobre una sociedad anónima por el mero hecho de participar en su capital".

Los principios comunitarios en cuestión han sido incorporados por la jurisprudencia nacional. Un resumen fundamental con respecto al *in house providing* se encuentra en la sentencia 1 de 3.3.2008, con la cual la Asamblea Plenaria del Consejo de Estado delineó la definición de control análogo de la siguiente manera:

"a) El estatuto de la empresa no debe permitir que ninguna porción del capital societario, incluso si es minoritaria, pueda transferirse a personas particulares (Consejo de Estado, sección V, 30 de agosto de 2006, N. 5072);

"b) El Directorio de la empresa no debe tener poderes de gestión significativos y la entidad pública que ejerce el control debe poder ejercer mayores poderes que aquellos que el derecho empresarial normalmente reconoce al accionista mayoritario (Consejo de Estado, sección VI, 3 de abril de 2007) , N. 1514);

"c) La empresa no debe haber adquirido una vocación comercial que precarice el control de la entidad pública o que puede deducirse, entre otras cosas, de la expansión del objeto social; de la apertura obligatoria de la empresa, en el corto plazo, a otras capitales; de la expansión territorial de la actividad de la empresa a toda Italia y al extranjero (Tribunal de Justicia UE, 10 de noviembre de 2005, C-29/04, Mödling o Comisión / Austria, 13 de octubre de 2005, C-458 / 03, Parking Brixen);

"d) Las decisiones más importantes deben someterse al examen previo de la entidad adjudicadora (Consejo de Estado, sección V, 8 de enero de 2007, N. 5)".

La misma resolución identifica también como "esencial la coexistencia de los siguientes factores, todos adecuados para realizar una forma de control que sea efectiva, y no solo formal o aparente:

"a) control del presupuesto;

"b) control sobre la calidad de la administración;

"c) poderes de inspección directa y concreta;

"d) la dependencia total de la empresa en relación con las estrategias y políticas empresariales".

En última instancia, por lo tanto, "el control análogo debe determinar una influencia decisiva en los objetivos estratégicos y las decisiones importantes, y puede implementarse con poderes de directiva, nombramiento y revocación de directores, y con poderes de supervisión e inspección" (Consejo de Estado, sección VI, 11.2.2013, N. 762).

Esto no significa que todos los poderes de gestión de la empresa *in house* se anulan, sino que "la «posibilidad de influencia decisiva» es incompatible con el respeto de la autonomía de gestión*, sin distinguir —en línea con la jurisprudencia comunitaria— entre las decisiones importantes y la administración ordinaria [...]. El condicionamiento estricto, requerido por la jurisprudencia comunitaria, no puede garantizarse mediante dictámenes obligatorios pero no vinculantes, [...] por otra parte emitidos «sobre los actos fundamentales de la empresa in house»" (Corte Constitucional, 28.3.2013, n. 50) .

Los poderes significativos que se han descrito deben reflejarse adecuadamente en los estatutos de las empresas participadas por las administraciones públicas. Se consideraron indicadores de control análogo "la obligación de transmitir mensualmente las actas de las reuniones del consejo de administración y del comité de síndicos, el orden del día de las reuniones del mismo consejo de administración al alcalde y al miembro de la junta de gobierno local competente en materia de empresas y directores de la compañía;

"- la obligación de transmitir trimestralmente al alcalde y a la junta de gobierno local un informe sobre el rendimiento de la empresa, con especial

---

* De la empresa participada. [Nota del trad.].

referencia a la calidad y cantidad de los servicios prestados a los ciudadanos, así como a los costes de gestión en relación con los objetivos establecidos;

"- las facultades para designar y revocar a un número significativo de directores y síndicos" (Consejo de Estado, cit.).

En última instancia, las entidades públicas que participan en la estructura corporativa deben poder ejercer, dentro de la junta de accionistas, poderes incisivos de control y supervisión, "superiores a los que normalmente se encuentran en empresas similares" (TAR Piamonte, Sección I, 17.4.2013, 461). A modo de ejemplo, estos amplios poderes pueden consistir en "aprobar todas las decisiones estratégicas para las actividades de la empresa y, en particular, la determinación de las políticas financieras y operativas de la empresa, identificadas a través del presupuesto [...]; comprobar en la práctica el cumplimiento de los lineamientos financieros y operativos antes mencionados, a través del control de gestión [...]; aprobar actos básicos para la gestión operativa de la empresa, como el «Esquema organizativo de oficinas» y el «Plan de Recursos Humanos y de Inversión»" (TAR Piamonte, cit.).

Las directivas de la Unión Europea números 23, 24 y 25 de 2014 codificaron los principios definidos por la jurisprudencia comunitaria e introdujeron nuevas disposiciones para la adjudicación *in house*.

El requisito del control análogo se codificó primero; la cuestión del control análogo indirecto también se trató expresamente, admitiendo que la "influencia dominante" puede ejercerse por una entidad jurídica diferente de la Administración adjudicadora, siempre que la entidad esté sujeta al "control análogo" de la Administración.

Se ha establecido expresamente que la actividad principal de la empresa debe llevarse a cabo, en un 80 por ciento, a favor de la entidad que controla. Además, la apertura al capital privado ha sido posible siempre que se caracterice por la ausencia de poderes de influencia sobre la gestión de la empresa.

H) *Autoridades administrativas independientes*

Sobre la base de la experiencia legislativa extranjera, Italia también ha modificado la estructura organizativa de la administración estatal, introduciendo en su sistema legal entidades públicas dotadas de independencia sustancial frente al Gobierno y caracterizadas por autonomía organizativa, financiera y contable, así como por la falta de controles de sujeción al poder del ejecutivo.

Las autoridades independientes se han desarrollado principalmente desde los años noventa del siglo xx.

Los modelos de inspiración para el legislador italiano fueron, por un lado, las *independent agencies* de Estados Unidos. Y, por otro, las más recientes *autorités administratives indépendantes* francesas.

Hay varias razones para esta opción legislativa.

En primer lugar, se intentó liberar la gestión de ciertos sectores sensibles del condicionamiento de las instituciones políticas, así como de los titulares de los mismos intereses, confiándola a sujetos provistos no solo de funciones administrativas en el sentido clásico, sino también de poderes reguladores y sancionadores.

En segundo lugar, este modelo de administración pública está relacionado con el proceso de retirada gradual del Estado de la intervención directa en la economía y la consiguiente necesidad de establecer nuevas formas de protección de los operadores en el mercado y los usuarios y, por lo tanto, introducir reglas elaboradas o aplicadas por sujetos independientes.

No menos importante fue el papel de la legislación europea que impuso el establecimiento de autoridades reguladoras nacionales en algunos sectores clave, como la competencia, los bancos y la energía, destinadas a ser integradas en redes europeas (como el Banco de Italia, la Autoridad italiana de la Competencia y la Comisión Nacional de Empresas y la Bolsa de Valores).

Las administraciones independientes se distinguen de las administraciones tradicionales principalmente desde el punto de vista funcional.

De hecho, sus funciones no pueden resumirse en una sola categoría: la característica distintiva de su forma de ser es constituir una excepción al principio clásico de separación de poderes, al ser titulares de funciones que se superponen con las funciones legislativa, ejecutiva y judicial.

Por lo tanto, junto con las funciones reglamentarias o reglamentarias *strictu sensu*, las autoridades tienen poderes administrativos en el sentido tradicional (como, por ejemplo, la concesión de autorizaciones) así como los poderes de arbitraje y contencioso, en el sector específico de competencia, con respecto a situaciones jurídicas de carácter bilateral y horizontal entre sujetos privados.

Precisamente en el ejercicio de este tipo de funciones contenciosas y semijurisdiccionales, las autoridades independientes son un nuevo factor comparado con el modelo clásico de la administración responsable del cuidado de un interés público.

Desde un punto de vista subjetivo, sin embargo, su característica fundamental es la de la independencia, entendida como independencia del poder político del Gobierno y garantizada mediante la provisión de un sistema de garantías relativas a los nombramientos, incompatibilidades, poderes y autonomía organizacional, tanto como impermeabilidad a la interferencia en su propia acción por los *lobbies* que operan en la realidad de los mercados, a fin de mantener el interés público como criterio de referencia para la misión institucional.

En consecuencia, en cuanto a la relación con el poder ejecutivo, las autoridades no están obligadas a adaptarse a la orientación política expresada por la mayoría gubernamental y toman, en una posición de imparcialidad, decisiones similares a las de los tribunales.

Además, a este respecto, comúnmente se considera que tienen una posición "neutral" en lugar de "imparcial". De hecho, neutralidad significa total indiferencia a los intereses en juego, mientras que la imparcialidad se refiere a una línea de conducta que requiere perseguir un interés público particular solo teniendo en cuenta los otros intereses públicos y privados presentes en el asunto, evitando compromisos que no aparecen razonables y proporcionados.

En cualquier caso, el solo hecho de que las autoridades independientes no respondan políticamente al ejecutivo ha generado dudas sobre la legitimidad constitucional de la decisión de establecerlas.

De hecho, aunque para muchas de ellas existe una base jurídica supranacional (especialmente de Derecho comunitario), las administraciones independientes carecen de una verdadera "cobertura constitucional" y se alejan completamente del modelo general basado en el principio de la responsabilidad ministerial, consagrado en el artículo 95 de la Constitución, en virtud del cual los ministros son colegialmente responsables de los actos del Consejo de Ministros y de manera individual de los actos de sus ministerios.

En particular, el debate relacionado subraya el riesgo de que sectores importantes de la vida del país sean administrados por sujetos públicos que, al estar libres de la dirección y el control del Gobierno, terminan careciendo de legitimidad democrática.

Dicho esto, en general, es posible hacer una distinción entre las autoridades sectoriales y las autoridades transversales: específicamente, las primeras son exclusivamente responsables de un sector económico particular, mientras que las segundas tienen competencias no restringidas, desde el punto de vista material, por sectores, ya que son titulares de poder de protección de intereses públicos específicos de ámbito general.

En cuanto a la naturaleza jurídica de las autoridades administrativas independientes, dada por hecho la matriz de derecho público de las autoridades, ha habido una larga discusión sobre el plexo constitucional al que pertenecen.

De hecho, cabe preguntarse si deben ser incluidas en la administración pública o si deben asimilarse al poder judicial, teniendo en cuenta su marcada independencia estructural y la naturaleza neutral de las funciones asignadas.

En un fallo de 2002 (7341 de 20 de mayo de 2002), la Corte de Casación optó por la asimilación de estas autoridades al poder administrativo, excluyendo, por una parte, la posibilidad que en el sistema jurídico exista un género de *tertio* entre la administración y jurisdicción y, por otro, que las decisiones tomadas por las autoridades, una vez concluida la instrucción del procedimiento, asuman la autoridad de cosa juzgada, como es necesario para inferir la naturaleza jurisdiccional del organismo.

Actualmente, las autoridades se definen y se rigen por las leyes de establecimiento de cada autoridad.

Las siguientes son las principales autoridades administrativas independientes:

• La autoridad para la garantía de las comunicaciones (AGCOM), establecida por la ley 249/1997, con la tarea de garantizar el respeto de los derechos humanos fundamentales y la protección de la competencia en el sector de las comunicaciones, incluida la radiodifusión, mediante la regulación de los mercados, servicios y productos.

• La Autoridad italiana de la Competencia (AGCM), establecida por la ley 287/1990 y conocida como la Autoridad Antimonopolio.

• El Banco de Italia, establecido en 1936 y recientemente reformado por l. n. 262/2005, que desde 1998 es parte integrante del Sistema Europeo de Bancos Centrales (SEBC);

• La Comisión Nacional de Empresas y la Bolsa de Valores (CONSOB), con funciones de regulación, supervisión y garantía de transparencia sobre el buen funcionamiento de los mercados de valores.

• El Instituto para la supervisión de los seguros (conocido por el acrónimo IVASS y establecido por el decreto ley 95 de 6 de julio de 2012, convertido en la ley 7 de agosto 2012, en sustitución del anterior ISVAP) con la tarea de llevar a cabo funciones de supervisión en el mercado de seguros.

Finalmente, cabe mencionar al Garante para la protección de datos personales; la Autoridad Reguladora de Redes de Energía y Medio Ambiente (ARERA); el Garante del Contribuyente y la Autoridad Nacional Anticorrupción (conocida con el acrónimo ANAC).

4. Organización y características de la Administración seccional

El 23.10.1859 se expidió la ley 3702 del Reino de Cerdeña, también conocida con el nombre de decreto Rattazzi (nombre del Ministro del Interior del Reino de Saboya, Urbano Rattazzi, a cargo en ese momento). Es importante analizar las principales disposiciones de esta ley porque, tras la proclamación del Reino de Italia en 1861, la organización de las entidades locales de 1859 se extendió a todo el Reino y siguió siendo la misma, aparte de algún pequeño ajuste, hasta 1888.

En primer lugar, es importante observar como esta ley no otorgó una autonomía significativa a las entidades locales, especialmente a los municipios, porque, como se explicará a continuación, la misma previó controles invasivos de la autoridad central con respecto a todas las actividades pertenecientes a las entidades periféricas.

El Decreto Rattazzi dividió el territorio del Reino en provincias, distritos, mandamientos y municipios.

Cada provincia fue dirigida por un gobernador nombrado por el Rey —después de la extensión de esta ley a todo el Reino de Italia, el gobernador tomó el nombre de prefecto— a su vez asistido por un vicegobernador, también designado por el Rey. En un nivel inferior al gobernador se encontraba la diputación provincial, que sirvió como juez administrativo, y el consejo provincial, elegido por los ciudadanos que disfrutaban del derecho de sufragio. Las provincias establecidas por el decreto Rattazzi fueron: Alessandria, Annency, Bérgamo, Brescia, Cagliari, Nuoro, Ciamberi, Como, Cremona, Cuneo, Génova, Milano, Niza, Novara, Pavía, Sassari, Sondrio y Torino.

Los distritos, que en las intenciones del ministro Rattazzi tenían que parecerse a los distritos franceses, no eran, en realidad, entidades locales, sino órganos de rango estatal. De hecho, se configuraron como sub-prefecturas guiadas, precisamente, por sub-praefectos. A cargo de los distritos de las ciudades capitales se colocó un viceprefecto. Incluso los mandamientos, en realidad, no tenían autonomía: ellos, de hecho, constituían únicamente distritos electorales individuales utilizados para las elecciones provinciales.

Los verdaderos organismos básicos del Reino fueron los municipios. La administración municipal estaba formada por un alcalde, un consejo municipal, una junta municipal y, opcionalmente, por un secretario municipal.

El alcalde desempeñaba la doble función de oficial del gobierno —él, de hecho, fue nombrado directamente por el rey— y jefe de la administración municipal. Su mandato duraba tres años, pero podría ser nombrado de nuevo conservando el cargo de consejero. Las principales funciones del alcalde, como jefe de la Administración, eran presidir el concejo municipal, convocar y presidir el concejo municipal y representar la ciudad ante los tribunales. Por otro lado, como funcionario del gobierno, tenía la tarea de publicar las leyes y órdenes del gobierno, conservar los registros del estado civil, informar al intendente sobre las licencias para establecimientos públicos e informar a las autoridades gubernamentales sobre el orden público. El mandato de la junta, elegida por el Consejo de la ciudad por la mayoría absoluta de sus miembros, duraba un año. La junta tenía entre sus tareas principales la de nombrar al personal de la municipalidad, asistir a las subastas, supervisar el ornato y la policía local y verificar la regularidad de las operaciones de reclutamiento. El consejo, por su parte, estaba compuesto por un número variable de consejeros (de un máximo de 60 a un mínimo de 4) según el número de habitantes del municipio. Cada año los votantes estaban llamados a renovar un quinto del Consejo. A este respecto, solo los ciudadanos varones, no analfabetos, que pagaban al municipio contribuciones directas de montos variables de acuerdo con el número de habitantes del municipio de residencia, disfrutaban del derecho al voto. No podían votar las mujeres, los incapaces y los sujetos sentenciados a penas correccionales. El sistema electoral administrativo previó que los votantes podían expresar un número preferencias igual al número de concejales: por supuesto, eran elegidos los concejales más votados.

Las principales funciones del consejo municipal eran elegir a los miembros de la junta municipal, llevar a cabo verificaciones contables de las instituciones caritativas y benéficas, nombrar auditores, actualizar constantemente las listas electorales y deliberar sobre los salarios de los empleados municipales.

Como ya se ha dicho, el decreto Rattazzi estableció una organización administrativa altamente centralizada del Estado. Por lo tanto, no es sorprendente que el capítulo VII de la ley 3702 previó que los representantes del Estado deberían realizar controles periódicos con respecto a las actividades municipales. Por ejemplo, el prefecto tenía que verificar la regularidad de todas las resoluciones municipales y la regularidad de los presupuestos de la entidad. Estaban sujetos a la aprobación previa del Rey, previa consulta del Consejo de Estado, los reglamentos sobre tarifas aduaneras, impuestos, el ornato y la policía local. Además, tenían que ser aprobadas por la diputación provincial las resoluciones municipales relativas a numerosos asuntos (compra o venta de edificios, constituciones de servidumbres, delimitación de bienes y territorios, gastos vinculantes por más de tres ejercicios, acciones legales y litigios judiciales, los reglamentos sobre el uso de bienes municipales, ...).

En 1861, este sistema organizativo se extendió a todo el Reino de Italia.

La primera ley orgánica sobre los ordenamientos locales en la era postunitaria fue adoptada el 20.3.1865: es la ley 2248, también conocida con el nombre de ley Lanza, por el nombre del Ministro del Interior del gobierno de La Marmora. El anexo A de esta ley estaba dedicado a la organización administrativa del Estado. Sin embargo, vale la pena señalar que eran muy pocas las modificaciones introducidas por la ley Lanza respecto del decreto Rattazzi en materia de organización de las entidades periféricas. Baste pensar que los 235 artículos de la ley de 1865 eran a menudo no más que una mera repetición de los 222 artículos de la ley anteriormente en vigor en 1859. En particular, la ley Lanza no alteró los controles que el Estado, a través de sus representantes, podría ejercer con respecto a las actividades llevadas a cabo por las administraciones locales, especialmente municipales. Por lo tanto, la ley de 1865 esbozó, una vez más, un Estado altamente centralizado que, de hecho, no le concedió formas sensibles de autonomía a las entidades periféricas.

En cualquier caso, los principales cambios introducidos por la ley Lanza fueron: la introducción de la provincia de Siracusa y la eliminación de la de Noto, la concesión de una delegación al Gobierno para la cancelación de varios municipios pequeños y la duplicación del plazo del mandato de la diputación provincial y del consejo municipal.

La primera ley que otorgó autonomía significativa a las entidades periféricas fue la 5865 de 30.12.1888, luego transfundida en el real decreto 5921 de 10.2.1889 también conocido como el Texto único de la ley municipal y provincial. El ordenamiento municipal esbozado por esta ley es la columna vertebral de lo que todavía está vigente.

En primer lugar, es importante destacar que en los municipios de más de 10.000 habitantes, el alcalde ya no era nombrado por el Rey a propuesta del prefecto. De hecho, era elegido por el concejo municipal el cual, a su vez, era elegido por un número cada vez mayor de ciudadanos, teniendo en cuenta que los requisitos para votar también fueron modificados. En particular, a partir de diciembre de 1888, pudieron participar en las elecciones todos los ciudadanos varones, no analfabetas, mayores de 21 años y que habían pagado al municipio de residencia una cierta cantidad anual de impuestos directos. Estos cambios permitieron que el electorado activo aumentara del 4 al 11 por ciento. También el concejo municipal consiguió el poder de remover al alcalde de su oficina. Las reuniones del Consejo fueron abiertas al público y su fijación también podría ser solicitada por un tercio de los consejeros. En caso de disolución del concejo municipal, se nombraba un administrator extraordinario en lugar del alcalde.

La Junta, compuesta por el alcalde y por un número variable de asesores (de 2 a 10 dependiendo del tamaño de la entidad), podía utilizar, en presencia de ciertas condiciones (por ejemplo, motivos graves de orden público), la decretación de urgencia.

Además, la presencia del secretario municipal en todos los municipios se hizo obligatoria: se permitió a los pequeños municipios unirse para emplear al mismo secretario.

A la luz de lo anterior, es posible observar que, gracias a la ley 5865 de 1888, la autonomía de los municipios con respecto al poder central aumentó considerablemente. En esencia, el Rey podría entrometerse en la organización municipal solo en caso de mala administración o motivos graves de orden público.

La organización provincial también fue modificada. Se constituyó la junta administrativa provincial, compuesta por el prefecto, cuatro miembros elegidos por el consejo provincial y dos representantes del Ministerio del Interior. Además, el prefecto ya no estaba al mando de la diputación provincial. El presidente de la diputación, de hecho, debía ser elegido anualmente por el consejo provincial, por mayoría absoluta de sus miembros.

Desde 1894 hasta 1912, la autonomía de las entidades periféricas con respecto al poder central creció aún más. De hecho, el artículo 9º de la ley 287 de 11.7.1894 aumentó la duración del mandato de los Consejos municipales hasta seis años. La ley 346 del 29.7.1896 introdujo la elección por los consejos municipales de todos los alcaldes, independientemente del número de habitantes del municipio. Con la ley 665 de 30.12.1912, el sufragio universal masculino se introdujo para los ciudadanos que habían cumplido 21 años de edad.

Con el advenimiento del fascismo, los principios liberales que, desde 1861, habían caracterizado al Reino de Italia, fueron aniquilados y reemplazados por una ideología de tipo nacionalista, centralista y estatista. Obviamente , estos principios también inspiraron las leyes concernientes al sistema municipal que fueron aprobadas durante la dictadura. En particular, la ley 237 de 04.02.1926 introdujo —en un primer momento solo para municipios de hasta 5.000 habitantes y luego, en diciembre de ese año con la ley 1910, para todos los municipios— la figura del *Podestà*. El *Podestà*, que asumió todas las funciones que, previamente, ejercían el alcalde, el consejo y la junta, era nombrado por real decreto y su mandato, aunque renovable, duraba cinco años. Junto a la figura del *Podestà*, se estableció la consulta municipal con una función meramente consultiva. En caso de mala administración, el *Podestà* solo podía ser destituido por el prefecto. El proceso de transformación de las entidades locales en meras ramas del poder central fue perfeccionado por la ley 2113 de 23.10.1925 que introdujo la obligación para todos los empleados municipales y provinciales, bajo pena de perder sus trabajos, de prestar juramento de lealtad al régimen.

Por lo tanto, será necesario esperar la conclusión de la segunda guerra mundial y el fin de la dictadura fascista para ver un nuevo impulso de las autonomías locales.

Con la entrada en vigor de la Constitución republicana el 1º de enero de 1948, se renovó el sistema de gobierno local.

Las asambleas de municipios y provincias volvieron a ser electivas y las regiones fueron establecidas con el objetivo preciso de compensar las carencias que municipios, provincias y Estado, debido a sus diferentes dimensiones, seguramente habrían encontrado en su camino.

La semilla del pluralismo comenzó a brotar como es manifiesto por el texto del artículo 5º de la Constitución en relación con el viejo artículo 114 "La República, una e indivisible, reconocerá y promoverá las autonomías locales; efectuará, en los servicios que dependan del Estado, la más amplia descentralización administrativa y adecuará los principios y métodos de su legislación a las exigencias de la autonomía y de la descentralización" y "La República se reparte en Regiones, Provincias y Municipios".

En los años siguientes, sin embargo, el proceso de fortalecimiento de la autonomía local se redujo severamente en comparación con el modelo contenido en la nueva Constitución. La falta de un conocimiento sistemático del gobierno local y los obstáculos planteados por los gobiernos demócratas cristianos se tradujeron en no poder implantar las disposiciones transitorias finales (n. ix) de la Constitución: "En el plazo de tres años desde la entrada en vigor de la Constitución, la República adecuará sus leyes a las necesidades de los entes locales autónomos y a la competencia legislativa atribuida a las Regiones"[12] y (n. viii): "Las elecciones de los consejos regionales y de los órganos electivos

---

[12] Roberto Segatori, *I sindaci. Storia e sociologia dell'amministrazione locale in Italia dall'unità a oggi,* Roma, 2003, págs. 32 y ss.

de las administraciones provinciales se celebrarán en el plazo de un año a contar desde la entrada en vigor de la Constitución. Las leyes de la República regularán, en cada rama de la administración pública, la transferencia de las funciones estatales encomendadas a las regiones. Hasta que no se proceda a la reestructuración y al reparto de las funciones administrativas entre las entidades locales, continuarán siendo competencia de las provincias y de los municipios las funciones que ejercen actualmente y todas aquellas cuyo ejercicio les sea delegado por las regiones".

Solo hasta 1953 que el Parlamento promulgó una ley sobre el funcionamiento de los órganos regionales, una ley que, sin embargo, permaneció como letra muerta hasta aproximadamente los años 1963-1968.

En el período posterior a la entrada en vigor de la Constitución, la vida de los municipios italianos siguió rigiéndose, esencialmente, por la antigua legislación prerrepublicana, es decir, por el Texto único de 1934, aunque modificado, no radicalmente, por leyes posteriores. A pesar de la distancia e inconsistencia entre la legislación de 1934 y el dictado constitucional, solo fue posible llegar a una nueva disciplina orgánica en 1990.

Un verdadero cambio de rumbo comenzó en los años 60 con los gobiernos de centro izquierda que hicieron de la implantación de los dictados constitucionales un punto fundamental de su programa. El 21 de junio de 1967, el Ministro del Interior Taviani presentó un proyecto de ley a la Cámara, que más tarde se convirtió en la ley 108/1968, que contiene la ley electoral regional.

El 22 de mayo de 1970 se publicó la ley 281 de 1970 ("Disposiciones financieras para la implementación de las regiones con estatuto ordinario"), llamada ley financiera para las regiones con estatuto ordinario.

En 1970, con las primeras elecciones de los consejos regionales, las regiones se convirtieron oficialmente en parte de la historia institucional italiana, uniéndose a las provincias y los municipios.

En cualquier caso, la materia del ordenamiento de las autonomías locales fue asignada por el artículo 128 de la Constitución al poder legislativo del Estado, en una clara posición de supremacía. Por lo tanto, puede considerarse que el diseño constitucional ha elegido un camino intermedio entre una centralización totalitaria del Estado y la remisión total de los plenos poderes a cada unidad territorial.

URUGUAY

ORGANIZACIÓN INTERNA DEL ESTADO URUGUAYO

Felipe Rotondo[*]

1. Caracterización

A) *Denominación y territorio*

El artículo 1º de la Constitución establece: "La República Oriental del Uruguay es la asociación política de todos los habitantes comprendidos dentro de su territorio".

Explicita la forma de gobierno, republicana, y la inclusión de todos los *habitantes*, no solo los ciudadanos, si están en su territorio, el cual se delimita por los tratados celebrados con los Estados vecinos (Argentina y Brasil).

También refiere a la posición geográfica del territorio, sito al "*oriente*" (Este) del Río Uruguay.

B) *Estructura*

a) *Unitaria.* El Estado siempre ha sido unitario pese a la descentralización establecida en muchos textos constitucionales, incluso los vigentes.

Existen entidades territoriales, los "*gobiernos departamentales*" *que* no son "*Estados miembros*" porque no tienen Constitución propia, su organización surge de la Constitución de la República complementada con la Ley Orgánica de esos gobiernos, y sus órganos ejercen función legislativa y administrativa respecto a las materias de competencia de esas entidades. No ejercen, en cambio, función jurisdiccional la cual está exclusivamente a cargo de órganos del Estado (central).

b) *Descentralización por servicios.* Existe a través de organismos llamados entes autónomos y servicios descentralizados, que solo desarrollan función administrativa.

c) *Entidades estatales con personalidad jurídica.* La organización estatal comprende, de este modo, varias personas jurídicas, como surge del artículo 24 de la Constitución: "El Estado, los gobiernos departamentales, los entes autónomos y los servicios descentralizados y, en general, todo órgano del Estado,

[*] Catedrático de Derecho Administrativo en la Facultad de Derecho de la Universidad de la República (Uruguay).Profesor en Cursos de Post Grado en la Universidad de Montevideo..

serán civilmente responsables del daño causado a terceros en la ejecución de los servicios públicos, confiados a su gestión o dirección".

El '*Estado*' nombrado en primer lugar es el central; luego están las entidades descentralizadas por territorio (gobiernos departamentales) y por servicios (entes autónomos y servicios descentralizados), que son estatales pero no integran el '*Estado*' (central).

Todas forman el aparato conductor del país ("*Estado-Gobierno*"), en el sentido del término que utiliza por segunda vez el artículo 24, y son "*civilmente responsables*" por daños, titulares de obligaciones (y de derechos), lo que implica que cada una es persona jurídica en la organización del Derecho público interno.

C) *Perfil de las personas jurídicas de Derecho público estatales*

De modo resumido, es el que sigue: a) creación por Constitución o ley; b) actuación hacia el interés general; c) presupuesto elaborado según Constitución; d) sus bienes integran el dominio público o el fiscal; e) su contratación se rige por el Texto Ordenado de Contabilidad y Administración Financiera; f) sus trabajadores, incorporados, son funcionarios públicos; g) el Tribunal de lo Contencioso Administrativo puede anular sus actos administrativos; h) su responsabilidad civil se rige por el artículo 24 de la Carta ya transcrito; i) se sujetan al control financiero del Tribunal de Cuentas y al interno que corresponda; j) poseen prerrogativas (expropiatorias, ejecutividad de actos, etc.) y sujeciones especiales (publicidad de actuaciones, motivación de decisiones, etc.).

2. ESTADO DEMOCRÁTICO SOCIAL DE DERECHO

Este aspecto es base de la organización administrativa, si bien va más allá de nuestra materia, por lo cual se lo indica brevemente.

A) *Centralidad de la persona humana*

El artículo 7º de la Constitución vigente establece: "Los habitantes de la República tienen derecho a ser protegidos en el goce de su vida, honor, libertad, seguridad, trabajo y propiedad. Nadie puede ser privado de estos derechos, sino conforme a las leyes que se establecieren por razones de interés general".

Esa disposición abre la Sección II, "*Derechos, deberes y garantías*", que culmina con el artículo 72: "La enumeración de derechos, deberes y garantías hecha por la Constitución, no excluye los otros que son inherentes a la personalidad humana o se derivan de la forma republicana de gobierno"[1].

---

[1] A su vez el art. 332 prevé: "Los preceptos de la presente Constitución que reconocen derechos a los individuos, así como los que atribuyen facultades e imponen deberes a las au-

Por otra parte, "Las acciones privadas de las personas que de ningún modo atacan el orden público ni perjudican a un tercero, están exentas de la autoridad de los magistrados. Ningún habitante de la República será obligado a hacer lo que no manda la ley, ni privado de lo que ella no prohíbe" (art. 10).

B) *Radicación de la soberanía y forma de gobierno*

La soberanía, como poder supremo "en toda su plenitud existe radicalmente en la Nación, a la que compete el derecho exclusivo de establecer sus leyes, del modo que más adelante se expresará". "La Nación adopta para su gobierno la forma democrática republicana. Su soberanía será ejercida directamente por el Cuerpo Electoral en los casos de elección, iniciativa y referéndum, e indirectamente por los poderes representativos que establece esta Constitución; todo conforme a las reglas expresadas en la misma" (arts. 4º y 82, respectivamente).

La Nación, entonces, actúa de modo *directo* a través del Cuerpo Electoral (ciudadanos naturales, legales y en ciertos casos, electores no ciudadanos) y de modo *indirecto* a través de los poderes legislativo, ejecutivo y judicial, órganos del Estado.

C) *Estado social*

Del contexto de la Carta y de los principios que la sustentan surge la función estatal de orientación, fomento, incentivo, protección en la materia socio económica y, en su caso, prestación, lo que se refleja en la estructura estatal.

3. EVOLUCIÓN CONSTITUCIONAL

A) *Presentación. Normativa vigente (1967, con ajustes)*

Se anotan los caracteres básicos de las Constituciones formales, escritas y codificadas de 1830, 1918, 1934, 1942 y 1952.

El régimen vigente proviene de la de 1967, con modificaciones introducidas por decisión popular, necesaria para toda reforma constitucional, en 1989, 1994, 1996 y 2004.

B) *Constitución de 1830*

Instauró un régimen *republicano-representativo*, con separación de los *"tres Altos Poderes de Gobierno"*, legislativo, ejecutivo y judicial.

---

toridades públicas, no dejarán de aplicarse por falta de la reglamentación respectiva, sino que esta será suplida, recurriéndose a los fundamentos de leyes análogas, a los principios generales de derecho y a las doctrinas generalmente admitidas".

El sufragio se dio a los hombres libres nacidos en el país y extranjeros con ciertas condiciones; no en cambio a la mujer, al analfabeto, al peón jornalero, al sirviente a sueldo, al soldado de línea, al deudor del Estado o por hábito de ebriedad. Por tanto, una minoría elegía a los legisladores: diputados por elección directa, y senadores por elección indirecta, estos uno por departamento, los que se renovaban por tercio cada dos años. Cada cuatro años, los senadores designaban al presidente de la República, que no podía ser reelecto sino transcurrido un período de gobierno.

Él, como titular del poder ejecutivo, ejercía las jefaturas de Estado y de Gobierno y era *"jefe superior de la administración general"* con ministros en las secretarías, que en principio correspondieron a las tareas de un Estado liberal en lo socio-económico. Los ministros podían ser llamados a Sala de cada Cámara a fin de informar. El poder judicial lo formaban tribunales de apelaciones y juzgados letrados y de paz y una Alta Corte de Justicia, cuya creación efectiva se hizo por ley en 1907.

No se previó descentralización territorial. En cada pueblo cabeza de departamento había un "jefe político" jerarquizado al presidente de la República; en los demás pueblos, un teniente subordinado a ese Jefe. También en aquel pueblo, una junta económico administrativa, de entre cinco y nueve miembros, elegidos entre vecinos con propiedad raíz en la circunscripción. La junta tenía escaso poder de decisión: su reglamento interno lo aprobaba el poder ejecutivo; no tenían autonomía financiera y prácticamente solo poseían facultades de promoción de la agricultura, prosperidad y ventajas de la zona.

Pese a ello, por ley se dio a los municipios personalidad jurídica y competencia reguladora y de control. Con la ley de Juntas de 1903 su presidente emergió como jefe de la administración departamental, actuaba con uno o varios miembros, que eran como directores de los servicios. La Junta, como tal, era el órgano deliberante.

En la descentralización por servicios sucedió algo similar por los mayores cometidos asumidos por el Estado: la ley creó Entes con autonomía.

C) *Constitución de 1918*

Esta refirió a la forma *democrática representativa* de gobierno y eliminó casi todas las limitaciones al sufragio[2], el cual pasó a ser secreto.

Mantuvo la forma de elección de 1830 si bien la ley podía disponer que los miembros del Senado fueran elegidos popularmente, lo que hizo en 1932

El poder ejecutivo era *bicéfalo*. Estaba formado por el presidente de la República, elegido popularmente cada cuatro años, al que correspondía la función

---

[2] En cuanto a la mujer, la ley podía adjudicárselo, lo que hizo en 1932; votó por vez primera en 1938.

administrativa en defensa nacional, relaciones exteriores y policía del orden, con los respectivos ministros; además por un Consejo Nacional de Administración de nueve miembros, elegidos popularmente, correspondiendo 2/3 a la lista más votada y el resto al *partido que* seguía en votos. Los consejeros duraban seis años y se renovaban por tercio cada bienio; al Consejo correspondían los demás asuntos de administración (obras públicas, instrucción pública, hacienda, etc.); tenía sus propios ministros secretarios. Aumentó el control parlamentario mediante el pedido de informes por parte de cada legislador, por escrito y por intermedio del presidente de la respectiva Cámara; si no se facilitaban, el legislador podía solicitarlos por intermedio de esta.

Estableció que el llamado a Sala a los ministros podía hacerse por un tercio de los miembros de cada Cámara, por lo cual fue un derecho de la minoría y previó comisiones parlamentarias de Investigación o para suministrar datos con fin legislativo.

En cuanto al territorio refirió al Gobierno y Administración *local,* permitiendo amplia autonomía con función legislativa y administrativa, a cargo la primera de una asamblea representativa y la segunda de uno o más concejos de administración (de entre 3 y 7 miembros), todos elegidos popularmente.

Las Asambleas podían crear impuestos con tal de no gravar el tránsito ni crear impuestos interdepartamentales a la producción nacional, y sancionaban el presupuesto departamental.

Se encomendó a la ley la organización de estas entidades territoriales, la que se dictó en 1919 e *identificó* el concepto de gobierno local con el del departamento.

Se institucionalizó la descentralización de los servicios que constituían el dominio industrial del Estado, la instrucción superior, secundaria y primaria, la asistencia e higiene públicas, mediante consejos autónomos. Si la ley no los declaraba electivos, el Consejo Nacional de Administración nombraba sus miembros y a él rendían cuentas.

D) *Constitución de 1934*

Previó la forma de gobierno *democrática republicana*, la soberanía se ejercía por los poderes representativos y directamente por el Cuerpo Electoral en casos de elección, iniciativa y referéndum, por lo cual desaparece la mención al carácter representativo. El voto fue obligatorio, si bien las consecuencias del incumplimiento se regularon por ley cerca de cuarenta años después.

La elección de legisladores fue directa: senadores (15 de la lista más votada del partido ganador y 15 de igual lista del partido que seguía en votos, más el vicepresidente de la República, que lo presidía) y representantes (99, al menos dos por departamento). El poder ejecutivo estaba a cargo del presidente de la República en acuerdo con uno o varios ministros o con el Consejo de

Ministros, los cuales pasan a ser responsables *políticamente* ante el Parlamento, el cual los podía censurar.

Aparecen, pues, caracteres parlamentarios. El Cuerpo Electoral debía ser llamado a pronunciar, si se disolvían las Cámaras, para elegir legisladores; si el nuevo Parlamento mantenía la censura, caerían los ministros y el presidente de la República. Este debía adjudicar los ministerios: cinco o seis a la mayoría que triunfó en las elecciones del presidente de la República y tres al partido del sector parlamentario que le siguiera en votos; los ministros debían contar con el apoyo de "su grupo parlamentario". Este aspecto, como el Senado del *"medio y medio"*, fueron reflejo de la realidad político-partidaria que dio lugar a la Constitución de 1934.

En el poder judicial, su órgano cabeza, la Suprema (antes Alta) Corte de Justicia, recibe la competencia de *declarar inconstitucionales las leyes* por razón de forma o contenido, ante planteo de la parte interesada en juicio o por el juez de la causa.

Se recogió la Corte Electoral y se creó el Tribunal de Cuentas, separados de los poderes de Gobierno. Se encomendó a la ley establecer un tribunal de lo contencioso administrativo, que, sin embargo, no fue entonces creado. Estipuló normas sobre temas presupuestales y función pública. También una Sección sobre "gobierno y administración de los departamentos" restringiendo su autonomía: así los impuestos se crean por el legislativo nacional, aunque a iniciativa de la autoridad departamental. Pese a ello surge la acción por "cualquier lesión que se infiera al autonomía del Departamento", que se mantiene actualmente.

Consagró una nítida separación de funciones entre la junta departamental, legislativa, y el órgano unipersonal, Intendencia, ejecutivo y administrativo.

La descentralización por servicios pasó a tener una sección que distinguió entre entes autónomos y servicios descentralizados y admitió el capital privado en la constitución o ampliación del patrimonio de esos organismos estatales.

E) *Constitución de 1942*

Recogió las soluciones de la de 1934 salvo en lo que corrigió sus defectos jurídico-políticos. Así fue a un Senado electo mediante representación proporcional integral presidido por el vicepresidente de la República; en el poder ejecutivo, los ministros debían contar con apoyo parlamentario pero el presidente podía adjudicar cuatro ministerios "dentro del lema del Partido que lo eligió".

F) *Constitución de 1952*

Eliminó las figuras del presidente y vicepresidente de la República, por lo cual el Senado tuvo 31 integrantes y su presidencia, que lo era también de la

Asamblea General, la ejercía el primer titular de la lista más votada del partido más votado. El poder ejecutivo lo ejercía un colegiado (Consejo Nacional de Gobierno) de nueve miembros elegidos popularmente, seis del Partido mayoritario y tres del minoritario mayor. Tenía las jefaturas de Estado y Gobierno, actuaba con ministros que designaba y a los que podía censurar el Parlamento, lo que llevaba a su *"renuncia inmediata"* si la censura se decidía por mayoría absoluta de componentes de la Asamblea General. No existía observación del voto de censura, disolución de Cámaras ni elecciones anticipadas.

La solución colegiada se proyectó en el ejecutivo de los gobiernos departamentales (concejo departamental), con distribución de cargos entre el Partido mayoritario y la minoría mayor.

Se previeron las fuentes de recursos financieros de esos gobiernos y se extendió el trámite de declaración de inconstitucionalidad respecto a sus "decretos", "con fuerza de ley en su jurisdicción", declaración que efectúa, igual que para la ley, la Suprema Corte de Justicia; agregó la vía de acción para plantear la cuestión de constitucionalidad de los actos legislativos

Se remarcó la autonomía de los servicios estatales de enseñanza superior, secundaria, primaria, normal, industrial y artística.

Otra novedad fue la previsión de los recursos contra los actos administrativos y la creación del Tribunal de lo Contencioso Administrativo.

4. Administración pública uruguaya

Esta es el *"conjunto de órganos estatales actuando en función administrativa"*[3] pertenecientes a: 1) el Estado (central) persona pública estatal mayor, cuyos órganos o sistemas orgánicos son los poderes de Gobierno, el Tribunal de lo Contencioso Administrativo, la Corte Electoral y el Tribunal de Cuentas; 2) los entes autónomos y servicios descentralizados y 3) los gobiernos departamentales.

La Carta utiliza los términos "Administración Central". Esta excluye a las personas estatales menores, pero se plantea si se asimila a Administración *Nacional,* o sea a *todos* los órganos del Estado central que actúen en función administrativa. El criterio usual es que solo refiere al poder ejecutivo, administrador por excelencia, aunque la función administrativa se desarrolle, también, por los otros poderes como complemento de su función de principio y por los demás órganos del Estado (central).

---

[3] Enrique Sayagués Laso, Tratado de derecho administrativo, t. I, 9ª ed. puesta al día a 2010 por Daniel Hugo Martins, Montevideo, Fundación de Cultura Universitaria, 2010, núm. 86, pág. 171.

5. Poder ejecutivo

A) *Integración. Formas de funcionamiento*

El Poder Ejecutivo es ejercido por el presidente de la República, actuando en acuerdo con el ministro o ministros respectivos, o con el Consejo de Ministros.

Este se integra con los titulares de los Ministerios y lo preside el presidente de la República, quien tiene voz y voto el cual es decisivo en caso de empate, aun cuando este se produzca por efecto de su propio voto.

Sesiona con la concurrencia de la mayoría de miembros y resuelve por mayoría absoluta de presentes. Sus resoluciones pueden ser revocadas por mayoría absoluta de componentes y las que acuerden el presidente de la República con el ministro o ministros respectivos, son revocables por el Consejo por mayoría absoluta de presentes. Por tanto, el Consejo de Ministros tiene posición preeminente respecto del acuerdo, lo que no significa jerarquía porque ambos son formas de funcionamiento del poder ejecutivo. El Consejo tiene competencia privativa en los actos de gobierno y administración que planteen en su seno el presidente de la República o los ministros, en temas de sus carteras; para la declaratoria de urgencia de proyectos de ley; ruptura de relaciones diplomáticas; declaración de guerra; iniciativa del presupuesto; delegación de atribuciones; redistribución de competencias ministeriales, etc.

El poder ejecutivo actúa también por delegación dispuesta por resolución fundada y bajo su responsabilidad política.

B) *Presidencia de la República*

Este órgano unipersonal integra el sistema orgánico poder ejecutivo y tiene competencias de una jefatura de Estado: representa al Estado en el interior y en el exterior y puede observar el voto de censura de ministros y mantenerlos, en su caso disolviendo las Cámaras y llamando a nuevas elecciones

La doctrina no es conteste en cuanto a si constituye, asimismo, una forma de funcionamiento del jerarca poder ejecutivo. Los que tienen opinión favorable se basan en que la Constitución no tiene Sección ni Capítulo que traten de la Presidencia de la República, la que se regula en la Sección "Del poder ejecutivo"; que la Carta no dice quién es este poder sino quién ejerce la función; que el Presidente es electo con amplio respaldo popular, designa y cesa a los Ministros y es conductor político fundamental. El presidente de la República designa y cesa libremente un secretario y un pro secretario, quienes actúan como tales en el Consejo de Ministros.

C) *Vicepresidente de la República*

Este no participa *jurídicamente* del funcionamiento del poder ejecutivo salvo cuando actúa como presidente de la República, caso en que se le suspende de las funciones que la Carta le asigna: presidir la Asamblea General (Legislativa) y el Senado. No existe el órgano vicepresidencia porque no tiene competencias propias; las atribuciones del vicepresidente son las indicadas presidenciales, sin perjuicio de la relevancia política del cargo.

D) *Presidente y vicepresidente de la República: acceso a cargo y condiciones*

Son elegidos conjunta y directamente por el Cuerpo Electoral; cada Partido solo puede presentar una candidatura que surge de elecciones internas, con personas que deben ser ciudadanos naturales y tener 35 años cumplidos de edad. Si en la fecha de la elección, último domingo de octubre cada cinco años, ninguna candidatura obtiene mayoría absoluta de votantes, el último domingo de noviembre del mismo año se hace una segunda vuelta entre las dos candidaturas más votadas[4]. El presidente y el vicepresidente duran cinco años en sus cargos, y para volver a desempeñarlos deben transcurrir cinco años desde el cese. La regla abarca al presidente con respecto a la vicepresidencia y no a la inversa, si bien el vicepresidente y el ciudadano que desempeñen la Presidencia por vacancia definitiva por más de un año no pueden ser electos sin que transcurran cinco años. Tampoco podrá ser elegido presidente, el vicepresidente o el ciudadano que hubiere ejercido la Presidencia en el lapso comprendido en los tres meses anteriores a la elección. En 1971 se propició sin éxito la admisión de la reelección presidencial.

E) *Ministerios*

Estos son órganos constitucionalmente previstos, cuyo número depende de la ley; unipersonales, subordinados al poder ejecutivo y de administración activa[5].

---

[4] Las elecciones son organizadas y controladas por la Corte Electoral, órgano autónomo creado por ley de 1924 y constitucionalizado en 1934. Se compone de nueve titulares: cinco designados por la Asamblea General (Legislativa) por 2/3 de componentes, *"debiendo ser ciudadanos que, por su posición en la escena política, sean garantía de imparcialidad"* y 4, *"representantes de los partidos"*, elegidos por la Asamblea General por doble voto simultáneo de acuerdo con un sistema de representación proporcional". Lleva el Registro Cívico; adopta medidas para el funcionamiento de las comisiones receptoras de votos; decide en última instancia sobre las apelaciones en lo electoral *y es juez de elecciones, plebiscitos y referéndum.* También ejerce la superintendencia directiva, correccional, consultiva y económica como jerarca administrativo de oficinas electorales y juntas electorales departamentales.

[5] Actualmente son trece: Interior; Defensa Nacional; Economía y Finanzas; Relaciones Exteriores; Ganadería, Agricultura y Pesca; Industria, Energía y Minería; Turismo; Transporte y Obras Públicas; Educación y Cultura; Salud Pública; Trabajo y Seguridad Social; Vivienda, Ordenamiento Territorial y Desarrollo Social.

Su titular integra ese poder y además es soporte del órgano ministerio; este es desconcentrado ya que la Constitución y la ley le asignan atribuciones propias. Vigila la gestión administrativa y adopta medidas para que esta se efectúe debidamente e impone "penas disciplinarias". Puede delegar atribuciones por resolución fundada, bajo su responsabilidad política. Los ministerios se crean por ley a iniciativa del poder ejecutivo, si bien alguno fue creado por la Constitución, la cual habilita a la ley a suprimirlos[6].

Sus "atribuciones y competencias en razón de materia", fijadas por ley, pueden ser redistribuidas mediante reglamento del poder ejecutivo en Consejo de Ministros

El presidente de la República adjudica los ministerios entre ciudadanos que, por contar con apoyo parlamentario, aseguren su permanencia en el cargo; no recaba un voto de apoyo, sino que evalúa si el designado tiene asegurada esa permanencia.

Para ser ministro se necesitan iguales calidades que para senador: ciudadanía natural en ejercicio, o legal con siete años de ejercicio y treinta años cumplidos de edad.

En caso de licencia de un ministro, el presidente de la República designa a quien lo sustituya interinamente, debiendo recaer la designación en otro ministro o en el subsecretario de la Cartera. Este es un colaborador de alto nivel de cada ministro, que ingresa con este, a su propuesta, y cesa con él, salvo nueva designación.

Los ministros son responsables de los decretos y órdenes que expidan con el presidente de la República, salvo el caso de resolución expresa del Consejo de Ministros en que la responsabilidad es de los que acuerden la decisión, haciéndose efectiva por medio del juicio político-penal. No quedan exentos de responsabilidad por delito aunque invoquen la orden escrita o verbal del presidente de la República. En cada ministerio hay un director general de secretaría, cargo de particular confianza, jefe de los servicios. La estructura comprende órganos desconcentrados (ej., Dirección Impositiva, Auditoría Interna de la Nación, etc., en el de Economía y Finanzas).

6. Competencias del poder ejecutivo

A) *Co-legislativa*

Tiene iniciativa en materia de ley, incluso mediante proyectos con declaratoria de urgente consideración, y en algunos asuntos, privativa. También

---

[6] Así la Disposición Especial "E" de la Constitución de 1967 creó los Ministerios de Trabajo y Seguridad Social y de Transporte, Comunicaciones y Turismo; el primero se mantiene; no el segundo, cuyas materias están a cargo de diversos ministerios.

la posibilidad de efectuar observaciones *a* proyectos sancionados por las Cámaras ("veto suspensivo").

B) *Administrativa*

Le corresponde publicar las leyes, ejecutarlas, hacerlas ejecutar, expidiendo para ello reglamentos, actos administrativos generales llamados decretos. También ejecuta la ley mediante actos particulares (resoluciones) y operaciones materiales. En sentido similar presta, a requerimiento del poder judicial, el concurso de la fuerza pública *ya que n*o existe policía judicial en sentido orgánico.

Provee empleos civiles y militares; designa fiscales (con la venia del Senado o de la Comisión Permanente del Poder Legislativo); destituye funcionarios de la Administración Central, por causal y con venia parlamentaria para los inamovibles, y por sí a empleados militares, policiales y los declarados amovibles por ley, etc.

C) *Materias específicas a cargo del poder ejecutivo, por Constitución*

a) *Cometidos esenciales de defensa nacional y policía del orden.* Ejerce la jefatura superior de las fuerzas armadas y designa en cada departamento de la República un jefe de Policía, entre ciudadanos con las calidades para ser senador.

Puede tomar medidas prontas de seguridad en casos graves e imprevistos de ataque exterior o conmoción interior, dando cuenta, dentro de las 24 horas siguientes a la Asamblea General, en reunión de ambas Cámaras o a la Comisión Permanente, de lo ejecutado y sus motivos, estándose a lo que resuelvan. En cuanto a las personas, esas medidas solo autorizan a arrestarlas o trasladarlas dentro del territorio nacional, si no optan por salir de él. El arresto no puede efectuarse en locales para reclusión de delincuentes. Son medidas excepcionales, cautelares, que por su naturaleza de *prontas* no innovan la normativa jurídica y no poseen valor y fuerza de ley también puede disponer la suspensión de la seguridad individual con anuencia de aquella Asamblea o de la Comisión Permanente, en caso extraordinario de traición o conspiración contra la patria, y entonces solo para la aprehensión de los delincuentes.

b) *Cometido esencial de relaciones exteriores.* Nombra al personal del servicio exterior, con venia del Senado o de la Comisión Permanente para los jefes de misión; recibe agentes diplomáticos y autoriza el ejercicio de funciones a cónsules extranjeros; decreta la ruptura de relaciones; concluye y suscribe tratados, necesitando para ratificarlos la aprobación legislativa, etc.

c) *Cometido esencial de Hacienda Pública.* Recauda las rentas que, conforme a la ley deban serlo por sus dependencias y les da el destino debido;

prepara y presenta a la Asamblea General los presupuestos y da cuenta instruida de su inversión. En esta materia, sin encare de cometido esencial, concede privilegios industriales y autoriza o deniega la creación de bancos.

d) *Control administrativo.* Además de controlar sus dependencias (Administración Central), el poder ejecutivo ejerce un control *no* jerárquico sobre entidades descentralizadas por servicio y por territorio (en el segundo caso respecto a la creación o modificación de impuestos departamentales), si bien la decisión final corresponde a un órgano del poder legislativo.

7. Dependencias de la Presidencia de la República

A) *Oficina de Planeamiento y Presupuesto*

Esta tiene una Comisión integrada con representantes de los ministros vinculados al desarrollo y un director designado por el presidente de la República que la preside, con condiciones para ser ministro y reconocida competencia en la materia; su cargo es de particular confianza del presidente de la República.

Esta oficina forma "comisiones sectoriales" en las que deben "estar representados los trabajadores y las empresas públicas y privadas"; asiste al poder ejecutivo en la formulación del proyecto de presupuesto nacional que aprueba el Legislativo; en programas de desarrollo y planificación de políticas de descentralización que se ejecutan por el poder ejecutivo, los entes autónomos y los servicios descentralizados o gobiernos departamentales, en relación con sus respectivos asuntos. Para esto se formó una comisión sectorial con delegados del Congreso de intendentes y ministerios competentes, con facultad de propuesta.

B) *Oficina Nacional del Servicio Civil*

La Constitución dispone que "La ley creará el Servicio Civil de la Administración Central, entes autónomos y servicios descentralizados, que tendrá los cometidos que esta establezca para asegurar una administración eficiente".

Así surgió esta Oficina con carácter asesor y de control de las entidades estatales, salvo los gobiernos departamentales respecto a los cuales su función es facultativa. Actúa con autonomía técnica en el diagnóstico, aplicación y evaluación de políticas de administración de personal, capacitación y registro de personal, etc.

Su Comisión Nacional dictamina sobre proyectos que presente el director de la oficina y cumplimiento de normas de servicio civil; se pronuncia preceptivamente sobre destituciones, antes de la resolución del poder ejecutivo, de los entes autónomos o de los servicios descentralizados, etc. La preside el citado director y cuenta con cinco miembros "de reconocida competencia en la materia" designados por el poder ejecutivo, uno a propuesta de las organizaciones gremiales más representativas.

8. PODERES LEGISLATIVO Y JUDICIAL. PRESENTACIÓN. ASPECTOS ADMINISTRATIVOS

A) *El poder legislativo*

Configura un sistema orgánico administrativo integrado por la Asamblea General, las Cámaras de Senadores y Representantes, la Comisión Permanente, comisiones parlamentarias, comisión administrativa, comisionado parlamentario e Institución Nacional de Derechos Humanos y Defensoría del Pueblo. La Asamblea General se compone de las Cámaras citadas, actuando separada o conjuntamente y le compete la función legislativa (nacional). La de representantes tiene 99 miembros, elegidos por departamentos, los que deben ser ciudadanos naturales en ejercicio o legales con cinco años de ejercicio y tener al menos veinticinco años de edad; corresponde a cada departamento, al menos dos miembros. La de senadores se compone de treinta miembros elegidos nacionalmente por representación proporcional integral; deben ser ciudadanos naturales en ejercicio o legales con siete años de ejercicio, y con treinta años de edad; la preside el vicepresidente de la República, que tiene voz y voto en ese Cuerpo.

La Constitución prevé que cada Cámara nombra sus secretarios y el personal de su dependencia, según disposiciones reglamentarias que establezca, contemplando las garantías de la Carta; también que aprueban sus presupuestos por las tres quintas partes de los votos del total de los componentes de cada Cámara. De modo que el estatuto de ese personal y estos presupuestos se aprueban por acto administrativo. Cada Cámara tiene atribuciones propias, algunas de las cuales se indican *infra*; también se hará referencia a los otros órganos citados. La Comisión Administrativa, creada por la ley 16.821 de 23.IV.1997, tiene a su cargo los servicios que se deban prestar en el Palacio Legislativo y anexos, "sin perjuicio de los cometidos atribuidos a los sistemas de apoyo de cada Cámara" y de que el presidente de la Asamblea General pueda adoptar disposiciones de administración necesarias en interés del servicio y las que sean habilitadas por esta Comisión la encabeza ese presidente y cuenta con tres miembros de cada Cámara, cuyo período es de un año; el partido que no obtenga cargo, tiene un observador con voz y sin voto.

B) *El poder judicial*

Ejerce de principio la función jurisdiccional, con excepciones constitucionales como la del Tribunal de lo Contencioso Administrativo.

Su jerarca administrativo es la Suprema Corte de Justicia, la cual tiene cinco miembros que designa la Asamblea General (Legislativa) por dos tercios de sus componentes, entre personas con cuarenta años de edad; ciudadanía natural en ejercicio o legal con diez años de ejercicio y veinticinco de residencia en el país; abogados con diez años de antigüedad o jueces o fiscales por ocho años. Cesan por tener diez años en el cargo o, como todo el personal del poder judicial, a los setenta años de edad.

La Suprema Corte ejerce la "superintendencia directiva, correctiva, consultiva y económica" de su sistema orgánico. Nombra magistrados (para los tribunales de apelaciones, con venia del Senado o la Comisión Permanente del Legislativo) y funcionarios, los promueve y destituye, esto último con el voto de cuatro de sus miembros. La Ley orgánica de la Judicatura 15.750 de 24.VI.1985, refiere a la competencia de la Corte de dictar acordadas (reglamentos) para el funcionamiento del poder judicial *y de* ejercer "*la policía de las profesiones*" de abogado, escribano y procurador. También que "Los jueces celarán en sus secretarios, actuarios y demás funcionarios de su dependencia, la puntual observancia de sus obligaciones" y que "Los actuarios tendrán la dirección administrativa de la oficina, bajo la superintendencia del juzgado".

9. RELACIONES DE LOS PODERES LEGISLATIVO Y EJECUTIVO

A) *Caracterización*

El texto constitucional tiene institutos parlamentarios pero su tipificación no es uniforme en doctrina por la posición del presidente de la República, que es jefe de Estado e integrante del poder ejecutivo, con potestad de nombrar y cesar ministros. Con el criterio que asume la identidad de las jefaturas de Estado y de Gobierno en la Presidencia de la República, se configura un sistema semipresidencial cercano a las costumbres políticas del país.

B) *Censura de ministros de Estado*

Cualquiera de las Cámaras puede juzgar su gestión, proponiendo que la Asamblea General, en sesión de ambas Cámaras, declare que se censuran sus actos de administración o de gobierno. No hay en ello, necesariamente, un juzgamiento de corrección jurídica, por lo cual se trata de responsabilidad *política* pura.

La censura exige mayoría absoluta de componentes de la Asamblea General y determina la renuncia del ministro, ministros o del Consejo de Ministros, según sea individual, plural o colectiva.

El presidente de la República puede observar el voto de censura si se pronuncia por menos de dos tercios; en tal caso la Asamblea se convoca para sesión especial a celebrarse dentro de los diez días siguientes. Si en una primera convocatoria no reúne el número de legisladores para sesionar, se practica una segunda, no antes de 24 horas ni después de 72, y si tampoco hay quórum se considera revocada la desaprobación. Si se mantiene la censura por número inferior a los tres quintos de los componentes[7], el presidente, dentro de las 48 horas siguientes *puede* mantener al ministro, ministros o al Consejo de Ministros censurados y disolver las Cámaras, en el mismo decreto que convoca a elección de legisladores para el octavo domingo siguiente. En tal caso las Cámaras quedan suspendidas, pero subsiste el estatuto y fuero de los legisladores y funciona la Comisión Permanente[8].

Desde el momento en que el poder ejecutivo no cumpla dicho decreto, las Cámaras recobran sus facultades y cae el Consejo de Ministros. Y si a los noventa días de realizada la elección, la Corte Electoral no proclamó la mayoría de los miembros de cada Cámara, las Cámaras disueltas recobran sus derechos.

Proclamada la mayoría de los nuevos legisladores, la Asamblea General se reúne de pleno derecho dentro del tercer día de efectuada la comunicación y cesa la anterior. Dentro de los quince días, la nueva Asamblea, por mayoría absoluta de componentes, mantendrá o revocará el voto de desaprobación. Si lo mantiene caerá el Consejo de Ministros pero no el presidente de la República. Las Cámaras elegidas extraordinariamente, completarán el término de duración normal de las cesantes.

C) *Voto de confianza*

El presidente de la República puede requerir de la Asamblea General un voto de confianza expreso para el Consejo de Ministros. Aquella se pronuncia sin debate, por mayoría absoluta de sus componentes, dentro de un plazo no mayor de 72 horas partir de la recepción de la comunicación. Si no se reúne dentro de ese plazo o no adopta decisión, se entiende que la confianza ha sido otorgada. La decisión de la Asamblea General solo tiene efectos políticos.

D) *Carencia de respaldo parlamentario*

El presidente de la República puede declarar que el Consejo de Ministros carece de respaldo parlamentario, lo que lo faculta a sustituir uno o más ministros. Si lo hace, el poder ejecutivo podrá sustituir total o parcialmente a los miembros no electivos de los directorios de los entes autónomos y servicios descentralizados o a los directores generales de estos últimos, no siendo estas sustituciones impugnables ante el Tribunal de lo Contencioso-Administrativo. El ejecutivo, actuando en Consejo de Ministros, debe solicitar la venia del Senado para designar a nuevos directores.

[7] La única vez que se utilizó este procedimiento, en 1969, se superaron los tres quintos.

[8] El presidente de la República no puede ejercer esa facultad durante los últimos doce meses de su mandato y si la desaprobación no es colectiva, la puede ejercer una sola vez durante su gobierno.

Estas facultades no pueden ejercitarse durante el primer año del mandato del gobierno ni dentro de los doce meses anteriores a la asunción del gobierno siguiente. Tampoco respecto de las autoridades de la Universidad de la República. La declaración tiene como objeto la sustitución de miembros no electivos de los organismos descentralizados por servicio, si bien se requiere la previa sustitución de uno o más ministros, relacionados con el problema político que origina el procedimiento.

10. DESCENTRALIZACIÓN POR SERVICIOS

A) *Referencia general*

La Carta menciona dos tipos de organismos con esta calidad, los entes autónomos y los servicios descentralizados, los primeros con mayor *grado* de descentralización ya que ejercen la generalidad de los poderes de administración y están sujetos a un control que *no* implica la llamada *tutela administrativa*.

La determinación de la naturaleza jurídica surge de la Constitución o de la ley. Existen: a) entes autónomos constitucionalmente necesarios, Bancos de Previsión Social y Central y los de enseñanza; b) servicios del dominio industrial o comercial, que pueden estar a cargo de un ente autónomo o de un servicio descentralizado, según disponga la ley; ese dominio no podría ser centralizado, salvo con carácter *accesorio*; c) servicios que no pueden ser "descentralizados en forma de entes autónomos, aunque la ley podrá concederles el grado de autonomía", compatible con el control del poder ejecutivo. Pueden estar a cargo de un servicio descentralizado o integrar la Administración Central[9]; d) cometidos centralizados a cargo del poder ejecutivo, como los de defensa nacional, policía del orden y relaciones exteriores; e) otros servicios pueden estar en cualquier categoría, salvo los propios de los gobiernos departamentales.

B) *Creación, regulación, competencia de los organismos*

Estos se crean por la Constitución o por la ley, con dos tercios de los votos del total de componentes de cada Cámara para un ente autónomo y, por mayoría absoluta, para un servicio descentralizado.

Se rigen por el derecho público; su competencia por *materia* es la prestación de cometidos *especiales* que fijan la Constitución o la ley y no pueden cumplir actividades "extrañas al giro" asignado (principio de especialidad).

Ejercen exclusivamente poderes jurídicos *administrativos*, cuya intensidad marca el grado de descentralización y su autonomía para dictar normas sobre

---

[9] Las administraciones a que alude la Carta son las de Puertos, Telecomunicaciones, y Servicios de Salud, que son servicios descentralizados y la de Aduanas, centralizada en el Ministerio de Economía y Finanzas.

su materia. El nombramiento y destitución del personal compete al jerarca del ente autónomo; en el caso de un servicio descentralizado, este propone y el poder ejecutivo decide, salvo ley que le asigne la competencia.

El estatuto del personal se aprueba por ley para los servicios descentralizados, por decreto del poder ejecutivo con propuesta del jerarca del organismo para los entes autónomos comerciales e industriales y por los propios Entes en caso de los de enseñanza. La ley puede fijar "normas especiales que por su generalidad o naturaleza" se apliquen a los funcionarios de todos los entes autónomos o de alguno de ellos.

C) *Organización*

Cada organismo tiene, internamente, una estructura jerarquizada en la que pueden darse modalidades como la desconcentración, delegación, etc.

En los entes autónomos docentes, el jerarca máximo que les *rige* (constitucionalmente llamado consejo directivo), se designa o elige en la forma que establece la ley; el jerarca de la Universidad de la República es "designado por los órganos que la integran" y "los Consejos de sus órganos son elegidos por docentes, estudiantes y egresados", lo que configura el "cogobierno".

Los servicios del dominio industrial y comercial del Estado, son "administrados por directorios o directores generales"; la dirección unipersonal se limita a los servicios descentralizados.

La Constitución dispone que "los directorios, cuando fueren rentados se compondrán de tres o cinco miembros según lo establezca la ley en cada caso"[10]. Los directorios o directores generales pueden ser electos, determinando la ley "las personas o los cuerpos interesados en el servicio, que han de efectuar esa elección". De lo contrario la designación se hace por el poder ejecutivo, con venia del Senado, debiendo tener en cuenta sus "condiciones personales, funcionales y técnicas

D) *Presupuesto*

El de los entes autónomos y servicios descentralizados *no* comerciales ni industriales, los proyecta el organismo, se incorporan al proyecto de Presupuesto Nacional por el poder ejecutivo, el que puede propiciar modificaciones, y se aprueban por el legislativo. Es quinquenal. El de los comerciales o industriales, que es anual, lo proyecta el respectivo servicio y lo aprueba el poder ejecutivo

---

[10] Hoy tienen cinco integrantes, *por ejemplo*, los directorios de los entes autónomos, Banco República y Administración Nacional de Usinas y Trasmisiones Eléctricas y el Servicio Descentralizado Administración de los Servicios de Salud del Estado, dos de ellos "representativos de los usuarios y trabajadores". Son tres en los entes autónomos, Bancos Central, de Seguros e Hipotecario y los Servicios Descentralizados Administraciones Nacionales de Telecomunicaciones y de Puertos.

E) *Controles*

Estos surgen de la Carta o de la ley, entre ellos el control *popular*, que se realiza mediante la publicación periódica de "estados que reflejen claramente su vida financiera", visados por el Tribunal de Cuentas.

"La Constitución de 1967 concibió y diseñó un poder ejecutivo conductor y orientador político, especialmente en materia económico-financiera"[11]; es así que ese poder puede observar los actos o gestión de estos organismos por razones jurídicas o de mérito; al observar puede "disponer la suspensión de los actos observados".

Dada la descentralización no existe obligación de atender la observación; si se la desatiende, el ejecutivo puede disponer *rectificaciones* del acto o gestión, *remociones* de directores o *correctivos*, lo que comunica al Senado que resuelve como coordinante; si este no se pronuncia en el término de sesenta días, las medidas del poder ejecutivo adquieren carácter "definitivo". Este control *no se* aplica a los servicios de enseñanza.

El poder ejecutivo, asimismo, controla la conducta individual de los directores a los que puede destituir "en caso de ineptitud, omisión o delito en el ejercicio del cargo o de la comisión de actos que afecten su buen nombre o el prestigio de la institución a que pertenezcan". Requiere 'venia' del Senado; si este no se expide en sesenta días, "el poder ejecutivo podrá hacer efectiva la destitución".

Estas destituciones no dan "derecho a recurso" alguno ante el Tribunal de lo Contencioso Administrativo, lo que se relaciona con la cuestión política de los cargos. Además, los directorios o directores generales cesantes deben rendir cuentas de la gestión al poder ejecutivo y este autoriza la concertación de convenios entre los entes descentralizados con organismos internacionales, Instituciones o Gobiernos extranjeros, sin perjuicio de las facultades del poder legislativo. La normativa infraconstitucional ha establecido otros controles, por ejemplo, que estos organismos deben tener en cuenta la política económica del poder ejecutivo al elaborar sus presupuestos, informarle gastos e inversiones, etc

11. SOCIEDADES DE ECONOMÍA MIXTA

A) La Carta prevé la admisión de capitales privados en la "constitución" o "ampliación" del patrimonio de entes autónomos y servicios descentralizados, mediante ley aprobada por tres quintos de los votos de componentes de cada Cámara. El aporte privado y su "representación" en los Directorios "nunca

---

[11] JUAN PABLO CAJARVILLE PELUFFO, "El poder ejecutivo como conductor de políticas sectoriales en la legislación uruguaya", en *Estudios de Derecho Administrativo*, t. II, Montevideo, Universidad de la República, 1980, págs. 69 y ss.

será superior a los del Estado". Esta figura no altera la estructura ni el funcionamiento sustantivos del organismo estatal. Hoy no existe ninguna entidad de esta naturaleza.

B) En 1967 se agregó en la Constitución la participación del "Estado" en "actividades industriales, agropecuarias o comerciales de empresas formadas por aportes obreros, cooperativos o capitales privados". Exige el libre consentimiento de las empresas y el aporte de capital y la representación privados pueden ser mayoritarios. Estas sociedades se rigen por el derecho comercial en su actividad y por el laboral en cuanto al personal, sin perjuicio de normas especiales que establezca la ley que autorice la participación estatal, previo convenio y de que los representantes del Estado se rijan por las normas de directores de entes autónomos y de servicios descentralizados. La ley autorizó esta coparticipación público privada estatutaria para diversos organismos, así a la Administración Nacional de Puertos, para la construcción, conservación y explotación de una terminal de contenedores en el Puerto de Montevideo.

12. Empresas públicas

A) La Constitución utiliza esos términos, a los que no se ha dado un único sentido en la normativa inferior.

A veces se les identifica con los entes autónomos y con los servicios descentralizados del dominio industrial, comercial o financiero[12].

Algunos de estos tienen monopolio fijado por ley o actividades que, al ser *servicio público* en sentido estricto, cumplen en exclusividad. Así el monopolio de la importación, rectificación y venta de petróleo y derivados y el de los seguros de accidentes de trabajo y enfermedades profesionales o la exclusividad de los servicios de suministro de agua potable para consumo humano y saneamiento que solo pueden prestarse por "personas jurídicas estatales"[13]. Son excepciones a la libre competencia[14].

---

[12] Caso de las Administraciones Nacionales de Combustibles, Alcohol y Portland; Usinas y Trasmisiones Eléctricas y Ferrocarriles del Estado; Bancos Central, República, Hipotecario y de Seguros (entes autónomos) y Administraciones de las Obras Sanitarias del Estado; Correos; Telecomunicaciones; Puertos y Viviendas (servicios descentralizados). El Banco de Previsión Social y el Instituto Nacional de Colonización (entes autónomos) tramitan su presupuesto como comerciales pero sus cometidos son, en rigor, sociales.

[13] Arts. 47 y 188 de la Constitución en textos reformados en 2004.

[14] La ley 18.159 de 20.VII.2007, art. 2º, dispone que "todos los mercados estarán regidos por los principios y reglas de la libre competencia, excepto las limitaciones establecidas por ley, por razones de interés general". Ello para "fomentar el bienestar de los actuales y futuros consumidores y usuarios, a través de la promoción y defensa de la competencia, el estímulo a la eficiencia económica y la libertad e igualdad de condiciones de acceso de empresas y productos a los mercados".

B) Otras veces se incluye también a las sociedades de economía mixta de Derecho privado citadas en el literal B) del número 9 y a personas estatales que se rigen básicamente por ese derecho. En este caso, y con fundamento en la ley el Estado participa en empresas privadas de modo *no* estatutario, por ejemplo mediante la tenencia de acciones de una sociedad comercial o su constitución o adquisición, con eventual intervención en su dirección.

C) Existen, además, personas jurídicas de Derecho público *no* estatal[15], que crea el Estado por ley, *no* integran el aparato estatal y en gran medida aplican normas del Derecho privado. Si cumplen actividad industrial, comercial o financiera, en ocasiones se las incluye como "empresas públicas"[16].

Básicamente su perfil es el siguiente: a) se crean por ley; b) tienen cometidos de interés público; c) el presupuesto se tramita según ley (lo aprueban ellas mismas o un órgano estatal); d) no le es de precepto el régimen de contratación estatal; e) sus actos no son controlados por el Tribunal de lo Contencioso Administrativo, sino por el Poder Judicial; f) ejercen ciertas prerrogativas (facultades inspectivas y sancionatorias, exenciones, etc.); g) se sujetan a normas públicas de contabilidad; h) sus agentes no son funcionarios públicos pero se les considera tales a efectos penales; i) se administran por los sectores involucrados, si bien el Estado tiene en muchos casos representantes en sus órganos jerarcas y algunos de los cuales se integran *solo* por tales representantes; j) se financian con transferencia de recursos estatales, percepción de *paratributos* y cobro de precios.

Su número creció pero se desdibujó su perfil y tienen cometidos diversos (sociales, de fomento, control de la actividad privada, etc.).

13. GOBIERNOS DEPARTAMENTALES

A) *Departamentos*

Estos son, en general, verdaderas regiones al abarcar una vasta extensión geográfica si se tiene en cuenta la superficie de Uruguay, e incluyen áreas urbanas, suburbanas y rurales.

---

[15] Hay normas que las denominan "paraestales".

[16] Tienen cometidos empresariales, por ejemplo, la Corporación Nacional para el Desarrollo, que puede crear o adquirir sociedades comerciales, constituir sociedades comerciales, consorcios o fideicomisos con entes autónomos y servicios descentralizados para realizar obras de infraestructura o prestar servicios, desarrollar proyectos de contratación público-privada, etc.; la Cooperativa Nacional de Productores de Leche, con cometidos de industrialización, explotación y organización de la exportación de productos lácteos y la Agencia Nacional de Desarrollo, con cometido de diseñar y ejecutar instrumentos financieros o no, para el fomento del desarrollo económico productivo según criterios que fija el poder ejecutivo; administrar fondos por cuenta de terceros para asistir a actividades productivas, etc.

Se crean por ley (dos tercios de cada Cámara) y ella fija sus límites; desde 1918 son 19; su régimen jurídico surge de la Sección XI de la Carta y de la Ley Orgánica.

Los asuntos relativos a dichas áreas corresponden al gobierno departamental, el cual ejerce una competencia *general* diversa a los cometidos delimitados de la descentralización por servicios. En ese sentido, la Constitución prevé que lo que atañe al gobierno y administración de los departamentos compete al gobierno departamental, "con excepción de los servicios de seguridad pública" y otros que sus normas confieren al Estado central, a entes autónomos o a servicios descentralizados.

B) *Autonomía*

Esta se revela en los siguientes planos:

a) *Política:* sus órganos son elegidos por el Cuerpo Electoral del Departamento, el cual también actúa directamente en casos de iniciativa y referéndum.

b) *Legislativa:* los decretos que aprueba la junta departamental y promulga el intendente, tienen fuerza de ley en su jurisdicción y pueden ser declarados inconstitucionales por la Suprema Corte de Justicia, igual que las leyes (nacionales)[17].

c) *Tributaria:* cada gobierno departamental fija y administra tributos sobre las "fuentes" que determina la Constitución.

d) *Financiera:* sus órganos son ordenadores de gastos y pagos en el marco del presupuesto que —en principio— ellos aprueban.

e) *Administrativa:* dictan actos de este tipo y celebran contratos solo sujetos a control jurisdiccional. Sus órganos no dependen de ninguno ajeno al gobierno departamental.

C) *Organización*

a) *Órganos departamentales.* Los órganos constitucionalmente necesarios son la junta departamental y la intendencia, que funcionan en la capital departamental.

La primera tiene 31 miembros, si bien la ley puede modificar ese número; los elige el *pueblo* mediante representación proporcional, pero si el partido que obtiene la intendencia solo logra mayoría relativa de sufragios, *igualmente* se le asigna la mayoría de cargos, aplicándose la representación proporcional

---

[17] La declaración de inconstitucionalidad determina la inaplicación del acto legislativo al titular del interés directo, personal y legítimo que plantea la cuestión o que es parte en el juicio en que el juez o tribunal lo plantea.

para los restantes. Esto condice con el régimen presidencialista que se da en la relación con la intendencia.

Le competen "las *funciones* legislativa y de contralor" en el gobierno departamental, si bien desarrolla función administrativo interna.

La Intendencia es un órgano unipersonal cuyo soporte es elegido popularmente y puede ser reelegido por una vez. Ejerce "las funciones ejecutivas y administrativas" y representa al departamento; puede delegar atribuciones en las "direcciones generales de departamento", comisiones especiales y autoridades locales, en este caso, con "acuerdo" de la junta departamental.

b) *Órganos locales.* Su ámbito es "una localidad o circunscripción". Puede haberlos en toda población con condiciones mínimas que fija la ley; también en la planta urbana de la capital departamental, si lo dispone la junta departamental a iniciativa del Intendente.

Pueden ser unipersonales o pluripersonales; la ley establece el número de miembros, forma de integración y condiciones.

La Carta prevé que la creación de las llamadas juntas locales se efectúa por la junta departamental a iniciativa del intendente y la designación de sus miembros corresponde al intendente, con anuencia de esta junta, salvo que fueran electivos. Por "mayoría absoluta de votos del total de componentes de cada Cámara y por iniciativa del gobierno departamental", la ley puede "ampliar" sus "facultades de gestión", en "poblaciones que, sin ser capital de departamento, cuenten con más de diez mil habitantes u ofrezcan interés nacional para el desarrollo del turismo. Podrá, también, llenando los mismos requisitos, declarar electivas por el Cuerpo Electoral respectivo las juntas locales autónomas".

Estos órganos ejercen función administrativa ya que la legislativa compete a la junta departamental en toda la jurisdicción departamental.

El régimen actual lo fija la ley 19.272 de18.IX.2014 modificada por la 19.355, artículo 682. La autoridad local *se* denomina "municipio", configura un "tercer nivel de Gobierno y de Administración" y existe en poblaciones de al menos 2.000 habitantes; puede haberla con menos habitantes, si "lo dispone la junta departamental a iniciativa del intendente o del 15% de los inscriptos residentes en una localidad o circunscripción". El área debe conformar una unidad, con personalidad social y cultural; son "principios cardinales" la preservación de la unidad departamental; la gradualidad del pasaje de atribuciones y recursos a los municipios; la participación de la ciudadanía, con iniciativa ante el municipio y la junta departamental, etc.

Cada *municipio* tiene cinco miembros elegidos popularmente por el sistema de representación proporcional integral; lo preside el primer titular de la lista más votada del partido más votado, que es el *alcalde,* quien tiene "doble voto en caso de empate", los otros se llaman *concejales.* Deben contar con dieciocho años cumplidos de edad, ciudadanía natural o legal, con tres años de ejercicio y radicación en el territorio del municipio desde tres años antes, por lo menos.

El municipio aparece como dependiente del intendente departamental, con cierta desconcentración, ya que sus actos admiten el recurso de apelación ante aquel.

c) *Materia del gobierno departamental.* Son de su competencia:

a') Servicios esenciales: actividad financiera, policías especiales: de edificación, higiénica, de tránsito en caminos no nacionales, etc.

b') Servicios públicos: alumbrado público; transporte colectivo de pasajeros por líneas regulares; limpieza de sitios públicos; etc.

c') Servicios sociales: museos; bibliotecas; realización de espectáculos públicos.

d') Servicios privados: ej. casinos y hoteles para fomento del turismo[18].

d) *Continuación.* En la evolución jurídica se identificó el *municipio con el departamento*, lo que se corrigió en la reforma constitucional de 1997 al disponer que la ley establecerá las materias departamental y municipal de modo de delimitar los cometidos y poderes jurídicos de las autoridades departamentales y locales.

La ley 19.272 prevé que la materia municipal está formada por los asuntos propios dentro de su circunscripción; concreta con el mantenimiento de la red vial local, pluviales, alumbrado y espacios públicos; control de fincas ruinosas; servicios de necrópolis; protección del ambiente y desarrollo sustentable de los recursos naturales, sin perjuicio de la competencia de las autoridades nacionales, etc. Administra los recursos financieros de su programa, incluidos en el presupuesto departamental

e) *Patrimonio. Aspectos financieros.* El gobierno departamental tiene y administra un *patrimonio* constituido por bienes del dominio público y del fiscal. Las *fuentes* de recursos surgen de la Constitución y los decreta y administra el gobierno departamental salvo excepciones. Son, entre otros: 1) impuestos sobre la propiedad inmueble urbana y suburbana; los que recaen sobre la rural se fijan por ley si bien la recaudación y el producido corresponde al gobierno departamental; a los baldíos, edificación inapropiada y vehículos de transporte. 2) Tasas y precios por servicios prestados por el gobierno departamental. 3) Contribuciones por mejoras a inmuebles beneficiados por obras públicas. 4) La cuota parte del porcentaje que, sobre el monto de recursos del presupuesto nacional, fije la ley presupuestal. La ley, por mayoría especial e iniciativa del

---

[18] Son actividades propias de los particulares cuya asignación al gobierno departamental deriva de la ley por razones de interés general; de otro modo a aquel solo le correspondería la regulación.

poder ejecutivo, puede extender la esfera de aplicación de los tributos departamentales o ampliar sus fuentes si no se incurre en superposición impositiva.
También destinar al desarrollo del interior del país y a la ejecución de políticas de descentralización, una alícuota de los tributos nacionales recaudados
fuera del Departamento de Montevideo y exonerar temporariamente de tributos nacionales o rebajar sus alícuotas, a empresas que se instalen en el interior.

f) *Congreso de intendentes.* En 1997 se constitucionalizó, integrándose
por los titulares del cargo de intendente, con el fin de coordinar las políticas
de los gobiernos departamentales. Puede celebrar convenios con estos gobiernos, con los entes autónomos, y los servicios descentralizados y con el poder
ejecutivo "para la organización y prestación de servicios y actividades propias
o comunes", sea en territorio de un gobierno departamental o de más de uno;
en este último caso "en forma regional o interdepartamental".

14. CONTROLES (NO JURISDICCIONALES) SOBRE LA ADMINISTRACIÓN

A) *Control por órganos parlamentarios*[19]

a) Llamado a Sala de Ministros por cada Cámara, para pedir y recibir informes con fines legislativos o de fiscalización. Si los informes refieren a un
ente autónomo o servicio descentralizado, el ministro puede requerir la asistencia conjunta de un representante del organismo.

b) Comisiones de investigación de las Cámaras. Las regula la ley 16.698 de
25.IV.1995, modificada por la 16.758: se integran por legisladores designados por el presidente del respectivo cuerpo, previa consulta a los partidos políticos que lo integran cuidando, en lo posible, que todos estén representados.
El o los denunciantes no integran las comisiones pero pueden asistir a todas
sus actuaciones, excepto a la consideración del o de los informes[20].

c) Control de la descentralización por servicios por el Senado; véase *supra*
10E).

d) Otorgamiento de venia por el Senado para destituir funcionarios inamovibles de la Administración Central o nombrar jefes de misión del servicio
exterior y su otorgamiento (expreso) para ascensos de oficiales superiores de
las fuerzas armadas o designar fiscales y ministros de los tribunales de apelaciones del poder judicial[21].

---

[19] En el ámbito departamental, la junta departamental posee los instrumentos a) y b)
respecto del intendente y de los municipios.

[20] Si atribuyen una irregularidad, debe darse el derecho de defensa según el art. 66 de la
Carta: "Ninguna investigación parlamentaria [...] sobre irregularidades, omisiones o delitos,
se considerará concluida mientras el funcionario inculpado no pueda presentar sus descargos
y articular su defensa".

[21] A la Cámara de Representantes compete, por su parte, decidir sobre las apelaciones del
poder ejecutivo, fundadas *"en razones de Interés general"*, contra decretos de los gobiernos

e) La Comisión Permanente del Poder Legislativo, compuesta por cuatro senadores y 7 representantes, designados por las respectivas Cámaras, que ejerce función de control en el período de receso de la Asamblea General.

Vela sobre la observancia de la Constitución y la ley, haciendo al poder ejecutivo las advertencias del caso. Si hechas por segunda vez, no surten efecto, podrá, según la gravedad del asunto, convocar a la Asamblea General. También presta o rehusa su consentimiento en casos en que el poder ejecutivo lo necesita según la Constitución.

f) La ley 18.446 de 24.XII.2008 creó la "Institución Nacional de Derechos Humanos y Defensoría del Pueblo" (nombre dado por la ley 18.806) en el ámbito del poder legislativo, para la "defensa, promoción y protección en toda su extensión, de los derechos humanos reconocidos por la Constitución y el derecho internacional". Tiene funcionamiento autónomo; dicta recomendaciones a organismos públicos y a los privados que prestan servicios públicos o sociales, a cuyo respecto se conecta con los organismos públicos que los supervisan. Debe coordinar actividades con defensores del vecino e instituciones similares; puede presentar denuncias penales, el *habeas corpus* y el amparo; ejerce la representación de intereses colectivos y difusos ante cualquier órgano jurisdiccional o administrativo.

Su dirección corresponde a un consejo directivo integrado por cinco miembros, nombrados por mayoría especial de la Asamblea General, con propuesta de una comisión especial designada por esa Asamblea compuesta de integrantes de los partidos con representación parlamentaria. Se procura asegurar la representación pluralista de las fuerzas de la sociedad civil interesada en la promoción de los derechos humanos, según principios de equidad de género y no discriminación[22].

B) *Control externo de la actividad económico-financiera*

Está a cargo del Tribunal de Cuentas, órgano del Estado (central)[23] que ejerce, con "autonomía funcional" un control previo, concomitante y *a posteriori*, preventivo y de juridicidad, si bien se proyecta en la "eficiencia" de los órganos estatales. Vigila la ejecución de los presupuestos y controla toda

---

departamentales que crean o modifican impuestos y las que efectúe un tercio de la respectiva junta departamental o 1000 ciudadanos, contra decretos de la junta departamental y resoluciones del intendente, ilegítimos pero no susceptibles de ser impugnados ante el Tribunal de lo Contencioso Administrativo.

[22] Una figura específica, creada por la ley 17.684 de 29.VIII.2003 es el Comisionado Parlamentario de personas privadas de libertad en proceso judicial, con tareas entre otras de supervisión sobre establecimientos carcelarios.

[23] Tiene siete miembros que designa la Asamblea General (Legislativa) por dos tercios de sus componentes.

gestión relativa a la Hacienda Pública. Interviene preventivamente en gastos y pagos "al solo efecto de certificar su legalidad, haciendo, en su caso, las observaciones correspondientes". El ordenador puede insistir, expresando los motivos que justifican a su juicio seguir el curso del gasto o pago. Si el Tribunal mantiene la observación, da noticia circunstanciada a la Asamblea General o a la Junta Departamental. En caso de la descentralización por servicios se comunica además al poder ejecutivo de manera de habilitar otros controles. Dictamina sobre presupuestos, rendiciones de cuentas y acciones en caso de responsabilidad, exponiendo las consideraciones pertinentes.

Controla "todo lo relativo a la gestión financiera" e informa a la Asamblea General o a las juntas departamentales, emitiendo opinión respecto al costo de servicios y su comparación con los rendimientos obtenidos en orden al cumplimiento de los programas presupuestales y la eficiencia de los organismos[24].

15. CONTROL CONTENCIOSO ANULATORIO DE LA ADMINISTRACIÓN

A) *El Tribunal de lo Contencioso Administrativo: aspectos esenciales*

Este Tribunal conoce de las demandas de nulidad de actos administrativos definitivos, generales o particulares, dictados por cualquier órgano de la Administración (estatal), contrarios a una regla de derecho o con desviación de poder[25]. Cumple, pues, una actividad de control en ejercicio de la función jurisdiccional.

Es un órgano constitucional separado de los tres poderes de gobierno, con cinco miembros, cuyas condiciones, forma de designación y, en general, régimen estatutario, es igual al de los miembros de la Suprema Corte de Justicia[26].

Puede tener "órganos inferiores dentro de la jurisdicción contencioso-administrativa" si lo dispone la ley, la cual hasta ahora no los ha creado.

[24] Texto Ordenado de Contabilidad y Administración Financiera, art. 115. Su art. 122 asigna al Tribunal de Cuentas "el control externo de eficiencia" y el art. 111-4 el examen de los estados y balances de entidades no estatales que perciban fondos públicos o administren bienes del Estado.

[25] Art. 309 de la Constitución. El decreto-ley orgánico del Tribunal 15.524 de 9.I.1984 considera regla de derecho "todo principio de derecho o norma constitucional, legislativa, reglamentaria o contractual". La desviación de poder implica una contradicción con la normativa jurídica, ya que se utiliza un poder público sin perseguir el fin debido. Alude, también, a los vicios de abuso de poder y exceso de poder los cuales han tenido diversa interpretación doctrinal; en general se los centra en la inidoneidad del acto para obtener el fin debido o la desproporción de su contenido respecto del motivo que provoca su dictado.

[26] Véase *supra* 9 B). El Tribunal proyecta su presupuesto de la misma manera que lo hace la Corte, el cual formará parte de la Ley de Presupuesto Nacional.

La acción de nulidad ante el Tribunal "solo puede ejercitarse por el titular de un derecho o de un interés directo, personal y legítimo, violado o lesionado por el acto administrativo".

Para decidir deben concurrir todos los miembros, pero basta la simple mayoría para declarar la nulidad del acto por lesión de un derecho subjetivo; en los demás casos, se exigen cuatro votos, si bien el Tribunal reservará al demandante la acción de reparación si tres votos conformes declaran suficientemente justificada la causal de nulidad invocada. Cuando el Tribunal declara la nulidad del acto administrativo impugnado por causar lesión a un derecho subjetivo del demandante, la decisión tiene efecto solo en el proceso en que se dicte. Cuando la declare en interés de la regla de derecho o de la buena administración, produce efectos generales y absolutos. La doctrina mayoritaria ha entendido que los efectos pueden ser generales y absolutos si la anulación se efectúa por lesión de un interés legítimo, el cual se protege por coincidir con el interés público. El Tribunal, de todos modos, ha declarado esos efectos estimando que el límite de la cosa juzgada cede en casos en que, con base normativa, la sentencia debe tener una irradiación superior por la naturaleza reglamentaria del acto o por la entidad de sus vicios.

B) *Actos administrativos definitivos*

Estos constituyen la última expresión de voluntad del organismo estatal con la que culmina la vía recursiva interpuesta en sede administrativa.

La acción de nulidad no puede ejercitarse si antes no se agotó esa vía mediante los recursos correspondientes; a su vez *debe* interponerse, so pena de caducidad, dentro del término que fije la ley (sesenta días corridos siguientes a la notificación del acto administrativo expreso o de la configuración del acto ficto que decide la vía recursiva).

C) *Recursos administrativos*

a) Revocación ante la autoridad que dictó el acto, dentro del término de diez días (corridos), a contar del siguiente de su notificación personal, si correspondiere, o de su publicación en el *Diario Oficial*.

b) Jerárquico, si el acto proviene de una autoridad sometida a jerarquía. Se interpone conjuntamente y en forma subsidiaria al recurso de revocación.

c) Anulación para ante el poder ejecutivo, si el acto proviene de una autoridad sujeta a tutela administrativa (los servicios descentralizados), también conjuntamente y en forma subsidiaria, al recurso de revocación. El recurso de anulación, a diferencia de los otros, solo puede fundarse en razones jurídicas[27].

---

[27] El poder ejecutivo *tutelante* solo puede anular (no modificar) el acto recurrido por esas razones.

d) Reposición y apelación, si el acto emana de un órgano de los gobiernos departamentales, en la forma que determine la ley[28].

Toda autoridad administrativa está obligada a resolver los recursos, previos los trámites para la debida instrucción del asunto, dentro del término de ciento veinte días, a contar de la fecha de cumplimiento del último acto que ordene la ley o el reglamento aplicable. Se entiende desechada la petición o rechazado el recurso administrativo, si la autoridad no resolviera dentro del término indicado.

La denegatoria ficta no hace desaparecer el deber de la Administración de pronunciarse, lo que surge de principios y normas legales y reglamentarias.

16. CONTENCIOSO REPARATORIO

La responsabilidad del Estado es de principio, lo que en materia patrimonial explicita el artículo 24 de la Carta, transcrito en *supra* 1.B c) sea por actos, hechos u omisiones. En relación con los actos administrativos, la Carta dispone que la acción de reparación de los daños causados por los actos definitivos se interpondrá ante la jurisdicción que la ley determine[29] y solo podrá ejercitarse por quien tuviere legitimación activa para demandar la anulación del acto. "El actor podrá optar entre pedir la anulación del acto o la reparación del daño por este causado. En el primer caso y si obtuviera una sentencia anulatoria, podrá luego demandar la reparación ante la sede correspondiente. No podrá, en cambio, pedir la anulación si hubiere optado primero por la acción reparatoria. Si la sentencia del Tribunal fuere confirmatoria, pero se declarara suficientemente justificada la causal de nulidad invocada, también podrá demandarse la reparación

17. CONTENCIOSO INTERADMINISTRATIVO E INTRAORGÁNICO

La Carta regula cierta jurisdicción de conflictos, al disponer que el Tribunal de lo Contencioso Administrativo entiende "en las contiendas de competencia fundadas en la legislación y en las diferencias" entre el poder ejecutivo, gobiernos departamentales, entes autónomos y servicios descentralizados, y también, en las contiendas o diferencias entre uno y otro de estos "órganos". También "en las contiendas o diferencias que se produzcan entre los miembros de las juntas departamentales, directorios o consejos de los entes autónomos o servicios descentralizados, siempre que no hayan podido ser resueltas por el procedimiento normal de la formación de la voluntad del órgano". De toda contienda fundada en la Constitución entiende la Suprema Corte de Justicia.

---

[28] La ley vigente ha aplicado el régimen de los recursos de revocación y jerárquico.

[29] Hasta hoy se mantiene en los juzgados y tribunales del poder judicial.

El procedimiento para fijar cuál autoridad de las nombradas en la primera frase es competente se ha interpretado como preventivo porque si ya se dictó un acto administrativo, procede acudir al contencioso anulatorio. Si las autoridades *no* están incluidas en la disposición, la solución del conflicto compete al poder judicial dado que este ejerce de principio la función jurisdiccional. En los casos previstos por la disposición, el Tribunal entiende si la contienda se fundamenta en la legislación, o sea si la aplicación de la normativa constitucional no basta para solucionar el conflicto; de lo contrario, la competencia es de la Suprema Corte de Justicia.

VENEZUELA

LA ESTRUCTURA DEL ESTADO Y LA ORGANIZACIÓN DE LA ADMINISTRACIÓN PÚBLICA EN VENEZUELA

Alejandro Canónico Sarabia[*]

1. La forma jurídica del Estado venezolano

La forma de Estado es la manifestación amplia del complejo de instituciones y de reglas que caracterizan a las relaciones que se generan entre los diversos elementos fundamentales de carácter tradicional del mismo Estado —gobierno, pueblo y territorio— sobre la base de concepciones específicas de carácter político y jurídico[1]. Este aspecto jurídico viene dado por el reconocimiento que sobre esta expresión formal hace principalmente el texto constitucional, en el diseño estructural que aporta en un espacio y tiempo determinados.

Específicamente, la Constitución de la República Bolivariana de Venezuela (CRBV), sancionada en el marco de la Asamblea Nacional Constituyente del año 1999, publicada originalmente en la *Gaceta Oficial de Venezuela* 36.860 de 30 de diciembre de 1999[2], ha definido nominalmente al Estado como un Estado Federal Descentralizado, en sus propios términos, organizado en un sistema de distribución del poder público en tres niveles territoriales (municipal, estadal y nacional), que es ejercido por diversos órganos a los que se les ha atribuido determinadas competencias. Por ello resulta ilustrativo citar el artículo 4º que expresa lo siguiente:

"La República Bolivariana de Venezuela es un Estado federal descentralizado en los términos consagrados en esta Constitución, y se rige por los

---

[*] Profesor de Derecho Administrativo y de Derecho Constitucional en la Universidad de Margarita-Venezuela. Miembro del Foro Iberoamericano de Derecho Administrativo y del Instituto Internacional de Derecho Administrativo.

[1] Juan Carlos Fernández Morales, *Temas de derecho constitucional*, 3ª ed., Caracas, Universidad Católica Andrés Bello, 2012, pág. 63.

[2] Esta Constitución fue posteriormente reimpresa en la *Gaceta Oficial* 5.453 de 24 de marzo de 2000, con la excusa de corregir errores gramaticales, pero realmente en dicha publicación se realizaron cambios sustanciales que no fueron sometidos a la aprobación del pueblo mediante referendo. Posteriormente, sufrió la Enmienda núm. 1, publicada en la *Gaceta Oficial* 5.908 Extraordinario de 19 de febrero de 2009, que representa el texto vigente en la actualidad.

principios de integridad territorial, cooperación, solidaridad, concurrencia y corresponsabilidad"[3].

No obstante, para comprender la definición constitucional sobre el modelo jurídico de Estado actual, en función de la organización del poder público y los elementos espaciales y humanos existentes, es menester traer a colación algunos textos constitucionales que han precedido a la vigente Constitución de 1999, debido a que la historia constitucional venezolana pone en evidencia los diversos acontecimientos políticos e institucionales presentes en cada tiempo y espacio. Cabe destacar que desde 1811 hasta la actualidad, Venezuela ha tenido 27 constituciones[4], casi todas dictadas bajo presidencias militares, también la vigente de 1999, con excepción de tres (1891, 1947 y 1961)[5].

Comenzaremos por afirmar que la consolidación del Estado venezolano como República independiente, tiene su origen jurídico político en los sucesos de 19 de abril de 1810, cuando los integrantes del Cabildo de Caracas se constituyen en "Suprema Junta Conservadora de los Derechos de Fernando VII" y proceden a desconocer a la Junta Central que ejercía la Regencia en España por autoproclamación y resuelven establecer un gobierno autónomo en la Provincia de Caracas e invitar al resto de las provincias dispuestas a participar (Margarita, Cumaná, Barinas, Barcelona, Mérida y Trujillo) que integraban el territorio de la Capitanía General de Venezuela (1777), para formar un Congreso Nacional en el que participarán los representantes de sus respectivos gobiernos.

Estos sucesos desembocarán un año después en la aprobación por el Congreso de la Declaración de la Independencia de la Corona española, el 5 de julio de 1811 y la firma de su Acta el 7 de julio de ese mismo año, constituyéndose esta en el documento político jurídico fundacional de la República de Venezuela, que aprobaría su primera Constitución Política, el 21 de diciembre de 1811, asumiendo como forma de organización de las provincias, la "confederación". Puede decirse que Venezuela, como Estado independiente, nació bajo la forma federal, ya que no había otra forma para construir un Estado sobre una base de

---

[3] Esta disposición se relaciona con el art. 6º del mismo texto constitucional que caracteriza al sistema de gobierno de la República Bolivariana de Venezuela y de las entidades políticas que lo componen, como democrático y descentralizado.

[4] En estos momentos se encuentra en funcionamiento una Asamblea Nacional Constituyente, instalada por la iniciativa directa del presidente de la República, sin la convocatoria popular que exigía el art. 347 de la CRBV, a los fines de transformar el Estado, crear un nuevo ordenamiento jurídico y redactar una nueva Constitución. La conformación de la referida Asamblea Nacional Constituyente se produjo exclusivamente con militantes del Partido Socialista Unido de Venezuela (PSUV) que es el partido político gobernante.

[5] IRENE LORETO GONZÁLEZ, *Algunos aspectos de la historia constitucional venezolana*, Caracas, Academia de Ciencias Políticas y Sociales, Serie estudios 91, 2010, pág. 179.

una estructura político-territorial de provincias incomunicadas y disgregadas, que había legado el régimen político de la Monarquía Española; tomando en cuenta además que el esquema estructural de referencia fue la experiencia norteamericana[6]. Lo destacable es que Venezuela es la primera en aprobar su Constitución Política, a semejanza de lo que había ocurrido en Estados Unidos de Norte América, en Francia y Polonia.

Luego de todos los sucesos de la guerra civil conocida como guerra de independencia, que llegó a su fin once años después (1821), la manifiesta y reiterada posición crítica del Libertador Simón Bolívar en contra del sistema federal, evidenciada a través de la Constitución de 1819 (Angostura) y la Constitución de 1821 (Cúcuta), así como el evento de la separación de la Gran Colombia (1830); finalmente se expediría la Constitución de 24 de septiembre de 1830 —quedando Venezuela jurídicamente autónoma de los países que integraban la Gran Colombia— y donde se adoptó una forma de Estado central-federal, es decir, Estado unitario, pero las provincias que lo integraban tenían una amplia autonomía, dividiéndose en cantones y parroquias.

Posteriormente, en la Constitución de 18 de abril de 1857, aunque de corte centralista, se reconoció la condición de poder al municipal, que convivía con el poder nacional; un año más tarde, la Convención Nacional de Valencia sanciona otro texto constitucional que fue promulgado el 31 de diciembre de 1858, constituyéndose en la primera Constitución democrática del país, al instituir el voto directo y universal, sin poder materializarse por sobrevenir la guerra federal. Fue a partir de la guerra civil, conocida como Guerra federal o Revolución federal, que se inició en 1859 y finalizó en 1864, cuando se terminará de consolidar la forma de Estado federal, a partir de la Constitución promulgada el 13 de abril de 1864[7], en lo que se conocerá durante aproximadamente un siglo —hasta 1953—, con el nombre de Estados Unidos de Venezuela.

No obstante, en el período que inicia a principios del siglo xx (1901-1947), se produce un proceso realmente contradictorio, como fue la instauración de la federación centralizada, es decir, nominalmente federal, pero realmente central. Por ejemplo en las constituciones de 1936, 1945 y 1947, no se define expresamente la forma del Estado, pero la configuración teórica formal que le otorgan es claramente la de un Estado Federal, aun cuando en las formas se ejecutaban prácticas centralistas[8].

[6] ALLAN R. BREWER-CARÍAS, *Historia constitucional de Venezuela*, t. i, Caracas, Editorial Alfa, 2008, pág. 252.

[7] RAFAEL ARRÁIZ LUCCA, *Las constituciones de Venezuela (1811-1999)*, Caracas, Editorial Alfa, 2012, pág. 44.

[8] HILDEGARD RONDÓN DE SANSÓ, *Ad imis fundamentis*. Análisis de la Constitución Venezolana de 1999, Caracas, Editorial Exlibris, 2000, pág. 48.

Por último, en la Constitución de 1961[9], se define expresamente la forma de Estado, al disponer en su artículo 2º que "la República de Venezuela es un Estado federal, en los términos consagrados por esta Constitución", pero realmente apenas comenzó a experimentarse cambios mucho después de la vigencia de ese texto constitucional, a finales de siglo, con la sustitución del régimen de designación de los gobernadores de los estados por el presidente de la República, pasando a escogerse los gobernadores por medio de la elección popular, universal, libre, directa y secreta, a propósito de la vigencia de la Ley de Elección y Remoción de Gobernadores, publicada en la *Gaceta Oficial* 4.086, de 14 de abril de 1989; así como del inicio del proceso de descentralización de competencias, bienes, recursos financieros y personal del poder central a los estados, con la promulgación de la Ley Orgánica de Descentralización, Delimitación y Transferencia de Competencias del Poder Público, publicada en la *Gaceta Oficial* 4.153 Extraordinario de 28 de diciembre de 1989, y su posterior reforma publicada en la *Gaceta Oficial* 37.753 de 14 de agosto de 2003, y con la sanción de leyes especiales se convirtieron a los territorios Federales Amazonas y Delta Amacuro en estados, lo que permitió que a partir de 1996 hubiesen veintitrés gobernadores de estado electos.

En lo atinente al ámbito local también se introducen reformas, pues se refuerza la autonomía municipal, se establece el sistema de elección de autoridades ejecutivas (alcaldes) y legislativas (concejales) de manera separada, se amplían los mecanismos de participación ciudadana, todo esto mediante el establecimiento de un novedoso estatuto municipal[10].

A) *La particular federación descentralizada de la Venezuela actual*

Sabemos que el Estado federal, como Estado compuesto, está constituido principalmente por estados miembros que poseen su propia competencia determinada por la Constitución, con variaciones de intensidad en sus relaciones con la federación y que poseen un territorio sometido a la soberanía de la unión en su competencia federal; estas entidades federativas conservan algunas prerrogativas de la soberanía interna, pero mostrándose en el plano internacional como uno solo; y sus individuos forman un cuerpo nacional único que se denomina comunidad política. Siendo la principal prueba de la existencia de una federación la manifestación contenida en la Constitución, acompañada de la definición de su propia organización y relaciones, pues es

---

[9] Esta Constitución ha sido la que más tiempo ha permanecido en vigor, rigió durante el período democrático con mayor estabilidad política e institucional en el país y es la antecesora de la vigente Constitución de 1999.

[10] Por medio de la promulgación de la Reforma Parcial de la Ley Orgánica de Régimen Municipal publicada en la *Gaceta Oficial* 4.409 de 15 de junio de 1989.

la calidad de las funciones de las entidades federativas y no su cantidad, lo que real y sinceramente determina la existencia de una federación.

Según la participación de los niveles político territoriales y sus competencias, se pueden apreciar dos modelos de concepción federal: i. *el federalismo intraestatal, cooperativo o de ejecución*, construido sobre la separación funcional de competencias y la cooperación entre los tres niveles territoriales del poder, en donde predomina la negociación perfeccionada en los pactos o convenios entre las diversas personas jurídicas, la diferenciación funcional y la participación de los estados en los asuntos de la federación, y ii. *el federalismo interestatal o dual* construido sobre la división vertical del poder y la autonomía de los estados miembros, en el que no se manifiesta la cooperación entre la Federación y los estados miembros, sino que se configura el conflicto para que el poder se divida y se fortalezca la libertad particular[11].

Ahora bien, luego de observar la evolución histórica sobre la formación y desarrollo del Estado venezolano, podemos concluir *a priori* que el vigente texto constitucional continuó con la tradicional forma federal del Estado que ha imperado a lo largo de esa historia, con algunas modulaciones, en función de los regímenes y particularidades de los gobiernos de turno.

Efectivamente el citado artículo 4º de la vigente Constitución, define nominalmente a Venezuela como un Estado federal descentralizado en los términos de la propia Constitución, y al señalar expresamente los principios de integridad territorial, cooperación, solidaridad, concurrencia y corresponsabilidad, como fundamento de esta federación, está al mismo tiempo identificando las características de la misma, según las teorías explicativas de las formas del Estado antes comentada. Lo que viene a ser refrendado con el sistema de gobierno que determina el artículo 6º *eiusdem*, al indicar que el gobierno de la República Bolivariana de Venezuela y de las entidades políticas que la componen es y será siempre democrático y descentralizado.

Adicionalmente resulta conveniente citar la exposición de motivos del propio texto constitucional, que nos ayuda a terminar de entender el modelo de concepción federal del Estado adoptado por el constituyente de 1999, basado en el *federalismo intraestatal, cooperativo o de ejecución*, en el siguiente sentido:

"[...] el régimen federal venezolano se regirá por los principios de integridad territorial, cooperación, solidaridad, concurrencia y corresponsabilidad que son característicos de un modelo federal cooperativo, en el que las comunidades y autoridades de los distintos niveles político territoriales participan en

---

[11] María Milagros Matheus Inciarte y María Elena Romero Ríos, "Estado federal y unicameralidad en el nuevo orden constitucional de la República Bolivariana de Venezuela", en *Estudios de derecho público*, libro homenaje a Humberto J. La Roche, vol. I, Caracas, Tribunal Supremo de Justicia, 2001, págs. 638-675, esp. pág. 645.

la formación de las políticas públicas comunes a la Nación, integrándose en una esfera de gobierno compartida para el ejercicio de competencias en que concurren. De esta manera, la acción de gobierno de los municipios, de los estados y del poder nacional se armoniza y coordina, para garantizar los fines del Estado venezolano al servicio de la sociedad".

Observamos, por una parte, la declaración nominal de una federación descentralizada y, por la otra, la caracterización de una federación cooperativa basada en los principios antes comentados[12]. Cabe destacar que un sector de la doctrina considera que el enunciado constitucional referido a la federación descentralizada resulta una contradicción de términos[13], debido a que —según su tesis— todo estado federal es descentralizado, por lo que de traducirse en una realidad práctica la calificación nominal de Estado federal, no era necesario agregarle el término descentralizado. Por su parte, el profesor VÍCTOR HERNÁNDEZ MENDIBLE[14], considera que la yuxtaposición de las palabras "federal descentralizado", no constituye redundancia ni tampoco tautología, sino más bien un pleonasmo, al otorgarle mayor sentido a la concepción original, ya que dicha declaración obedece a los antecedentes históricos del federalismo nominal o formal, no real o material, sobre los que se desarrolló el Estado venezolano.

Efectivamente, si bien es cierto que la forma de Estado que imperó en Venezuela fue un federalismo nominal, la federación centralizada se impuso en todos los órdenes, asumiendo la denominación federal del Estado sin reunir todos los requisitos de tal, aunque sin llegar al extremo de considerarse un Estado Unitario por sus características peculiares; en todo caso pudiera haber sido calificado como un Estado semifederal. Por ello el reto de la Constitución de 1999 era efectivamente sustituir la federación centralizada en la que se había convertido el Estado, por una verdadera federación descentralizada en

---

[12] La Sala Constitucional del Tribunal Supremo de Justicia venezolano, mediante sentencia 2495 de 19 de diciembre de 2006, se pronunció al respecto compartiendo el criterio antes comentado: "[...] *el Constituyente, tanto en lo general como en lo particular, se acercó, en cuanto a la estructura vertical de ejercicio del poder público, a un modelo de federación descentralizado cooperativo. En lo general, al propugnar como principios definidores de nuestro federalismo descentralizado los de integridad territorial, cooperación, solidaridad, concurrencia y corresponsabilidad (art. 4º)*" *http://historico.tsj.gob.ve/decisiones/scon/diciembre/2495-191206-02-0265.HTM*, consultada el 24 de abril de 2018.

[13] HILDEGARD RONDÓN DE SANSÓ, *op. cit.*, pág. 49 y JUAN DOMINGO ALFONZO PARADISI, "El régimen de los Estados vs. la centralización de competencias y de recursos financieros", Caracas, Editorial Jurídica Venezolana, 2011, pág. 9.

[14] VÍCTOR HERNÁNDEZ MENDIBLE, *La asociatividad entre las entidades territoriales en la República de Venezuela*, en Manuel A. Restrepo Medina y Liliana Estupiñan (coords), Asociación territorial. Enfoque comparado y análisis en el nuevo contexto de la organización territorial colombiana, Bogotá, Universidad del Rosario, 2013, págs. 55-81.

lo político como una forma de perfeccionamiento del sistema democrático[15]. Esta es la razón de conjunción de los términos federación descentralizada, amalgamando la concepción federativa original con estructuras periféricas y atribuciones definidas, pero con una política de transferencia de competencias.

El constituyente limitó su accionar a constitucionalizar aspectos que ya se habían establecido por vía legislativa antes de su vigencia, como comentáramos antes, específicamente los casos de la descentralización y transferencia de competencias del poder nacional hacia los estados y municipios y la elección por el voto popular de las autoridades de aquellos entes político territoriales. Así mismo, se destacan algunos retrocesos expresos como la eliminación de la Cámara del Senado del órgano parlamentario nacional, convirtiéndole en una Asamblea Nacional unicameral.

Por otra parte es lógico que la organización política y funcional de este Estado federal descentralizado esté fundamentada en los señalados principios informadores, partiendo de la base que toda federación se encuentra organizada bajo el esquema de distribución territorial del poder público. En ese sentido, el principio de integridad territorial, supone la unicidad conceptual del Estado, aunque esté integrado por partes diferenciadas territorialmente sobre los cuales se ejerce soberanía, ni siquiera la distribución territorial del poder público puede atentar en contra de la integridad territorial. Mientras que los principios de cooperación, concurrencia y corresponsabilidad, se refieren al ejercicio de las competencias y atribuciones que tienen asignados cada uno de los entes político territoriales que ejercen el poder público, en el entendido que dentro de las relaciones de dependencia deben cooperar y coordinarse entre ellos, en lo que respecta al cumplimiento de sus fines públicos; sin descartar el principio de solidaridad, que obliga a cualquiera de los órganos a asumir atribuciones que no puedan ser cumplidas por otro, en garantía del interés público.

Partiendo del anterior planteamiento teórico, a continuación trataremos de hacer un ejercicio para identificar en la Constitución venezolana, elementos que nos acerquen o alejen de la forma federal del Estado. Específicamente, observamos como elementos propios de un Estado federal en la Constitución venezolana, lo siguiente: a) La definición del Estado Federal Descentralizado (art. 4º); b) el establecimiento del Distrito Capital como sede del poder público (art. 18); c) la competencia residual de los estados (art. 164.11); d) la previsión de considerar a los estados como entidades autónomas, con personalidad jurídica plena (art. 159); e) la creación de los consejos legislativos estadales con competencia para dictar leyes estadales (art. 162); f) los gobernadores de estados como máxima autoridad de estos, electos popularmente

---

[15] ALLAN BREWER-CARÍAS, "Consideraciones sobre el régimen de distribución de competencias del poder público en la Constitución de 1999", en *Estudios de Derecho Administrativo*, vol. I, Libro Homenaje, Caracas, Universidad Central de Venezuela, Tribunal Supremo de Justicia, 2001, págs. 108-138.

(arts. 160 y 161); g) la definición de competencias exclusivas de los estados (art. 164); h) la previsión de las contralorías estadales, con reconocimiento constitucional, autonomía orgánica y funcional (art. 163); i) la determinación de competencias concurrentes (art. 165); j) la creación de los Consejos Estadales de Planificación y Coordinación de Políticas Públicas (art. 166); k) la posibilidad de ampliar el contenido de las competencias de los estados y municipios por la vía de la transferencia de competencias del poder nacional, en sintonía con una política nacional de descentralización (arts. 157 y 158); l) la obligación de dictar un marco normativo que desarrolle las Haciendas Públicas estadales con criterio de autonomía (disposición transitoria cuarta núm. 6); m) el reconocimiento de la potestad tributaria de los estados (arts. 167 y 183); n) la creación del Consejo Federal de Gobierno[16], como órgano encargado de la planificación y coordinación de las políticas y acciones para el desarrollo del proceso de descentralización y transferencias de competencias, del que depende además el Fondo de Compensación Interterritorial destinado a la financiación de inversiones públicas dirigidas a promover el desarrollo sostenible y equilibrado de las regiones (art. 185).

Pero como se observan aquellas manifestaciones de un federalismo de Estado, también se visualizan aspectos que no lo son, como podría ser la elevada preponderancia de la ley nacional para regular muchos de los asuntos antes comentados, y por lo tanto la importante influencia del poder nacional; que en consecuencia, supone algunas limitantes para el desarrollo y fortalecimiento de las regiones. Como ejemplo de ello presentamos la siguiente enumeración: a) solo por ley orgánica se regula la división político territorial del Estado a los fines de garantizar la autonomía municipal y la descentralización político administrativa (art. 16); b) Mediante ley nacional se pueden establecer restricciones a la actividad legislativa de los consejos legislativos estadales, ya que la ley nacional es la encargada de determinar su organización y funcionamiento (art. 162); c) la Constitución le atribuye competencias a los estados pero al mismo tiempo señala que dichas atribuciones se ejercerán de conformidad con lo que disponga la ley nacional (art. 164.2, 4 y 5); d) igualmente, en cuanto a los ingresos de los estados y a los límites de la autonomía municipal, se encuentran determinados y limitados por disposiciones contenidas en leyes

---

[16] El Consejo Federal de Gobierno es el órgano encargado de la planificación y coordinación de las políticas y acciones para el desarrollo del proceso de descentralización y transferencia de competencias del poder nacional a los estados y municipios. En consecuencia, el Consejo Federal de Gobierno establece los lineamientos que se aplican a los procesos de transferencia de las competencias y atribuciones de las entidades territoriales, hacia las organizaciones de base del poder popular: se rige por la Ley Orgánica del Consejo Federal de Gobierno publicada en la *Gaceta Oficial* 5.963 de 22 de febrero de 2010 y su Reglamento publicado en la *Gaceta Oficial* 39.416 de 4 de mayo de 2010, y su Reglamento publicado en la *Gaceta Oficial* 39.382 de 9 de marzo de 2010.

nacionales (arts. 156.16, 167, 168 y 169); e) para ejercer las competencias concurrentes debe existir primero una ley nacional de base que habilite a los estados a ejecutarla luego mediante una ley de desarrollo (art. 165); f) los consejos estadales de planificación y coordinación de políticas públicas se deben organizar con fundamento en lo dispuesto en la ley nacional (art. 166); g) la función pública estadal y municipal se rige por una ley nacional; h) no existen jueces estadales, e i) a los gobernadores no les está dada la atribución de decretar estados de excepción, ya que es una competencia exclusiva del presidente de la República (art. 337), entre otros.

Consecuencialmente vemos que en realidad se nos presenta un particular Estado federal, con un visible desequilibrio funcional inclinado hacía la supremacía del poder nacional, ya que en este diseño estructural y competencial la principal autoridad es ejercida de forma compartida entre la Asamblea Nacional y el presidente de la República. Muchas de las atribuciones y competencias asignadas a los estados y municipios están limitadas y condicionadas por una ley nacional, por lo que existe un problema en la calidad de esas atribuciones, condición necesaria para evaluar la profundidad de la federación.

El nivel central o nacional es quien condiciona discrecionalmente muchas de las competencias de los estados. El asunto se torna más evidente en materia de ingresos de los estados, que siendo muy pequeño el margen de creación de los mismos se hacen muy exiguos y deficientes, con el agravante que adicionalmente constituye una prerrogativa del nivel central el otorgar, ampliar y restringir las competencias tributarias de los estados, colocándolos muchas veces en condiciones muy precarias.

Cabe destacar que desde la entrada en vigencia de la Constitución de 1999, no se ha cumplido con el numeral 6 de la Disposición Transitoria Cuarta, que ordenaba dictar en el lapso de un año una ley nacional que contribuyera con el desarrollo y fortalecimiento de las respectivas haciendas públicas estadales, para ayudar a garantizar su autonomía y a cumplir con sus atribuciones propias. Esta negativa hace que los estados sean aún más dependientes de los criterios distributivos del poder central y a su vez pueda controlarlos funcionalmente[17].

Adicionalmente al planteamiento constitucional, desde su vigencia no se han ejecutado acciones de descentralización; todo lo contrario, en la práctica se ha desarrollado una política de recentralización por parte del gobierno nacional, con acciones materiales por una parte, con una serie de reformas

---

[17] En el año 2001 se presentó un proyecto de Ley Orgánica de Hacienda Pública Estadal, elaborado por la Oficina de Asesoría Económica y Financiera de la Asamblea Nacional, resultando aprobado en primera discusión, y desde entonces reposa en alguna oficina del parlamento esperando su aprobación definitiva. A través del referido proyecto normativo los estados pueden obtener ingresos propios mediante el traspaso de varios impuestos que actualmente competen al gobierno nacional, sin perder los criterios de transferencia que actualmente perciben los estados del nivel central.

legislativas y, en algunos casos, con el acompañamiento de interpretaciones jurisdiccionales del máximo tribunal de la República.

El caso más alarmante se presentó con la sentencia 565, dictada por la Sala Constitucional del Tribunal Supremo de Justicia el 15 de abril de 2008 y publicada en la *Gaceta Oficial* 38.925 de 7 de mayo del mismo año[18], que resolvió un recurso de interpretación constitucional sobre el artículo 164 numeral 10 del texto constitucional, intentado por la Procuraduría General de la República. En esta disposición se le asigna competencias exclusivas a los estados, en materia de "La conservación, administración y aprovechamiento de carreteras y autopistas nacionales, así como de puertos y aeropuertos de uso comercial, en coordinación con el Poder Nacional". Sin embargo, en la citada sentencia la Sala Constitucional modificó el contenido de dicha norma constitucional y determinó que la supuesta competencia exclusiva no es tal, sino que se trata de una competencia concurrente y que, como la misma fue transferida por vía de descentralización antes de la Constitución de 1999, podía ser revertida al poder nacional, eliminando cualquier competencia o participación de los estados en esas áreas. Tal pronunciamiento judicial produjo un atentado profundo a la concepción federal descentralizada que propugna la Constitución.

Antes, el presidente de la República había intentado aprobar un proyecto de reforma constitucional, donde se presentaba un Estado de corte centralista y autoritario, en el cual se planteaba una serie de reformas encaminadas a eliminar los avances federativos y descentralizadores que contiene la Constitución vigente, por medio de la formulación de una nueva geometría del poder y la implantación del poder popular y el Estado Comunal; proyecto de reforma que fue rechazado por el voto popular en el referendo celebrado el 2 de diciembre de 2007. No obstante, la desaprobación del proyecto de reforma, el propio presidente de la República insistió en validar el contenido de la misma, a través de paquete de leyes[19] por medio de los cuales trató de instaurar un régimen que contradice el texto constitucional.

Por último, el gobierno nacional ha desarrollado una política sistemática de desconocimiento de las autoridades estadales y municipales legítimamente electas en los respectivos procesos electorales, cuando no resultan ser del partido político del gobierno nacional. Este desconocimiento se lleva a cabo

[18] *http://historico.tsj.gob.ve/decisiones/scon/abril/565-150408-07-1108.HTM* consultada el 25 de mayo de 2018.

[19] A finales de 2010, se dictaron las siguientes leyes que permiten otorgarle base legal al estado comunal: i. Ley Orgánica del Poder Popular, ii. Ley Orgánica de Planificación Pública y Popular, iii. Ley Orgánica de las Comunas, iv. Ley Orgánica del Sistema Económico Comunal, y v. Ley de Contraloría Social; todas publicadas en la *Gaceta Oficial* 6.011 extraordinario de 21 de diciembre de 2010; y vi. La Ley Orgánica de los Consejos Comunales, previamente publicada en la *Gaceta Oficial* 39.335 de 28 de diciembre de 2009.

mediante la designación de estructuras y personas paralelas con el nombre de "Protector", en las entidades geográficas que corresponde a un estado o un municipio de un partido contrario al gobierno; a estas personas que usurpan la respectiva autoridad con el aval del gobierno, se les asignan recursos y funciones —al margen del principio de legalidad y competencia— para que desarrollen políticas públicas en sustitución de los gobernadores o alcaldes de esas entidades, dejando a estos últimos como figuras decorativas en sus respectivos cargos.

Es por ello por lo que, a pesar de que el texto constitucional establece que se trata de un Estado Federal Descentralizado, el Estado vivo, aquel que se ejecuta y el que opera en la realidad cotidiana, es cada día más un Estado centralizado, totalitario y presidencialista, en el que predomina la concentración de poder en una sola voluntad y, lejos de ir caminando y consolidando la descentralización, se desconocen las competencias originarias de los estados y municipios y se re-centralizan otras atribuciones, lo que trae como consecuencia que se vea debilitada la autonomía otorgada a estados y municipios.

2. LA ORGANIZACIÓN DEL ESTADO EN GENERAL Y DEL PODER PÚBLICO EN PARTICULAR. REFERENCIA A SUS COMPETENCIAS

A) *La organización del Estado*

En correspondencia con la forma federal de Estado que determina el analizado artículo 4º constitucional, Venezuela se organiza política y territorialmente, con fundamento en lo dispuesto en el artículo 16 de la CRBV, de la siguiente forma: 1) el territorio nacional se divide en el de los estados, el del Distrito Capital, el de las dependencias federales[20] y en el de los territorios federales, y 2) además el territorio se organiza en municipios[21].

La división político territorial se regulará por ley orgánica, tanto para la integración de los estados como en la de los municipios, con sus elementos

[20] Según el art. 17 de la CRBV, las dependencias federales son las islas marítimas no integradas en el territorio de un Estado, así como las islas que se formen o aparezcan en el mar territorial o en el que cubra la plataforma continental; y se rigen por el decreto con rango, valor y fuerza de ley orgánica de dependencias federales, publicado en la *Gaceta Oficial* 39.787 dc 27 de octubre de 2011.

[21] Un sector de la doctrina venezolana considera que no se debió incluir a los municipios en esa enumeración en virtud de que no se trata de divisiones político territoriales de la República; en todo caso, se debió afirmar que el territorio de las divisiones u organizaciones políticas (estados, Distrito Capital, territorios o dependencias federales) se subdivide en municipios. (NELSON SOCORRO, "Distrito capital, Distrito metropolitano o Distrito capital metropolitano", en *Leyes sobre Distrito Capital y el área metropolitana de Caracas*, Caracas, Editorial Jurídica Venezolana, 2009, pág. 101).

fundamentales; adicionalmente por ley se podrá disponer la creación de territorios federales en determinadas áreas de los estados, y se le podrá dar a un territorio federal la categoría de Estado, asignándosele la totalidad o una parte de la superficie del territorio respectivo. Lo cual debe ser sometido a referendo aprobatorio en la entidad respectiva, para que adquiera vigencia.

Actualmente Venezuela posee 23 estados, denominados como sigue: Anzoátegui, Amazonas, Apure, Aragua, Barinas, Bolívar, Carabobo, Cojedes, Delta Amacuro, Falcón, Guárico, Lara, Mérida, Miranda, Monagas, Nueva Esparta, Portuguesa, Sucre, Táchira, Trujillo, Vargas, Yaracuy y Zulia. Adicionalmente, el país cuenta con un territorio federal denominado Territorio Insular Francisco de Miranda[22], y 335 municipios, que son las entidades políticas en las que se encuentran divididos los estados.

Adicionalmente, nos encontramos con el Distrito Capital, integrado principalmente por la ciudad de Caracas[23], que se constituye en la capital de la República y en la sede territorial de los órganos del Poder Nacional[24]. Según el texto constitucional, una ley especial debe establecer la unidad político territorial de la ciudad de Caracas, que integre en un sistema de gobierno municipal a dos niveles, los municipios del Distrito Capital y los correspondientes del Estado Miranda. Sobre la base de los principios democrático y participativo, la ley establecerá la organización, el gobierno, la administración, las competencias y los recursos para la ciudad[25].

No obstante, lo establecido en el texto constitucional, el tratamiento jurídico y fáctico que se le ha otorgado a la ciudad de Caracas merece un comentario particular, en virtud de la afectación que se ha producido en contra de la concepción de la federación descentralizada y de la propia regulación constitucional. Interpretando su auto mandato contenido en la citada disposición transitoria primera de la Constitución, la Asamblea Nacional Constituyente dictó la Ley Especial sobre el Régimen del Distrito Metropolitano de Caracas[26], recogiendo las exigencias para la ciudad de Caracas que imponía el contenido del artículo 18 constitucional y entendiendo que el Distrito Capital (Caracas) se trataba de

[22] Este territorio federal fue creado mediante el decreto con rango, valor y fuerza de ley de Creación del Territorio Insular Francisco de Miranda, publicado en la *Gaceta Oficial* 39.797 de 10 de noviembre de 2011.

[23] Antes de la vigencia de la CRBV la figura jurídica que regía a la ciudad de Caracas era el Distrito Federal.

[24] *Vid.* art. 18 de la CRBV.

[25] Según la disposición transitoria primera de la CRBV, la Ley Especial sobre el Régimen del Distrito Capital debió ser aprobada por la propia Asamblea Nacional Constituyente, y hasta su vigencia seguiría en vigor el régimen previsto en la Ley Orgánica del Distrito Federal y en la Ley Orgánica de Régimen Municipal.

[26] Publicada en la *Gaceta Oficial* 36.906 de 8 de marzo de 2000.

un distrito metropolitano, en su concepción de ciudad capital de la República. En ese sentido, meses más tarde, la Comisión Legislativa Nacional sancionó la Ley de Transición del Distrito Federal al Distrito Metropolitano de Caracas[27], para culminar con la extinción del antiguo Distrito Federal y regular el nacimiento de la nueva organización metropolitana[28].

Sin embargo, el poder legislativo nacional consideró que no se le había dado cumplimiento al citado artículo 18 de la Constitución y, mediante la Ley Especial sobre la Organización y Régimen del Distrito Capital[29] —vaciando de contenido al Distrito Metropolitano—, paralelamente le dio vida al Distrito Capital, decretándolo como entidad político-territorial de la República con territorio, personalidad jurídica y patrimonio propio, y que por sus características singulares debe poseer un régimen especial de gobierno. Este régimen especial de gobierno está constituido por un órgano ejecutivo ejercido por un jefe de Gobierno, de libre nombramiento y remoción por parte del presidente de la República, y la función legislativa ejercida por la Asamblea Nacional.

Lo cierto es que con esta normativa se desconoce el avance propuesto por la nueva Constitución para la regulación de la ciudad de Caracas y se retrocede, al punto de rescatar el antiguo régimen previsto para el Distrito Federal, derogado con la Constitución de 1999, violando por tanto el principio demo-

---

[27] Publicada en la *Gaceta Oficial* 37.006 de 3 de agosto de 2000.

[28] Al resolver un recurso de interpretación interpuesto por el Alcalde Metropolitano Alfredo Peña, la Sala Constitucional del Tribunal Supremo de Justicia, mediante sentencia 1563 dictada el 13 de diciembre de 2000, declaró lo siguiente: "Dentro de su poder originario, la Asamblea Nacional Constituyente no dictó una Ley sobre el Régimen del Distrito Capital, como acto previo a sancionarse,... decretó la Ley Especial sobre el Régimen del Distrito Metropolitano de Caracas,...

"La ciudad de Caracas estará formada por una unidad político-territorial, que integra los territorios que la ley especial le señale, y que tendrá un sistema de gobierno municipal integrado y conformado por los municipios del Distrito Capital y los correspondientes del Estado Miranda, que se integran en la unidad político-territorial. Tal división presuponía una Ley del Distrito Capital, que a él lo delimitara, pero tal ley (especial) no hizo falta para la constitución del Distrito Metropolitano de Caracas, porque la Asamblea Nacional Constituyente, con su poder de creación [...], procedió de una vez a cumplir en extenso el artículo 18 de la Carta Magna, señalando cuáles son los límites territoriales del Distrito Capital (Municipio Libertador del antiguo Distrito Federal), y dándole de una vez a dicho Distrito el régimen de Distrito Metropolitano (artículo 171 de la vigente Constitución). Ello, sin perjuicio que la Ley del Distrito Capital, divida al actual Municipio Libertador en otros municipios y le imponga un particular régimen municipal, circunscrito al Distrito Capital". *http://historico.tsj.gob.ve/ decisiones/scon/diciembre/1563-131200-00-2658%20.HTM* consultada el 24 de mayo de 2018.

[29] Publicada en la Gaceta Oficial 39.156 de 13 de abril de 2009. Adicionalmente se dictó la Ley Especial de Transferencia de Bienes y Recursos Administrados Transitoriamente por el Distrito Metropolitano de Caracas al Distrito Capital (G. O. 39.170 de 4 de mayo de 2009), y la Ley de Presupuesto del Distrito Capital para el Ejercicio Fiscal 2009 (G. O. 39.172 de 6 de mayo de 2009).

crático y participativo. Observamos que se concibe en la comentada regulación una entidad de ámbito territorial (Distrito Capital) dependiente del poder nacional, ya que su primera autoridad es de la libre designación y remoción del presidente de la República, sin la posibilidad de la participación de los ciudadanos en su elección democrática, así como la función legislativa se le atribuye a la Asamblea Nacional, que es el órgano legislativo de la Federación. Todo esto a la par del desmantelamiento del Distrito Metropolitano, al restarle atribuciones para atribuírselas al Distrito Capital.

B) *La distribución del poder público*

El poder es la materialización de la facultad del mando que tiene el Estado. Es la autoridad a cuyo orden, a cuya coacción, a cuya regla se encuentra sometida la población. Es pues un poder de dominación[30], esta característica es precisamente la que diferencia al poder del Estado de todos los demás poderes. Desde que la sociedad comenzó a organizarse tomó forma el poder político y la historia del Estado no ha consistido sino en los esfuerzos de la colectividad tendientes a racionalizar el poder, a hacerlo más humano y más noble.

En ese sentido, concebimos al poder público como un instrumento para la realización de los fines del Estado; dichos fines se encuentran recogidos en el artículo 3º del Texto Fundamental, y consisten en *propender la defensa y el desarrollo de la persona y garantizar el respeto a su dignidad, el ejercicio democrático de la voluntad popular, la construcción de una sociedad justa y amante de la paz, la promoción de la prosperidad y bienestar del pueblo, y la garantía de los principios, deberes y derechos reconocidos en la Constitución.*

El poder público supone el ejercicio de una serie de facultades propias de la potestad de imperio o de imposición, funciones que además de constituir facultades constituyen obligaciones para el cuerpo político. Estas funciones han sido ejercidas a lo largo de la historia institucional, tradicionalmente, desde dos puntos de vista, de una forma concentrada, por una parte, esto es, el ejercicio de las potestades públicas sobre el criterio unipersonal y, por la otra, como reacción a la formula anterior, de manera desconcentrada, esto quiere decir, que se ha procurado separar las funciones y atribuírselas a distintos órganos que se encarguen de su cumplimiento eficaz y para generar contrapeso.

En lo que respecta a la organización del poder público en Venezuela, lo primero que debemos destacar en el aspecto nominal, es que nuestra vigente Constitución se refiere a la distribución del poder público y no a la separación de poderes[31], lo cual de alguna manera es acertado porque nos indica, por una

---

[30] HUMBERTO LA ROCHE, *Derecho constitucional*, t. I, Parte general, 20ª ed., Valencia, 1991, pág. 282.

[31] Art. 136 de la CRBV: "El poder público se distribuye entre el poder municipal, el poder estadal y el poder nacional. El poder público nacional se divide en legislativo, ejecutivo, judicial, ciudadano y electoral.

parte, que el poder público es uno, es el poder del Estado, pero que para cumplir cabalmente con los fines que el mismo tiene establecidos en la Constitución, debe diversificarse y en consecuencia se estructura orgánicamente y distribuye sus funciones para ser más eficaz. Y por último, estos órganos que desarrollan las competencias asignadas, no están aislados, deben mantener una relación permanente de colaboración, cooperación y concurrencia[32].

Específicamente, el citado artículo 136 de la CRBV organiza al Estado conforme al principio de distribución territorial del poder público, entre municipal, estadal y nacional; y luego el poder público nacional se distribuye en: legislativo, ejecutivo, judicial, ciudadano y electoral. La Constitución venezolana de 1999 presenta una verdadera novedad al alejarse de la tradicional e histórica distribución tripartita del poder público nacional, y elevar dos funciones más a la categoría de poder público. Lo que quiere decir que además del poder legislativo nacional, el poder ejecutivo nacional y el poder judicial, se incorpora el poder electoral y el poder ciudadano, para componer la novel *penta* distribución del poder público nacional.

El poder legislativo está representado orgánicamente por la Asamblea Nacional, que es el órgano legislativo nacional. El poder ejecutivo se ejerce principalmente por medio del presidente de la República, quien ejerce la doble jefatura del Estado y del gobierno. El Tribunal Supremo de Justicia es el órgano encargado de la dirección, gobierno y administración del poder judicial. Mientras que el poder ciudadano tiene como órgano de expresión y cúspide de su estructura orgánica, al Consejo Moral Republicano, que a su vez se encuentra integrado por tres órganos importantes, dos de los cuales de creación constitucional y con amplia tradición en el país, como lo es la Contraloría General de la República y la Fiscalía General de la República (ministerio público), y uno de nueva creación en el texto constitucional, la Defensoría del Pueblo. Por último, el poder electoral, se ejerce por el Consejo Nacional Electoral, como órgano rector en materia de elecciones y participación ciudadana.

Con fundamento en la citada disposición constitucional y en la exposición de motivos de la CRBV de 1999, la mayoría de la doctrina[33] indica que nos

---

"Cada una de las ramas del poder público tiene sus funciones propias, pero los órganos a los que incumbe su ejercicio colaborarán entre sí en la realización de los fines del Estado".

[32] "[...] el principio de separación de poderes se sostiene, precisamente, en la identificación de la pluralidad de funciones que ejerce el Estado y que aun cuando modernamente no se conciben distribuidas de forma exclusiva y excluyente entre los denominados poderes públicos, si pueden identificarse desarrollados preponderantemente por un conjunto de órganos específicos [...]". Sent. 0962 de 9 mayo 2006, SC-TSJ, exp: 03-0839, caso Cervecería Polar Los Cortijos.

[33] Debemos destacar que la exposición de motivos no se discutió en el seno de la Asamblea Nacional Constituyente, conjuntamente con el proyecto de Constitución, ni lo acompañó en

encontramos frente a una distribución del poder público desde el punto de vista vertical (poder municipal, estadal y nacional), y desde el punto de vista horizontal (poder legislativo, ejecutivo, judicial, ciudadano y electoral). Sin embargo, compartimos en este caso la tesis del profesor ARMANDO RODRÍGUEZ[34], que abandona la idea de la denominada "distribución vertical del poder", para ilustrar la estructura de la organización político territorial del poder público.

Si leemos detenidamente el artículo constitucional antes citado, no observamos que se refiera a una estructura vertical de organización, solo se limita a identificar los niveles o ámbitos de distribución territorial del poder público, estos son: municipal, estadal y nacional; colocando al ámbito municipal de primero, por su importancia debido a la cercanía del municipio con el ciudadano. Entre los niveles político territoriales mencionados no debe existir orden de supremacía, ni mucho menos relación de jerarquía entre uno u otro, lo que se desprendería de la idea de verticalidad en la organización. Al partir de la premisa de una organización vertical necesariamente debemos concluir en la existencia de una suerte de orden jerárquico, y es en función de esta histórica interpretación constitucional como se ha soportado la idea de un poder nacional más poderoso y, en último caso, jefe supremo de los poderes estadales y municipales. Dentro de un Estado *federal*, como teóricamente es el nuestro, los niveles políticos territoriales tienen autonomía y solo deben generarse entre ellos relaciones de coordinación, cooperación, interdependencia, corresponsabilidad, subsidiariedad, lealtad y asistencia mutua, para lograr los fines del Estado.

C) *Reparto de competencias entre los entes políticos territoriales*

La distribución político territorial del poder público, entre el poder municipal, estadal y nacional, en los términos definidos en el citado artículo 136 constitucional, conduce a un reparto de competencias entre los distintos órganos y entes que ejercen el poder público. En virtud de ello, en el texto de la Constitución se precisan las competencias, esto es, materias y atribuciones que corresponden a cada uno de ellos, determinando si se trata de competencias exclusivas, concurrentes, residuales o implícitas.

---

la aprobación popular por referéndum celebrado el 15 de diciembre de 1999, sino que fue elaborada y adicionada al texto de la Constitución con posterioridad a aquella fecha.

ALLAN BREWER-CARÍAS, "Consideraciones sobre el régimen de distribución de competencias del poder público en la Constitución de 1999", en *Estudios de derecho administrativo*, vol. I, Libro Homenaje, Caracas, Universidad Central de Venezuela, Tribunal Supremo de Justicia, 2001, págs. 108-138, esp. pág. 108; y JUAN CARLOS FERNÁNDEZ MORALES, *op. cit.*, pág. 152.

[34] ARMANDO RODRÍGUEZ GARCÍA, "Las nuevas bases constitucionales de la estructura político territorial en Venezuela", en *Revista de Derecho Administrativo*, núm. 10, septiembre-diciembre 2000, Caracas, Editorial Sherwood, 2000.

En el artículo 156 de la CRBV, encontramos la enumeración de las materias que le corresponden a los órganos del poder público nacional, sin determinar si las señaladas atribuciones están referidas a competencias exclusivas o concurrentes, debido a que efectivamente allí se encuentran contenidas materias que coinciden con otras de las órbitas del poder público. Pero indudablemente que resultó el poder público nacional el mayor beneficiado en lo que respecta al reparto material de competencias. A título ilustrativo podemos señalar como ejemplo de sus competencias, las siguientes: los servicios de identificación, de naturalización, la admisión, la extradición y expulsión de extranjeros o extranjeras.

Por su parte, en el artículo 164 constitucional se determinan las competencias de los estados, pero con la particularidad de que allí sí se define que se trata de competencias exclusivas, aunque luego observemos la falta de sinceridad del propio texto constitucional, cuando nos encontramos en esa enumeración que existen competencias atribuidas a los distintos niveles territoriales de manera concurrente; pudiendo afirmar que en realidad son muy pocas las competencias exclusivas que le dejó la Constitución; ejemplo de sus competencias exclusivas, son: la administración de los minerales no metálicos y las salinas, ostrales, así como la administración de las tierras baldías.

Y por último, en el artículo 178 *eiusdem*, se regulan las atribuciones de los municipios en diversas áreas que no son precisamente de la competencia exclusiva; como ejemplo de ello, le corresponde a los municipios la prestación del aseo urbano y domiciliario, comprendidos los servicios de limpieza, de recolección y tratamiento de residuos; la ordenación territorial y urbanística, entre otros.

Conforme al anterior análisis existen múltiples materias que pueden ser consideradas de competencia concurrente, distribuidas entre los tres niveles territoriales que integran el poder público (municipio, estados y república); y a los fines de determinar la atribución específica de cada órgano en el cumplimiento de la responsabilidad que le corresponde, con el objeto de generar adicionalmente certeza jurídica, el artículo 165 de la CRBV, señala que "Las materias objeto de competencias concurrentes serán reguladas mediante leyes de bases dictadas por el poder nacional, y leyes de desarrollo aprobadas por los estados". Igualmente la legislación sobre la materia de competencias concurrentes debe estar orientada por los principios de interdependencia, coordinación, cooperación, corresponsabilidad y subsidiariedad; en identidad con la base de la federación descentralizada.

En cuanto a la competencia residual, en principio, la interpretación constitucional apunta a beneficiar a los estados, debido a que el numeral 11 del artículo 164, señala que es competencia de los estados, "Todo lo que no corresponda, de conformidad con esta Constitución, a la competencia nacional o municipal"; esto quiere decir que todas las materias que no hayan sido asignadas expresamente tanto al ámbito nacional como al ámbito municipal, le corresponden a los estados; sin embargo, al revisar con detenimiento aquellas materias que no encontraron cobertura constitucional son realmente mínimas por no decir inexistentes, a la par de la interpretación restrictiva que se la ha dado a esta disposición en el contexto de la regulación constitucional[35] y la corriente centralista que mantiene el gobierno nacional.

Por otra parte, se observa la denominada competencia implícita, prevista en el numeral 33 del artículo 156 constitucional, y mediante la cual se le asigna al poder nacional "Toda otra materia que la [...] Constitución atribuya al poder público nacional, *o que le corresponda por su índole o naturaleza*" (resaltado añadido). Cabe señalar que las potestades atribuidas al Estado y a sus órganos o entes públicos, le son otorgadas en función de ser los encargados de tutelar los intereses públicos. De allí, la importancia de que estas potestades estén atribuidas expresamente, con ánimo de seguridad jurídica. Ahora bien, esta regla de la competencia admite excepciones, y es allí donde surge la tesis de las "potestades implícitas o inherentes". Esta tesis consiste en que aun cuando la competencia no esté expresamente contenida en una norma, es posible deducirla acudiendo a una interpretación finalista o sistémica del orden jurídico.

D) *Sobre la descentralización territorial*

Encontrándonos dentro de un Estado federal "descentralizado", lo lógico es concebir una política de transferencia de competencias entre los distintos niveles político-territoriales. En efecto, en el artículo 158 constitucional se determina que la descentralización se constituye en una política nacional encaminada a profundizar la democracia, al acercar el poder a la población, con el objeto de mejorar y perfeccionar la prestación eficaz y eficiente de los cometidos estadales.

Observamos que el texto constitucional regula la transmisión de atribuciones, servicios, recursos y responsabilidades desde la República hacia los estados y municipios; desde los estados hacia los municipios y comunidades; y desde los municipios al resto de las entidades territoriales locales y a las comunidades organizadas.

En el artículo 157 constitucional se establece que el poder nacional, por medio de la Asamblea Nacional, podrá transferir, mediante ley, determinadas materias de la competencia nacional, a los estados o a los municipios, con el objeto de promover la descentralización[36]. Por otra parte, en el único aparte del artículo 165 constitucional, se consagra la facultad de los estados para

---

[35] Una de las contradicciones se presenta en la parte *in fine* del num. 12 del art. 156 constitucional, donde le atribuye una competencia residual al poder nacional, en materia tributaria.

[36] En concordancia con el art. 58 de la Ley Orgánica del Poder Público Municipal (LOPPM).

descentralizar y transferir a los municipios los servicios y competencias que gestionen y que estos estén en capacidad de prestar, así como la administración de los respectivos recursos, dentro de las áreas de competencias concurrentes entre ambos niveles del poder público. Y por último, en el artículo 184 del texto constitucional, se desarrolla una disposición muy importante que invita a la descentralización y la transferencia de los servicios que gestionen los estados y los municipios, a las comunidades y grupos vecinales organizados que demuestren su capacidad para asumirlos y prestarlos de forma eficiente[37].

Por otra parte, mediante Decreto con Rango Valor y Fuerza de Ley Orgánica para la Gestión Comunitaria de Competencias, Servicios y otras Atribuciones, publicado en la *Gaceta Oficial* 39.954 de 28 de junio de 2012, el Estado determinó los principios, normas, procedimientos y mecanismos de transferencia de la gestión y administración de servicios, actividades, bienes y recursos, de los órganos que ejercen el poder público nacional y de las entidades político territoriales, al pueblo organizado, el cual la asumirá mediante la gestión de empresas comunales de propiedad social de servicios y socioproductivas[38], estableciendo la interdependencia y corresponsabilidad entre las entidades político territoriales y el pueblo.

3. Organización de la administración pública nacional. La administración pública central y la administración pública nacional descentralizada

Partiendo de la concepción federal descentralizada del Estado venezolano, cada uno de los niveles territoriales analizados *supra* (República, estados y municipios) se halla gobernado por una entidad política, cuyo respectivo órgano supremo posee carácter y origen democrático, y a su vez cada una de estas entidades políticas tienen a su servicio una Administración Pública[39]; en virtud de ello nos toparemos con la Administración Pública Nacional, la Administración Pública de los estados y la Administración Pública de los municipios. En ese sentido, la Administración Pública en general es una figura subjetiva que consiste en el instrumento o aparato por medio del cual el poder público

---

[37] *Vid.* art. 278 de la LOPPM.

[38] Se entiende como *empresa de propiedad social directa comunal*, a la unidad socio-productiva constituida por las instancias de poder popular en sus respectivos ámbitos geográficos, destinada al beneficio de los productores que la integran, de la colectividad a las que corresponden y al desarrollo social integral del país, a través de la reinversión social de sus excedentes. La gestión y administración de las empresas de propiedad social comunal directa es ejercida por la organización social que la constituya. Ver art. 10 de la Ley Orgánica del Sistema Económico Comunal (*Gaceta Oficial* 6.011 de 21 de diciembre de 2011).

[39] JOSÉ ARAUJO JUÁREZ, *Derecho administrativo general. Administración Pública*, Ediciones Paredes, Caracas, 2011, pág.159.

realiza los fines del Estado, mediante la ejecución de las funciones de atención de las necesidades públicas en forma inmediata y directa; y ese instrumento está compuesto por una serie de órganos e instituciones, los cuales serán el objeto de estudio en este apartado.

La Constitución venezolana no establece ni señala qué debe entenderse por Administración Pública; sin embargo, aporta una disposición trascendental en donde se definen los principios fundamentales que la deben orientar, y con los cuales, se configura la noción general y las características que reviste el tipo de Administración Pública, diseñada teóricamente por el constituyentista de 1999[40]. En primer lugar, se pone en evidencia el carácter vicarial de la Administración Pública, la cual está al servicio de los ciudadanos, por constituirse estos en el punto focal de toda la actividad administrativa; en segundo término, se destaca la presencia del principio de legalidad, cuando señala que está sometida plenamente a la ley y al derecho, lo que supone una garantía adicional para el administrado, y por último, concibe a una Administración consustanciada con el cumplimiento permanente de los principios de honestidad, participación, celeridad, eficacia, eficiencia, transparencia, rendición de cuentas y responsabilidad en el ejercicio de la función pública.

A continuación nos corresponde referirnos específicamente a la Administración Pública nacional, ejercida principalmente por el conjunto de órganos y entes que se estructuran y operan jerárquicamente subordinados para la realización de la función administrativa y que se encuentran situados principalmente en el poder ejecutivo nacional[41], aunque también es posible integrar dentro de la noción de administración pública nacional a los órganos de los restantes poderes del Estado (legislativo, judicial, ciudadano y electoral) cuando realizan función administrativa[42].

Los órganos y entes de la Administración Pública nacional se rigen principalmente por el Decreto con Rango, Valor y Fuerza de Ley Orgánica de la Administración Pública (DLOAP)[43], entre otras leyes de derecho público de

[40] *Vid.* art. 140 de la CRBV: "La Administración Pública está al servicio de los ciudadanos y ciudadanas y se fundamenta en los principios de honestidad, participación, celeridad, eficacia, eficiencia, transparencia, rendición de cuentas y responsabilidad en el ejercicio de la función pública, con sometimiento pleno a la ley y al derecho".

[41] Art. 225 de la CRBV: "El poder ejecutivo se ejerce por el presidente o presidenta de la República, el vicepresidente ejecutivo o vicepresidenta ejecutiva, los Ministros o Ministras y demás funcionarios o funcionarias que determine esta Constitución y la ley".

[42] HILDEGARD RONDÓN DE SANSÓ, *op. cit.,* pág. 91.

[43] Luego de la vigencia de la Constitución de la República Bolivariana de Venezuela se dictó la primera Ley Orgánica de la Administración Pública, publicada en la Gaceta Oficial 37.305 de 17 de octubre de 2001, que dejó sin efecto a la antigua Ley Orgánica de la Administración Central, publicada en la *Gaceta Oficial* 36.850 de 14 de diciembre de 1999; posteriormente fue derogada por el decreto con Rango, Valor y Fuerza de ley Orgánica de la Administración

significativa importancia, en el cual se regulan los principios y bases de organización y funcionamiento de la administración pública. En esta ley se definen los conceptos de órganos, entes y misiones; y de su interpretación se puede deducir que la Administración Pública nacional se encuentra dividida en dos grandes grupos: la administración pública nacional central, identificada como Administración directa, y la Administración pública Nacional descentralizada funcionalmente o Administración indirecta[44].

A) *La Administración Pública nacional central*

La República, en cuanto organización personificada, se identifica en primer lugar con la Administración Pública Central[45]; y esta la integran todos aquellos órganos que forman parte del poder ejecutivo nacional, y que efectivamente obran con la personalidad jurídica de la República Bolivariana de Venezuela. En la estructura organizativa del nivel central de la Administración Pública nacional, se contemplan diversos órganos que han sido ordenados legislativamente en tres grupos, a saber: i) órganos superiores de dirección; ii) órgano superior de coordinación y control de la planificación centralizada, y iii) órganos superiores de consulta.

a) *Órganos superiores de dirección del nivel central.* Las competencias de los órganos superiores de dirección están circunscritas a la dirección y ejecución de la política interior y exterior de la República, el ejercicio propio de la función ejecutiva, la potestad reglamentaria, la conducción estratégica del Estado, la formulación, aprobación, evaluación y seguimiento de las políticas públicas y la evaluación del desempeño institucional y de resultados.

Se encuentra integrado por los siguientes órganos: a) el presidente de la República, como jefe del Estado y del ejecutivo nacional, quien dirige la acción del gobierno y de la Administración Pública[46]; b) el vicepresidente ejecutivo de la República[47], quien representa al órgano directo de colaboración inmediata del Presidente de la República, por lo que dentro de las funciones que le son atribuidas constitucionalmente —de gobierno como administrativas— tiene la potestad de coordinar la Administración Pública nacional; c) el Consejo de

---

Pública, *Gaceta Oficial* 5.890 del 31 de julio de 2008; y por último, en la actualidad se encuentra vigente la versión publicada en la *Gaceta* Oficial 6147 de 17 de noviembre de 2014. Está ley está dirigida principalmente a regir a la Administración Pública nacional, sin embargo, se aplicará también a los estados y a los municipios, que deben desarrollar su contenido dentro del ámbito de sus respectivas competencias.

[44] *Vid.* art. 44 del DLOAP.

[45] José Araujo Juárez, *op. cit.*, pág. 170.

[46] *Vid.* art. 226 de la CRBV y 46 del DLOAP.

[47] *Vid.* art. 238 de la CRBV y 47 del DLOAP.

Ministros, los ministros y viceministros[48], que al igual que el vicepresidente de la República representan órganos directos de colaboración del presidente de la República; d) autoridades regionales[49], que serán órganos designados por el presidente de la República para planificar, ejecutar, hacer seguimiento y control sobre las políticas, planes y proyectos de ordenación y desarrollo del territorio.

b) *Órgano superior de coordinación y control de la planificación centralizada.* El órgano superior de coordinación y control de la planificación centralizada se denomina Comisión Central de Planificación, el cual se rige por el artículo 60 del DLOAP y por el Decreto con Rango, Valor y Fuerza de Ley Orgánica de Creación de la Comisión Central de Planificación, publicado en la *Gaceta Oficial* 39.604 de 28 de enero de 2011.

La Comisión Central de Planificación es un órgano de carácter permanente, encargado de garantizar la armonización y adecuación de las actuaciones de los órganos y entes de la Administración Pública nacional; a tales fines y atendiendo a una visión de totalidad, elaborará, coordinará, consolidará, hará seguimiento y evaluación de los lineamientos estratégicos, políticas y planes, de conformidad con lo dispuesto en el Plan de Desarrollo Económico y Social de la Nación, estableciendo un marco normativo que permita la integración armónica de todos los principios de rango constitucional y legal relativos a la planificación, organización, control y supervisión de la Administración Pública.

En ese sentido los ministerios, servicios autónomos, institutos autónomos, empresas, fundaciones, asociaciones, sociedades civiles del Estado y demás entes descentralizados, se regirán en sus actuaciones por dichos lineamientos estratégicos, políticas y planes aprobados conforme a esa planificación centralizada.

c) *Órganos superiores de consulta.* Los órganos superiores de consulta del nivel central de la Administración, son los encargados de prestar el apoyo necesario a la gestión desarrollada por la Administración Pública nacional en el ámbito de sus respectivas competencias. Estos son: i) la Procuraduría General de la República[50], cuya función es asesorar, defender y representar judicial y extrajudicialmente los intereses patrimoniales de la República; ii) el Consejo de Estado[51], que se constituye en el órgano superior de consulta del gobierno y de la Administración Pública nacional; iii) el Consejo de Defensa de

---

[48] *Vid.* art. 242 de la CRBV y Capítulos III, IV y V del Título III del DLOAP. Así mismo se regulan en el Decreto de Organización y Funcionamiento de la Administración Pública Nacional, publicado en la *Gaceta Oficial* 6.238 de 13 de julio de 2016.

[49] *Vid.* art. 70 del DLOAP.

[50] *Vid.* art. 247 de la CRBV.

[51] *Vid.* art. 251 de la CRBV y art. 86 del DLOAP.

la Nación[52], máximo órgano de consulta para la planificación y asesoramiento de los órganos del poder público en los asuntos relacionados con la defensa integral de la Nación, su soberanía y la integridad de su espacio geográfico; iv) las juntas sectoriales, conocidas anteriormente como gabinetes sectoriales, estarán dirigidas por los vicepresidentes sectoriales[53], y serán las encargadas de analizar, recomendar y coordinar acciones de gestión en los diversos sectores de políticas públicas, según la estructura que se haya establecido; y v) las juntas ministeriales[54], órganos integrados por el ministro y sus viceministros que tienen como objeto analizar y evaluar la ejecución y el impacto de las políticas públicas que están bajo la responsabilidad del ministerio para adoptar las decisiones a que haya lugar.

d) *Otros órganos de la Administración Central.* Adicionalmente el DLOAP establece que el presidente de la República podrá crear otros órganos dentro de la Administración Pública nacional centralizada, estos son: i) los consejos nacionales, ii) los comisionados y comisiones presidenciales e interministeriales; iii) las autoridades únicas de área; iv) los sistemas de apoyo técnico y logístico de la Administración Pública y iv) las oficinas nacionales.

Asimismo, el ejecutivo nacional podrá crear, por decreto, órganos desconcentrados y servicios desconcentrados sin personalidad jurídica, con capacidad de gestión presupuestaria, administrativa o financiera, según lo acuerde el respectivo reglamento orgánico. Tanto los órganos desconcentrados como los servicios desconcentrados sin personalidad jurídica, son órganos que dependen jerárquicamente del vicepresidente ejecutivo, el vicepresidente sectorial, el ministro o del viceministro, o del jefe de la oficina nacional que determine el decreto respectivo. Los servicios desconcentrados sin personalidad jurídica contarán con un fondo separado, para lo cual estarán dotados de la capacidad presupuestaria o financiera que acuerde el decreto que les otorgue tal carácter, sus ingresos provenientes de su gestión no formarán parte de la unidad del tesoro nacional y, en tal virtud, podrán ser afectados directamente de acuerdo con los fines para los cuales ha sido creado el servicio. Tales ingresos solo podrán ser utilizados para cubrir los gastos que demanda el cumplimiento de sus fines.

Cabe destacar que los órganos desconcentrados y los servicios desconcentrados sin personalidad jurídica, aun cuando son denominados por un sector de la doctrina administración independiente o administración mixta, siguen siendo órganos de la Administración Central, debido a que no poseen personalidad jurídica propia y tienen relación jerárquica de dependencia con el órgano de la Administración Central al cual le fue asignado en el acto de creación.

[52] *Vid.* art. 323 de la CRBV.

[53] *Vid.* art. 49 del DLOAP.

[54] *Vid.* art. 66 del DLOAP.

B) *La Administración Pública nacional descentralizada funcionalmente*

En forma paralela al nivel central de la Administración Pública nacional se articula una Administración estatal periférica, constituida por servicios situados en las adyacencias del ente matriz, denominada Administración Pública nacional Descentralizada o administración indirecta. Esta forma de organizar la Administración, obedece a la creciente acumulación de competencias, servicios y funciones por la Administración Pública del Estado, que empuja hacia la creación de una pluralidad de organizaciones distintas con funciones de contenido y alcance diversos[55], dotadas de personalidad jurídica propia, con un cierto grado de autonomía, para la gestión de determinadas funciones o servicios públicos propios del ente político territorial que las crea.

Esta organización se desprende directamente de la interpretación del principio de descentralización funcional[56], que les otorga a los titulares de la potestad organizativa de la Administración Central facultades para crear entes descentralizados funcionalmente, cuando lo exija el interés público o el principio de eficiencia, atendiendo al cumplimiento de los fines del Estado. Consiste en la transferencia de la titularidad de la competencia y, en consecuencia, se transfiere la responsabilidad que se origine por el ejercicio de aquella competencia o de la gestión del respectivo servicio, en la persona jurídica y en los funcionarios del ente descentralizado. Los entes descentralizados funcionalmente son de dos tipos: i) entes descentralizados funcionalmente con forma de derecho público y ii) entes descentralizados funcionalmente con forma de derecho privado.

Los entes descentralizados funcionalmente con forma de derecho público, están integrados por aquellas personas jurídicas creadas y regidas por normas de derecho público, y que podrán tener atribuido el ejercicio de potestades públicas. Estos se clasifican, a su vez, en: i) entes descentralizados funcionalmente de naturaleza fundacional pública, creados por ley, dentro de los que ubicaríamos a los institutos autónomos[57] y a los institutos públicos, previstos en el artículo 98 del DLOAP, y ii) entes descentralizados funcionalmente de naturaleza asociativa o personal (como ejemplo de ellos podemos citar las universidades nacionales, los colegios profesionales y las academias).

Los entes descentralizados funcionalmente con forma de derecho privado, se integran por personas jurídicas constituidas de acuerdo con las normas del derecho privado (Código de Comercio o Código Civil), que podrán adoptar —o no— la forma empresarial de acuerdo con los fines y objetivos para los

---

[55] Luciano Parejo Alfonso, *Organización y poder de organización. Las potestades organizatoria y reglamentaria del complejo orgánico-funcional Gobierno y Administración*, Madrid, Iustel, 2009, pág. 147.

[56] Este principio se encuentra consagrado en los arts. 29 y 32 del DLOAP.

[57] *Vid.* art. 142 de la CRBV.

cuales fueron creados y en atención a si la fuente fundamental de sus recursos proviene de su propia actividad o de los aportes públicos, respectivamente. No obstante, en la forma de creación y su regulación impera el derecho privado, se encuentran integrados en la estructura general del Estado, y rigen sobre estas adicionalmente normas de derecho público.

Dentro de este grupo de personas jurídicas se ubican: i) las empresas del Estado[58], que son personas jurídicas de derecho público constituidas de acuerdo con las normas de derecho privado, en donde la República, los estados, los distritos metropolitanos y los municipios, o alguno de los entes descentralizados funcionalmente, solos o en conjunto, tienen una participación mayor al 50 por ciento del capital social; ii) las fundaciones del Estado[59], son aquellas personas jurídicas cuyo patrimonio está afectado a un objeto de utilidad general, artístico, científico, literario, benéfico, o social, en cuyo acto de constitución participe la República, los estados, los distritos metropolitanos, los municipios o alguno de los entes descentralizados funcionalmente, siempre que su patrimonio inicial se realice con aportes del Estado en un porcentaje mayor al 50 por ciento, o donde el patrimonio pase a estar integrado, en la misma proporción, por aportes de los referidos entes, independientemente de quienes hubieren sido sus fundadores, y iii) las asociaciones y sociedades civiles del Estado[60], son las personas jurídicas creadas mediante un sustrato personal y conforme al Código Civil venezolano[61], en las que la República o sus entes descentralizados funcionalmente posean más del 50 por ciento de las cuotas de participación, y aquellas integradas en la misma proporción por aportes de los mencionados entes, siempre que tales aportes hubiesen sido efectuados en calidad de socio o miembro.

a) *Las misiones como organización administrativa.* De conformidad con el artículo 15, en concordancia con lo establecido en el artículo 131, ambos del DLOAP, además de los órganos y entes que integran la Administración Pública, el presidente de la República podrá crear una organicidad denominada "misiones", las cuales estarán destinadas a atender y a satisfacer las necesidades fundamentales y urgentes de la población.

Según la exposición de motivos del DLOAP, la figura de las misiones surgió como una gran novedad legislativa, y consiste en la formación de un "[...] organismo de ejecución de políticas públicas, obteniendo niveles óptimos de cumplimiento de los programas y proyectos asignados, y se conciben dentro del proyecto, como aquellas destinadas a atender a la satisfacción de las necesidades fundamentales y urgentes de la población, que pueden ser creadas por

---

[58] Regulado del art. 103 al art. 109 del DLOAP.

[59] Regulado del art. 110 al art. 115 del DLOAP.

[60] Previsto en los arts. 116 y 117 del DLOAP.

[61] *Vid.* art. 19 del Código Civil venezolano.

el presidente de la República en Consejo de Ministros, cuando circunstancias especiales lo ameriten".

No obstante esta concepción legislativa, consideramos que las misiones no constituyen una nueva estructura orgánica de la Administración Pública (paralela a los órganos o entes); realmente consiste en un conjunto de políticas públicas (acciones o gestiones) encaminadas a garantizarle a los ciudadanos el disfrute de sus derechos sociales o prestacionales, integrando la participación ciudadana, y que en el plano orgánico pueden adoptar la forma que determine el acto de creación, bien sea a través de la vía de la desconcentración administrativa o de un proceso de descentralización funcional. Tal planteamiento se refuerza con la vigencia del Decreto con Rango, Valor o Fuerza de Ley Orgánica de Misiones, Grandes Misiones y Micro Misiones, publicado en la *Gaceta Oficial* 6.154, de 19 de noviembre de 2014.

b) *Referencia a los consejos comunales.* En la organización administrativa y la estructura del Estado, merece particular consideración la figura de los consejos comunales en la Venezuela de hoy. Los consejos comunales son instancias de participación, articulación e integración entre los ciudadanos, ciudadanas y las diversas organizaciones comunitarias, movimientos sociales y populares, que en el marco constitucional de la democracia participativa y protagónica, permiten al pueblo organizado ejercer el gobierno comunitario y la gestión directa de las políticas públicas y proyectos orientados a responder a las necesidades, potencialidades y aspiraciones de las comunidades, en la construcción del nuevo modelo de sociedad. Se trata de una organización de personas de la sociedad civil.

Estas figuras de participación ciudadana fueron creadas originalmente como un órgano o instancia de participación en el ámbito municipal, reguladas por la Ley Orgánica del Poder Público Municipal, publicada en la *Gaceta Oficial* 38.327 de 2 de diciembre de 2005; sin embargo, inmediatamente fueron suprimidos de dicha ley, por medio de la Ley de Reforma Parcial de la Ley Orgánica del Poder Público Municipal[62], cambiando su concepción municipal para convertirlo en una instancia que depende del control del poder ejecutivo nacional, por una nueva regulación en la Ley de los Consejos Comunales[63].

Por otra parte, en lo que respecta a su naturaleza jurídica como persona, existían algunas dudas a la hora de ubicarlos dentro de la estructura del Estado; no obstante, la jurisprudencia se encargó de realizar el análisis respectivo y definió como posición jurídica, que los consejos comunales son entes públicos descentralizados en virtud de la interpretación del numeral 6 del artículo 184 constitucional y el artículo 2º de la Ley Orgánica de los Consejos Comunales,

---

[62] *Gaceta Oficial* 5.806 de 10 de abril de 2006.

[63] Publicada originalmente en la *Gaceta Oficial* 5.806 de 10 de abril de 2006, posteriormente reformada y publicada en la *Gaceta Oficial* 39.335 de 28 de diciembre de 2009.

toda vez que constituyen instancias de participación entre los ciudadanos y las diferentes organizaciones sociales, que permiten ejercer diversas gestiones de políticas públicas y asistir las necesidades de las comunidades[64].

4. ORGANIZACIÓN Y CARACTERÍSTICAS DE LA ADMINISTRACIÓN
DE LOS ESTADOS. SUS COMPETENCIAS

A) *Organización de la Administración Estadal*

La Administración Estadal o regional se encuentra comprendida por los Estados, y estos, dentro de la división político-territorial del poder público, son entidades autónomas e iguales en lo político, con personalidad jurídica plena, obligados a mantener la independencia, soberanía e integridad nacional, y a cumplir y hacer cumplir la Constitución y las leyes de la República[65].

La función ejecutiva dentro del Estado, esto es, el gobierno y la administración de cada Estado, será ejercida por un gobernador, quien debe ser electo democráticamente mediante el voto libre, universal, directo y secreto, pudiendo ser reelegido para períodos consecutivos sin ningún límite de tiempo. Este funcionario debe cumplir con las atribuciones asignadas de la planificación, dirección, coordinación y gestión del gobierno estadal y debe rendir cuenta anual y pública de su gestión, ante la Contraloría del estado, el Consejo Legislativo Estadal y el Consejo Estadal de Planificación y Coordinación de Políticas Públicas.

Mientras que la función legislativa en cada Estado será ejercida por un Consejo Legislativo Estadal, que estará integrado por funcionarios denominados legisladores, electos democráticamente, y quienes tendrán la función de legislar sobre las materias cuya competencia le ha sido atribuida a los estados, sancionar la ley de presupuesto anual del Estado y otras atribuciones de control político que las normas le establecen sobre la gestión ejecutiva del Estado[66]. Este órgano legislativo se rige por una ley nacional denominada Ley Orgánica de los Consejos Legislativos de los Estados[67].

Adicionalmente, se encuentran dos importantes órganos estadales de reconocimiento constitucional que realizan funciones públicas de relevancia dentro del nivel estadal del poder público. En primer lugar, las contralorías estatales que ejercen la función pública contralora, previstas en el artículo 163

---

[64] Sent. 2011-0257 de 28.02.2011 de la Corte Segunda de lo Contencioso Administrativo. Disponible en: *http://jca.tsj.gob.ve/DECISIONES/2011/FEBRERO/1478-28-AP42-G-2010-000088-2011-0257.HTML* consultada el 8 de mayo de 2018.

[65] *Vid.* art. 159 de la CRBV.

[66] *Vid.* arts. 162 y 163 de la CRBV.

[67] Publicada en la *Gaceta Oficial* 37.282 de 13 de septiembre de 2001.

constitucional, las cuales gozan de autonomía orgánica y funcional en el ejercicio de sus funciones, siendo su objeto principal: controlar, vigilar y fiscalizar los ingresos, gastos y bienes públicos estadales. Actúan bajo la dirección y responsabilidad de un contralor estadal, designado mediante un procedimiento administrativo de concurso público, según lineamientos legales, lo que garantiza su idoneidad e independencia en el ejercicio del cargo. Y en segundo lugar, los consejos de planificación y coordinación de políticas públicas[68], como órganos rectores de la planificación pública en cada estado, en función del empleo de los recursos públicos para la consecución, coordinación y armonización de los planes, programas y proyectos para la transformación del Estado, a través de una justa distribución de la riqueza mediante una planificación estratégica, democrática, participativa y de consulta abierta. Estos órganos están encargados del diseño del Plan de Desarrollo Estadal y demás planes estadales. El Consejo Estadal de Planificación y Coordinación de Políticas Públicas estará presidido por el gobernador del estado, e integrado por los alcaldes de los municipios de ese estado, y por una representación de los diputados a la Asamblea Nacional, los legisladores al Consejo Legislativo Estadal, los directores estadales de los ministerios, concejales y las comunidades organizadas.

Como mencionáramos *supra* cuando hicimos referencia al Decreto con Rango, Valor y Fuerza de Ley Orgánica de la Administración Pública (DLOAP), este se aplica a los estados y los municipios, por lo cual se replica la fórmula de organización desconcentrada y descentralizada funcionalmente (con forma de derecho público y de derecho privado) a la que hicimos referencia antes. Por lo que es posible observar en el plano estadal: órganos desconcentrados, servicios desconcentrados sin personalidad jurídica, institutos autónomos, empresas públicas estadales, fundaciones del estado y asociaciones del estado; con la particularidad que la potestad organizativa es ejercida por el gobernador del estado, en conjunto con el Consejo Legislativo Estadal, cuando corresponda.

B) *Normativa legal que rige a los estados*

Cada Estado se regirá por las comentadas normas de la Constitución de la República Bolivariana de Venezuela, y adicionalmente, por su propia Constitución estadal, que debe dictar el Consejo Legislativo de la respectiva entidad regional, con el objeto de organizar los órganos y entes que ejercen el poder público estadal en general, y en particular la Administración Pública estadal. Así mismo, se regirán por las leyes estadales que dicte su órgano legislativo regional.

---

[68] Se rigen por la Ley Orgánica de los Consejos de Planificación y Coordinación de Políticas Públicas, publicada en la *Gaceta Oficial* 6.184 Extraordinario de 3 de junio de 2015, y por las respectivas constituciones estadales.

C) *Competencias propias de los estados*

En el artículo 164 de la CRBV se establecen las competencias exclusivas de los Estados, con la salvedad que hiciéramos *supra*. Dentro de las que podemos destacar: 1) la organización de sus municipios y demás entidades locales y su división político territorial; 2) la administración de sus bienes y la inversión y administración de sus recursos, incluso de los provenientes de transferencias, subvenciones o asignaciones especiales del poder nacional, así como de aquellos que se les asignen como participación en los tributos nacionales; 3) la organización, recaudación, control y administración de los ramos tributarios propios; 4) el régimen y aprovechamiento de minerales no metálicos, no reservados al poder nacional, las salinas y ostrales y la administración de las tierras baldías en su territorio; 5) la organización de la policía estadal, conforme a la legislación nacional; 6) la creación, organización, recaudación, control y administración de los ramos de papel sellado, timbres fiscales y estampillas; 7) la creación, régimen y organización de los servicios públicos estadales; 8) la ejecución, conservación, administración y aprovechamiento de las vías terrestres estadales, y 9) la conservación, administración y aprovechamiento de carreteras y autopistas nacionales, así como de puertos y aeropuertos de uso comercial.

5. Características y organización de la administración local.
Los municipios. Autonomía y competencias

La Administración local en Venezuela encuentra como principal manifestación a los municipios, cuyo origen se remonta a los cabildos coloniales indianos llegados a América aproximadamente en el siglo xvi, con la empresa colonizadora española, y que —por supuesto— experimentaron a lo largo de la historia transformaciones organizativas, territoriales y funcionales, hasta llegar a la noción de municipio que conocemos hoy. En Venezuela las nociones de poder municipal y de autonomía, encontraron cobertura constitucional a partir de la Constitución venezolana de 1857, luego de la muerte del Libertador Simón Bolívar, quien mantenía alguna resistencia en el desarrollo de estas instituciones.

En la actualidad, los municipios "[...] constituyen la unidad política primaria de la organización nacional, gozan de personalidad jurídica y autonomía dentro de los límites de [la] Constitución y de la ley"[69]. Se observa que el municipio venezolano es la organización política de menor nivel territorial dentro del sistema de distribución del poder público, pero cuyos mecanismos de relación y ejercicio del poder se encuentran más próximos a las personas, esa es la

---

[69] Art. 168 de la CRBV.

razón por la cual se considera constitucionalmente un ente primario, por su cercanía, proximidad y facilidad de acceso del ciudadano a las autoridades municipales. En ese sentido los municipios deben incorporar en todas sus actuaciones la participación del pueblo por medio de las comunidades organizadas, de manera efectiva, suficiente y oportuna, en la definición y ejecución de la gestión pública y en el control y evaluación de sus resultados.

Por otra parte, los municipios son entidades jurídico-administrativas que poseen personalidad jurídica propia, distinta a la personificación del Estado y de la República; por lo tanto son en esencia autónomos, autonomía que se encuentra limitada por la propia normativa constitucional, principalmente en lo que respecta al reparto de competencias de los distintos niveles político territoriales, cuestión que pudiera tener justificación en la lógica de mantener la convivencia y cooperación armónica de todos los componentes que integran el estado.

Cabe destacar que además de las disposiciones constitucionales que se refieren al municipio, su régimen legal general se encuentra previsto en la Ley Orgánica del Poder Público Municipal (LOPPM), publicada en la *Gaceta Oficial* 6.015 Extraordinario de 28 de diciembre de 2010[70], la cual desarrolla los principios constitucionales, relativos al poder público municipal, su autonomía, organización y funcionamiento, gobierno, administración y control, para el efectivo ejercicio de la participación protagónica del pueblo en los asuntos propios de la vida local, conforme a los valores de la democracia participativa, la corresponsabilidad social, la planificación, la descentralización y la transferencia a las comunidades organizadas; sin menoscabo de que cada municipio pueda dictar sus propias ordenanzas, como actos normativos de carácter general y de rango legal en el ámbito municipal.

A) *Organización del municipio*

Como se mencionara antes, la organización de los municipios se rige por lo dispuesto en la CRBV, en la LOPPM y en las leyes sobre la materia que dicten los estados respectivos. En estas normas se podrán establecer diferentes regímenes para su organización, gobierno y administración, incluso en la

---

[70] El régimen municipal venezolano se rigió por las siguientes leyes: la Ley Orgánica de Régimen Municipal, publicada en la *Gaceta Oficial* 2.297 de 18.04.1978, reformada mediante ley publicada en la *Gaceta Oficial* 3.371 de 2.04.1984, nuevamente reformada mediante ley publicada en la *Gaceta Oficial* 4.054 de 10.10.1988 y posteriormente reformada mediante ley, publicada en la *Gaceta Oficial* 4.409 de 15.06.1989. Después de la vigencia de la CRBV, se dictó la primera Ley Orgánica del Poder Público Municipal, publicada en la *Gaceta Oficial* 38.204 de 08.06.2004 y reformada en las siguientes ocasiones: *Gaceta Oficial* 38.204 de 08.06.2005; *Gaceta Oficial* 5.806 de 10.04.2006; reimpresa *Gaceta Oficial* 38.421 de 21.04. 2006; *Gaceta Oficial* 39.163 de 22.04.2009; y la vigente, *Gaceta Oficial* 6.015 de 28.12.2010.

determinación de sus competencias y recursos, atendiendo a las condiciones de población, desarrollo económico, capacidad para generar ingresos fiscales propios, situación geográfica, elementos históricos y culturales, y otros factores relevantes. Si no se definen aquellos elementos diferenciadores, el municipio se regirá en cuanto a organización al régimen general previsto en la LOPPM, que describiremos a continuación.

Dentro del ámbito municipal, la estructura orgánica se puede observar a través de las cuatro funciones por medio de las cuales se expresa la actividad del poder público municipal. Esas funciones se encuentran determinadas en el artículo 75 de la LOPPM, y son las que mencionaremos a continuación: i) *la función ejecutiva*, desarrollada por el alcalde del municipio a quien le corresponde ser la primera autoridad civil y ejercer el gobierno y la administración pública municipal. Este funcionario público será electo por votación universal, directa y secreta, cada cuatro años, pudiendo ser reelegido de inmediato y sin limitación de períodos; ii) *la función deliberante o legislativa*, que le corresponde al concejo municipal, que se trata de un órgano colegiado integrado por funcionarios denominados concejales, quienes son de elección popular, en los mismos términos que el alcalde; iii) *la función de control fiscal* que corresponde a la contraloría municipal, cuya principal función es el control, vigilancia y fiscalización de los ingresos, gastos y bienes municipales, y que está dirigida por el contralor municipal, que es un funcionario designado por el concejo municipal mediante concurso público, y iv) *la función de planificación*, que será ejercida en corresponsabilidad con el Consejo Local de Planificación Pública[71], que se constituye en la instancia de planificación en el municipio, y en el órgano encargado de diseñar el plan municipal de desarrollo y los demás planes municipales.

Como mencionáramos *supra* cuando hicimos referencia al Decreto con Rango, Valor y Fuerza de Ley Orgánica de la Administración Pública (DLOAP), este se aplica igualmente a los estados y los municipios, por lo cual se replica la fórmula de organización desconcentrada[72] y descentralizada funcionalmente (con forma de derecho público y con forma de derecho privado)[73]. Por lo que es posible observar en el plano municipal: órganos desconcentrados, servicios desconcentrados sin personalidad jurídica, institutos autónomos, empresas públicas municipales, fundaciones del estado y asociaciones del estado; con la particularidad que la potestad organizativa es ejercida por el alcalde del municipio, en conjunto con el concejo municipal, cuando corresponda.

---

[71] Este órgano adicionalmente se rige por la Ley de los Consejos Locales de Planificación Pública, publicada en la *Gaceta Oficial* 6.184 de 3 de junio de 2015.

[72] En el ámbito municipal adicionalmente se deberá consultar el artículo 71 de la LOPPM, que se refiere a la desconcentración del gobierno y la administración

[73] Se debe tener en cuenta la regulación aportada por el art. 72 de la LOPPM, en lo que respecta a la descentralización funcional en el municipio.

B) *La autonomía municipal*

La principal característica que se le reconoce al municipio venezolano es *la autonomía*, considerándose al municipio una persona jurídico territorial, que tiene asignadas atribuciones que le son propias, sobre todo en aquellas materias vinculadas a la vida local, donde el Poder Nacional no posee injerencia alguna. Tanto la CRBV como la LOPPM[74] establecen que la autonomía municipal consiste en la facultad que tienen los municipios para elegir sus propias autoridades, gestionar las materias de su competencia, crear, recaudar e invertir sus ingresos, dictar el ordenamiento jurídico municipal, así como organizarse con la finalidad de impulsar el desarrollo social, cultural y económico sustentable de las comunidades y los fines del Estado.

Adicionalmente la jurisprudencia ha determinado que la autonomía municipal contiene tres aspectos, a saber: i) *político*, en tanto se autogobierna por la elección de sus autoridades por los ciudadanos que conviven en su territorio, mediante los mecanismos democráticos previstos en la Constitución y en la ley; ii) *normativo*[75], en el sentido de que los municipios tienen competencia para dictar su propio ordenamiento jurídico en las materias que le han sido atribuidas constitucionalmente, sean materias exclusivas o concurrentes con otro ente político territorial (República y Estados), y iii) *financiero*[76]: toda vez que la Constitución precisó las distintas fuentes de ingresos con las que cuenta el gobierno municipal para llevar a cabo su gestión, teniendo la posibilidad de invertir dichos ingresos según las prioridades que determine la realidad de cada municipio, sin injerencia del poder nacional y poder estadal, con la excepción de la inversión de los ingresos provenientes del situado constitucional, puesto que estos se invierten coordinadamente con planes desarrollados por los estados[77].

C) *Las competencias de los municipios*

Para conocer cuáles son las competencias que la legislación le ha atribuido a los municipios como propias, debemos consultar las disposiciones contenidas en el artículo 178 de la CRBV y el artículo 56 de la LOPPM, y evidenciar su coincidencia al destacar que a los municipios le corresponde ejercer el gobierno y la administración de los intereses y gestiones propias o vinculadas con la vida local en función del ciudadano; especialmente la ordenación

---

[74] *Vid*. art. 168 de la CRBV y el art. 3º de la LOPPM.

[75] *Vid*. arts. 168, 175 y 178 de la CRBV.

[76] *Vid*. arts. 180 y 183 de la CRBV.

[77] Sent. 0618 dictada por la Sala Constitucional del Tribunal Supremo de Justicia el 2 de mayo de 2001. Ver *http://historico.tsj.gob.ve/decisiones/scon/mayo/618-020501-00-1584. HTM* consultada el 2 de mayo de 2018.

y promoción del desarrollo económico y social, la dotación y prestación de los servicios públicos domiciliarios, la aplicación de la política referente a la materia inquilinaria, la promoción de la participación ciudadana y, en general, el mejoramiento de las condiciones de vida de la comunidad en las siguientes áreas: a) la ordenación territorial y urbanística; el servicio de catastro; el patrimonio histórico municipal; la vivienda de interés social; el turismo local; las plazas, parques y jardines; los balnearios y demás sitios de recreación; la arquitectura civil; la nomenclatura y el ornato público; b) la vialidad urbana, la circulación y ordenación del tránsito de vehículos y personas en las vías municipales y los servicios de transporte público urbano; c) los espectáculos públicos y la publicidad comercial en lo relacionado con los intereses del municipio; d) la protección del ambiente y la cooperación en el saneamiento ambiental; la protección civil y de bomberos, y el aseo urbano y domiciliario, incluidos los servicios de limpieza, recolección y tratamiento de residuos; e) la salubridad y la atención primaria en salud; los servicios de protección a la primera y segunda infancia, a la adolescencia y a la tercera edad; la educación preescolar; los servicios de integración familiar de las personas con discapacidad al desarrollo comunitario; las actividades e instalaciones culturales y deportivas; los servicios de prevención y protección, vigilancia y control de los bienes; f) los servicios de agua potable, electricidad y gas doméstico; de alumbrado público, alcantarillado, canalización y disposición de aguas servidas; de mataderos, cementerios, servicios funerarios, de abastecimiento y mercados, y g) la justicia de paz; la atención social sobre la violencia contra la mujer y la familia, la prevención y protección vecinal y los servicios de policía municipal.

a) *Formas de gestión de la competencia municipal.* Según la concepción normativa, y dentro de las características del municipio en Venezuela, este tiene la potestad para elegir el modo de gestión que considere más conveniente para el gobierno y administración de sus competencias, en función del interés público, y en ese sentido, los municipios deben: i) estimular la creación de empresas de economía social, como cooperativas, cajas de ahorro, mutuales y otras formas socio productivas; ii) promover la constitución de empresas autogestionarias y cogestionarias, para facilitar la participación de los trabajadores y de las comunidades y garantizar la participación ciudadana en la gestión municipal; iii) promover la desconcentración del gobierno y administración, así como la descentralización funcional para la prestación de los servicios; iv) podrán gestionar los servicios públicos por sí mismos o por medio de organismos que dependan jerárquicamente de ellos; v) también podrán hacerlo mediante formas de descentralización funcional (ej. institutos autónomos) o de servicios o mediante la creación de empresas públicas municipales de economía exclusiva o de economía mixta. También podrán contratar con los particulares la concesión y gestión de los servicios y obras públicas.

Por último, es posible que dos o más municipios se asocien en mancomunidades[78] para la gestión de materias específicas de su respectiva competencia. Estas asociaciones serán voluntarias, pudiendo ser integradas por municipios colindantes o no, y de diversas entidades federales, sin poder asumir la totalidad de las competencias de los municipios. Las mancomunidades tendrán personalidad jurídica propia, distinta a la personalidad jurídica de quienes la integren, y no podrá comprometer la responsabilidad de los municipios que la integran, más allá de los límites establecido en los respectivos estatutos.

D) *Otras entidades locales territoriales*

La LOPPM prevé la existencia de otras entidades locales territoriales distintas al municipio, pero que comparten su vinculación con la localía, en función de ser un espacio adecuado para permitir y garantizar la participación protagónica del pueblo en la planificación, ejecución y control de la gestión pública, todo esto en virtud de su cercanía con el ciudadano.

Estas figuras previstas en la ley, son las siguientes: 1) *Las comunas*, son entidades locales de carácter especial que pueden constituirse dentro del territorio de un municipio o entre los límites político administrativo de dos o más municipios, sin que ello afecte la integridad territorial de los municipios donde se constituya[79]; 2) *los distritos metropolitanos*[80] son entidades locales territoriales con personalidad jurídica propia, que se constituyen en áreas metropolitanas, cuya creación corresponderá al consejo legislativo de la entidad federal a la que pertenezcan los municipios. Cuando los municipios pertenezcan a entidades federales distintas, la competencia corresponderá a la Asamblea Nacional; 3) *las áreas metropolitanas* se presentan cuando dos o más municipios tengan entre sí relaciones económicas, sociales y físicas que den al conjunto urbano las características de un área integrada, y en la que se haya desarrollado previamente experiencias de mancomunidades durante al menos dos períodos municipales continuos; 4) *las parroquias y demarcaciones dentro del territorio del municipio*, tales como la urbanización, el barrio, la aldea y el caserío, son demarcaciones geográficas creadas con el objeto de desconcentrar la gestión municipal, promover la participación ciudadana y una mejor prestación de los servicios públicos municipales.

Las anteriores entidades locales territoriales se crearán mediante ley estatal dictada por el consejo legislativo respectivo, tomando en cuenta los supuestos y condiciones propias de cada una de las comentadas figuras organizativas, y en ese instrumento jurídico normativo se establecerán los recursos de

---

[78] *Vid.* art. 170 de la CRBV y art. 40 de la LOPPM.

[79] Adicionalmente las comunas se rigen por la Ley Orgánica de las Comunas, publicada en la *Gaceta Oficial* 6.011 de 21 de diciembre de 2010.

[80] *Vid.* arts. 170 y 171 de la CRBV.

que dispondrán, incluso su participación en los ingresos propios del municipio, y las funciones que se les asignen.

6. LAS RELACIONES DE COLABORACIÓN, COORDINACIÓN, CONTROL Y CONFLICTO ENTRE LAS DIVERSAS ADMINISTRACIONES

A) *La coordinación y la colaboración en la Administración Pública*

Como lo hemos comentado antes, precisamente los principios que rigen a la federación descentralizada venezolana son los principios de *cooperación, solidaridad, concurrencia y colaboración*, a la par de *la responsabilidad y la integridad territorial*, que terminan complementando la idea de la unidad geográfica y filosófica nacional[81]. A su vez, estos postulados deben ser interpretados, conjunta y adicionalmente, con los principios fundamentales de la Administración Pública, a saber: *honestidad, participación, celeridad, eficacia, eficiencia, transparencia, rendición de cuentas y responsabilidad en el ejercicio de la función pública*[82], premisas que delinean la noción fundamental y contemporánea de buena administración, encaminada a materializar y alcanzar de manera eficaz los fines del Estado.

Por lo que es absolutamente necesario, en el contexto de la noción de buena administración, que los órganos y entes que ejercen el poder público trabajen de manera articulada, cumpliendo cada uno con las atribuciones que le asigna el ordenamiento jurídico, pero adicional y eventualmente de forma conjunta, con elementos de coordinación[83] y cooperación[84] en el ejercicio de sus funciones; sin descartar o promoviendo la participación ciudadana en la cogestión pública, para la planificación, eficiencia y control, en el cumplimiento de los cometidos del Estado. Por último, los órganos y entes de la Administración Pública, siempre deben tener por norte el respeto del principio de lealtad institucional, que los obliga a: 1) respetar el ejercicio legítimo de las respectivas competencias; 2) ponderar, en el ejercicio de las competencias propias, la totalidad de los intereses públicos implicados; 3) facilitar la información que le sea solicitada sobre la actividad que desarrollen en el ejercicio de sus competencias, y 4)

---

[81] *Vid*. arts. 4º y 136 de la CRBV.

[82] *Vid.* art. 141 de la CRBV.

[83] "Las actividades que desarrollen los órganos y entes de la Administración Pública deberán efectuarse de manera coordinada, y estar orientadas al logro de los fines y objetivos del Estado, con base en los lineamientos dictados conforme a la planificación centralizada" (art. 23 del DLOAP).

[84] "Los órganos y entes de la Administración Pública colaborarán entre sí y con las otras ramas de los poderes públicos en la realización de los fines del Estado" (art. 24 del DLOAP).

prestar la cooperación y asistencia activa que pudieren serles requeridas en el ámbito de sus competencias.

En ese mismo orden de ideas, nos encontramos con una norma expresa en el ámbito municipal, específicamente el artículo 90 de la LOPPM, que obliga a los alcaldes a desarrollar relaciones de cooperación y armonización con los órganos y entes del nivel nacional y estadal del poder público, así como con las otras entidades locales y órganos del municipio, y cooperar con ellos para el mejor cumplimiento de sus fines.

B) *Las relaciones de control*

En un Estado democrático y social de Derecho y de Justicia, como el descrito por el texto constitucional en su artículo 2º, donde se identifican como valores superiores de su ordenamiento jurídico y su actuación, la libertad, la justicia, la democracia, la responsabilidad social, la preeminencia de los derechos humanos y la ética, los órganos que desarrollan los cometidos del poder público y su actuación deben estar sometidos al ordenamiento jurídico. Y es de la esencia de un gobierno democrático y responsable la existencia de un sistema de control público, que garantice la actuación adecuada de los órganos del Estado, subordinados a ese marco jurídico, en el cumplimiento del cometido público, para la cautela de la adecuada inversión de los fondos públicos en función de una finalidad de interés público y en respeto de la dignidad y los derechos de los ciudadanos.

En consecuencia, el control público es una de las nociones esenciales del Derecho Público y especialmente del Derecho Administrativo, por representar una actividad típica dentro de la función administrativa. Todas las modalidades de gestión de los organismos públicos deben estar sometidas a una revisión y fiscalización que vele porque esa administración se adecue a las normas jurídicas, ya que este control es necesario en todo sistema estatal organizado, para evaluar los indicadores de gestión y contribuir a una correcta y sana administración pública.

El andamiaje de la distribución del poder público supone, por sí solo, una fórmula de control en el ejercicio del poder, basado en el sistema de contrapesos para mantener el equilibrio en el cumplimiento del cometido del Estado y en garantía de los derechos de las personas. Adicionalmente, estos órganos y entes públicos, a los que nos hemos referido a lo largo de este trabajo, se encuentran sometidos a las diferentes manifestaciones del control público, a saber, i) el control administrativo, ii) el control fiscal, iii) el control político, iv) el control social, y v) el control jurisdiccional.

a) *El control administrativo.* Dentro de la noción de control administrativo, nos vamos a referir en este análisis específicamente al control jerárquico y al control de tutela. Existe control jerárquico entre órganos ubicados dentro de una misma estructura de poder público, carente de personalidad jurídica propia, pero dispuestos en una relación vertical de supremacía de uno sobre el otro, por lo que el órgano de mayor jerarquía ejercerá el control administrativo jerárquico sobre su órgano inferior o subalterno. Normalmente este control se observa dentro de los órganos integrados en la administración centralizada, por ejemplo: el control que ejerce el ministro, el viceministro o el jefe de la oficina nacional, estadal o municipal sobre el servicio u órgano que tenga asignado. Así mismo, se observa la presencia del control jerárquico sobre los órganos desconcentrados[85] y los servicios desconcentrados, carentes de personalidad jurídica propia[86].

Este control consiste en la potestad que mantiene el funcionario superior jerárquico de revisar los actos y las actuaciones realizadas por el órgano subalterno, para verificar su ajuste con la legalidad. Y su alcance puede variar en función de lo establecido en el acto de creación u organización del servicio controlado.

Por otra parte, el control de tutela se presenta en la administración pública descentralizada entre órganos y entes con personalidad jurídica propia; entendiendo que entre ellos no existe una relación de dependencia, ni de jerarquía, sino que, por el contrario, se verifica una simple relación de adscripción, donde destaca la noción de autonomía, como característica fundamental de los entes descentralizados funcionalmente, con forma de derecho público (instituto autónomo) o de derecho privado (empresa del Estado, fundaciones y asociaciones). Todo ente descentralizado funcionalmente debe estar adscrito, por razones organizativas y de control, a un órgano o ente de la Administración Pública respectiva. En el artículo 120 del DLOAP se establece el alcance del ejercicio del control de tutela por parte del órgano de adscripción, referidos al cumplimiento de indicadores de gestión a los fines de evaluar el desempeño de estos entes[87].

b) *El control fiscal.* Una de las manifestaciones del control público es precisamente el control fiscal, que supone un sistema estructurado para supervisar la legalidad, la regularidad, la eficiencia y eficacia, la economía y la sinceridad de los ingresos, gastos, bienes y gestión de los órganos y funcionarios de la administración pública, a la que están sometidos todos los órganos y entes de la Administración Pública.

La Constitución de la República Bolivariana de Venezuela, en su artículo 287 señala que las referidas actividades deben ser ejercidas por la Contraloría General de la República, que además ejerce la rectoría del Sistema Nacional de Control Fiscal. Este sistema de control fiscal está integrado, además de la

---

[85] El último aparte del art. 93 del DLOAP habla sobre el control de los órganos desconcentrados.

[86] En el último aparte del art. 94 del DLOAP se establece que los servicios desconcentrados sin personalidad jurídica tendrán una relación jerárquica con su órganos superior.

[87] Ver art. 18 del DLOAP.

Contraloría General de la República, por las contralorías estadales y municipales, la Contraloría General de la Fuerza Armada Nacional Bolivariana, la Superintendencia Nacional de Auditoría Interna, las unidades de auditoría interna de los órganos y entes que corresponda, las máximas autoridades y los niveles directivos y gerenciales de los órganos y entes públicos, y los ciudadanos, en el ejercicio de su derecho a la participación en la función de control de la gestión pública.

c) *El control político.* El denominado control político o control parlamentario, consiste en aquellas relaciones de sujeción que desarrollan los respectivos parlamentos u órganos legislativos sobre las autoridades ejecutivas o administrativas del gobierno respectivo. En el plano nacional, le corresponde a la Asamblea Nacional ejercer funciones de control público parlamentario sobre el Gobierno y la Administración Pública nacional[88]. Lo mismo ocurre entre el Consejo Legislativo Estadal y la Gobernación de Estado o la Administración Pública estadal respectiva. Así como el control ejercido por los consejos municipales sobre la Administración Pública municipal[89]. Este tipo de control tiene su fundamento normativo principalmente en las citadas disposiciones constitucionales y legales, siendo sus modalidades o mecanismos de control que pueden adoptar los respectivos parlamentos, los siguientes: las interpelaciones, las investigaciones, las preguntas, las autorizaciones y las aprobaciones parlamentarias.

d) *El control social.* La contraloría social es una función compartida entre los órganos y entes del poder público, los ciudadanos y las organizaciones comunitarias, para garantizar que la inversión pública se realice de manera transparente y eficiente en beneficio de los intereses de la sociedad, y que las actividades del sector privado no afecten los intereses colectivos o sociales. Su propósito fundamental es la prevención y corrección de comportamientos, actitudes y acciones que sean contrarios a los intereses sociales y a la ética en el desempeño de las funciones públicas, así como en las actividades de producción, distribución, intercambio, comercialización y suministro de bienes y servicios necesarios para la población, realizadas por el sector público o el sector privado[90].

C) *La solución de los conflictos o controversias administrativas*

No obstante, así como el ordenamiento jurídico promueve, en primer lugar, el cumplimiento de las competencias y atribuciones asignadas y, en segundo lugar, el desarrollo y consolidación de relaciones de coordinación y colaboración entre los órganos públicos, también es factible y común que en determinadas

---

[88] *Vid.* num. 3 del art. 187 de la CRBV.

[89] *Vid.* num. 20 del art. 95 de la LOPPM.

[90] Ley Orgánica de Contraloría Social, publicada en la *Gaceta Oficial* 6.011 de 21 de diciembre de 2010.

circunstancias se presenten dudas o conflictos, en cuanto a la interpretación, precisión y ejecución de esas competencias. Dichos conflictos de competencia pueden ser positivos, entendiendo que dos o más órganos se atribuyen la competencia del mismo asunto, o negativos, en caso que ningún órgano decide ejercer la competencia.

La competencia es un principio derivado del principio de legalidad, que rige el funcionamiento de la Administración Pública, y que consiste en la determinación de las atribuciones de una persona con carácter objetivo y obligatorio. Este principio de la competencia se encuentra previsto en el artículo 26 del DLOAP, que determina que las competencias que son atribuidas a los órganos y entes del poder público, son de obligatorio cumplimiento y deben ser ejercidas bajo las condiciones, límites y procedimientos establecidos.

El primer caso de las situaciones que pudieran presentarse con potencialidad para generar un conflicto, es cuando la norma legislativa o administrativa otorga una competencia a la Administración Pública, sin especificar el órgano o ente que debe ejercerla, en cuyo caso se entenderá que corresponde al órgano o ente con competencia en razón de la materia. Por otra parte, si la disposición legal o administrativa otorga competencia a un órgano o ente de la Administración Pública sin determinar la unidad administrativa competente, se entenderá que su ejercicio corresponde a la unidad administrativa con competencia por razón de la materia y el territorio[91].

De presentarse conflictos de atribuciones para conocer o no de un asunto, la regla es la siguiente: cuando el órgano que esté conociendo de un asunto se considere incompetente debe remitir las actuaciones al órgano que estime con competencia en la materia; si este se considera a su vez incompetente; o si ambos se consideran competentes, el asunto será resuelto por el órgano superior jerárquico común. Los conflictos señalados solo podrán suscitarse entre unidades administrativas integrantes del mismo órgano o ente y con respecto a asuntos sobre los cuales no haya recaído decisión administrativa definitiva o finalizado el procedimiento administrativo[92].

La solución de estos conflictos está referida única y exclusivamente para aquellos conflictos de competencias y atribuciones que se susciten entre las unidades administrativas de un mismo órgano u ente; para los demás conflictos de competencias, es decir, los que se produzcan entre las diversas ramas del poder público, serán resueltos por vía judicial mediante un recurso de controversias administrativas ante los órganos de la jurisdicción contencioso administrativa, de conformidad con lo establecido en el numeral 4 del artículo 266 de la CRBV, y el numeral 7 del artículo 9º de la Ley Orgánica de la Jurisdicción Contencioso Administrativa (LOJCA)[93].

---

[91] *Vid.* art. 27 del DLOAP.

[92] *Vid.* art. 43 del DLOAP.

[93] Publicada en la *Gaceta Oficial* 39.451 de 22 de junio de 2010.

ESTUDIO
DE DERECHO COMPARADO

LA ORGANIZACIÓN INTERNA, EN ESPECIAL DEL PODER PÚBLICO ADMINISTRATIVO, DE LOS ESTADOS ESTUDIADOS EN PERSPECTIVA COMPARADA, COMPLEMENTADA CON REFERENCIAS AL ESTADO ESPAÑOL

Luciano Parejo Alfonso[*]

1. Introducción

De la comparación de la estructura interna de los Estados estudiados en este volumen —condicionada como está por la información, forzosamente limitada, facilitada por las contribuciones dedicadas a cada uno de ellos— no puede esperarse un análisis comparativo exhaustivo, ni efectuado con aplicación rigurosa de la metodología comparatista. Tampoco se trata, de otro lado, de reproducir con tal motivo toda aquella información. El presente análisis no puede sustituir, por tanto, la lectura de los diferentes trabajos; solo de ella puede esperarse adquirir un conocimiento suficiente de la organización, en su conjunto, de los distintos Estados. Precisamente por ello, en las líneas que siguen se ha optado por un examen atenido a tres perspectivas consideradas básicas con la finalidad de proporcionar una idea global de similitudes y diferencias, prestando, además, especial atención —por razones obvias— al poder público administrativo.

Sobre lo dicho, la ausencia en la obra, a pesar de su programación y por razones que no vienen ahora al caso, de un estudio del Estado español, ha determinado la complementación del aludido análisis con el de la estructura de dicho Estado, que recibe —por tal motivo— un tratamiento más extenso que el de cada uno de los Estados beneficiario de un estudio específico.

2. La forma política o de gobierno

En su configuración actual, cada uno de los Estados objeto de comparación presenta —sin perjuicio de las notas comunes del carácter democrático (representativo), la sujeción al Derecho y la separación de poderes (de realización efectiva diversa)— características específicas como resultado de su respectiva evolución histórica. Rasgo común a los americanos es, sin embargo y como consecuencia de la influencia —en los procesos de independencia y

---

[*] Catedrático Emérito de Derecho Administrativo Universidad Carlos III de Madrid.

además, en su caso, de la Constitución de Cádiz de 1812— de las revoluciones norteamericana y francesa de finales del siglo XVIII, la opción por la forma de gobierno republicana, por más que en alguno de ellos —como en el caso de Argentina, por ejemplo— se haya discutido en algún momento constituyente la opción entre Monarquía y República y la solución hubiera podido llegar a decantarse —probablemente sin muchas expectativas de consolidación— por la primera alternativa. En el caso de los europeos la Monarquía constitucional (parlamentaria) sobrevive solo en el caso de España[1] —lo que obedece sin duda a las peculiaridades de la transición en los años setenta del siglo XX desde la dictadura a la democracia—, pues Francia optó por la República en 1792 y, definitivamente, desde mediados del siglo XIX (a partir de la instauración del II República) y Alemania e Italia abandonaron la forma monárquica en favor de la republicana a resultas de acontecimientos traumáticos de su historia (tras la primera guerra mundial, Alemania; y la segunda guerra mundial y como resultado de un referéndum, Italia).

3. LA ORGANIZACIÓN TERRITORIAL DEL ESTADO

A) *Los Estados europeos*

a) *Francia e Italia.* En los Estados europeos analizados, el francés ha permanecido fiel a su configuración unitaria (si bien atenuada, cuando menos en el plano administrativo —que no en el estrictamente político—, por la desconcentración de los servicios de la Administración central y la descentralización en las llamadas colectividades territoriales: regiones, departamentos y municipios[2]), mientras que el alemán, el español y el italiano han acabado configurándose bien como Federación (Alemania, en términos que se han consolidado como uno de los tipos de referencia en el plano internacional y que ha ejercido y sigue ejerciendo notable influencia sobre los sistemas español e italiano), bien como Estado autonómico el primero —con vocación integradora de nacionalidades y regiones[3]—, bien como Estado regional el segundo

---

[1] El art. 1.3 de la Constitución española de 1978 establece: "La forma política del Estado español es la Monarquía parlamentaria".

[2] Como se señala en el estudio referido a Francia, la afirmación que se hace en el texto debe matizarse tanto por relación a la autonomía especial reconocida a cierttas partes del territorio francés de ultramar (Martinica, Guadalupe, Reunión, Mayotte, Polinesia Francesa), como por la actuación histórica de tendencias descentralizadoras, que se manifestaron especialmente en los años ochenta del siglo XX.

[3] El art. 2º de la Constitución española dispone: "La Constitución se fundamenta en la indisoluble unidad de la Nación española, patria común e indivisible de todos los españoles, y reconoce y garantiza el derecho a la autonomía de las nacionalidades y regiones que la integran y la solidaridad entre todas ellas".

—de regionalismo asimétrico, por convivencia de autonomías regionales de régimen ordinario y régimen especial—. Merece destacarse que, en origen, si el regionalismo italiano es fruto de la influencia, junto al federalismo alemán, del regionalismo de la Constitución española de la II República (de 1931), el autonomismo español retoma este último a la luz de la experiencia italiana (con más desde luego a la del ejemplo alemán). Si la evolución del Estado regional ha llevado en Italia a una fórmula calificable de propia (en la que, sobre la base de la preponderancia de la legislación concurrente nacional y regional, esta última ha de moverse en el marco de los principios establecidos por la primera), la del autonomismo español ha abocado (gracias a la diferenciación entre la autonomía —plenamente política— de nacionalidades y regiones y la de los entes locales, provincias y municipios —puramente administrativa—) en una solución equivalente en la práctica a un federalismo avanzado y complejo.

b) *España.* Sin perjuicio de la tradición, desde 1812, de construcción unitaria y centralizada del Estado español, esta opción ha distado —históricamente— de ser pacífica. No es sorprendente, pues, que el modelo de organización territorial del Estado haya sido una de las cuestiones centrales del proceso constituyente abierto en 1977, tanto más cuanto la salida y superación del sistema autocrático precedente determinaba una fuerte vinculación entre dictadura y centralización y, por tanto, entre democracia y descentralización (como había sucedido en Italia en 1946). La solución adoptada, fruto del consenso político entre posiciones muy diversas e, incluso, extremas, es específica y compleja, pero con decidida vocación de resolución definitiva de la vieja cuestión de la armonización entre el ser real de la comunidad social organizada e institucionalización política de la misma.

El modelo resultante, que ha sido objeto de calificaciones y denominaciones diversas (Estado federo-regional, Estado compuesto, Estado autonómico, Estado de las autonomías), es irreductible a cualquiera de los tipos o modelos ideales, en cuanto establecido utilizando elementos de procedencia diversa e, incluso, creando técnicas novedosas (para resolver problemas peculiares, como los derechos históricos y forales). Y es también un modelo esencialmente flexible, en cuanto no predeterminado en el detalle de su diseño por la propia Constitución y susceptible, por tanto, de evoluciones y concreciones diversas. Ello explica las dificultades que ha tenido el proceso de su establecimiento y desarrollo, pero también el recurrente debate político —especialmente intenso en la actualidad por consecuencia de los llamados problemas vasco y catalán— en torno a la necesidad de imprimirle un perfil definitivo, bien conforme a alguno de los modelos de referencia posibles, especialmente el federal, bien dotándole de una estructura y un funcionamiento asimétricos según los planteamientos de los nacionalismos existentes en las comunidades llamadas históricas, incluyendo, de ser necesaria, la modificación del propio texto constitucional.

Los principios básicos de la organización territorial de este Estado son tres: unidad, autonomía y solidaridad.

La aludida organización territorial reposa sobre el reconocimiento de la composición de la comunidad política constituida por lazos complejos de integración, de suerte que en ella son diferenciables varios planos y varias comunidades: la de referencia última y plena (sin perjuicio de su integración en otra más amplia supranacional), que otorga sentido a y en cuyo seno juegan las comunidades (uni- o pluriprovinciales o, en su caso, insulares) con características históricas, culturales y económicas comunes o, en todo caso, con entidad regional propia que se constituyan en comunidades autónomas, a las que, cuando contaran con un régimen foral histórico ellas mismas —como es el caso de Navarra—, o los territorios que las integren —como es el caso del País Vasco—, se les reconocen y respetan los correspondientes derechos históricos, cuya actualización debe producirse en el marco de la organización dispuesta por la propia norma fundamental. Finalmente, está, en el plano último y más concreto de la convivencia, la colectividad local, municipal o provincial.

Sobre esta base se entienden:

El artículo 2º, a tenor del cual, como ya se ha indicado, se reconoce y garantiza el derecho a la autonomía de las nacionalidades y regiones y la solidaridad entre todas ellas.

1. La comunidad que se constituye en Estado (art. 1.1 de la Constitución) no es, pues, internamente monolítica, está integrada por las comunidades, de ámbito más reducido, resultantes del ejercicio del derecho a su autonomía o autogobierno dentro de la comunidad soberana estatal, jugando, así, en el marco de la unidad y desde la solidaridad que la misma genera.

2. El artículo 137 del texto constitucional, conforme al cual el Estado se organiza territorialmente en municipios, en provincias y en las comunidades autónomas que se constituyan; todas cuyas entidades gozan de autonomía para la gestión de sus respectivos intereses.

El Estado, es decir, el poder público constituido se organiza en: i) las instituciones generales reguladas directamente en la Constitución (la Corona, las Cortes Generales, el Gobierno de la Nación y la Administración General del Estado y el poder judicial), y ii) las comunidades autónomas y las entidades municipales y provinciales constitutivas de la Administración local. El total del poder público constituido se distribuye, pues, entre estas tres instancias territoriales fundamentales, que tienen capacidad para producir decisiones (en forma de normas o de actos) en sus respectivas esferas de actuación. Consecuentemente, el Estado constituido se estructura internamente —en su doble vertiente de Estado-poder (organización) y Estado-ordenamiento (Derecho)— sobre un específico pluralismo territorial. Y este pluralismo territorial se articula con arreglo a los tres principios mencionados: unidad, autonomía y solidaridad; principios que, como advierte el Tribunal Constitucional, deben ser manejados, interpretados y aplicados de forma tal que ninguno de ellos padezca [SsTC 4/1981, de 2 de febrero; 6/1981, de 16 de marzo; 76/1988, de 26 de abril; 227/1988, de 29 de noviembre; 247/2007, de 12 de diciembre *(Tol 1224508)*; 249/2007, de 13 de diciembre *(Tol 1224510)*; 12/2008, de 29 de enero; 103/2008, de 11 de septiembre; 31/2010, de 28 de junio; y 42/2014, de 25 de marzo].

a') El principio de unidad. Este principio es capital, en tanto que, constituyendo el fundamento del orden constitucional organizativo, sin él no se entienden los otros dos: autonomía y solidaridad. Pues la autonomía presupone y remite al todo, consiste en un *status* en el seno de una entidad que justamente reconoce tal *status*. Y la solidaridad evoca, ya de por sí, la referencia a una realidad de sentido más amplia que cabalmente la justifica, contribuyendo al equilibrio entre unidad y autonomía (STC 247/2007, de 12 de diciembre). Unidad y autonomía son, por tanto, principios que están en una relación de tensión dialéctica dirigida a inducir una estructura peculiar, determinada por la convivencia solidaria, con limitación recíproca, de ambos.

La unidad no solo descansa en la Constitución, comienza por ella misma: 1) el poder constituyente (y su producto, la norma fundamental) es unitario, por más que luego se diversifiquen, territorialmente, los poderes por él constituidos [SsTC 6/1981, 16 de marzo; 12/2008, de 29 de enero, y 42/2014, de 25 de marzo]; la Constitución es la plasmación primaria de la unidad y genera y determina esta en un triple plano: i) fijando el orden estructural superior del Estado; ii) estableciendo el orden material o sustantivo vinculante para la totalidad de los poderes públicos, con relación tanto al *status* jurídico de los ciudadanos, como al cuadro de principios rectores de las políticas de dichos poderes públicos, y iii) diseñando, por último, la organización y el funcionamiento del Estado en su conjunto (parte organizativa de la norma fundamental).

La técnica puesta al servicio de los elementos de unidad estatales es la supremacía (STC 4/1981, de 2 de febrero): dichos elementos se imponen a los autónomos, asegurando así la existencia, permanencia y funcionalidad del sistema estatal en su conjunto. No significa jerarquización formal de las piezas del Estado, implica solo posición de superioridad de las instancias generales y del interés de la Nación. Sus principales manifestaciones son las siguientes:

La reserva a las instituciones generales de un papel destacado y principal en la ultimación de la organización territorial del Estado (promulgación como leyes orgánicas estatales de los Estatutos de Autonomía: arts. 81.1, 146 y 151 de la Const.; regulación general-estatal de las bases del régimen de la Administración local: art. 149.1.18 de la Constitución), así como de la competencia para determinar el sistema económico-financiero de todas las Haciendas públicas (arts. 133, 142 y 157.3 de la Const.) y para establecer el régimen jurídico de los aspectos más relevantes del estatuto de todas las Administraciones públicas (art. 149.1.18 de la Const.).

a) La reserva a las instituciones generales de la competencia para la ordenación, cuando menos en sus aspectos esenciales, de las materias más relevantes del orden social (arts. 81.1 y 149.1 de la Const.) y, en cualquier caso, de las condiciones básicas garantizadoras justamente de la igualdad en el ejercicio de los derechos y el cumplimiento de los deberes constitucionales, así como para evitar, en su caso y mediante la armonización, cualquier exceso pernicioso o excesivo (siempre desde la perspectiva constitucional) en el desarrollo —según su lógica diversa— de las políticas legislativas autonómicas (art. 150.3, siempre de la Norma Fundamental).

b) La atribución al ordenamiento general de la doble eficacia de la prevalencia sobre los ordenamientos de las comunidades autónomas (los ordenamientos locales no plantean ningún problema, pues se mueven siempre dentro del marco de las leyes dictadas por las instancias territoriales superiores) y de la supletoriedad respecto de las normas de estos (art. 149.3 de la Const.).

El orden constitucional produce, así, unidad, determinando el qué y por quién en la acción del Estado en su conjunto (así como la articulación entre sí de las decisiones de los diferentes poderes). De modo que, a partir del mismo, la unidad es ya producto de la acción de los distintos poderes constituidos según su lógica propia y, por tanto, el resultado —según los casos y conforme siempre al orden constitucional— de la combinación de la actuación de la instancia general (en la esfera de sus competencias propias) y de las instancias dotadas de autonomía (comunidades autónomas y Administración local, asimismo en sus respectivas esferas de competencia), modulada esta última, cuando así proceda, por la exigencia de la solidaridad interterritorial.

b') *El principio de autonomía.* El criterio último material que gobierna por entero ese ulterior y complejo proceso es el del interés. Como precisa el artículo 137 de la Constitución, la autonomía se garantiza para la gestión por las entidades autónomas de los respectivos intereses. La existencia de intereses diferenciables, por imputables a las correspondientes colectividades territoriales (incluida la comunidad política soberana) determina que el criterio del reparto territorial del poder público sea el del correspondiente interés. Lo que en el plano material o sustantivo es tensión dialéctica entre los principios de unidad y autonomía, es en el plano organizativo, dinámico y competencial, tensión entre el interés general y el interés territorial.

El carácter genérico e indeterminado del concepto de interés, unido a su importancia en y para el funcionamiento del Estado, hacen de dicho concepto uno de los más conflictivos y polémicos de este. De su correcta operatividad depende, en efecto, la dosificación adecuada en el Estado de los momentos de unidad y de autonomía y, por tanto, la efectividad misma del llamado Estado autonómico.

Más allá de la alusión, etimológicamente, a la cualidad de un sujeto de dotarse a sí mismo de las normas por las que se gobierna, la autonomía carece de un único significado. La Constitución lo emplea con relación a fenómenos diversos (comunidades autónomas, municipios, provincias y universidades). Se trata, pues, de una técnica que posee hoy un amplio radio de acción, resultando capaz de articular instituciones diversas.

La moderna reelaboración del concepto ha establecido, sin embargo y en su aplicación a las entidades territoriales del poder público, una significación siquiera nuclear o básica del mismo. En primer término, las derivadas de las dos aportaciones fundamentales. De S. ROMANO: referencia a un poder limitado y consistencia en un poder de autonormación capaz de servir de soporte a un verdadero ordenamiento, aunque particular e integrado en el general del Estado. Luego la precisión debida a M. S. GIANNINI: comprensión también de la acción en el plano ejecutivo, lo que añade dos elementos claves: i) la capacidad de opción entre estrategias distintas para el desarrollo de la acción ejecutiva, y ii) la aptitud para cumplir ese desarrollo bajo la propia responsabilidad o sin sujeción a la dirección de las instancias territoriales superiores.

Sobre esta base puede decirse que la autonomía invoca la capacidad (derivada y limitada) de un sujeto, una organización, de autorregulación, sentido en el que lo emplea el artículo 137 de la Constitución, habiendo precisado el Tribunal Constitucional que no es oponible a la unidad, pues encuentra dentro de ella su sentido y hace referencia a un poder limitado (no soberano) concretado por la ley y circunscrito a la gestión de los intereses de las colectividades correspondientes (STC 247/2007, de 12 de diciembre).

Toda ulterior determinación de la autonomía como principio constructivo de la organización del Estado es una cuestión de Derecho positivo, que ha de fundarse en el orden constitucional. Este la reconoce (en términos, en su caso, de derechos históricos de los territorios forales) como derecho colectivo complementado por la garantía, en los artículos 140 y 141 de la propia Constitución, de la autonomía de los municipios y las provincias. Las autonomías territoriales constituidas en ejercicio, en su caso, de tal derecho vertebran poderes públicos, que tienen su fundamento en la Constitución y son, por ello, poderes estatales. No todas ellas son, sin embargo, entera creación del poder constituyente. En los supuestos de las nacionalidades (con instituciones históricas de autogobierno), así como en el caso de los territorios forales y, desde luego, de los municipios y las provincias, el constituyente ha atendido a realidades históricas (en parte aún existentes y en parte objeto de una aspiración de restablecimiento) y actuales de gran tradición y arraigo, justamente por su propósito de acomodación de la estructura del Estado a la conformación real de la comunidad que lo sustenta. No obstante, la Constitución no se limita, jurídicamente, a reconocer tales realidades tal cual son; antes al contrario, las configura positivamente, llevando a cabo un "reconocimiento constitutivo" de las correspondientes entidades: reconocimiento porque su decisión acoge una realidad; constitutiva porque solo gracias a dicha decisión llega esta a alcanzar la condición de poder público.

En cuanto poderes públicos, las autonomías territoriales están investidas, por imperativo constitucional, de las potestades públicas superiores (con uno u otro alcance), así como también de competencias sustantivas en cuyo ejercicio proyectar tales potestades. Por esta razón, el autogobierno en que se traducen aparece siempre articulado en forma democrática: artículos 140 y 141 para las entidades locales y 147 y 152 —todos de la Constitución—, en relación con los distintos estatutos de autonomía, para las comunidades autónomas.

Esta atribución de potestades y competencias no da lugar, no obstante, a un sistema de distribución territorial del poder público generador de espacios de actuación completamente separados y sin contacto entre sí. Siendo impracticable un reparto limpio de materias y funciones, la Constitución opta, en sus artículos 148 y 149 y para la distribución del poder entre las instituciones generales y las comunidades autónomas, por un complejo esquema, en el que aparecen —simultáneamente— los criterios de reparto por materias y por funciones (con la notable excepción de las funciones referidas a la soberanía: la defensa nacional, las relaciones internacionales y la administración de justicia). Como consecuencia de ello, la regla general es la de compartir funciones sobre unas mismas materias y la rigurosa excepción la actuación en exclusiva o plena sobre las mismas.

Lo mismo puede decirse respecto de las autonomías locales: si bien en un primer momento el Tribunal Constitucional (STC 4/1981, de 2 de febrero) pareció atenerse a la idea tradicional de identificación de la autonomía con un conjunto de asuntos (materias) sedicentemente locales por naturaleza, luego ha rectificado (SsTC de 32/1981, de 28 de julio; 84/1982, de 23 de diciembre; 27/1987, de 27 de febrero; 170/1989, de 19 de octubre; 214/1989, de 21 de diciembre; 11/1999, de 11 de febrero; y 159/2001, de 5 de julio) al entender dicha autonomía —en línea con la doctrina— como derecho a la participación en el gobierno y la administración de cuantos asuntos atañan a las correspondientes colectividades locales, con remisión al legislador ordinario (general-estatal o autonómico) de la especificación del pertinente ámbito de competencias, teniendo en cuenta la relación entre intereses locales y supralocales en los referidos asuntos; remisión que tiene como límite último e infranqueable la prohibición de la eliminación completa de cualesquiera competencias locales.

En el artículo 137 de la Constitución se plasma, pues, una concepción compleja del Estado, de alcance general y definitoria de un modelo del mismo; por lo que, en suma, las organizaciones territoriales enumeradas en el precepto "son elementos arquitecturales indispensables del orden constitucional" (SsTC 4/1981, de 2 de febrero; 32/1981, de 28 de julio, y 27/1987, de 17 de febrero).

La autonomía contribuye a la realización —en el plano organizativo— del doble carácter social y democrático del Estado, pues —además de facilitar la realización del valor superior de la igualdad mediante la discriminación objetiva de situaciones diversas— amplía a la dimensión territorial el pluralismo, incrementando así la doble base de legitimación del poder público: la que deriva del cumplimiento de su función de realización efectiva de los objetivos sociales y la que resulta de su fundamento y control democráticos. En definitiva, las autonomías proporcionan unos ámbitos idóneos tanto para la realización de la libertad y de la igualdad, como para la potenciación de la participación ciudadana en la vida política, económica, cultural y social. Y cumple esa función también respecto del poder público administrativo en tanto que continuación en este de la opción constitucional por la descentralización, sirviendo a la configuración de la gestión administrativa conforme, simultáneamente, a los requerimientos de la democracia y la eficacia.

La autonomía es, pues, el principio constructivo de sendos ordenamientos territoriales, componentes del general del Estado como un todo, pero que, por derivados y particulares, comprenden exclusivamente el espacio que les acota la Constitución (STC 4/1981, de 2 de febrero), la cual no ultima, sin embargo, el marco constitutivo de los límites de dichos ordenamientos: remite dicha ultimación al legislador infraconstitucional (SsTC 4/1981, de 2 de febrero; 84/1982, de 23 de noviembre; y 26/1987, de 27 de febrero). Si en tales términos la autonomía juega de forma idéntica en todas las organizaciones territoriales básicas del Estado: comunidades autónomas y Administración local, a partir de ellos opera —como ha destacado el Tribunal Constitucional (SsTC 4/1981, de 2 de febrero; y 25/1981, de 14 de julio)— de modo diferente entre, pues —estando la autonomía de cada instancia territorial en función del respectivo interés, la de las comunidades autónomas es cualitativamente superior a la de la Administración local. Las diferencias fundamentales entre una y otra autonomía son, en efecto, las siguientes:

a) La regulación constitucional de la autonomía local tiene una menor densidad que la de las comunidades autónomas, con la consecuencia de una mayor capacidad de configuración del legislador ordinario —a la hora de la ultimación del régimen jurídico correspondiente— respecto de la primera. De modo congruente con ello, no todos los poderes autónomos son iguales: a las comunidades autónomas se les atribuye la condición de comunidades políticas particulares, pero plenas, en el sentido del reconocimiento a las mismas, en su esfera competencial, de la capacidad de autogobierno y, por tanto, de elaboración de políticas públicas propias de ordenación social (incluso con valor y fuerza de ley), directamente a partir del orden constitucional, en las materias de su competencia, dotada de una importante vertiente económica en términos de disponibilidad de los ingresos sin condicionamientos indebidos y en toda su extensión para el ejercicio de las referidas competencias (especialmente las exclusivas), aunque no refractaria a los controles indispensables para asegurar la coordinación de la política económica general (SsTC 201/1988, de 27 de octubre; 13/1992, de 6 de febrero, y 134/2011, de 20 de julio); a la Administración local, sin embargo, se le configura como poder público acotado enteramente por la Ley emanada de los superiores, carente de capacidad para producir decisiones con rango y fuerza de ley directamente conectadas a la Constitución y circunscrito a la adopción de medidas con valor y fuerza infralegal.

Gracias a esta diversa configuración de los dos niveles territoriales básicos del poder público, según una secuencia descentralización política-descentralización administrativa, se consigue compatibilizar la fragmentación territorial del poder público derivada de los principios de pluralismo y autonomía con la exigencia del funcionamiento del conjunto de los poderes públicos territoriales como sistema resultante del principio sustantivo de unidad constitucional. Mientras los dos poderes territoriales superiores se articulan entre sí de una forma específica, el poder local aparece integrado en el sistema gracias a su actuación siempre (sin perder su especificidad y lógica propias) en el marco de las leyes, es decir, de las opciones definidas y de las decisiones tomadas por aquellos en sus respectivas esferas competenciales.

b) El régimen local tiene respecto del de las comunidades autónomas una posición ordinamental de menor consistencia: ley ordinaria en el primer caso; ley orgánica, incluso de características singulares (por razón del procedimiento especial para su aprobación y modificación), en el segundo.

c) A diferencia del ordenamiento autonómico, el local se agota en una gestión de los correspondientes asuntos públicos de alcance administrativo; los entes locales son, por ello, solo administraciones públicas (STC 103/2013, de 25 de abril), si bien cuentan también con la garantía de suficiencia financiera (STC 233/1999, de 16 de diciembre). Pero de ello no puede deducirse la condición de la Administración local de mera prolongación —en términos específicos— de las funciones ejecutivas general y autonómica. Se trata de una instancia en cuyo seno se reproduce, en condiciones singulares y para la gestión de los intereses atribuidos, la economía interna de la división de funciones; ni la ausencia en la Administración local de todo contenido político.

La posición de la Administración local en el seno del Estado se asegura por la garantía institucional, que tiene carácter objetivo (SsTC 4/1981, de 2 de febrero; 25/1981, de 14 de julio; 32/1981, de 28 de julio; 84/1982, de 23 de diciembre; 38/1983, de 16 de mayo; 27/1987, de 17 de febrero; 193/1987, 9 de diciembre; 170/1989, de 19 de octubre; 214/1989, de 21 de diciembre; 46/1992, de 2 de abril; 221/1992, de 11 de diciembre; 237/1992, 15 de diciembre; 33/1993, de 1º de febrero; 36/1994, de 10 de febrero; 11/1999, de 11 de febrero; y 159/2001, de 5 de julio). Se trata de una técnica que —elaborada en el Derecho público alemán (originariamente C. Schmitt) e incorporada al español— suple la parquedad de la regulación directa constitucional de la Administración local, protegiendo la autonomía de esta frente al poder constituido —especialmente el legislador— en términos que impiden no solo la supresión, sino también cualquier otra desvirtuación, alteración o lesión ilegítimas de la misma. Presupone, pues, un concepto de la institución generalizado en la conciencia colectiva (en particular, en la de la comunidad jurídica), siendo, como son, las organizaciones locales realidades sociales objeto de reconocimiento constitutivo por el poder constituyente. Tal concepto, integrado por los elementos característicos que definen una imagen de la institución y hacen a esta recognoscible (imagen cuya naturaleza es, obviamente, histórica y, por tanto, evolutiva), resulta utilizable, por ello, para medir y enjuiciar las medidas y decisiones infraconstitucionales, especialmente legislativas, relativas a la autonomía local.

Opera la técnica protegiendo la institución, de manera irreductible, no en su totalidad, sino en un ámbito concreto de la misma: su contenido o núcleo esencial. Este, al igual que sucede con el núcleo esencial de los derechos fundamentales (art. 53.1 de la Const.), actúa como barrera infranqueable para el legislador ordinario en el desarrollo de la norma fundamental. Y por ello supone:

• La inconstitucionalidad de toda organización territorial del Estado que no prescindiera frontal y absolutamente de los entes locales contemplados en los artículos 137, 140 y 141 de la Constitución, sino que desvirtuara el *status* esencial de estos preciso para su actuación como piezas básicas o elementales de la estructura territorial del poder público estatal en su conjunto.

• La reserva a la ley formal (sin impedir, por ello, toda colaboración entre la misma y el reglamento) de la definición del estatuto de los entes locales garantizados. Y

• La compatibilidad de la garantía de dichos entes, dada la naturaleza objetivo-institucional de la misma, con la reforma territorial de la Administración local, de suerte que dicha garantía no es esgrimible frente a operaciones de fusión, segregación, agregación, incorporación o supresión de concretas entidades locales.

En la doctrina científica se han hecho oír, tras la afirmación inicial de la técnica de la garantía institucional, algunas voces que denuncian supuestas carencias y deficiencias, que han llegado al seno del propio Tribunal Constitucional (aunque solo en forma de voto particular y sin alcanzar por ello a integrar la doctrina constitucional). Estas opiniones aciertan al identificar los aspectos críticos de la garantía institucional —en concreto, la técnica del núcleo indisponible para el legislador— y concluyen, en su caso, tanto su no facilitación de un criterio seguro de constitucionalidad, como su carácter puramente defensivo (lo que, se dice, impide el despliegue por la institución de su entera virtualidad), justificando, así, la propuesta de superación de tales límites por la vía de la asunción de una perspectiva más amplia y, por ello, también ofensiva, que se concretaría especialmente en la afirmación de una más amplia garantía constitucional.

No por ser fundadas, tales objeciones son decisivas y capaces de justificar el abandono de la garantía institucional. La dificultad de determinación, en abstracto, del núcleo de la institución no es sino una manifestación de un fenómeno mucho más general y conocido en el Derecho (categoría de los conceptos jurídicos indeterminados), que no impide la operatividad de la técnica, como lo prueba la STC 32/1981, de 28 de julio, declaratoria de la inconstitucionalidad de una ley catalana, directamente desde la CE, por lesión del núcleo de la autonomía local. Y la garantía debe compatibilizarse con la entrega por el constituyente de la regulación de la Administración local al legislador ordinario. Debe partirse, pues, de la condición que tiene esta administración en el marco de la ley, de modo que la garantía posibilita (incluso en el plano competencial) una línea de defensa constitucional que no se circunscribe al núcleo esencial, pues si la autonomía local tiene un núcleo o zona de certeza positiva y su correlato extremo de zona de certeza negativa, presenta entre ambos también un halo (zona de incertidumbre). Y es en este halo en el que comienza ya la operatividad defensiva compensando la exigüidad de la dimensión competencial-extensiva del núcleo al exigir de toda medida legislativa superar el control de: i) su necesidad, desde la obligación de atribuir a la Administración local las tareas con un relevante carácter local (en negativo: no privación de ellas sin justificación suficiente); y ii) no arbitrariedad (razonabilidad de la configuración legal de las competencias) y proporcionalidad (idoneidad de la asignación competencial), procedencia (elección de la solución, entre las idóneas, de la menos lesiva para la autonomía local) y congruencia (adecuación al fin perseguido y, por tanto, al interés de cuya gestión se trate).

El carácter protector de la garantía es, pues, consustancial a esta, siendo cierto que solo logra operar, en el terreno de las tareas-competencias, *ex post*. Pero esta supuesta deficiencia no afecta propiamente al objeto de la garantía (el autogobierno mismo, cualitativamente considerado), sino al conexo de la dotación competencial (dimensión extensiva de la autonomía local). En el terreno competencial, la posición y función del autogobierno local en el Estado no pueden ciertamente quedar en manos del legislador ordinario, pero la sustitución de la garantía institucional por una genéricamente constitucional no añadiría nada nuevo al respecto, ya que, además que tendría igual carácter defensivo, aparecería referida, inespecíficamente, al conjunto de regulaciones de la norma fundamental referidas o referibles a la Administración local y que se organizan por la autonomía local garantizada; conjunto que se impone, por sí mismo, al legislador ordinario sin necesidad de construcción técnica suplementaria alguna.

El verdadero problema de la autonomía local reside en que no puede alcanzar todas sus potencialidades cuando (como hasta el momento) aparece de forma aislada, independiente del contexto constitucional del que forma parte y sobre el trasfondo de una interpretación de la Constitución que no ha extraído de ella las debidas consecuencias en punto a la posición de la Administración local en la estructura del Estado y a su función en este. Por tanto, la única conclusión segura es la insuficiencia de la técnica para —desligada del contexto constitucional— asegurar la integridad y el desarrollo adecuado de la Administración local como pieza del Estado y la consecuente necesidad de una interpretación que decante el completo marco constitucional que debe inspirar la total acción del legislador ordinario que afecte a dicha Administración. Esa interpretación debe descansar sobre los siguientes elementos: a) la garantía institucional supone una decisión constitucional objetivo-organizativa que no entrega completamente la Administración local a la libre disposición del legislador ordinario, y b) la ubicación sistemática de tal decisión comporta que: i) la instancia local es, a título propio, una parte —dotada de autonomía específica— de la estructura territorial del Estado como un todo, careciendo las instancias general y autonómica de competencia para definir la posición y función constitucionales de la instancia local. La Administración local no está, pues, interiorizada por ninguna de las dos instancias superiores, perteneciendo a las dos. La doctrina del Tribunal Constitucional sobre el carácter "bifronte" de dicha Administración debe entenderse en tales términos, y ii) la inclusión de la instancia local, por tanto, en el radio de acción de los principios constitucionales definitorios del Estado-ordenamiento constituido; es este mismo en su nivel territorial basal.

Teniendo en cuenta la funcionalidad múltiple de la autonomía local en el Estado constituido, es posible destilar los siguientes principios:

1. El principio de la distribución territorial de las tareas y, por tanto, de las competencias, que compensa la incapacidad del núcleo asegurado por la garantía institucional con la opción constitucional por la Administración local como escalón basal articulado por corporaciones democráticas de autoadministración y se traduce en una prevalencia de la competencia local para los asuntos que afectan primordialmente a la comunidad local; prevalencia, que vincula al legislador ordinario, limitando su libertad de configuración. Así resulta de la combinación de la garantía con los principios definitorios del Estado y los valores superiores de su ordenamiento jurídico (Const., arts. 1º y 9º)[4] y los articuladores de la Administración pública, concretamente el de

---

[4] Los arts. 1.1 y 9.3 citados establecen:

El primero: "España se constituye en un Estado social y democrático de Derecho, que propugna como valores superiores de su ordenamiento jurídico la libertad, la justicia, la igualdad y el pluralismo político".

descentralización (Const., art. 103.1), a la luz del derecho fundamental de participación, directamente o por medio de representantes, en los asuntos públicos consagrado en el artículo 23.1 de la Norma Fundamental y de los mandatos a los poderes públicos expresados en el artículo 9.2 de la misma[5]. En este sentido, las SsTC 4/1981, de 2 de febrero; 32/1981, de 28 de julio; 27/1987, de 17 de febrero; y 159/2001, de 5 de julio.

2. El principio de "actitud deferente" para con la autonomía local del legislador ordinario como corolario del anterior y derivado del mandato de facilitación de la participación de todos los ciudadanos en la vida política, económica, cultural y social (art. 9.2, ya citado), en relación con el de descentralización administrativa (art. 103.1, asimismo ya citado) y el derecho fundamental del artículo 23.1 (también ya invocado), teniendo en cuenta que la Administración local representa el único tipo constitucional de administración con legitimación democrática propia.

El desarrollo del Estado autonómico ha venido induciendo hasta ahora, sin embargo, una cultura en los legisladores general y autonómicos que desvirtúa dicho marco y se caracteriza por un entendimiento de la propia esfera competencial, especialmente por las comunidades autónomas, como atributiva de la titularidad del entero ciclo funcional de gestión de los correspondientes asuntos (legislación y ejecución), con la consecuencia de partir el legislador sectorial de la pertenencia en principio de tales competencias a la Administración propia, quedando así la local fuera de su visión inmediata.

La relevancia constitucional de la autonomía local hace de su defensa una dimensión inexcusable; defensa que, para ser suficiente, ha de comprender, además de las normas y los actos infralegales, también, y especialmente, la ley formal. El legislador estatal básico postconstitucional de régimen local fue consciente de ello, aunque arbitró un mecanismo muy limitado frente a leyes lesivas de la autonomía local: apoderamiento a la Comisión Nacional de Administración local (y a la representación local en ella) para solicitar de los órganos legitimados para ello la pertinente impugnación ante el Tribunal Constitucional. La fórmula era insatisfactoria, medida por el nivel de exigencia de la Carta Europea de Autonomía Local. Sin perjuicio de que su valoración no pueda ser enteramente satisfactoria, la modificación por la Ley orgánica

---

El segundo: "La Constitución garantiza el principio de legalidad, la jerarquía normativa, la publicidad de las normas, la irretroactividad de las disposiciones sancionadoras no favorables o restrictivas de derechos individuales, la seguridad jurídica, la responsabilidad y la interdicción de la arbitrariedad de los poderes públicos".

[5] El art. 9.2 dispone: "Corresponde a los poderes públicos promover las condiciones para que la libertad y la igualdad del individuo y de los grupos en que se integra sean reales y efectivas; remover los obstáculos que impidan o dificulten su plenitud y facilitar la participación de todos los ciudadanos en la vida política, económica, cultural y social".

7/1999 de la Ley orgánica del Tribunal Constitucional ha venido a superar el aludido déficit, dando satisfacción a las exigencias de la referida Carta.

c') *El principio de solidaridad.* Este principio introduce en el código operativo del Estado, finalmente, un elemento capaz de superar la tensión dialéctica entre los principios de unidad y autonomía por la vía de la generación, en el momento del funcionamiento del sistema estatal, del grado de cohesión y coherencia requerido por el orden constitucional material único. Por ello el artículo 2º de la Constitución se refiere diferenciadamente, de un lado, a la unidad como fundamento del orden constitucional y, de otro, a la autonomía y la solidaridad para expresar que la autonomía es, en cuanto compatible con la unidad, la autonomía solidaria. La solidaridad permite articular en un sistema coherente la unidad y la autonomía.

La solidaridad es un principio jurídico en sentido estricto, dotado de la eficacia correspondiente, que, por su mismo objeto, agota su contenido dispositivo directo en la prescripción de un deber (el de comportamiento o actuación solidarios) respecto de un fin (la unidad constitucional sustantiva); deber, que es negativo de abstención de actos que perjudiquen o perturben el interés del conjunto y positivo de auxilio y apoyo recíprocos en que se concreta el de mutua lealtad que, a su vez, es emanación del más general de fidelidad a la Constitución, y, en su resultado, postula el equilibrio económico territorial adecuado y justo (SsTC 76/1983, de 5 de agosto; 135/1992, de 5 de octubre; 109/2004, de 30 de junio; 247/2007, de 12 de diciembre; y 19/2013, de 31 de enero). Por ello puede traducirse, y de hecho se traduce, para su efectividad, en una pluralidad de técnicas o mecanismos.

La solidaridad se concreta en la regla de la llamada lealtad institucional, a tenor de la cual todas las instancias territoriales y, desde luego, las determinadas constitucionalmente —general, autonómica y local— deben actuar en todo momento con estricta fidelidad a, y de forma congruente, con el sistema, es decir, con el orden definido por la Constitución. Lo que quiere decir: deben hacerlo desde la perspectiva de que ellas mismas y sus respectivas esferas de acción no son sino elementos y arbitrios parciales de un sistema que las trasciende y engloba y de los que este se vale para su funcionamiento y la realización de sus valores, fines y objetivos. La regla de la lealtad institucional, aunque no formulada expresamente por la norma fundamental, debe entenderse inherente al Estado autonómico, por implícita en el principio de solidaridad y presupuesto inexcusable de la viabilidad misma de tal modelo territorial de Estado (SsTC 96/1986, de 10 de julio; 46/1990, de 15 de marzo; 64/1990, de 5 de abril; y 247/2007, de 12 de diciembre).

La cooperación activa constituye una de las manifestaciones principales (en el plano de las competencias) de la lealtad. Para el Tribunal Constitucional (STC 227/1988, de 29 de noviembre) el modelo constitucional de reparto de competencias debe ser interpretado a la luz del orden constitucional sustantivo, y, en especial, de la tríada de principios que vienen examinándose; todo ello, en relación con la inherencia al modelo territorial del Estado de la colaboración entre los elementos de su organización (SsTC 18/1982, de 4 de mayo; 64/1982, de 4 de noviembre; 80/1985, de 4 de julio; 96/1986, de 10 de julio; 17/1991, de 31 de enero; y 13/1998, de 22 de enero).

Sin duda la cooperación dinámica entre sus partes es condición de éxito en el funcionamiento del Estado autonómico. Puede realizarse de formas y con instrumentos diversos, en función justamente de las circunstancias que la demanden. Todas ellas pueden clasificarse desde un doble criterio: el de la voluntariedad-obligatoriedad y el de la formalización consensual, funcional o procedimental (STC 70/1997, de 10 de abril y las en ella citadas).

La lógica misma del funcionamiento de un Estado compuesto conduce de suyo, pues, a la coordinación como principio mismo de dicho funcionamiento; coordinación que no solo no niega, sino que exige el respeto a los correspondientes contenidos competenciales. Se trata de un principio que, conforme a la doctrina del Tribunal Constitucional, permite articular las competencias del Estado y de las comunidades autónomas con la finalidad de evitar contradicciones o reducir disfunciones que, de subsistir, impedirían o dificultarían respectivamente la realidad misma del sistema; consistiendo con carácter general en la fijación de medios y de mecanismos de relación que hagan posible la información recíproca, la homogeneidad técnica en determinados aspectos y la acción conjunta de las autoridades estatales y comunitarias en el ejercicio de sus respectivas competencias, de tal modo que se logre la integración de los actos parciales en la globalidad del sistema (STC 70/1997, 10 de abril, que cita las anteriores 32/1983; 42/1983; 90/1985; 13/1988; 102/1995; 171/1996; y 208/1999, de 11 de noviembre).

Pero el contenido más concreto y preciso de la lealtad (y, por tanto, también de la colaboración, la cooperación y la coordinación) es de índole económico, en correspondencia con la trascendencia de la economía para el principio de unidad (unidad constitucional de mercado y de modelo económico). A la instancia general se le asigna (con la participación de las comunidades autónomas) la función de definir la política que asegure un desarrollo económico equilibrado y justo, tanto en la dimensión social, como en la territorial. Por ello mismo le incumbe, en esta última dimensión, la garantía del aludido equilibrio entre las diversas partes del territorio. Al servicio de este equilibrio interterritorial están, de un lado, el Fondo de Compensación Interterritorial a distribuir entre comunidades autónomas con destino a gastos de inversión (y, de otro, la prohibición de privilegios económicos o sociales a dichas comunidades y la sujeción de la autonomía financiera de estas a los principios de coordinación con la Hacienda general y de solidaridad entre los españoles (STC 289/2000, de 30 de noviembre).

B) *Los Estados americanos*

En los Estados americanos estudiados se reproduce, con significativos matices propios, el cuadro europeo. Ejemplos paradigmáticos de Estados unitarios (aunque con descentralización administrativa) son, por sus características, Costa Rica y Uruguay. En este grupo debe incluirse también, además de Ecuador (sin perjuicio de los elementos de federalismo presentes en su evolución histórica y las tendencias persistentes en el sentido de su estructuración regional[6]), Colombia, que por la gran influencia francesa y a pesar de la tensión entre federalismo y centralismo que recorre su historia, es asimismo un Estado unitario que admite la autonomía, solo administrativa, de las entidades territoriales. En la misma línea, Ecuador, aunque nacido con una estructura semi-federal, está constituido hoy como Estado unitario que solo conoce la descentralización basada en autonomías de carácter administrativo (habiendo evolucionado más bien, como revela la reciente Constitución de 2008, en sentido centralizador). Por el contrario, Venezuela se ha convertido, al menos nominalmente y a pesar de soluciones constitucionales previas central-federal (tras la separación de la Gran Colombia) y de corte centralista (a mediados del siglo xix), en un Estado federal descentralizado. Argentina, proclamada República democrática y que ha evolucionado hacia un Estado social y democrático de Derecho con las modulaciones —más recientemente y al compás de las últimas evoluciones socio-económicas— que lo conceptúan, además, como Estado subsidiario o de Justicia, es ciertamente el Estado federal más decantado. Articulado sobre la referencia de Estados Unidos (como denota su carácter presidencialista, que persiste a pesar de la figura ejecutiva añadida recientemente para posibilitar un cierto control parlamentario). Se trata, sin embargo, de un modelo mixto o de federalismo moderado, que combina de forma original elementos unitarios y federales.

4. La estructura del poder público resultante de la evolución histórica de los Estados

A) *Los Estados europeos*

La diversidad de la forma política de los Estados europeos estudiados es compatible con la operatividad —aunque con muy distinto alcance— en todos ellos del principio de descentralización, cuando se trata de la organización territorial del poder público, en la que conviven —junto con la instancia general— entidades territoriales de diverso porte. La diferencia entre ellos reside en la naturaleza de estas entidades, salvo en la basal o estrictamente local: el

---

[6] En el último decenio se ha dictado legislación previsora de la constitución de regiones y distritos metropolitanos, si bien hasta el momento no se ha creado ninguna región.

municipio desde luego, pero también las agrupaciones de estos sean voluntarias o forzosas (como los *Kreise* alemanes o las Provincias italianas o españolas[7]) que es, en todos los casos, exclusivamente administrativa. Esto tiene reflejo en el concepto de autonomía local consagrado en el ámbito paneuropeo por la Carta Europea de Autonomía Local de 1985, auspiciada por el Consejo de Europa, que acota dicha autonomía al marco de la ley (ley que está, así, fuera de la disposición de las entidades locales, aunque no así la potestad reglamentaria)[8]. Esto ha sido así desde el principio del período constitucional, por más que: i) en el caso de Francia hubiera un momento inicial (revolucionario) contrario a toda instancia intermedia entre el poder político nacional y los ciudadanos, y ii) la autonomía local haya experimentado en todos los casos una evolución desde su articulación como mera Administración indirecta del Estado sujeta a control hasta el reconocimiento de su plena capacidad de gestión bajo la propia responsabilidad (sometida, todo lo más, a controles de legalidad, aunque en el caso alemán y el español subsista la diferenciación entre los ámbitos de competencias propias —destinatarias de dicho control de legalidad— y de competencias delegadas —accesibles a controles de oportunidad—). Buenos ejemplos de esta evolución son:

• Italia, donde —sobre la base de una fuerte influencia del modelo francés desde la unificación del Reino a principios del siglo xix— la Ley municipal de 1859 estableció aun un sistema claramente centralizado, de modo que solo luego y desde luego a partir de 1946 (tras el período centralizador, con pérdida de la democracia, del fascismo de los años treinta del siglo xx) la Administración local ha recuperado su autonomía de gestión. Las Leyes Bassanini dieron, a finales de la década de los años noventa del siglo xx, un claro impulso a la descentralización, también en el escalón local; impulso que se ha visto complementado por la reforma constitucional de 2001, que ha incluido entre los entes locales, además de los municipios y las provincias, las ciudades metropolitanas.

• España, donde a partir de la Constitución de Cádiz y a pesar de las vicisitudes y dificultades propias del siglo xix se extiende (con fuerte influencia

---

[7] En el caso de Francia, todas las entidades territoriales (sin perjuicio de las peculiaridades de las de Ultramar), incluyendo el departamento y la región.

[8] El art. 3 de la Carta dispone:

"1. Por autonomía local se entiende el derecho y la capacidad efectiva de las entidades locales de ordenar y gestionar una parte importante de los asuntos públicos, en el marco de la ley, bajo su propia responsabilidad y en beneficio de sus habitantes.

"2. Este derecho se ejerce por asambleas o consejos integrados por miembros elegidos por sufragio libre, secreto, igual, directo y universal y que pueden disponer de órganos ejecutivos responsables ante ellos mismos. Esta disposición no causará perjuicio al recurso a las asambleas de vecinos, al referéndum o a cualquier otra forma de participación directa de los ciudadanos, allí donde esté permitido por la ley".

del modelo francés) la organización administrativa de manera uniforme a todo el territorio nacional. Y ello:

a) De un lado, mediante la división del territorio en provincias y la situación al frente de las mismas de un órgano unipersonal que acabará siendo luego el gobernador civil (hoy subdelegado del gobierno), el cual controla la diputación provincial, diseñada a su vez (hasta el siglo xx) como superior jerárquico de los municipios (cuyo órgano unipersonal, el alcalde, aparece también conectado jerárquicamente al gobernador). En torno al gobernador civil y al hilo mismo de la paulatina conversión de las provincias de meros órganos estatales en entes locales, acabará desarrollándose también —como prolongación de las estructuras ministeriales de la Administración central y sobre la misma base de la demarcación provincial— toda una organización administrativa estatal territorial, cabalmente, que luego acaba englobándose en el concepto de Administración periférica de la Administración General del Estado.

b) Y, de otro, mediante el desarrollo de la Administración local, que —no obstante la proclividad de la revolución liberal y, por tanto, del Estado constitucional de ella surgido a la autonomía local— conoce una suerte desigual en el siglo xix. Se generaliza el municipio como escalón básico de la organización política de la sociedad (proclamando su autonomía) y se evoluciona hacia la integración de la provincia como escalón local complementario, determinado por la agrupación de municipios (configuración, que acaba consagrándose y llega hasta hoy), pero paralelamente se sujetan las estructuras locales a férreos mecanismos de tutela y control, que las reducen a puros apéndices, simples terminales del poder central. Es decir, la Administración local queda convertida en una suerte de Administración indirecta de la del Estado; situación que solo es revertida clara y decididamente a partir de la Constitución de 1978.

En Francia —en cuanto Estado unitario— la organización territorial comprende solo entidades administrativas (los municipios, los departamentos, las regiones, las entidades con estatuto particular y las entidades de Ultramar), que gestionan los asuntos de su competencia ciertamente en régimen de "libre administración" (ejercida esta en los términos dispuestos por el legislador estatal y controlados por el Consejo de Estado y el Consejo Constitucional), pero bajo el control (para asegurar el interés general (de los representantes del Estado). La reforma constitucional de 2003, rompiendo con la tradición jacobina, ha consolidado y ampliado, sobre la base del principio de subsidiariedad, el expresado régimen de libre administración de los asuntos de la competencia de la respectiva entidad.

Por el contrario, en España e Italia la unidad del poder constituyente no impide hoy que dicha organización incluya otras de mayor porte y pleno carácter político en tanto que beneficiarias del reparto con la instancia general del Estado, además de la función ejecutiva, de la potestad legislativa. En estos dos últimos casos la recuperación de la democracia determinó la identificación de las dictaduras superadas con la centralización y la del sistema constitucional —por contraposición— con la descentralización política. Se trata de las comunidades autónomas en España y las regiones ordinarias y especiales en Italia, que —si bien son instancias fundadas por y derivadas de las respectivas Constituciones— cuentan con una norma institucional específica —el correspondiente estatuto— dotada de una posición ordinamental singular (en España, el Tribunal Constitucional, tiene declarado que integran, aunque no sea con carácter exclusivo y junto con la norma fundamental, el llamado "bloque de la constitucionalidad".

La solución extrema, al menos en el plano formal, en punto a la organización territorial es, en Europa, la alemana. La República alemana, en tanto que Federación, reconoce en su interior entidades territoriales que, si bien tienen la condición de Estado (federados: los llamados *Länder)* y poseen poder constituyente, este debe ser ejercido en el marco y de acuerdo con las determinaciones de la *Grundgesetz.* La distribución competencial entre Federación y *Länder* no es, sin perjuicio de sus peculiaridades, la principal nota diferenciadora del federalismo alemán al menos en lo que refiere al alcance de la descentralización territorial política (una reforma constitucional de 2006 ha i) reducido la influencia de los *Länder* por la vía de la disminución del número de las Leyes precisadas de la aprobación del Consejo federal —Cámara territorial— y, a título compensatorio ha disminuido, en favor de los *Länder*, las competencias legislativas de la Federación por la triple vía de la ampliación de la competencia legislativa exclusiva de los *Länder*, la supresión de la legislación marco y la reordenación del catálogo de materias sujetas a legislación concurrente, con introducción de la posibilidad de que los *Länder* puedan en ciertas materias apartarse, mediante normas con rango de ley, de la legislación federal. Como consecuencia de la condición estatal de los *Länder* —y esta si es una nota diferenciadora respecto de España e Italia— la Administración local alemana se encuentra totalmente interiorizada por aquellos, constituyendo piezas arquitectónicas del orden interno de los mismos, si bien la *Grundgesetz* predetermina, para preservar la autonomía local, los principios a que deben atenerse las Constituciones estadales a la hora de la regulación del régimen local. Tal interiorización de la Administración local (en las comunidades autónomas y regiones) no se da en España y tampoco en Italia. En España el Tribunal Constitucional tiene establecida la doctrina del "carácter bifronte" de dicha Administración local, en cuanto su régimen viene determinado; primero por la legislación básica estatal y luego por la de desarrollo autonómica.

El establecimiento y la consolidación de las regiones en Italia y las comunidades autónomas en España en modo alguno han afectado ni la continuidad, ni el fortalecimiento (en calidad de autonomías exclusivamente administrativas capaces, todo lo más, de normación de carácter y rango reglamentarios) de la Administración local.

El contenido en competencias de la autonomía responde a las siguientes líneas maestras:

a') *En Francia* (para la administrativa municipal, departamental y regional):

a'') Rige para todas las colectividades territoriales la cláusula general de competencia, que es la nota que las distingue de los establecimientos públicos de cooperación intermunicipal (de gran desarrollo), que solo disponen de competencias de atribución. De esta suerte, toda colectividad puede —respetando los límites de su círculo de interesamiento— actuar en cualquier área de interés local (municipal, departamental o regional) aunque ninguna norma concreta le atribuya expresamente competencia en ella.

b'') Cada colectividad territorial cuenta con un bloque de competencias reconocible: el municipio, el urbanismo y los servicios locales; el departamento, la acción social y la infrastructura rural; y la región, el desarrollo económico, en el que cumple un significativo, aunque no exclusivo, papel de incentivo e impulso, y la formación profesional.

b') *En Italia.* El ámbito competencial de las regiones, que venía dado por la enumeración de materias en las que aquellas ejercían la potestad legislativa y la función ejecutiva —aunque la primera siempre dentro de los límites de las leyes generales— se ha visto potenciado por la reforma constitucional de 2001, de marcado sentido descentralizador y diseñadora, según el estudio dedicado a este país, de una "República de las autonomías". En la actualidad la distribución territorial de competencias reposa, por ello, en la combinación de: i) la reserva al poder central, en exclusiva, de ciertas materias, ii) la entrega de otras a la acción legislativa concurrente del Estado y las regiones (con limitación de la legislación estatal al establecimiento de los principios fundamentales y admisión así, en estas materias y además de la legislativa, de la acción ejecutiva regional), y iii) la atribución de las materias residuales a las regiones.

La dotación competencial de las entidades locales —integradas desde la reforma constitucional de 2001 por municipios, provincias y ciudades metropolitanas— debe producirse, de forma muy similar a lo que sucede en España, según las siguientes reglas:

1. La asignación en principio a los municipios de la titularidad y el ejercicio de las funciones administrativas, salvo que, para asegurar su ejercicio unitario, se atribuyan a las provincias y ciudades metropolitanas (así como, en su caso, las regiones y el propio Estado central), conforme a los principios de subsidiariedad, diferenciación y adecuación.

2. La composición de la dotación competencial de municipios, provincias y ciudades metropolitanas por competencias administrativas propias y com-

petencias atribuidas por ley estatal o regional, en función de la distribución constitucional de la potestad legislativa en las diferentes materias.

c') *En España*, sin embargo, el sistema de distribución constitucional de competencias entre el poder central y las comunidades autónomas presenta mayor complejidad, al combinar materias y funciones (legislativa y ejecutiva) en el contexto de la reserva de todas ellas en determinadas materias (entre las que sobresalen la defensa y las relaciones exteriores) al Estado y el juego a favor de este de la cláusula residual (pertenencia al Estado central de todas las competencias no asumidas por las comunidades autónomas en sus respectivos estatutos), destacando en el cuadro resultante la concurrencia en la legislación, en buen número de materias, del legislador estatal (al que compete en tales casos el establecimiento del mínimo común denominador en la regulación de la correspondiente materia mediante las denominadas leyes básicas) y el legislador autonómico (al que pertenece la legislación de desarrollo de la básica correspondiente).

Por lo que respecta a la autonomía local, esta se proyecta también (como en el caso italiano) en las competencias concretas que el legislador (estatal o autonómico, según la distribución constitucional de competencias) tiene el deber de atribuir a los entes locales como consecuencia del derecho de estos a intervenir en cuantos asuntos afecten directamente al círculo de sus intereses. De ello resulta todo un sistema de asignación de competencias a los entes locales (municipios, provincia e isla) en el que, de un lado, la gestión local se refiere, no tanto a los asuntos locales, cuanto más bien a todos los asuntos públicos, si bien cualificados por su afección al círculo de interés de las colectividades locales. Conforme al aludido sistema:

• La regla general contiene una formulación acabada —en positivo— del principio de subsidiariedad, al disponer que, para la efectividad de la autonomía garantizada constitucionalmente a las entidades locales, la legislación del Estado y la de las comunidades autónomas (según corresponda) debe asegurar a dichas entidades su derecho a intervenir en cuantos asuntos afecten directamente al círculo de sus intereses, atribuyéndoles las competencias que proceda en atención a las características de la actividad pública de que se trate y a la capacidad de gestión de la entidad local, de conformidad con los principios de descentralización, proximidad, eficacia y eficiencia.

• El régimen de ejercicio de las competencias en función del título con el que se asignen distingue, entre: a) competencias propias, que solo pueden determinarse por ley y se ejercen en régimen de autonomía y bajo la propia responsabilidad; b) competencias atribuidas por delegación, que pueden determinarse bien por ley formal, bien por decisión de la Administración delegante (en cuyo caso la delegación debe ser aceptada por el ente local) y su ejercicio puede quedar sujeto a la dirección y el control de esta última; y c) competencias distintas de las de los dos anteriores tipos, que pueden ejercerse cuando no se ponga en riesgo la sostenibilidad financiera del conjunto de la Hacienda local, ni se incurra en supuesto de ejecución simultánea del mismo servicio con otra Administración.

• La predeterminación del proceso de asignación de concretas competencias a los entes locales al imponer a las leyes sectoriales (del Estado o de las comunidades autónomas) la atribución a aquellos de competencias en un elenco determinado de materias (en el caso de las entidades provinciales o equivalentes algunas se atribuyen directamente por la legislación de régimen local).

• La fijación, para los municipios, de una serie de servicios públicos mínimos de prestación obligatoria, que tienen, consiguiente y simultáneamente, la condición de competencias propias mínimas. Y la determinación de las competencias de las provincias y, en su caso, islas —dada su vocación primaria de cobertura de las insuficiencias del escalón municipal— básicamente por relación —aparte las concretas competencias que les puedan ser asignadas— a: i) la coordinación de los servicios municipales entre sí para la garantía de su prestación integral y adecuada; ii) la asistencia y cooperación jurídica, económica y técnica a los municipios; iii) la prestación de servicios públicos de carácter supramunicipal y, en su caso, supracomarcal y el fomento o, en su caso, coordinación de la prestación unificada de servicios de los municipios; iv) la cooperación en el fomento del desarrollo económico y social y en la planificación en el territorio provincial; v) el ejercicio de funciones de coordinación en los supuestos de incumplimiento por los municipios de los objetivos de déficit, deuda pública o regla de gasto: vi) la asistencia en la prestación de los servicios de gestión de la recaudación tributaria y de servicios de apoyo a la gestión financiera, así como de los servicios de administración electrónica y la contratación centralizada de los municipios hasta determinada población, y viii) el seguimiento de los costes efectivos de los servicios prestados por los municipios.

Las escuetas consideraciones precedentes permiten afirmar que, cuando menos en el plano de la instancia territorial local, los tres Estados europeos considerados han evolucionado en sentido potenciador de la autonomía administrativa local.

B) *Los Estados americanos*

Un interesante rasgo común a los Estados americanos objeto de estudio es la influencia de las demarcaciones territoriales y su organización institucional implantadas en el período español (prácticamente en todos los casos ha sido decisiva, incluso a efectos de construcción del federalismo, la provincia (en Argentina, la entidad resultante de la llamada revolución de mayo de 1810 comenzó denominándose "Provincias Unidas del Río de la Plata" y estas provincias, que siguen siendo la pieza fundamental de la organización territorial del Estado, proceden de las Intendencias virreinales; Costa Rica el primer estatuto político —proclamado en tensión con la Federación centroamericana— se denominó de "la Provincia de Costa Rica"; la Venezuela que se desligó de la Gran Colombia comprendía el territorio de la antigua Capitanía General, y en todos ellos la instancia basal es el municipio de raíz hispánica).

En el grupo de los Estados ya clasificados como unitarios, esta condición no impide —al igual que sucede en los Estados europeos— la existencia de una desarrollada Administración local articulada en varios escalones territoriales. Tal Administración presenta diversos grados de complejidad y alcance competencial:

a) En Costa Rica y Ecuador, que representan la opción que, siendo peculiar es, al propio tiempo, la más simple (coincidente, en lo fundamental, con la de Italia y España: cantones-municipios y distritos en Costa Ricas y municipios articulados en provincias en Ecuador), coexisten como instancias territoriales más tradicionales, a las que se suman, en Ecuador, las regiones, los consorcios y las parroquias, englobados todos ellos en la categoría de "gobiernos autónomos descentralizados que gozan solo de autonomía administrativa" (opción equivalente a la europea), pero, no obstante tal condición autónoma, dependen en muchos aspectos de la Administración del Estado; concretamente, en Ecuador, a través del Consejo Nacional de Competencias y la Superintendencia de Organización Territorial. La autonomía que poseen es, en todo caso, administrativa, en modo alguno política, cuyo contenido resulta de la de las competencias previstas en la Constitución y las asignadas por la Asamblea Nacional y el aludido Consejo Nacional de Competencias.

Los municipios (los cabildos) institucionalizan, en Ecuador, los cantones, estando relacionada su función básica con el urbanismo bajo el control de la Superintendencia de Ordenamiento Territorial, Uso y Gestión del Suelo. Se dividen en parroquias, que —aunque dotadas de personalidad jurídica propia— cumplen funciones determinadas dentro de los municipios. Y las provincias, cuya condición plena de instancia democrática local es fruto de una evolución culminada a principios del siglo xx (otro paralelismo con los casos español e italiano) agrupan, en definitiva los municipios, sin perjuicio de contar con funciones propias.

b) Mayor complejidad presenta —aún manteniéndose en la tradición unitaria y reconociendo, por tanto, solo una autonomia administrativa— Colombia, cuya organización territorial comprende los departamentos, los municipios y los territorios indígenas; instancias a las que pueden sumarse —si así lo decide por ley— las provincias y las regiones. La autonomía de que gozan incluye la potestad de autoorganización y se refiere a la gestión de sus respectivos intereses propios sin sujeción a revisión, aprobación o autorización de la instancia nacional. Se trata de una autonomía relativa, muy precaria, pues la mayoría de departamentos y municipios dependen, incluso para su propio funcionamiento, del aporte nacional, en especial, por medio de la cofinanciación que les permite recibir recursos provenientes de ingresos corrientes de la Nación.

A pesar de la diversidad incluso cultural y económica que presentan, las regiones no han logrado, en efecto, superar el plano administrativo ejecutivo (circunscrito a funciones de planificación y desarrollo económico y social), dependiendo su establecimiento de la iniciativa de dos o más departamentos y su conversión en entidades territoriales del legislador nacional. Aunque están en curso iniciativas (incluida la legislativa pertinente) para la creación efectiva de regiones, lo cierto es que estas no son aún una realidad institucional.

En Colombia, los departamentos son herederos de las antiguas intendencias y comisarías, por lo que no puede sorprender que cumplan funciones hasta cierto punto parecidas a las provincias españolas; en particular y además de la prestación de servicios, las de coordinación interterritorial de los planes de desarrollo, complementación de la acción municipal y mediación entre el poder central y los municipios. Las provincias colombianas son, sin embargo, entidades asociativas (voluntarias) de municipios, para la gestión en común de servicios que las aproximan más a las mancomunidades que a las provincias españolas.

El municipio es la entidad local basal o fundamental de la división político-administrativa del Estado a la que competen los servicios públicos y las obras locales, la ordenación de su territorio, la participación vecinal y la mejora social y cultural de su población. La planta municipal no está definitivamente establecida, de modo que corresponde a las asambleas departamentales la decisión —previa consulta popular— sobre la creación de municipios. La autonomía municipal comprende la potestad de autoorganización del municipio en comunas (en el ámbito urbano) y corregimientos (en el área rural), así como para el establecimiento de juntas administradoras locales como órganos desconcentrados limitados (sin aparato administrativo propio) a la vigilancia y el control de la prestación de servicios públicos y la ejecución de obras (sin perjuicio de poder ejercer, además, otras funciones por delegación del concejo municipal).

Existen, además, fórmulas locales especiales: los distritos (comenzando por el Distrito Capital) y las áreas metropolitanas (intra- e interdepartamentales, que engloban grandes ciudades y los municipios de su entorno bajo su influencia para asegurar el desarrollo armónico y coordinado de todo el correspondiente territorio, racionalizar la prestación de los servicios públicos y ejecutar obras de interés metropolitano.

Es común a departamentos y municipios (distritos y territorios indígenas): la determinación por ley de sus competencias, la diferenciación por categorías y la capacidad para el desarrollo de entidades descentralizadas funcionalmente.

Los territorios indígenas constituyen, finalmente, un nuevo tipo de entidad territorial derivado de la voluntad de respeto al derecho a cierto autogobierno de los pueblos indígenas, que responden a la acotación a tal efecto de los correspondientes territorios (resguardos).

c) Uruguay, donde la descentralización tiene mayor alcance, concretamente político-administrativo, y los gobiernos departamentales constituyen la instancia territorial principal (sin perjuicio de carecer de la condición de estatalidad por estar previstos en el texto constitucional y estar regulados por ley orgánica). Estos gobiernos, además de desempeñar tareas ejecutivo-administrativas, poseen potestad legislativa en su ámbito competencial (pero, al igual que en los casos español e italiano, no poseen órganos judiciales propios, pues el poder judicial es único estatal). Por su extenso ámbito (en proporción a la superficie del Estado uruguayo) son, en realidad y geográficamente regiones que comprenden áreas urbanas, suburbanas y rurales. Tienen representatividad democrática directa, poseen —además de desempeñar la función ejecutivo-administrativa— potestad legislativa (lo que acerca el modelo uruguayo al italiano). Con carácter general gestionan los asuntos de interés departamental, sin perjuicio de la seguridad pública y de las restantes competencias reservadas al poder central (cualquiera que sea la forma en que este las gestiona). Su autonomía alcanza a la creación en su interior y en las localidades con cierta población de entidades locales —municipios—, las cuales dependen del intendente departamental (y actúan en régimen, solo de desconcentración).

Corresponde al gobierno departamental la gestión, en particular, de los servicios de policía de la higiene, las vías públicas departamentales y la edificación; los servicios públicos básicos de alumbrado público, transporte colectivo regular de pasajeros, y limpieza de sitios públicos; y los servicios sociales, como museos; bibliotecas y espectáculos públicos, pudiendo realizar ciertas actividades de contenido económico, como las de casinos y hoteles para fomento del turismo. Los municipios, por su parte, gestionan los asuntos de interés local, como la conservación de la red viaria y de aguas pluviales local, el alumbrado y los espacios públicos; el control de fincas ruinosas; los servicios mortuorios; la protección del ambiente y el desarrollo sostenible de los recursos naturales, sin perjuicio de la competencia de las autoridades nacionales.

d) Los dos Estados federales, Argentina y Venezuela, presentan igualmente rasgos comunes más allá del presidencialismo, si bien el federalismo argentino —aunque con significativas limitaciones— se ofrece más asentado y realizado que el venezolano.

e) El Estado argentino se organiza territorialmente en provincias, la mayoría de las cuales proceden de la época española. A pesar de contar con Constituciones propias carecen de la condición formal de Estados, gozando así no de soberanía sino de autonomía (una autonomía idéntica o igual, que admite, sin embargo, diferencias económicas). Pero esta autonomía incluye, además del poder constituyente (sujeto, por la Constitución federal, a ciertas limitaciones, especialmente en punto al sistema republicano de gobierno y la garantía de la autonomía local, es decir, de las entidades locales, que, por tanto, son elementos internos de la organización de las provincias), la potestad legislativa y ejecutiva en cuantas materias no han sido reservadas por la Constitución argentina a la Federación (así como también un poder judicial propio). Estas características evocan las del federalismo alemán, por más que la inspiración del argentino sea el de Estados Unidos. Tratamiento específico recibe la Ciudad de Buenos Aires, cuya autonomía es menor que la de las provincias (en virtud de su condicionamiento por la legislación nacional dirigida a preservar la integridad de la gestión del Gobierno Federal, pudiendo ser intervenida por este), pero mayor que la de las entidades locales (pues cuenta con representación en la Cámara de Senadores y es distrito electoral en las elecciones generales).

f) La distribución de competencias entre la Nación y las provincias distingue entre:

• Competencias reservadas en exclusiva a la Federación (delegadas en ella expresa o implícitamente por las provincias), de un lado, y competencias retenidas o conservadas por las provincias (incluidas todas cuantas no han sido expresamente atribuidas a la Nación en la Constitución federal).

• Competencias concurrentes (ejercitables indistintamente por la instancia nacional o provincial) y competencias compartidas (ejercitables solo de modo simultáneo por ambas instancias).

• Competencias que, como contrapunto a las anteriores, la Constitución prohibe actuar bien sea a la Federación, bien sea a las provincias o a una y otras.

La Administración local se agota, en Argentina, en la instancia basal municipal, que es pieza de la organización interior de las provincias (razón por la que el régimen municipal no es, en Argentina, uniforme en todo el territorio nacional) para la administración y gestión de intereses locales. Si bien durante un tiempo los municipios fueron considerados, al modo italiano, entes autárquicos, en la actualidad tienen reconocida autonomía. Esta autonomía es, sin embargo, puramente administrativa, operando en el marco de la Constitución y las leyes de la correspondiente provincia.

Si bien la organización territorial de Venezuela es muy similar a la de Argentina, se diferencia de esta en que las entidades territoriales fundamentales (teóricamente federadas) tienen la condición formal de Estados (aunque carecen de poder constituyente propio y su régimen se establece por ley orgánica), completando aquella organización el Distrito Capital —antes Distrito metropolitano de Caracas— (regulado por una ley específica y con un sistema de gobierno peculiar por su dependencia del poder federal, el cual comprende la potestad legislativa), las dependencias y los territorios federales (que son figuras eventuales creadas por ley susceptibles de transformarse en Estados, previo

referéndum aprobatorio en el correspondiente estado) y, finalmente, como escalón basal también en este caso, el municipio (cuyo régimen se establece igualmente por ley orgánica, pero que gozan de autonomía comprensiva de las
potestades de autoorganización, normación y tributaria-financiera). De todo
lo cual resulta que las instancias territoriales necesarias son los Estados y los
municipios. Incidentalmente, no puede dejar de mencionarse la peculiaridad
constitucional de la ampliación de la trilogía clásica de poderes (en la que el
judicial es, al igual que en España e Italia, único) con dos nuevos, orgánica y
funcionalmente diferenciados: el electoral y el ciudadano.

Aunque entre las instancias territoriales no deba existir relación alguna no
ya de jerarquía sino siquiera supremacía, el funcionamiento real del sistema
federal venezolano es de cuasijerarquía, operando el poder nacional-federal
como superior de todos los demás poderes-instancias territoriales (incluidos
los estados). En el plano de la distribución territorial de competencias, ello se
traduce en la no cualificación material (aunque si formal, al menos las de los
estados) de aquellas como exclusivas, concurrentes, compartidas o residuales y
la atribución de la mayoría de ellas a la instancia federal (con la consecuencia
del solapamiento posible de competencias en determinadas materias). Tampoco
las competencias municipales se configuran como reservadas a tal instancia
local (ni siquiera las elementales relativas a los servicios de recogida y tratamiento de basuras, la limpieza de calles y espacios urbanos o el urbanismo).
El resultado no es otro que la existencia de numerosas competencias que son,
en la práctica concurrentes, entre los tres niveles territoriales, de modo que la
Constitución se ve precisada a establecer que las materias en las que concurra
tal circunstancia deben ser objeto de regulación por leyes de bases federales
y leyes de desarrollo estatales a fin de clarificar los ámbitos de su respectiva
gestión, inspirándose en los principios de interdependencia, coordinación,
cooperación, corresponsabilidad y subsidiariedad. En cualquier caso, todo
cuanto la Constitución federal no atribuye a la instancia nacional o a la municipal pertenece a los estados (cláusula residual esta peculiar por su inclusión
de los municipios), si bien el juego de tal previsión es reducido, tanto por lo
ya dicho, cuanto por la paralela previsión constitucional de competencias que
corresponden, por su índole o naturaleza, a la Federación. A los municipios
corresponde la gestión de los asuntos de índole local, incumbiéndoles, en
especial los servicios básicos urbanos, la ordenación territorial y urbanística
y la vivienda de interés social, la vialidad urbana, la ordenación del tránsito
de vehículos y personas y los servicios de transporte público urbano, la protección del ambiente y la cooperación en el saneamiento ambiental, así como
la protección civil, los servicios de protección a la primera y segunda infancia, a la adolescencia y a la tercera edad, la educación preescolar, a la policía
municipal y la justicia de paz.

5. Las características fundamentales y la organización básica, a escala nacional, de la Administración pública

A) *Consideraciones generales*

Salvo por las diferencias que derivan del presidencialismo más o menos acusado que rige en los Estados americanos (con independencia de su organización territorial, federal o no, y que determina —en el plano de político-gubernamental— la específica posición del presidente frente a los ministros) y del sistema parlamentario propio de los Estados europeos (también con independencia de su organización territorial y que hace —en el mismo plano— del presidente del gobierno un director-coordinador de los ministros), la organización, a escala nacional, de la Administración pública —plano que es el que interesa— responde, sin perjuicio de inevitables modulaciones, a un mismo esquema acreditativo de que el poder público administrativo está formado en todos los casos por una pluralidad de organizaciones: articulación por ramas de acción pública (ministerios o departamentos), estructurados jerárquicamente y con competencia nacional; desconcentración o descentralización funcional de determinadas actividades (establecimientos públicos y organismos de diverso tipo) también a escala nacional; establecimiento de organizaciones dotadas de independencia para la supervisión de ciertas actividades fundamentalmente privadas (llamadas autoridades o administraciones independientes); y desarrollo de empresas públicas. No en todos los casos se da, sin embargo, una presencia territorial, sobre la base de circunscripciones territoriales, de la Administración nacional, es decir, el desarrollo por esta de órganos periféricos o emplazados fuera de la sede de los centrales de aquella Administración. A ello se añade, como diferencia mayor, el grado de diferenciación, en el seno de la función ejecutiva, de la dirección político-gubernamental y la ejecución preofesionalizada propiamente administrativa, que es más nítido en los Estados europeos que en los americanos, sin perjuicio de la existencia de tendencias en estos a la acentuación y el aseguramiento de tal diferenciación (como es el caso de Ecuador).

El cuadro común expuesto, que se cumple con mayor fidelidad en Francia, de un lado, y Costa Rica, de otro, no impide las peculiaridades:

B) *Estados americanos*

En Ecuador cabe destacar: la determinación de los ministerios y las secretarías de Estado en ejercicio de la potestad de organización del ejecutivo (lo que ha dado lugar a un número considerable de aquellos); el recurso frecuente a la descentralización funcional de actividades en instituciones de Derecho público (personificadas) y dependencias administrativas (sin personalidad), unas y otras dependientes de ministerios, sin perjuicio de la presencia de órganos periféricos (de ámbito regional y provincial); el desarrollo de un amplio sector público integrado por empresas públicas (dotadas de personalidad jurídico-pública y regidas por el Derecho público) clasificables en empresas de servicios públicos básicos, comerciales y financieras; entidades mercantiles de capital público y mixto (especialmente en el sector energético y regidas por el Derecho privado); y, finalmente, la existencia de algunas organizaciones calificables de autoridades independientes, como el Banco Central, el Instituto Ecuatoriano de Seguridad Social (IESS) y algunos organismos de control y de regulación. Peculiaridad destacable de la Administración ecuatoriana —que no singularidad, pues se sitúa en la misma línea de las novedades constitucionales introducidas en Venezuela— es la representada por el Consejo Nacional Electoral, el Consejo de Participación Ciudadana y Control Social (compuesto por organismos de regulación y control: Contraloría General del Estado, Procuraduría General del Estado y superintendencias de Bancos, Compañías, Valores y Seguros, competencia y poder de mercado, Comunicaciones, Organización Territorial, economía popular y solidaria, de organización territorial y uso de suelos) y el Consejo de Competencias.

Uruguay es un buen ejemplo de identificación —bajo la denominación de Administración central— del poder y función ejecutivos nacionales, cuya cabeza es el presidente de la República. El presidencialismo está aquí, sin embargo, atenuado en la medida en que —de modo similar a como operan los presidentes de gobierno en los Estados europeos— ha de actuar en acuerdo bien con el ministro o ministros respectivos, bien con el Consejo de Ministros. La Administración se articula, pues, también por materias o grupos de materias en ministerios (articulados jerárquicamente), que son determinados por ley, aunque sus competencias pueden ser redistribuidas por norma reglamentaria. Aunque no cuenta con una organización periférica en el territorio (lo que sin duda obedece a las características del país), si dispone —incluso por previsión constitucional— de organizaciones funcionalmente descentralizadas: entes autónomos y servicios descentralizados (los primeros representan un mayor grado de descentralización pues ejercen la generalidad de los poderes de administración y están sujetos a un control que no implica tutela administrativa), todos ellos regidos por el Derecho público, caracterizados por un cometido especial y con prohibición, por tanto, de realización de actividades ajenas a su giro o tráfico propio. Es de destacar el régimen restrictivo de la creación de estas organizaciones descentralizadas: solo es posible por decisión constitucional o por ley aprobada por una mayoría de dos tercios (los entes autónomos) y por mayoría absoluta (los servicios descentralizados). Dentro de estos entes y servicios se diferencia entre los constitucionalmente necesarios (bancos de Previsión Social y Central y los de enseñanza); servicios del dominio industrial o comercial (atribuirse bien a un ente autónomo, bien a un servicio descentralizado; servicios no susceptibles de ser descentralizados bajo la forma de entes autónomos (aunque pueda concedérseles cierta autonomía de gestión) pero atribuibles a un servicio descentralizado, salvo que se integren en la Administración matriz; y actuaciones centralizadas (defensa nacional, policía del orden y relaciones exteriores, por ejemplo). Interesante es el sistema de control de los organismos descentralizados (salvo los de enseñanza), que se manifiesta primero en observaciones —incluidas las de suspensión— de seguimiento no obligatorio, pero cuya inobservancia puede dar lugar a la corrección de actos o actuaciones, la remoción de cargos y la imposición de correctivos (que tienen eficacia provisional, que solo adquieren eficacia definitiva si el Senado no se pronuncia sobre ellos en determinado plazo). Finalmente, la Administración central cuenta también con un sector público económico, el que —además de ser posibles sociedades de economía mixta— conviven la participación pública en sociedades privadas. Peculiaridad uruguaya es la figura de las personas jurídico-públicas no estatales, que —creadas por ley— operan en régimen de Derecho privado (aunque disponen de ciertas potestades: las de inspección y sanción), pueden desarrollar actividades industriales, comerciales o financieras, se financian mediante transferencias públicas, ingresos parafiscales y precios, y tienen fines diversos (en particular, sociales, de fomento y control de la actividad privada).

También en Colombia la Administración pública nacional depende, en último término, del presidente de la República, que, además de Jefe del Estado, es Jefe del Gobierno y está integrada, en lo que aquí interesa y presentando un mayor grado de sistematización, por los ministerios y departamentos administrativos (órganos principales que, bajo la dirección del presidente, forman el gobierno[9]) y las superintendencias y las unidades administrativas especiales sin personalidad jurídica (adscritas a uno de los anteriores), así como por órganos consultivos o de coordinación: Consejo de Ministros (peculiaridad colombiana), consejos superiores de la administración (de categoría superior a los ministerios y departamentos: el de Planeación, el de Política Económica y Social y el Superior de Comercio Exterior), comisiones intersectoriales, y los órganos creados, con carácter permanente o temporal y con representación de entidades estatales, así como, en su caso, del sector privado, por ley. El presidente es también el máximo órgano de la Administración nacional y, en tal calidad, ejerce —entre otras— las potestades reglamentaria, de organización administrativa y de nombramiento de funcionarios, contando con un Departamento Administrativo de Presidencia capaz de gestionar determinados programas especiales bajo su directa dirección. Tanto las superintendencias, como las unidades administrativas especiales responden a una peculiar desconcentración (sin generación de nuevas personalidades jurídicas) de atribuciones

---

[9] Es destacable que los ministerios y departamentos administrativos son prácticamente equiparables, diferenciándose en que mientras los primeros tienen carácter político (demás de administrativo) los segundos cumplen funciones exclusivamente administrativas.

del presidente, cumpliendo: i) las primeras, funciones de inspección y vigilancia de la prestación de servicios públicos y las actividades financiera, bursátil, aseguradora y, en general, de gestión, aprovechamiento e inversión de recursos captados del público, así como las cooperativas y sociedades mercantiles, y ii) las unidades, tareas y programas administrativos segregados de la organización ordinaria de ministerios y departamentos (para excluir el régimen administrativo ordinario). Finalmente, la Administración central colombiana se caracteriza igualmente por el desarrollo de un amplio sector público descentralizado, resistente —algo en modo alguno inusual— a la sistematización. Está integrado por:

A) Entidades resultantes de descentralización directa:

• Establecimientos públicos (denominación de sabor francés), creados por ley, dotados de personalidad jurídica propia para el desarrollo de tareas administrativas o la prestación de servicios y adscritos a un ministerio o a un departamento administrativo, rigiéndose por el Derecho público.

• Empresas industriales y comerciales, creadas por ley o sobre la base de una habilitación legal, dotadas de personalidad jurídica y autonomía administrativa y financiera y dedicadas a la producción de bienes y servicios y a la prestación de servicios públicos.

• Sociedades de economía mixta que, a pesar de que la participación pública no puede ser inferior al 50 por ciento, se rigen por el Derecho privado y desarrollan actividades de carácter industrial o comercial.

B) Entidades resultantes de descentralización indirecta (derivadas de la asociación de organizaciones públicas entre sí o con particulares): las asociaciones públicas, las asociaciones de empresas industriales y comerciales, las asociaciones entre entidades públicas, las fundaciones y asociaciones con participación de particulares.

C) Organismos administrativos de régimen especial: el Banco de la República, los entes universitarios autónomos, las corporaciones autónomas regionales, las empresas sociales del Estado, los fondos y las agencias, comisiones y autoridades (equiparables a administraciones independientes y establecidas para la regulación y supervisión de ciertos sectores).

Finalmente, común a los dos Estados federales considerados —Argentina y Venezuela— es la articulación de la Administración general en órganos centrales (sin organización territorialmente desconcentrada alguna, salvo la representada, en Venezuela, por las llamadas autoridades regionales que puede establecer el presidente) y entes descentralizados funcionalmente.

Argentina constituye el máximo exponente del presidencialismo: el presidente de la República, además de la jefatura del Estado, desempeña el poder ejecutivo nacional, que es unipersonal, teniendo atribuidas, además de funciones políticas y normativas, las inherentes a la función administrativa (comprensiva de las pertinentes a la ejecución de las leyes y las constitucionalmente reservadas a la Administración). En su condición de cabeza de la Administración es superior jerárquico de todos los órganos pertenecientes al poder ejecutivo, ejerce la dirección y tutela de las entidades descentralizadas. En este cometido administrativo está auxiliado por el jefe de gabinete, al que corresponde la administración general del país, ejerciendo, además, las facultades que le delegue el presidente.

También en Venezuela, finalmente, la Administración federal se denomina —al igual que en Colombia— Administración Pública nacional. Se estructura en:

A) Administración calificable de central, constituida por:

• Órganos superiores de dirección, coordinación y control y consulta (siendo apreciable aquí cierto paralelismo con Colombia), a los que corresponde la dirección y ejecución de la política interior y exterior, el ejercicio propio de la función ejecutiva, la potestad reglamentaria, la conducción estratégica del Estado, la formulación, aprobación, evaluación y seguimiento de las políticas públicas y la evaluación del desempeño institucional y de resultados. De dirección son, además del presidente y el vicepresidente, el Consejo de Ministros, los ministros, los viceministros y las autoridades regionales ya mencionada. De coordinación y control es la llamada Comisión Central de Planificación (coordinadora de las actuaciones de todos los órganos y entes de la Administración en el marco del Plan de Desarrollo Económico y Social). De carácter consultivo son: la Procuraduría General de la República (a la que compete asesorar, defender y representar judicial y extrajudicialmente los intereses patrimoniales de la República), el Consejo de Estado (órgano superior de consulta del gobierno y de la Administración Pública nacional), el Consejo de Defensa de la Nación (máximo órgano de consulta en asuntos de defensa integral de la Nación y su soberanía y de la integridad de su espacio geográfico), las juntas sectoriales (a las que corresponde analizar, recomendar y la coordinación de acciones de gestión en los diversos sectores de políticas públicas) y las juntas ministeriales (que analizan y evalúan en cada ministerio la ejecución y el impacto de las políticas públicas correspondientes).

• Órganos puramente eventuales que puede crear el presidente: consejos nacionales, comisionados y comisiones presidenciales e interministeriales, autoridades únicas de área, sistemas de apoyo técnico y logístico de la Administración Pública, y oficinas nacionales. A estos se añaden los órganos y servicios desconcentrados sin personalidad y dotados, sin embargo, de autonomía y dependientes del vicepresidente ejecutivo, el vicepresidente sectorial, el ministro o del viceministro, o del jefe de la oficina nacional que determine el decreto correspondiente.

B) Administración periférica (llamada también indirecta), integrada, de forma peculiar, por servicios con funciones de contenido y alcance diversos, dotados de personalidad jurídica propia y cierto grado de autonomía, que asumen la gestión de determinadas tareas de la Administración matriz. Estas organizaciones son de dos tipos: a) entes descentralizados de Derecho público; categoría en la que se distingue, a su vez, entre los de naturaleza fundacional (institutos autónomos) y entes de carácter asociativo (universidades nacionales, colegios profesionales y academias); b) entes descentralizados de Derecho privado (con carácter empresarial o no; categoría en la que se incluyen las empresas del Estado —en las que la participación pública supera el 50 por ciento del capital— y las fundaciones del Estado (en cuya constitución participa el Estado para fines de utilidad pública), y c) asociaciones y sociedades civiles del Estado —en las que el Estado tiene igualmente la mayoría de las cuotas de participación—.

C) Misiones y consejos comunales, que constituyen una peculiaridad venezolana. La creación de las misiones es una facultad presidencial y tiene por finalidad la satisfacción de necesidades básicas y urgentes de la población. Carecen de forma orgánica predeterminada, pudiendo optarse bien por su articulación como Administración indirecta desconcentrada o bien descentralizada.

Los consejos comunales son, por su parte, instancias de participación, articulación e integración ciudadana y de organizaciones comunitarias, movimientos sociales y populares para el ejercicio por el pueblo del gobierno comunitario y la gestión directa de políticas y proyectos públicos dirigidos a satisfacer aspiraciones de colectivas. La jurisprudencia los considera entes públicos descentralizados.

C) *Estados europeos*

a) *Francia.* Dado el carácter unitario de la República francesa y su evolución, las relaciones entre el poder político del Estado y la Administración general o nacional se caracterizan —tal como se señala en el estudio dedicado a dicho país— por un fenómeno de ósmosis determinante de una relativa confusión entre Estado y Administración, estando esta bajo el control directo del escalón político del ejecutivo (presidente de la República, primer ministro, ministros).

Se trata de una Administración, sólidamente articulada y construida, en la que se distingue: i) la directa o *en régie* (en la que los mismos órganos, gestionados por el personal funcionario estatal, realizan la dirección, la ejecución y el control del conjunto de sus actividades). Expresa, pues, el modelo administrativo centralizado, aunque atenuado por una cierta desconcentración, este modelo ultra- centralizado es, de manera evidente, inmóvil y de una inercia y una complejidad ostensible, que resulta ser, en gran medida, inadecuado para la gestión de las actividades cada vez más diversificadas dentro de la competencia del Estado; ii) la funcionalmente descentralizada mediante servicios públicos personalizados: a) los establecimientos públicos, dotados de cierta autonomía para actividades administrativas concretas que se decide no lleve a cabo la Administración directa (ejemplos son la Caja de Depósitos y Consignaciones, la Escuela Nacional de Administración y las Universidades); y b) los establecimientos públicos de carácter comercial e industrial; formas organizativas que se han visto afectadas por la privatización de servicios inducida por el Derecho europeo; y —también con notable influencia de la Unión Europea— las llamadas autoridades o administraciones independientes —es decir, sustraídas a cualquier control jerárquico o de tutela— supervisoras y reguladoras de sectores de la actividad económica, que se han ido multiplicando: Defensor de los Derechos, Comisión Nacional de Informática de Libertades, Comisión de Acceso a Documentos Administrativos y Consejo Superior para lo Audiovisual.

b) *Italia.* En Italia, en tanto que —como nos consta— Estado regional, el poder público administrativo es plural, pero el Estado-Administración, que goza de personalidad jurídica, sigue siendo la pieza más importante y activa de ellas. Aunque está configurada como un único sujeto, su subjetividad se expresa en una organización desagregada y fragmentada. La organización directa, incardinada al Gobierno, está articulada en ministerios. Y su actividad de contenido económico, ejercida en libre competencia con las empresas privadas, se desarrolla mediante entes económicos públicos y, en definitiva, empresas públicas que o bien son organismos públicos que, sin embargo, operan en régimen de Derecho privado en tanto que realizan actividades económicas y que, al compás del Derecho de la Unión Europea, se han ido transformando en sociedades mercantiles (algunas de las cuales, cumpliendo los requerimientos europeos, actúan como organizaciones empresariales en mano pública a título de meros instrumentos de la Administración, fenómeno de la provisión de bienes y servicios *in house*). También en este caso se ha producido el desarrollo de una Administración independiente de supervisión y regulación de sectores de contenido económico siguiendo los modelos de las *indipendent agencies* de Estados Unidos y de las *autorités administratives indépendantes* francesas y bajo la presión del Derecho de la Unión Europea, cuyo encaje constitucional es debatido. En ellas se distingue entre autoridades sectoriales (circunscritas a un sector económico particular) y transversales (establecidas para la protección de intereses públicos específicos de ámbito general). Las principales Administraciones independientes son: la Autoridad para la garantía de las comunicaciones; la Autoridad italiana de la Competencia; el Banco de Italia (parte integrante del Sistema Europeo de Bancos Centrales); la Comisión Nacional de Empresas y la Bolsa de Valores; el Instituto para la supervisión de los seguros; el Garante para la protección de datos personales; la Autoridad Reguladora de Redes de Energía y Medio Ambiente; el Garante del Contribuyente, y la Autoridad Nacional Anticorrupción.

c) *España*

a') *Cuadro general*. La Constitución de 1978 establece una regulación que —aunque referida a la instancia general del Estado— sirve de modelo también a las instancias territoriales políticas (comunidades autónomas). Esa regulación articula la función ejecutiva nacional en dos piezas: una directiva, el Gobierno, y otra dirigida, la Administración General del Estado, y determina:

• La dirección por el Gobierno de la política interior y exterior, la Administración civil y militar y la defensa del Estado, ejerciendo la función ejecutiva y la potestad reglamentaria de acuerdo con la Constitución y las leyes. El Gobierno, que surge del Congreso de los Diputados, se compone del presidente, los vicepresidentes, en su caso, los ministros y de los demás miembros que establezca la ley. El presidente dirige la acción del Gobierno y coordina las funciones de los demás miembros del mismo, sin perjuicio de la competencia y responsabilidad directa de estos en su gestión.

• El servicio, con objetividad, por la Administración pública de los intereses generales y su actuación de acuerdo con los principios de eficacia, jerarquía, descentralización, desconcentración y coordinación, con sometimiento pleno a la ley y al Derecho, siendo los órganos de dicha Administración creados, regidos y coordinados de acuerdo con la ley.

• El control por los tribunales de la potestad reglamentaria y la legalidad de la actuación administrativa, así como el sometimiento de esta a los fines que la justifican.

La vigente ley reguladora del régimen del sector público sitúa todas las Administraciones, es decir, las organizaciones que tienen tal consideración dentro del elenco de las integrantes del llamado sector público. La adopción de esta perspectiva —previamente adoptada por la legislación presupuestaria— tiene por objeto, bajo influencia del Derecho europeo, la sistematización de todas las organizaciones reductibles al mundo de lo público como consecuencia de: i) la política —inscrita en las más amplias de estabilidad presupuestaria y sostenibilidad financiera y de reforma de las Administraciones— de reducción, saneamiento y racionalización del fenómeno del persistente y desordenado desarrollo de las entidades instrumentales estatales (así como de las autonómicas y locales) de carácter fundacional y empresarial; desarrollo, entre cuyas causas se suelen destacar i) el recurso a la conocida como "huida del Derecho administrativo" (sujeción de actividades administrativas al Derecho privado) y ii) la tendencia al endeudamiento "fuera de balance".

La disciplina del fenómeno, que no es de ahora, había sido intentada ya, sin éxito, con anterioridad. Primero en 1958 nació con el objetivo frustrado por la previsión de excepciones y la dinámica real de la búsqueda de un estatuto singular (generadora de los organismos llamados, por ello, atípicos) e inauguró la perspectiva que ha acabado predominando: la del control económico-financiero; perspectiva que en este contexto, fue asumida, estableciendo una clasificación general propia, en 1977, por la legislación general presupuestaria. El segundo intento —llevado a cabo en 1997 con un planteamiento netamente organizativo y el propósito de adecuación al Derecho europeo quedó igualmente frustrado por idénticas razones al fracaso del de 1958; fracaso, agravado por la introducción en 2006 —a fin de incrementar el grado de autonomía y flexibilizar la gestión administrativa— del tipo organizativo "agencia estatal". La incapacidad así mostrada por la legislación general de carácter organizativo para imponer su filosofía propia se puso, además, de manifiesto con ocasión de la aprobación tanto de la ley de fundaciones (en 2002), que generaliza la aplicación a la gestión pública de la figura de las fundaciones en mano pública (rebautizadas luego como "del sector público estatal"), como de la Ley del patrimonio de las Administraciones (2003), que descansa en una clasificación propia de entidades efectuada bajo la clara influencia de la legislación general presupuestaria.

El predominio final de la disciplina económico-financiera sobre la propiamente organizativa se anticipó ya en la vigente Ley general presupuestaria, que: i) consagra definitivamente la categoría "sector público estatal"; ii) divide este en tres subsectores: administrativo, empresarial y fundacional, no sin enriquecer aún la tipología de organizaciones del mismo. Lo prueba la decantación final (para su ajuste al Derecho europeo) de la Ley de contratos justamente del sector público, que extiende, en efecto y al delimitar su ámbito subjetivo de aplicación, la lógica de la legislación general presupuestaria. La conversión de esta última lógica en criterio organizativo general (no productor, sin embargo, de una determinación única del sector público) se produce en el régimen jurídico del que ahora da denominación al texto legal en vigor, con abandono del tradicional: el de las Administraciones públicas. El ámbito subjetivo de aplicación del régimen básico de todas estas, constitutivo del objeto de la ley se acota, en efecto, por relación a la categoría de sector público; sector, que —además de las Administraciones territoriales– incluye (sector público dentro del sector público) el "sector público institucional", integrado —a su vez y además de las Universidades públicas– por: i) organismos y entidades de Derecho público vinculados o dependientes de las Administraciones (únicos que, dentro de este sector, tienen la consideración de Administraciones), y ii) entidades de Derecho privado vinculadas o dependientes de estas.

La ley fía el cumplimiento de su ambición sistematizadora del sector público:

a) Para todas las instancias territoriales, a dos mecanismos: i) el Inventario de Entidades del Sector Público Estatal, Autonómico y Local, en el que deben inscribirse obligatoriamente la creación, modificación y extinción de cualquier entidad integrante del sector; inscripción que, significativamente, es requisito para la obtención del número de identificación fiscal definitivo de la Agencia Estatal de Administración Tributaria; y ii) el establecimiento y funcionamiento preceptivos en cada Administración territorial de un sistema de supervisión continua de sus entidades dependientes, que conlleve la formulación periódica de propuestas de transformación, mantenimiento o extinción.

b) Y, para la instancia general del Estado, específicamente a: i) la supresión de especialidades propiciadoras de la excepción de la aplicación de los controles administrativos, es decir, la famosa huida del Derecho administrativo, y el establecimiento de dos tipos de control: la supervisión continua (a cargo del Ministerio de Hacienda); ii) la evaluación de la eficacia o cumplimiento de objetivos (a cargo del Departamento competente, que no enerva el de la gestión económico-financiera por la intervención general del Estado); y iii) la prohibición tanto a la Administración General del Estado, como a las entidades integrantes del sector público institucional estatal, del ejercicio de control efectivo, directo o indirecto, sobre ningún otro tipo de entidad distinta, cualquiera que sea su naturaleza.

Por tanto, las organizaciones del sector público que tienen la consideración de, es decir, son administraciones, se reducen a i) las administraciones territoriales —la Administración General del Estado, las administraciones de las comunidades autónomas y la Administración local—; y ii) las instrumentales (organismos públicos y entidades de Derecho público) directamente vinculadas a, o dependientes de, ellas. Esto no quiere decir que las restantes organizaciones del sector público no puedan ejercer potestades administrativas (realizando así actuaciones administrativas) y, por tanto, ser tratadas como Administraciones *secundum quid*; significa solo que únicamente las antes aludidas son siempre y en todo caso administraciones. Todas estas últimas responden al llamado tipo institucional-burocrático, cuyas características fundamentales son la división del trabajo, la estructura jerárquica, la racionalización y uniformización de los procesos de trabajo internos y la actuación de las tareas por personal cualificado técnicamente en régimen de dedicación profesional.

En virtud de la integración supranacional, a estas Administraciones internas ha de sumarse aún la Administración de la Unión Europea, compuesta, a su vez, por instituciones, órganos y organismos que realizan funciones neta o predominantemente de tipo administrativo ejecutivo: la Comisión Europea desde luego, pero también toda una serie de órganos (activos, como el Servicio Europeo de Acción Exterior; y consultivos, como el Comité Económico y Social Europeo y el Comité de las Regiones), organismos (entre los que figuran el Banco Central Europeo, el Defensor del Pueblo Europeo y el Supervisor Europeo de Protección de Datos) y organismos descentralizados, denominados en la mayoría de los casos agencias, autoridades, centros o institutos, pero también empresas comunes, que forman ya una verdadera constelación de organizaciones. Esta Administración europea se articula en la práctica como un nuevo escalón (supranacional) administrativo, un auténtico escalón ejecutivo europeo, con competencias propias directamente regulado por el Derecho de la Unión y es conceptuable en su núcleo, *mutatis mutandis*, como universal y territorial, articulándose también al modo institucional-burocrático, en el sentido más arriba apuntado. Y está en estrecha relación con la Administración interna, tanto más cuanto esta opera en todo caso como Administración indirecta de la Unión. Además, la específica construcción de la Unión y, particularmente, de la ejecución de su Derecho está determinando: de un lado, estructuras administrativas calificables de mixtas (entre los Estados miembros y la Unión) y en red; y, de otro, la imposición a dichos Estados de determinadas soluciones organizativas y funcionales, especialmente para la regulación técnico-económica de sectores-mercados, bajo la forma de organismos reguladores o supervisores dotados de independencia funcional; fenómeno, que tiene consecuencias incluso de mayor alcance: una verdadera mutación en la posición de los legisladores internos, que ven afectada la cualidad universal de su potestad normativa por efecto de la aparición de una suerte de reserva de la expresada función de regulación (configurada como discrecional) a favor de la Administración bajo la apuntada forma de organizaciones independientes. Se trata de un proceso que, adelantado ya en las sentencias del Tribunal de Justicia de la Unión Europea de 13 de noviembre de 2008, Comisión c. Polonia, y 10 de enero de 2008, Comisión c. República Portuguesa, parece quedar consolidado con la posterior de 3 de diciembre de 2009, Comisión c/Alemania.

Por lo que hace al sistema administrativo nacional interno, la división constitucional de funciones, además de incluir la dimensión territorial, comporta la desagregación interna de la función ejecutiva en términos que hacen de la Administración no solo un poder diferenciado del Gobierno, sino también un poder público complejo, por internamente descompuesto en una pluralidad de organizaciones distintas con funciones de contenido y alcance diversos. Consistiendo la función de ejecución, en su variedad específica administrativa, en el desarrollo de procesos decisionales y de prestación de servicios públicos conforme a programas legislativos diversos, pero referidos siempre a la satisfacción del interés general, lo dicho conduce a la de la organización de los referidos procesos como núcleo de la Administración determinada constitucionalmente, indisponible, por tanto, en sede constituida. Esta comprobación es capital para la clarificación de la debatida cuestión acerca de la admisibilidad del recurso al Derecho privado en la ejecución administrativa. Mientras la expresada organización es necesariamente de Derecho público por imperativo constitucional, la unidad del ordenamiento jurídico posibilita, en ausencia de prescripción constitucional prohibitiva, la integración de la regulación material aplicable en el desarrollo del proceso ejecutivo administrativo con normas de la rama jurídico-privada de aquel. Pero esta integración no hace de la actividad administrativa, sin más, una actividad privada.

b') *Pluralidad de administraciones; elenco de soluciones organizativas.* En la Constitución no existe un único tipo de Administración y sí más bien un elenco de tipos o soluciones organizativas. Con la pluralidad de las Administraciones se corresponde, en efecto, la que se ha calificado como diversidad tipificada de los principios administrativos.

La ausencia de correspondencia entre organización del Gobierno y de la Administración explica que no toda la Administración deba responder al principio de departamentalidad propio de aquél, lo que es importante para la viabilidad de las fórmulas organizativas de autoadministración e independientes. El principio de organización departamental del Gobierno (en todos los niveles territoriales de gobierno) no excluye en modo alguno, pues, la localización de competencias administrativas conforme a soluciones ajenas a su lógica, que solo se impone allí donde sea inexcusable el juego de la responsabilidad parlamentaria (o equivalente local). Esta responsabilidad (en concreto la parlamentaria) no es universal, como lo demuestra ya el hecho de que siempre resultaría constitucionalmente posible (y, en su caso, preceptivo) la localización de competencias administrativas en el escalón local de la organización territorial del Estado.

El elenco constitucional de tipos de soluciones organizativas administrativas:

a) De una parte, comprende la diferenciación entre:

aa) Administración universal (la territorial, que por ello hace referencia a la gestión *in totum* de los respectivos intereses de las comunidades o colectividades diferenciadas que dan lugar a la organización cabalmente territorial del Estado); y

ab) Administración especial (el resto, entre las que destacan las organizaciones dotadas de un *status* constitucional específico, como los centros de enseñanza y, particularmente, las Universidades, y las sociales de configuración legal para la autoadministración, cuyo prototipo son los colegios profesionales). Y,

b) De otra parte, va:

ba) Desde la Administración institucional-burocrática directamente incardinada al correspondiente Gobierno y carente, así, de legitimación de origen democrática directa;

bb) Pasando por todas las fórmulas intermedias, entre las que destacan las soluciones corporativas de autoadministración;

bc) Hasta la Administración democrática y de autoadministración (prototipo: el municipio).

A todo ello se suma la admisibilidad de la puesta al servicio del cumplimiento de programas administrativos tanto de los mecanismos propios del juego de las fuerzas económico-sociales (en particular, el mercado), como del ciudadano en cuanto tal (lo que en modo alguno es una novedad, toda vez que esta solución siempre ha existido, si bien con el carácter de marginal) o

—aprovechando el fenómeno de solidaridad social espontánea— de las organizaciones por él creadas, grupalmente o no (fundaciones, asociaciones y otras entidades, constitutivas hoy del mundo en expansión englobado bajo la denominación de organizaciones no gubernamentales). En estos dos últimos casos, cuando la regulación administrativa de la actuación de los sujetos ordinarios sea suficiente para garantizar la consecución del interés general a través de la acción de estos o el carácter personal de los servicios que se deban prestar los haga especialmente refractarios a la programación normativa y la gestión profesional-burocrática ejecutiva, sin que el orden constitucional demande, en concreto, otras alternativas en virtud de específicos factores de legitimación de la acción estatal. De esta manera el elenco de fórmulas organizativas administrativas en sentido estricto se enriquece con y prolonga en el de las organizaciones privadas y sociales, al igual que la Administración siempre ha continuado por otros medios en el llamado sector público.

c') *Fragmentación del poder público administrativo.* A la diversificación territorial del poder público administrativo ha de añadirse su desagregación en múltiples organizaciones. La Administración no es, pues, una categoría compacta y homogénea, sino más bien un complejo sistema de piezas de lógica distinta. Y no se agota en su caracterización subjetiva, pues funcionalmente alcanza, como consecuencia del mismo fenómeno de fragmentación (solo que ahora en el plano del proceso de gestión del interés general), a las organizaciones sociales e, incluso, a ciudadanos prestadores de colaboración en el cumplimiento de los programas normativos administrativos (en los que tiene lugar una específica descarga de tareas materialmente administrativas).

La fragmentación del poder público administrativo así dispuesta constitucionalmente debe interpretarse como factor de legitimación que no puede contraponerse legítimamente al de la eficiencia-eficacia, puesto que, por definición, no cabe una eficiencia-eficacia al margen del orden constitucional y si solo en y de conformidad con el mismo.

Ese sistema carece, en virtud de la estructuración territorial del Estado, de articulación piramidal y, por tanto, de cúspide presidida por un centro. Cada instancia territorial del Estado tiene que ver con la otra en cuanto tal y no con sus organizaciones administrativas. De acuerdo con, y en el seno de la estructura territorial del Estado rige la que podría calificarse de "típica de la organización administrativa", dotada en cada caso de un centro de gravedad, cuya situación es diferente en las instancias central o general y autonómica, de un lado, y local, de otro. En todos los casos es el tipo de Administración territorial-universal el que ocupa el centro de gravedad del conjunto administrativo, pero mientras en las dos instancias superiores se trata de una Administración con legitimación democrática mediada por el Gobierno que la dirige, en la local adopta la forma de una Administración con legitimación democrática propia que, además, responde a la autoadministración.

En torno a estos centros de gravedad giran, en cada instancia territorial, todas las demás organizaciones administrativas o del sector público obedientes a los diversos tipos admitidos constitucionalmente y las sociales puestas al servicio de tareas administrativas o públicas.

d') *Criterios constitucionales de la organización administrativa.* Además de la precedente articulación básica del sistema administrativo y de la fijación de la tipología fundamental de formas de organización administrativa y social de descarga de la misma, la Constitución contiene también criterios organizativos, referidos tanto a la configuración de las organizaciones, como a la distribución entre ellas de las competencias y a la determinación de la forma de desarrollo y cumplimiento de la correspondiente actividad.

Todos esos criterios, más concretos, responden a la puesta en relación de la índole de las tareas que se deben cumplir, el medio en que ha de actuar la organización, los fines de esta, los bienes constitucionales en presencia y el grado de afectación en su *status* de los ciudadanos destinatarios más directos de su acción. Es claro, así, que cuando se trata de tareas fundamentales que requieren la interpretación de necesidades sociales y su conversión en actuaciones, aquellas demandan el tipo de la Administración territorial-universal, en cuanto único que posee la necesaria nota de creatividad y capacidad de ocupación de materias nuevas; razón, por la que precisamente las Administraciones de ese tipo integran, como se ha dicho, el centro de gravedad de cada subsistema administrativo. Es este tipo de Administración, además, el único que puede desempeñar la principal de las calificables como tareas administrativas secundarias: la planificación política, es decir, el apoyo al respectivo nivel de gobierno en la preparación y, en su caso, formulación de nuevas políticas administrativas.

En la elección entre las distintas Administraciones territoriales-universales como destinataria de competencias, el criterio de la participación ciudadana (mayor realización de este derecho constitucional), reforzado por el principio de descentralización, determina la preferencia de la Administración local y, más concretamente, la municipal, por razón de sus peculiares características. De resto, los criterios de mayor legitimidad de origen (tracto democrático) y por función (limitación, moderación del poder), idoneidad para hacer efectivos los bienes constitucionales en presencia, participación de los afectados, grado de apertura al control, especialización, profesionalización y tecnificación son los que deben determinar el tipo de organización y la forma de desarrollo de la actividad, a la vista, como se ha adelantado, de los fines que se persiguen, el medio en que ha de operar y el grado de incidencia en el *status* de los ciudadanos requerido: organización especial de carácter instrumental (descentralización funcional); organización corporativa de autoadministración dotada de autonomía en diverso grado; organización independiente (con descarga en el mercado); o, en su caso, descarga en el ciudadano o sus organizaciones.

De lo dicho ha quedado claro ya que la Constitución no prefigura, en concreto, la forma en que ha de cumplirse la tarea de ejecución de los programas legislativos administrativos.

De ahí que el fenómeno apuntado de renuncia a la creación de una específica organización pública para determinadas actividades por encomienda o descarga de estas —incluso mediante la institución del mercado— a personas u organizaciones privadas, que resultan ser, así, colaboradoras en la ejecución administrativa (siendo su actividad, por tanto, objetiva y materialmente administrativa), deba considerarse una opción organizativa legítima más. Esta opción, que es ya una realidad creciente en muchos campos, es especialmente idónea constitucionalmente en las materias en que los bienes públicos y las prestaciones de cuya dación o realización se trata presentan un fuerte componente personal (asistencia social o a sectores sociales discapacitados, marginales o con dificultades para la plena integración) o una clara dimensión internacional (no obstante su importancia para el orden interno; es el caso de la extranjería o la cooperación internacional ligada al problema de las migraciones por razón económica) con consecuente dificultad para su convencional programación normativa administrativa convencional y ejecución directa administrativa estricta.

e') *Régimen jurídico fundamental de las Administraciones públicas.* El desarrollo del estatuto constitucional de la Administración General del Estado en tanto que organización:

1. Responde a la distinción entre Gobierno y Administración, conforme requiere la Constitución y ya se ha dicho, y presupone la regulación separada de la organización y el funcionamiento del Gobierno, que se contiene efectivamente en un texto legal específico.

2. Es consecuente con la tradicional separación, a su vez, entre organización y actividad, con descuido de la primera y atención preferente a la segunda (sujeta hoy, constitucionalmente, a un "régimen común").

El escaso desarrollo del Derecho de la organización ha propiciado, en efecto, la actualización del riesgo inherente a la amplísima libertad reconocida a la denominada potestad de organización, admitiéndose que su ejercicio legítimo incluye la opción entre las diferentes formas organizativas admitidas en Derecho y la disociación entre forma organizativa y régimen jurídico de la actividad. La consecuencia no es otra, en último término, que la puesta de la efectividad del estatuto constitucional de la Administración (en su doble vertiente de sujeto y actuación) en la disposición de la referida potestad. De la configuración concreta que del ejercicio de esta resulte depende, en efecto, que se esté o no ante una Administración y una actividad administrativa regida claramente por los principios y reglas constitucionales y, por su intermedio, de su sujeción plena al específico control judicial previsto en la norma fundamental.

El planteamiento de la legislación vigente no solo es plausible, sino conforme con la Constitución, que contempla la Administración a la vez como organización y como actividad.

Como organización, la Administración pública:

• Es una parte de la estructura del Estado y, concretamente, la que cumple la función ejecutiva bajo la dirección del correspondiente órgano de gobierno.

Esta característica es solo predicable de la Administración institucional-burocrática (no por tanto, de la Administración con legitimación democrática propia, es decir, la local).

• Se distingue del órgano de gobierno de la instancia territorial de la que forma parte.

• Debe ser adecuada para cumplir la nota esencial de servicio con legalidad, objetividad y eficacia del interés general.

Como actividad, la Administración es, desde luego, actuación del sujeto definido en los términos expuestos, pero igualmente actuación materialmente administrativa sin más, incluso si esta consiste en una actividad formalizada y dirigida a producir decisiones típicas (disposiciones y actos administrativos). Esta determinación objetiva (la actividad de la Administración en cuanto parte de la estructura del Estado) comprende:

• De un lado, toda la actuación de una Administración, tanto la formalizada como la real o técnica (y su omisión, es decir, la inactividad) y también la realizada al margen de los requerimientos mínimos para ser recognoscible como actuación administrativa (vía de hecho).

• De otro lado, la actividad material u objetivamente administrativa de cualesquiera otras organizaciones estatales distintas de la Administración. La inclusión de esta tiene por finalidad principal su control judicial en los términos que la Administración se manifiesta, por ello, en la extensión del ámbito de conocimiento del orden jurisdiccional contencioso-administrativo sin afectar al estatuto de las correspondientes organizaciones. Se logra, así y sin repercusión negativa, un canon de legalidad y eficacia y un control judicial idénticos al de la actividad de la Administración pública para la de todos los poderes públicos no administrativos, pero que desarrollan accesoriamente actuaciones equiparables a la de aquella.

f') *Organización de la Administración General del Estado: modelo organizativo y principios de organización y funcionamiento.* En punto al "gobierno y administración" de la instancia general del Estado, el legislador ordinario ha optado, al desarrollar la Constitución, por la regulación separada, pero evidentemente coordinada, del Gobierno y de la Administración General del Estado, solución que no solo es legítima, sino que presenta la ventaja, frente a la de regulación conjunta de ambas piezas, de resaltar la entidad propia de la primera en el orden constitucional y la solución de continuidad que este supuso respecto del régimen político franquista, cuya óptica propia era cabalmente, para el entero complejo orgánico-funcional de que se trata, la de la Administración y cuya influencia inercial —con repercusiones distorsionadoras— ha venido prolongándose bajo aquel orden gracias a la pervivencia, largo tiempo y en lo fundamental, de la legislación dictada en los años cincuenta del siglo xx. En favor de la alternativa legislativa elegida se suma, además, la distribución territorial que de la potestad legislativa hace la Constitución, en la que la reserva a las Cortes Generales de las bases del régimen jurídico de las Administraciones y del régimen estatutario de sus funcionarios (para la garantía, en todo caso, de un tratamiento común ante ellas), así como —entre otros extremos— el procedimiento administrativo común y el sistema de responsabilidad patrimonial de todas dichas Administraciones, excede de la dimensión competencial que le es propia, para condicionar el ordenamiento del sistema administrativo: impone, en efecto, una legislación común, cuya lógica atraviesa (imponiendo la suya) la específica de cada una de las instancias territoriales y que, por esta razón, asume una posición funcional de norma de cabecera de las normas generales, autonómicas y, en su caso, locales reguladoras de cualquiera de los extremos mencionados (en calidad de *prius* lógico de estas). Esta perspectiva coloca bajo luz específica las remisiones a la ley ordinaria que, con motivo de la regulación diferenciada del gobierno y la Administración, se hacen en la Constitución, pues es claro que mientras las relativas al Gobierno solo tienen como criterio y referencia la propia norma fundamental, las atinentes a la Administración General del Estado deben inscribirse ya en el marco del bloque de la constitucionalidad que con aquella forman lógicamente las bases y determinaciones comunes a todas las Administraciones. Y de hecho el legislador general ha extraído las consecuencias que parecen derivarse de tal perspectiva, regulando separadamente aquellas bases —primero en un único texto y hoy en dos paralelos relativos, respectivamente, al régimen jurídico y el procedimiento— y el régimen del gobierno.

La vigente legislación define un modelo para todas las organizaciones referibles a la instancia general del Estado e imputables funcionalmente al servicio de los intereses públicos cuya gestión está encomendada constitucionalmente a dicha instancia, es decir, el sistema de organizaciones del sector público y, en particular y dentro de él, de las administrativas del Estado.

El modelo reposa sobre las siguientes ideas básicas:

1. La diferenciación constitucional entre la actividad administrativa y la privada o de los sujetos ordinarios. Esta primera diferenciación es capital para la efectividad del orden económico constitucional y su interpretación sintonizada con el Derecho originario comunitario-europeo.

2. En consecuencia, las actividades de contenido económico no son, como regla general y cuando deben desarrollarse en régimen de libre competencia, públicas, sino privadas. Esto no impide que las organizaciones administrativas

puedan ejercer la iniciativa económica (mediante empresas total o parcialmente en mano pública: empresas públicas en general y sociedades mercantiles estatales en particular) y desarrollar dichas actividades privadas, aunque actuando como si fueran sujetos privados, es decir, con plena sujeción al Derecho común.

3. Toda alteración del trazado en cada momento vigente entre los campos de la actividad pública y la privada en el terreno económico se ofrece así, según su sentido, bien como "reserva" al sector público, bien como liberalización, privatización o "devolución" al sector privado; decisiones que están reservadas constitucionalmente al legislador parlamentario.

Estos fundamentos ponen de manifiesto las grandes líneas del modelo:

• Distinción entre organización administrativa y organizaciones creadas como consecuencia del ejercicio de la iniciativa económica y para el desarrollo de una actividad de contenido económico no reservada al sector público (sociedades en mano pública).

• Construcción de la organización administrativa sobre el dato de la personalidad y el juego del doble criterio funcional y orgánico.

• Condicionamiento por el dato de la personalidad del entero estatuto de las personas jurídico-administrativas.

Siendo personas —aunque de características específicas— pueden obrar en el mundo del Derecho. Pero no de forma igual a como lo hacen los sujetos ordinarios, pues las Administraciones tienen acotada su acción por la estricta suma de las potestades que, en cada momento, les atribuya el ordenamiento jurídico. Esto asegura la coherencia entre estatuto subjetivo y estatuto de la actividad en la organización administrativa, al excluir de raíz el inadmisible fenómeno de que las personas que integran la Administración posean la facultad de crear otras organizaciones con igual finalidad pública, pero ámbito de actuación y estatuto distintos y más amplios que los propios de las matrices o creadoras. Y procura también, consecuentemente, la garantía del principio de legalidad, en su dimensión crucial de efectiva sujeción de la totalidad de la organización y de la actividad administrativa al Derecho predeterminado por la Constitución. Esta es cabalmente la razón del establecimiento de una reserva de ley para la creación de organismos públicos, que no se contempla para la de órganos en la Administración matriz.

• Fijación del sistema administrativo en los términos siguientes:

1º. Diferenciación entre actividad administrativa ordinaria y la precisada, para su correcto desarrollo, de un régimen singular de autonomía.

De ella resulta que las aludidas organizaciones pasan a denominarse autoridades administrativas independientes, incluyéndose en el sector público institucional.

2º. Doble distinción, dentro de la actividad administrativa ordinaria, entre, de un lado: i) la actividad administrativa originaria y superior, incardinada directamente al Gobierno y dirigida por este y ii) la actividad administrativa derivada e instrumental, incardinada indirectamente al gobierno y dirigida mediata y, en su caso, limitadamente por este; y, de otro lado y correspondiéndose —en el plano organizativo— con la previa efectuada en el funcional, de: i) Administración directa (la Administración General del Estado) y ii) Administración indirecta (instrumental o institucional), desglosada en organismos públicos (organismos autónomos y entidades públicas empresariales), autoridades administrativas independientes, sociedades mercantiles estatales, consorcios, fundaciones del sector público y fondos sin personalidad jurídica y universidades públicas no transferidas (englobados todos en la categoría "sector público institucional").

3º. Determinación de la lógica interna del sistema para garantizar (en el caso del sector público estatal) tanto su inserción ajustada a la estructura constitucional de poderes públicos (a través del gobierno), como su coherencia y funcionalidad, es decir, su idoneidad desde el punto de vista de su cometido constitucional. Tal lógica responde a una serie de claves:

a) La articulación de las organizaciones administrativas instrumentales o institucionales como una constelación que gira en torno a la Administración General del Estado, gracias a una vinculación a esta de intensidad variable (básicamente: dependencia o vinculación y adscripción).

b) La dirección por el Gobierno de la Administración General del Estado y, a través de ella, de los organismos públicos (o entidades integrantes del sector público institucional). Y

c) La construcción de la relación de instrumentalidad entre la Administración General del Estado y los organismos públicos (o entidades integrantes del sector público institucional) sobre la dirección estratégica.

El modelo se complementa con principios de organización y funcionamiento, entre los que merecen ser destacados ahora los siguientes:

1. El principio de descentralización funcional, que —entre las alternativas de retención de la actividad por la Administración directa o su descentralización en organismos públicos (entidades integrantes del sector público institucional)— supone la opción por la segunda de ellas.

2. El principio de desconcentración funcional y territorial, que supone que, en la distribución interna de las actividades en el seno de cada organización, se propicie la descarga de tareas en los órganos de base, evitando, en todo caso, la congestión de los órganos superiores, directivos y de gobierno.

3. El principio de servicio a los ciudadanos, que se traduce en una serie de deberes legales para garantizar la efectividad de los derechos de los ciudadanos y la mejora de los procedimientos, servicios y prestaciones. Su consecuencia

más importante es la obligación de mejora continua de las prestaciones que proporcionen los servicios estatales mediante la formulación, implantación y seguimiento de un conjunto de programas de: i) análisis de la demanda y evaluación de la satisfacción de los usuarios; ii) cartas de servicios (compromisos de calidad en la prestación); iii) quejas y sugerencias; iv) evaluación de la calidad de las organizaciones; v) reconocimiento (a la excelencia y a la calidad y la innovación), y vi) observatorio de la calidad de los servicios.

g') *Organización central.* La organización central es la denominación que recibe el conjunto de los órganos de la Administración General del Estado cuya competencia se extiende a todo el territorio nacional. Los órganos centrales se articulan, teniendo en cuenta la incardinación al gobierno, en ministerios, cuya construcción interna descansa en la agrupación jerárquica de los cargos, las unidades y los órganos inferiores en órganos directivos y órganos superiores; órganos estos últimos, en los que culmina la organización ministerial, a cuyo frente se encuentra el ministro, simultáneamente jefe del departamento administrativo y miembro del gobierno responsable político del área de asuntos propios de dicho departamento.

Los aspectos más sobresalientes son los siguientes:

1º) La organización de la Administración General del Estado, de acuerdo con los principios aludidos y los de descentralización funcional y desconcentración funcional y territorial, sobre los de división funcional en departamentos ministeriales y gestión territorial integrada —salvo excepciones— en delegaciones del gobierno en las comunidades autónomas, en los siguientes términos:

1.1. Elementos organizativos básicos:

i) Puestos de trabajo o dotaciones de plantilla, vinculados funcionalmente por razón de sus cometidos y orgánicamente por una jefatura común.

ii) Unidades administrativas (elementos organizativos básicos de las estructuras orgánicas integradas por puestos de trabajo o, en el caso de las complejas, por otras unidades, que se integran en un órgano) definidas (creadas y modificadas) mediante las relaciones de puestos de trabajo.

1.2. Organización central en ministerios (comprensivos de uno o varios sectores funcionalmente homogéneos de actividad administrativa, cuya jefatura superior corresponde a los ministros) y servicios comunes de cada ministerio (planificación, organización, intendencia, asesoramiento jurídico, gestión presupuestaria y patrimonial, inspección de servicios). Con distinción en ella de:

• Órganos superiores (con la condición de alto cargo): i) ministros y ii) secretarios de Estado, a los que corresponde establecer los planes de actuación de la organización situada bajo su responsabilidad.

• Órganos directivos (con la condición de alto cargo, excepto los subdirectores generales y asimilados): i) subsecretarios y secretarios generales;

ii) secretarios generales técnicos y directores generales, y iii) subdirectores generales, a los que corresponde el desarrollo y ejecución de los planes de actuación.

Estructuración interna de los ministerios en secretaria o secretarías de Estado y secretaría o secretarías generales, con el apoyo de una subsecretaría, sin perjuicio de la posibilidad excepcional de adscribir a un ministro órganos superiores o directivos no integrados en la estructura del ministerio o de organismos públicos no dependientes del mismo.

1.3. Organización territorial (periférica), con distinción en ella solo de órganos directivos: i) delegados del Gobierno en las comunidades autónomas (rango de Subsecretario); y ii) subdelegados del gobierno en las provincias (nivel de subdirector general).

1.4. Administración General del Estado en el exterior, con reconocimiento en ella de la condición de órganos directivos a los embajadores y representantes permanentes ante organizaciones internacionales.

1.5. Sector público institucional: atribución de la condición de órgano directivo por los estatutos de los organismos públicos.

1.6. Dependencia de, o dirección por, un órgano superior o directivo de todos los demás órganos de la Administración General del Estado.

2º) El reparto de la competencia en materia de i) organización administrativa; ii) régimen de personal, y iii) procedimientos e inspección de servicios sobre las dos reglas de: a) atribución por una ley o conforme a ella a concretos órganos de la Administración General del Estado, y b) cláusula residual en favor del Ministerio de Hacienda.

2.5.1. Órganos directivos

Los órganos directivos básicos de los ministerios son las direcciones generales, divididas, en su caso, en subdirecciones generales y agrupadas, a su vez y en su caso, en secretarías generales, a los que se añaden —agrupando los servicios comunes— las subsecretarías (una por ministerio).

Las direcciones generales son los órganos directivos encargados de la gestión de una o varias áreas funcionalmente homogéneas del Ministerio, siendo sus titulares nombrados y cesados libremente entre funcionarios de carrera del subgrupo A1 (sin perjuicio de la posibilidad de excepción de la condición de funcionario en función de las características de la Dirección General).

Las subdirecciones generales son las divisiones primarias de las direcciones generales, cuya actividad se desarrolla bajo la supervisión del titular de la correspondiente dirección general o del órgano del que dependan, siendo nombrados —respetando los principios de igualdad, mérito y capacidad— y cesados libremente sus titulares de entre funcionarios de carrera del subgrupo A1.

Las secretarías generales técnicas son órganos que, con rango y categoría de dirección general y bajo la dependencia directa de la subsecretaría, concentran las competencias sobre servicios comunes que se les atribuyan y, en todo caso, las de producción normativa, asistencia jurídica y publicaciones, debiendo sus titulares ser nombrados entre funcionarios de carrera del subgrupo A1. Las subsecretarías son los órganos directivos que tienen atribuida, con carácter general, la representación ordinaria del ministerio, la dirección de los servicios comunes y el ejercicio de las competencias asignadas a estos.

Bajo la denominación de servicios comunes se agrupan, por tanto, los que se prestan a los órganos superiores y directivos para el más eficaz cumplimiento de sus cometidos y, en particular, la eficiente utilización de los medios y recursos materiales, económicos y personales que tengan asignados. Engloban funciones de: i) asesoramiento; ii) apoyo técnico y iii) gestión directa, en su caso, de tareas de planificación, programación y presupuestación, cooperación internacional, acción exterior, organización y recursos humanos, sistemas de información y comunicación, producción normativa, asistencia jurídica, gestión financiera, gestión de medios materiales y servicios auxiliares, seguimiento, control e inspección de servicios, estadística para fines estatales y publicaciones.

Las secretarías generales son divisiones orgánicas —excepcionales y referidas a un sector determinado de actividad administrativa—, con la función de dirigir los órganos dependientes de la misma, con las competencias que en cada caso se les asignen, siendo nombrados y cesados libremente sus titulares —que tienen la categoría de Subsecretarios— entre personas con cualificación y experiencia en el desempeño de puestos de responsabilidad en la gestión pública o privada.

2.5.2. Órganos superiores

Son, en cada ministerio, las secretarías de Estado y el ministro.

Las secretarías de Estado son órganos de dirección y coordinación de las secretarías generales (cuando existan) y las direcciones generales que se sitúen bajo su dependencia, correspondiéndoles la ejecución de la acción del Gobierno en un sector específico de actividad (además, en su caso y por delegación de ministro, la representación de estos en materias propias de su competencia (incluidas las de proyección internacional) y respondiendo ante el ministro de la ejecución de los objetivos establecidos. Sus titulares son libremente nombrados y cesados en los términos de la ley del Gobierno.

El órgano superior ministro, además de las atribuciones que le corresponden como miembro del Gobierno, dirige —en calidad de titular del correspondiente departamento ministerial— los sectores de actividad administrativa integrados en el correspondiente ministerio y asume la responsabilidad inherente a tal dirección.

h') *Organización periférica.* La organización territorial de la Administración General del Estado se basa en delegaciones del Gobierno (en cada una de las comunidades autónomas y con competencia territorial coincidente con el territorio de las mismas) articuladas internamente en subdelegaciones del Gobierno de ámbito provincial (en las comunidades autónomas pluriprovinciales), así como direcciones insulares (en las comunidades autónomas insulares).

Presenta las siguientes características:

1. La coordinación de la actuación de la Administración periférica en su conjunto con la de los distintos departamentos ministeriales es realizada por la Comisión interministerial de coordinación de la Administración periférica del Estado, adscrita al ministerio competente en materia de Administraciones públicas.

2. La estructura de las delegaciones y subdelegaciones del Gobierno se fija por el Consejo de Ministros a propuesta del aludido ministerio, contando, en todo caso, con una secretaría general, dependiente de los delegados o, en su caso, de los subdelegados del Gobierno, como órgano de gestión de los servicios comunes, y superior directo de los distintos servicios integrados, así como de aquellos otros servicios y unidades que se determine en la relación de puestos de trabajo, y la asistencia jurídica y las funciones de intervención y control económico financiero por parte de la Abogacía del Estado y la Intervención General de la Administración del Estado respectivamente.

La integración de nuevos servicios territoriales o la desintegración de servicios territoriales ya integrados en las Delegaciones del Gobierno, se lleva a cabo mediante Real Decreto de Consejo de Ministros, a propuesta del Ministerio repetidamente aludido.

3. En las delegaciones del Gobierno en comunidades autónomas pluriprovinciales: i) el delegado es asistido por una comisión territorial, integrada por el delegado y los subdelegados en las provincias y a cuyas reuniones asisten los titulares de los órganos y servicios territoriales, tanto integrados como no integrados que sean convocados; y los subdelegados en las provincias son asistidos por una comisión de composición y funciones idénticas a las previstas para las delegaciones en comunidades autónomas uniprovinciales. Y en las delegaciones del Gobierno en las comunidades autónomas uniprovinciales existe una comisión de asistencia al delegado, presidida por él mismo e integrada por el secretario general y los titulares de los órganos y servicios territoriales, tanto integrados como no integrados, que el delegado del Gobierno considere oportuno.

Este libro se terminó de imprimir
en los talleres de Editorial Nomos,
el día once de enero de dos mil dieci-
nueve, aniversario del nacimiento de
MANUEL COLMEIRO (n. 1, I, 1818
y m. 11, VIII, 1894).

LABORE ET CONSTANTIA